ラスト・モーニング・スター

夜明けの星

OSHO

市民出版社

Originally published as
" The Last Morning Star"

はじめに

すでに知っていることや、自分の体験の一切を超えて進むためにＯＳＨＯに耳を傾ける人たち、この講話の中で彼はそんな人たち全員に呼びかけます。〝献身の道はハートの道だ〟と彼は言います。〝そこでは狂人だけが成功する。全身全霊で笑って泣き叫ぶことのできる者たち、神聖なるものの葡萄酒《ワイン》を飲むことを恐れぬ者たちだけが――なぜなら、葡萄酒《ワイン》を飲むとき、あなたは酔いしれ、自分の生の抑制をすべて失うからだ。神聖なるものがあなたを歩かせる時にあなたは歩き、神聖なるものがあなたを引き上げる時に立ち上がる。そして歩かされ、立たされているにも関わらず、あなたの生は実に美しく、至福に満ちて進行する。今のところ、あなたの生は苦に他ならない。そのとき、あなたの生は至福に他ならない。しかし、これはあなたの生があなたの抑制下にないときにのみ起こる。そして、それこそが恐れとなる〟――その恐れを脇に寄せること、信頼すること、それが人の生の全面的な変容の始まりとなるのです。

ダヤとサハジョは、どちらも偉大な師《マスター》、チャランダス（1703〜1783）の弟子でした。チャランダスはウパニシャッド、プラナやハタ・ヨガなどのインドの伝統を重んじましたが、自らの法悦的献身の円熟において名を馳せました。彼は因襲打破主義者であり、しきたりに頓着せずカースト制に反対し、優《すぐ》れた詩人でもありました。ダヤとサハジョはどちらもチャランダスの名高い弟子で、彼の従兄弟《いとこ》であるサハジョは彼の死後独立し、重要な師《マスター》として彼の後継者となりました。チャランダスのように、二人の女性の弟子も詩を著しました。
ＯＳＨＯは彼女たちの洞察の純粋さとその作品のねばり強い素朴さを讃え、〝歌い手、詩人そして狂人〟この三者について語りました。サハジョについての彼の講話の題《タイトル》「シャワリング・ウイズアウト・クラウズ」はダヤの詩句から抜粋された言葉です。この本の題「ラスト・モーニング・スター」はサハジョの詩から抜粋されました。

「私が愛した本」の中で、ＯＳＨＯはダヤを〝ミーラとサハジョの同時代人〟でありながら〝そのどちらよりも深みがある〟と評しています。ＯＳＨＯ曰く、『ダヤはちょっとしたカッコーだ。だが心配はいらない。実際、それは馬鹿という意味ではない。ダヤは本物のカッコーだ――馬鹿ではない、インドのコヤール鳥のような甘美な歌い手だ。インドの熱帯夜の……遠くから聞こえるカッコーの呼び声、だからダヤは……この世界という夏の猛暑における遠くからの呼び声だ』
ダヤの詩は抜け目なく作られ、熱く精髄《ラサ》に溢れ、尋常ではない詩情が漂っています。それは穏やかで――自然に、自発的に漂っています。彼女の詩は、師《マスター》に対する献身、神聖なるものの現存に対する不断の気づき、霊《スピリチュアル》的な旅に対する愛と勇気の専心、他の探求者たちとの交流を待ち受けること、アジャパ・ジャプ（*AJAPA JAP*）（口で唱えずにマントラを唱え続ける状態）の行程《プロセス》を通じての究極なるものとの最終的な融合、存在の一体性に対する気づきで弟子を満たす〝詠唱なき詠唱〟、音無き音というテーマで綴られています。

ＯＳＨＯは、恋人として、友人として、そしてダヤの懸念が日々の生活の自然な一部分となっている、そういった探求者たちの師《マスター》として親しみを込めて語りかけ、これらの様々なテーマを彼独自のやり方で取り上げています。このシリーズのＯＳＨＯの講話は、指摘する要点を強調するために、ジョークよりも詩がふんだんに活用され、美しい詩が全体にちりばめられています。彼がいっそう遥かにわたしたちを霊的《スピリチュアル》な道へと惹きつける度、師のたくさんの異なる手段と技法が処方されます。ＯＳＨＯは〝夜明けの最後の星〟のように、美しくうつろいやすい世界のありさまを認識するよう、励ましながら慰めてくれています。自信過剰な人や学識にとらわれている人に対して、彼は手厳しく当たります。神聖なるものの葡萄酒《ワイン》に酔いしれた神秘家たち——笑い、歌い、倒れては立ち上がり、〝彼がひとところに下ろしたはずのその足は、どこかよその場所に着地する〟光明を得た神秘家たちのそのような法悦《エクスタシー》と狂気について語りながら、ＯＳＨＯは共感します。弟子が師に対する愛に満ちながらも、師の手を放して存在の光へ入る時に体験される神秘を、彼は指摘します。ここではスーフィーの師、ムラ・ナスルディンがたくさんのジョークや逸話の中に登場しますが、その他にも多くの愉快な物語が盛り込まれています。

第二章でＯＳＨＯは、森の中で毎日瞑想するスーフィーの行者《ファキール》と、年老いた樵の物語について語ります。行者は森の奥深く進むよう老人を励まします。老人は銅、銀、金と、次々に発見して行きます。行者はさらに強調します。今や、老人の生活は初めて快適なものとなり、彼とその子供たちの暮らしは潤っています。それでも彼はさらに深く分け入り、ダイヤモンドを見つけます。行者はさらに彼に要求します。『もっと進みなさい』。老人は尋ねます。『ダイヤモンドに優るものがあるのか？』。すると、行者がこう答えます。『わたしがダイヤモンドに優るものだ。来なさい』。老人は従い、神秘家とともにただ座り、まったき平安と至福に満ちます。

にも関わらず、ここで行者は強調します。

『もっと深く進みなさい。もっと深く。これ以上のものがある』

ＯＳＨＯはこのように強調します。

〝これらのダヤの詩句は、唯一無二のものだ。

それらは、あなたの生に革命をもたらすことができる。

ダヤは言う。『微かな火花も巨大な森を焼きつくす』

たとえ微かでも、これらの詩句の火花があなたに落ちれば、あなたの闇は完全に破壊される〟

来なさい、もっと奥に進みなさい――。

スワミ・アナンド・ハリダスとスダ・ジョシ

ラスト・モーニング・スター

目次

CONTENTS

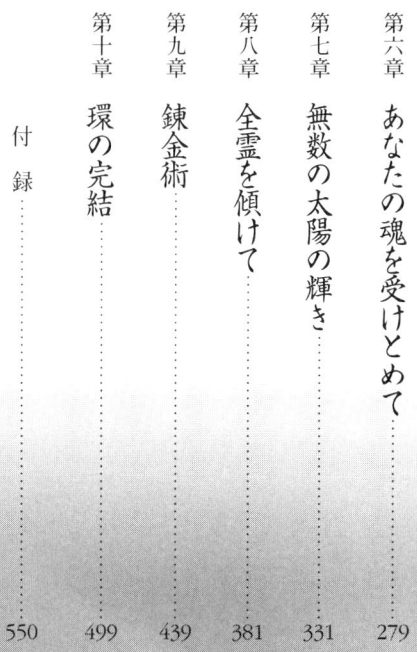

第一章

神聖なるものを想起する

Remembering the Divine

神聖なるものを思い起こすなら
時間という蛇や、苦という虫に悩まされることはない
ゆえにダヤは言う
世界という網を置き去りにして
神聖なるものを抱きしめよ

神聖なるものを想起することに興味のない者たちに
語りかけてはならない
あなたのハートを
神聖なるものを愛する人に向けて開きなさい

神聖なるものの御名を発する瞬間
あなたの罪業はすべてなくなる
おお人よ、神聖なるものを思い起こせ
あなたのハートの反復句《リフレイン》を

この想起なくしては
あなたのマインドには人、人、人だけ……

悲惨さに泣き叫び、嘆き悲しみ
幻想《マーヤ》に囚われ
マインドはけっして静まらない

（※各章のダヤの詩の部分は、本文とは書体を変え楷書体にしてあります。）

新しい旋律、新しい拍子を奏でるための用意ができるまで
その弦を一万回かき鳴らそうとも響くことはない

黒い蜜蜂が神酒《ネクタル》に酔うまで
それ自身のハートの旋律が生まれるまで
蜜蜂に一千回せがもうとも
そこに羽音《ハミング》はない

人が自らの不穏に気づかぬかぎり
その炎が自ら発火しないかぎり
死んだハートを十万回挑発しても
鳴り渡る答えはそこにない

新しい旋律、新しい拍子を奏でるための用意ができるまで
その弦を一万回かき鳴らそうとも響くことはない

光明を得た神秘家とは、神聖なるものによって自らの弦が覚醒した人だ。光明を得た意識とは、その人のヴィーナ(インドの弦楽器)がもはや、奏でられないままではいないということ、神聖なるものの御手がヴィーナに触れているということだ。光明を得た神秘家になるということは、ある歌を歌うためにこの人が生まれ、その歌がはじけ出たということ、この花に隠れていた芳香が風に放たれたということだ。光明を得た意識、それは宿命を遂げた者という意味だ。当然のことながら、この運命の成就には至福がある。

種は、種のままでは不幸で苦しんでいる。その苦悶は、まさに種だというその事実にある。種とはすなわち、まだ成っていない何かになる、開花すべく生まれついているということだ。種とは、開花すべく生まれついているが、まだ開花していないということだ。種は成長すべく生まれついているものの、まだ成長しておらず、その可能性がまだ実現されていない。種は待機中だ……その道のりは長く、いまだに自分の目標地点に到達していない。

彼はそう成るために生まれ、成るべきものになった――それが光明を得た神秘家だ。彼はもはや種ではなく花だ。千の花弁ほころぶ蓮の花のごとき至福に満ちている。花の至福とは何か。今、成るべきものなどなく、行くべき場所もない。旅は終わり、完全なる終止が到来した。今、平安に在ることができ

る。なぜなら、行くべき所があれば常に落ち着かず、すべきことがあれば計画を練らなくてはならないからだ。彼は何かに成らなくてはならない、そうであるうちは成功と失敗が彼につきまとう。あなたが成功しようとしまいと誰が知るだろう。不信や思い違い、数えきれないほどの物事があなたを取り巻く……マインドは動揺し続け、定まることがない。『どの道を進めばいいのだろう。どうすれば失敗を避けられるだろう。自分で選んだ道は見当外れかもしれない。自分で選んだ道は、究極の宿命に一致するだろうか？』こうして不信が続き、内側でわたしたちを焼き、自暴自棄の感覚で満たす。

当然、旅の苦しみがあり、行く手には障害がある。最大の障害は、花になる自信が種に持てないことだ。どうして自信が持てるだろう。種は以前、花だったことがない。一度も成ったことのないものを、どうして信じられるだろう。『他の種は花に成ったが、自分もまた花になるかどうかわからない。他の種は他の種だ。もともと違っているのかもしれない。自分というこの種はただの小石で、内側には何もないのではないか？』

一粒の種には、未来に自信を持つすべがない。自信は体験して初めて得られる。だから、数限りない不信と思い違いが種を取り巻く。自分に将来はあるのか？　進むべき道はあるのか？　なりたいという思いはただのマインドの罠ではないか？　自分はただ夢を見ているのではないか？　新しい類のごまかし、新しい幻想を自分で作り出しているのではないか？　こういったことがみな、痛みを引き起こし、棘《とげ》のようにちくちくと刺してくる。

花の至福は、行くべき処《ところ》がないということだ。花へと向かう未来は終わっている。そして未来が終わるとき、過去とのつながりも断たれる。もはや起こるべきことがないとき、過去を思い出す必要が誰にあるだろう。過去を思い出すのは、今にも起ころうとしている事に、わたしたちの体験が役立つからだ。

前途の旅に向けて、自らの過去の体験が役立つかもしれないと、それをかき集める。行くべき場所がなく、成るべきものがないとき、未来が結末を迎えると同時に、わたしたちは過去から自由になる。今、記憶という重荷を持ち運ぶ必要はない。試練は終わった。もはやこの先、苦難はない。

だから、思い出すものもなく、織り成す空想の織布もない。過去と未来へ撒き散らされていたエネルギーは今、現在という小さな瞬間に集中する。この強烈さと鋭い集中において至福がある。それはサット・チット・アナンド――真実、意識、至福――の瞬間だ。帰依者たちが神と呼ぶもの、賢明な者が、真理や解放と呼ぶものが生じる。

光明を得た意識、それは、その人の生命《いのち》の花が咲いたという意味だ。そしてその花が咲いたとき、その芳香が広がらずにはいない。花が咲いたとき、ひとつの祝祭がある。光明を得た神秘家たちはみな、自らの祝祭を詩に表した。ある者は詩を書きはしなかったが、その話しぶりに詩がある。たとえ彼らが詩歌を書くこともなく、平凡に話すとしても、その散文は詩情に溢れている。ブッダは歌をまったく作らなかった。だが、違いはない。どれを取っても彼の言葉は精髄に溢れている。どの言葉にも精髄がたっぷりと染み込んでいて、非凡に詩的で、煌々と輝くランプのようだ。

わたしたちがこのダヤの歌に向かう前に、心に留めおくべきことがいくつかある。

初めに、光明とは祝祭であり、偉大な祭りだ。これより偉大な祭りはない。生の至高の瞬間が達成されたた。そこには踊りがある。歌、神への謝恩、感謝の表現がある。これをどうやって表現するかはまた別の問題だ。ミーラは踊り、ダヤは歌い、サハジョはくちづさみ、チャイタニヤは踊り、カビールは詩歌を作り、ブッダは語った。ときおり沈黙にとどまる者もいる……だが、この沈黙にはひとつの美がある。

沈黙にも様々なタイプがあることに、気づいたことがあるだろうか。ときおり、怒って黙り込む人がいるが、その沈黙には憤りがある。静かにはしていても、実際はそうではなく、沈黙を通じて怒りを表している。ときおり、悲しみのあまり黙り込む人がいる。静かにはしていても、その姿が何かを物語っている。彼の身体の組織全体が悲しいと訴えている。顔に、目に、素振りにそれが表れている。座るとき、彼は悲しい。立ち上がるとき、彼は悲しい。彼を取り巻く空気が重苦しくのしかかってくる。その胸には、千キロもの重しがのしかかっているようだ。ときおり、何も言うことがなくて黙っている人がいる。その沈黙には虚しさが漂い、虚ろで否定的だ。内側の実存の空虚さゆえに彼が黙っているのが、歴然としている。

水差しは、完全に空《から》であれば音がしない。しかし、満杯であってもまったく音がしない。だが、空虚であることと満ち足りていることはまったく違う。話すことがなくて話さない人がいる——あなたも消極的にそれを体験するだろう。そこには何かが欠落している。

そして、伝えることがあまりにもありすぎて、あえて語らない人がいる。どうすれば、それが伝わるだろう。言葉にするにはあまりのものがあって、彼はあえて沈黙にとどまる。言葉は、彼の伝えたいことを包含できない。言語はあまりにも貧弱だ。伝えたいことがあまりにも広大で言葉にできないために、彼は沈黙にとどまる。水差しは満ち、まったき沈黙があり、それは非常に肯定的な状態だ。否定的な状態ではない。それは空虚さではなく、無意味さではなく、そこに行き渡る全体性、満ち足りていることだ。この人間に欠けているものはない、彼のまわりには神聖なる豊かさが漂っている。

これこそイシュワラ、神という意味だ。この人の現存に、神の現存を感じることができる。彼は豊潤に溢れている。彼自体は空《から》かもしれないが、神聖なるもので満ちている。自分自身に関して空《から》っぽであるなら、それは空虚であることとは違う。空虚であること、それはあなたの中に神聖なるものが存在しないときのことだ。神秘家、聖者たちは己《おのれ》を消し去り、神が入ることを許した。彼は神聖なるものが座る神の御座《みざ》となった。

そのような人がときおり沈黙にとどまる。そんなとき、その沈黙にすら純然たる詩がある。耳を澄ませば、その沈黙に音楽が聴こえるだろう。目をつむって沈黙すれば、彼の現存に甘い旋律を聴き、音なき共鳴を感じる。彼が立つとき、座るとき、そこには波がある。それは遥かな岸辺からの波だ。彼を味わえば、彼の現存には欠如や不在ではなく、偉大な滋養があることを知る。

しかし、虚《むな》しさゆえに沈黙している人と共にいると、虚《むな》しさを身に染みて感じる。まるでその人に吸いつくされ、奪われてしまったかのように。こんなことは何度も体験しているはずだ。人混みに揉まれて帰ってくると、何かを奪われ、さんざん殴られたように感じる。回復には一、二時間の休養が必要だ。何が起こったのだろう。そこには非常にたくさんの虚ろな人々がいて、彼らはみな、あなたから盗み、略奪し、吸い取ったのだ。空洞のような人がいると、あなたのエネルギーはその人に向かって流れる。

だから、虚《むな》しさゆえに黙り込んでいる人のそばに寄ると、あなたは弱る。彼が自らの豊かさから沈黙していれば、あなたは潤う――あなたの内なる実存に彼のエネルギーが入り込み、あなたの闇に彼の光が射し込む。あなたは彼の芳香を吸い込む。彼のそばにいて、あなたは歓喜に満ちて戻ってくる――新たな旋律《メロディー》、新たな交響曲を帯びて。あなたの内側で眠っていた弦の音《ね》が、彼の弦の音に共鳴し始める。

光明を得た神秘家はひとつの祝祭だ。光明を得た意識は、多様に自らを表明する。カジュラホの彫像を作る者あり、アジャンタやエローラの洞窟を彫って切り拓《ひら》く者あり、踊る者あり、歌を作る者あり、沈黙にとどまる者もいる。だが、ひとつ確かに言えることは、彼らを深く覗き込んでみるなら、みな偉大な詩、空前絶後の詩の顕現だということだ。その詩がどんな形か、どんな色合いか――そんなことは別問題だ。ほとんどの場合、聖者たちは歌った。伝えたいことを歌った。伝えたいことをただ言うのではなく、歓喜に満ちて歌い、くちずさんだ。そこに違いがある。

散文で話すときは論理を用いるが、詩を語るときは感覚にのっとる。主張を立証すべきときに、詩的には立証できない。何かを立証するには散文を使う必要がある。論理における言葉は研ぎ澄まされていなければならない。論理には、欠点のない数学的アプローチが要求される。だが、帰依者や聖者たちに立証の必要性はない。彼らは神聖なるものを体験した。彼らにとっては、もはやただの仮定ではない。すでに証《あか》されている。もうそれ以上、証拠をかき集める必要はない。光明を得た神秘家には、神聖なるものの存在を立証する必要がない。彼が語りかけるのは、何かを立証するためではない。それはすでに彼に証《あか》されており、自らの成就の表現のひとつとして彼は話す。彼は言う。『それはわたしに起こった。わたしは、わたしに起こったことゆえに踊っている。わたしの踊りが理解できればよし。理解できなければお気の毒！』

証明する必要がないので、光明を得た人の言葉には、〝だから〟という言葉が見つからない。『世界は存在する。だから神は存在する。なぜなら、世界を創造した者がいるはずだからだ』。とは、彼は言わない。これはナンセンスだ！　論理によって神を立証することは、一種の反宗教だ。それでは、神は論理によって立証され、論理を超えないということになってしまう。論理によって立証されるものは、論理によって反証される。

だから覚えておきなさい、神秘家は、博識ではないということを。彼は感覚の人であり、感覚で満たされ、感覚で動く。神秘家は知ってしまった。今、どうやってあなたに伝えればいいだろう。彼は何か空前のものを体験した――どうやってこの吉報をあなたに伝えればいい？　彼の目は開いた。彼は光を見た――何生にも渡ってあなたが見ることを切望してきたその光を。その光が存在することを、どうってあなたに告げればいいだろう。説得したらいいだろうか？　説教をして、あなたの知能に訴えるべきだろうか？

光明を得た神秘家は、そうした働きかけをしない。知能で理解《わか》らせるなど、これまで誰にもできた試しはない。

光明を得た人はあなたのハートをくすぐり、あなたの感覚を喚起する。彼は言う。「ここに来て共に踊れ！　共に歌え！　すべての論理と思考を放棄し――来るがいい。共にこの精髄《ジュース》に自身を浸らせるがいい。おそらく、わたしに触れたものと同じものがあなたに触れるだろう。そうでないわけはない。あなた同様、わたしは罪人だ。あなた同様、わたしはひとりの人間だ。あなた同様、わたしも過ちを犯した。あなたと等しく、わたしにも限界がある。わたしは、あなたと寸分違《たが》わない。あなたよりも特別なところはない。わたしと等しくあなたは在る。おそらく、わたしの扉が開いていたからこそ、神聖なるものがわたしの中に顕現した――しかし、あなたの扉は閉ざされていて、彼が中に入れない。ただわたしのようになることだ！　見るがいい！　わたしが踊るとき、わたしの扉は開く。あなたもまた、あなたの扉を開くことができる。一度でもそれを味わえば、あなたもまたこれを見い出す」

神秘家の目的は説明することではない。彼はあなたに味わわせる。神秘家の働きかけは、あなたの知能を彼の知能に釣り合わせることではない。彼はあなたの感覚を染めたい。これはまったく異なる行程《プロセス》だ。それはまるで、砂漠のように精髄《ジュース》をまったく欠いて、素面《しらふ》であなたが座っている間に、彼が酔っぱらっていて――まったくの酩酊状態で、無制限の歓喜に踊っているようなものだ。あなたの人生という砂漠に、オアシスは起こったことがなかった。だから彼はどうすればいいだろう。自分の踊りをあなたが見てくれることを望みながら、踊ればいいのだろうか？　彼の目を覗き込んで、彼の法悦《エクスタシー》を見るようにと言えばいいのだろうか？　彼の生の一部であり、あなたの生の一部ともなり得る法悦を見るようにと。『わたしは至福にふらついている、あなたもまた至福にふらつかぬことがあろうか』と言えばいいのだろうか？

この違いを理解しなさい。学者は神の存在を説き、神秘家は法悦《エクスタシー》の存在を説く。法悦に在るとき、あなたは神を見始める。神を信ずれば、自ずと法悦に在ると学者たちは言う。しかし、そもそもどうやって神を信じるのだろう。神聖なるものを信じたくない者などいるだろうか？　それにしても、これは非常に奇妙な条件だ——まず初めに神を信じる。法悦に在りたくない者などいるだろうか？　それにしても、これは非常に奇妙な条件だ——まず初めに神を信じる。そうして法悦が生じるとは。そして、これが障害が起こる点だ。どうすれば神を受け容れられるだろう。どうすれば、目に見えないものが信じられるだろう。どうすれば、未知のものを信じられるだろう。どうすれば一度も味わったことのないものを信じられるだろう。だから、神を信じ込む人たちの信じ方には嘘がある。

地上は信者たちで溢れている——偽の信者たちで。彼らは、自らの欲深さから信じ込む——信じれば至福がもたらされるという考えだ。これまで、そんなことは起こった試しがない。何生という生が過ぎ去った。彼らは寺院に礼拝し、石碑に花を供え、巡礼をし、メッカやバラナシへ参詣する。彼らは込み入った務めを果たしてきた。だが、そこには何か根本的な誤りがある。彼らの信仰は虚偽だ。真の信仰は、あなたの体験の結果であり、体験に先立つことは不可能だ。行く先々で、あなたは間違った方法で物事に取り組もうとしている。牛を牛車の後につないでいる。今のところ、牛車を引っぱっているのはあなただ。そして牛車は進まず、旅は起こらず、あなたは混乱している。あなた方の学者たちはこのように述べる。まず初めに信じるべきであり、それから神聖なるものが悟られると。これこそ、ここかしこにまかり通るまちがった方法だ。あなたが知って、初めて信頼は生じる。

聖者は言う。「まず知るしかない。受け容れようとして慌ててはならない」。どうすれば信じることができるだろう。あなたが信じるなら、それはただの偽善だ。あなたが信じるなら、それは嘘にすぎない。だが、せめて神との関係だけは、嘘に基づいてはならない。せめて神との関係だけは、真実一路でありなさい。あなたの偽善と虚偽に満ちた行動を、せめて神の方向にだけは広げてはならない。せめて、この点――「あなたを信じるのは、あなたを知ってからだ」という点に重きを置いて、彼については真実一路であることだ。「どうすれば信じることができるだろう。どうやって自分に信じ込ませられるだろう。地獄への恐れからか？　それとも天国への欲深さから信じるのか？　そんな理由で自分は信じるのか？　それとも、わたしがあまり論理が得手ではないので、他人に論理で脅されて信じるのか？」と。

知っているだろうか。論理によって同意する者はいないということを。せいぜい相手を黙らせることができるくらいだ。論理に長《た》けていれば、他人を黙らせることもできる。頑《かたく》なに主張すれば、相手は答えられなかったりする。しかし、黙らされた当人は実際に納得しているわけではない。沈黙を余儀なくされた人は同意しているのではなく、内側で腹を立ててくすぶっている。彼はあなたの論証よりも優勢な論証を探し求め、見つかるまで待っている。そのような論証を彼が探さなかったにしろ、彼の生は依然として変容されないままだ。地上は、偽の信者でいっぱいだ。寺院、モスク、グルドゥワラ――すべて、単なる思い込みの偽りの信者で溢れ返っている。

光明を得た神秘家は言う。「信じ込んだところで意味がない。それを味わえ！」。光明を得た神秘家は、それをあなたに味あわせようと、彼自身が耽溺している甘い蜜を注ぎ込む。だからこそサットサング、光明を得た神秘家のそばに座ることが非常に強調されているのだ。

サットサングの意味とは何か。師《マスター》、光明を得た神秘家は、神聖なる葡萄酒《ワイン》に酔っぱらっている。あなたは、それを少しもらうことができる。彼の陶製の茶碗《カップ》から水を飲んでも、あなたは酔っぱらうだろう。なぜなら、神聖なる葡萄酒の沈殿物がまだ残存しているからだ。彼のそばにただ座っているだけで、今日でなくとも明日、明日でなくとも明後日《あさって》、あなたはふらつき始める――何かがあなたのハートの中で共鳴し始める。この共鳴は完全に非論理的だ！　それはあなたの知能を超えていて、マインドに把握できるものではない。

人が神聖なるものを味わったとき、人の窓が開いたとき、その人の目が知ったとき、それが光明を得た意識だ。そのような人の目に、あなたは少し近づかねばならない。彼の目を望遠鏡として使わなくてはならない。彼の目を通して、一瞥を得なくてはならない。それが師《マスター》の意味だ。師《マスター》とは知ってしまった人だ。あなたが味わい始める神秘家が師《マスター》であり、その人という媒体を介して、あなたは知り始める。

チベットにこんな格言がある。「山中で道を尋ねるなら、日々山を往来する者に聞け。たとえ多くの地図を覚え込んでいたり、偉大な聖典の知識があっても、谷間に居住するだけで山を往来したことのない者に尋ねてはならない。そんな者に尋ねれば、当てもなくさすらい、迷うことになる。日々往来する者に尋ねることだ。郵便集配人、方々で手紙を集めては配る者に尋ねなさい。その者は偉大な学者ではないし、地図など持ってはいない。だが、その者に尋ねるべきだ」

さて、ダヤバイは大して博学ではない――学識という観点からすれば。彼女は聖典を知らない。だが、わたしは彼女について話すことを選んだ。偉大な学者よりも彼女について話すつもりだ。彼女はまったく教育を受けてはいないようだが、その道を旅し、慣れ親しんでいる。その道の埃をたっぷり吸い込んで埃まみれだ。常にその道を歩き、その道を旅して、彼女は自分自身に関して空《から》っぽになった。今、その道の芳香だけが存在する。これらの詩句において、芳香がそれ自体を表わしている。

詩人には三種類ある。まず夢見において神聖なるものの一瞥を得る、通常、詩人と呼ばれている人たちだ。カリダス、シェークスピア、ミルトン、エズラ・ポンド、スミトラナンダン・パントやマハーデヴィ。彼らは詩人と呼ばれ、自らの夢見において一瞥を得る。目覚めた状態で神聖なるものを目にしたことはない。横になって寝ている間、微《かす》かな囁きだけが彼らの耳元に届く。彼らはその囁きを歌にする。それでも彼らの歌には甘美なものがある。神は、彼らの生に入り込んではいない。だが、彼らはごくたまに一輪の薔薇の花にぼんやりと神の一瞥を得、神の足音を微かに耳にした。ごくたまに月や星に、川や小川のつぶやきに神の音を聞いた。ごくたまに、大洋の高波に神の美しさが沸き立つのを……しかし、直接神を目にしたことはない。これらはすべて彼らの眠りにおいて起こった。彼らは眠りに生き、無意識だ。しかし、それでも空前絶後の精髄《ジュース》が、彼らの詩にはある。

詩は神のものだ――すべての詩が神のものだ。なぜなら、すべての美が彼のものだからだ。詩とはすなわち、美への賛辞、美の称賛、美に対する頌徳文《しょうとくぶん》、美の威厳を描写するものだ。詩は美の科学だ。そして、すべての美が神のものだ。彼らはたまに神をちらりと見る。二、三カ所で神の足跡を目にしたことがある――目覚めた状態においてではないが。というのも、目覚める事に対して彼らは何もしたことがないからだ。彼らは目覚めるために嘆き悲しんだことがない。目覚めるために苦悩したことがない。目覚めるのは帰依者だけだ。

次なる種類の詩人は、帰依者、光明を得た神秘家だ。彼は、単に美しいものではなく、最も美しいものを目にした。単なるこだまを耳にしたのではなく、その源泉を目にした。それは、このようなものだ。誰かが山頂で歌を歌い、その歌声が谷間に反響する。詩人はそのこだまを耳にし、神秘家はその音楽家自身を目にした。詩人はこだまを、谷間に聞こえる音楽の共鳴をとらえ、神秘家は直接その人の前に座ってそれを吸収した。当然、彼らの言葉の力は空前絶後のものとなる。詩人には、詩の才覚があるので芸術性においてはより巧みだ。神秘家は詩の芸術を学んだことがないので、芸術性の点においてはあまり巧みではない。だから詩的芸術性の観点からは、神秘家の言葉は偉大な詩ではないかもしれないが、真実の観点からは、このうえなく詩的だ。

そして聖者でも詩人でもない、三番目の類の詩人がいる。彼にあるのは、詩的芸術性の知識にすぎない。話法と韻律の形式を丸覚えしている。この型通り、自分の詩に韻をつける。真実を見たことはなく、真実の影すらも見たことはないが、語学に通じ、文法を知っている。彼はへぼ詩人だ。言葉を用いて韻を踏んだ詩にする。

百人いれば、そのうち九十人がへぼ詩人だ。ときおり彼らは非常に上手く作詞し、ハートを虜《とりこ》にするような詩を作る。だが、彼らはへぼ詩人であり、魂などなく、その詩には体験がない。彼らは言葉巧みだ。音節を数え、韻律の規則と教わった通りのことを遵守している。百人いれば九十人がへぼ詩人だ。残り十人中九人が詩人であり、ひとりが本物の聖者だ。

そのひとりがダヤ、帰依者にして光明を得た神秘家だ。彼女はあまり知られていない。帰依者は、自分自身についての情報をあまり多く残さない。帰依者たちは、神聖なるものの歌を歌うことにあまりにも熱中し、自分自身についての情報を残す暇がなかった。わたしたちは彼女の名前しか知らない。名前というものは何か特別なところがあるのだろうか？　どんな名前も、その目的に適っている。ひとつ確かなのは、彼女が自分の師《マスター》の名前に瞑想したということだ。彼女の師はチャランダスだった。彼には二人の女性の弟子がいた――サハジョとダヤだ。わたしは、サハジョについて語った。チャランダスは言った。「彼女たちは、わたしの二つの目のようだ」と。

どちらも生涯彼に仕え、献身した。人が師を見い出したなら、奉仕はサダナ、霊《スピリチュアル》的な鍛錬となり、師のそばにいるだけで充分だ。その他に、彼女たちが霊《スピリチュアル》的な鍛錬を実践したという資料はない。しかし、それで充分だった。真実を見い出した人がいれば、そのそばにいるだけで充分だ。庭を通り過ぎると服に花の香りがつく。真実を知った人のそばで暮らせば、その人の芳香があなたの実存にも入って行く。その芳香は空気中を漂い、いたるところに広がる。彼らは師の足を揉み、師のために料理し、師のために水を運び……師のために、このようなささやかな行ないをたくさんしたに違いない。

両者の詩に大きな違いはない――師が同じなら、彼女たちに流れ込んだものに大きな違いはあり得ない。彼女たちは同じ井戸から飲み、同じ味を味わった。どちらも教育を受けた形跡がないように思われる。ときに教育を受けていないことは、ひとつの恩恵だ。教育を受けた人々は、自らの教養ゆえに頭を垂れられずにいる。教育は自己中心主義を高める。「自分はひとかどの者だ！　教養がある。他人に頭など下げられるものか」。彼女たちは教育を受けていない。彼女たちは、ミーラと同じ地方の出身だ。

しばしば起こることだが……ある地方に特定の魂が誕生し、神聖なるものが悟られると、そこに火花が残る。まさにその地域の大気が感染性を帯びる。ひとつの波が別の波を目覚めさせる。ある波によってまたひとつ波が生じ、第二波によって第三波が生じる。光明の嵐というものもあるのだ。ときおり、こういった台風が直撃する。そのような嵐が、ブッダとマハヴィーラの時代に起こった。光明は、全世界でその極みに達した――以前には達成されたことのない高み、そしてそれ以後にも達成されたことのない高みだ。何万という人々が光明へとさらわれ、嵐に運ばれた。ひとりの人間が光明を得ると、そこが連鎖の発端になる。これこそ科学者たちが連鎖反応と呼ぶものだ。火事で家が燃えているとその周辺一体が危険に晒《さら》される。一軒目から二軒目、二軒目から三軒目へと火が燃え移る。連鎖が、一連の動きがある。家が密集していれば、村全体が灰と化す。

光明は同様の現象だ。あるハートが神聖なるもので燃え上がり始め、神聖なるものの火に酔いしれる。そうして、その炎が飛び移り……目に見えぬ炎ではあるが、近寄る者は誰だろうとその炎に捉えられる。そういうわけで、ダヤとサハジョが、ミーラと同じ地方から現れた。その地域は祝福されている。なぜなら、光明を得た三人の女性神秘家が生を授かったからだ。このような果報に恵まれている地は他にない。

同じ師の御足のもとに生まれたので、彼女たちの記した詩には、同じ色合い、同じ旋律がある。もちろんわずかばかりの差はあるが、その違いは彼女たちの人格の違いゆえだ。その違いがあまりに微々たるものだったので、サハジョの講話の第一シリーズを始めたとき、わたしはそれにダヤの言葉から題名をつけた。ダヤの詩はこうだ。

ダヤは言う
そこには光ることもないおびただしい光がある
そして、それは雲ひとつなく降り注いでいる
絶え間なくこれを見て
わたしのハートは歓喜に震える

講話シリーズの詩は、サハジョの詩だったが、わたしはそれにダヤの詩から題名を取った。今日から始まるこの新しいシリーズの詩は、ダヤの詩だ。わたしはこれに、サハジョの詩から題名を取ることにする。

世界は夜明けの最後の星のよう
サハジョは言う
それはすぐに消えてしまう露の真珠のよう
掌《てのひら》に受けた水のよう

夜明けの最後の星は長くはとどまらない。世界とは夜明けの星のようなものだ。他の星はすべて没し、月が消え、星々が消え、太陽が昇ろうとしている。一日が始まり、夜明けの最後の星は煌めいては消える。あなたがそれを見ることはほとんどない。ある瞬間、それはここにあり、そして無くなる。ある瞬間、ここにあり、次の瞬間は滅する。世界は夜明けの最後の星のようだ。そうだ、まさに夜明けの最後の星だ！　今ここにあり、今はない。あまり当てにしてはならない。常に在るもの ―― 夜明けの最後の星ではなく、北極星を探求しなさい。不動のもの、永遠のもの、不滅のものに庇護を求めなさい。常に存在してきたもの、常に在り、これからも常に存在するものに……。なぜなら、これに庇護を求めることによってしか、死を超えることはできないからだ。

夜明けの最後の星にしがみついたとしても、その幸福がいったいどこまで続くのだろう。それは水泡をつかむようなものだ。つかむ前に泡は弾《はじ》けてしまう。

世界は夜明けの最後の星のよう
サハジョは言う
それはすぐに消えてしまう

あらんかぎりの手を尽くし、それをとどめようとすることはできる。しかし、それはとどまるものではない。だが、これこそ常にわたしたちのしていることだ――世の中全体がそうしている。死守しようとする物は何だろう。関係性、愛着、愛、夫や妻、息子や娘、富や財産、評判、地位、信望。世界は夜明けの最後の星のよう……それは手にする前になくなるだろう。それをつかもうと時間を無駄にしている間に、通り過ぎていくだろう。これらの波はつかめるものではない。世界は不安定で、移ろいやすいものだ。そこで何を保持しようと望んでも、不幸になるだけだ。

なぜ、わたしたちは不幸なのだろう。わたしたちの苦しみの根因は何だろう。その根因は、たったこれだけだ。持続しないものをつかもうとすること。しかし、それが存続することを望み、不可能なことを望むからこそ、わたしたちは不幸なのだ。水泡を当てにし、砂の上に家を建て、トランプカードの家を組み立てる。ちょっと風が吹いただけで、すべてが崩壊してしまう。そうして泣き叫んで嘆く。とても不幸になってこう言う。「何という災難だ」。それは災難ではなく、愚かさにすぎない。神がわたしたちに腹を立てていると、わたしたちは言う。わたしたちに腹を立てている者などいない。ただ、わたしたちに理解が欠けているだけだ。

トランプの家を建てれば、崩れるのは当たり前だ。驚くことに、作っている間は崩れずにいる。そこまでは非常によかった。大抵、それは作り終わる前に崩れる。あなたも幼い頃、そんな家を作ったことがあるはずだ。それは、いつも作り終える前に崩れてしまった。突風が吹かなくとも。おそらく触れただけで崩れただろう、息がかかっただけで。一枚のカードが微かに動いただけで、建物全体が倒壊する。

世界は夜明けの最後の星のよう
サハジョは言う
それはすぐに消えてしまう

これをすべて見てとり、もはやカードで城を作ってはいない者、もはや漂う紙の舟ではない者、もはや砂の上に家を建てていない者、もはや夢を当てにしない者——そのような者は、ただ永遠なるものを悟るばかりだ。あなたの目が、束の間のものでいっぱいになっている限り、永遠なるものを見ることはできない。束の間のものの波は、永遠なるものを覆い隠す。束の間のものが幕になって覆う。そしてあなたは、自分の全エネルギーを注ぎ込んで、それをとらえよう、ひとまとめにしようとする。それはけっしてまとまらない、ばらばらになるのが常だ。こうしたことは幾度も起こってきた。度重なる生において……露の真珠のよう。朝日に、真珠のように煌めいている露の雫《しずく》を見たことがあるだろう。草の上や、木々や蓮の葉に。本物の真珠でさえ、こんなふうには煌めかない。しかし、適当な距離が必要だ。近づきすぎてはいけない。それらに触れてはいけない。これらの真珠を取り込もうとしてはならない——さもないと、それらはあなたの掌《てのひら》の上でただの水になる。真珠の雫が掌《てのひら》の上では、ただの水だ。それらを拾い集めようとするなら、それらをひとまとめにしようとするなら、自分の金庫に貯め込もうとするなら、手を濡らすだけで真珠はどこにもない。これらの真珠は人を欺く。そして世界はこれと同じようなもの、手で水をつかもうとするようなものだ。幾度となくそれは漏れ、手をすり抜ける。

夜明けの最後の星、これがこのダヤの詩のシリーズにつけた名前だ。賢者は非常に多くのことを言わんとしたが、おそらくこれより甘美な言明はない。世界は夜明けの最後の星のよう——これより率直な言明があるだろうか？　あらゆる聖典、あらゆる冗長な講話、すべてがこの小さな一節に含まれている。

ブッダはその生において、夜明けの最後の星が消えゆく様を見て、光明に達したと言われている。おそらく、その瞬間の彼の内側の状態は、世界は夜明けの最後の星のようと、サハジョが書いた瞬間に相似していただろう。菩提樹の下に座り、目は大きく見開かれ、最後の星がだんだん、だんだん見えなくなり……なくなってしまった。最後の星が消えると同時に、彼の内側の何かも消えた。その消えつつある星とともに、そこまで考えていたすべてが終わりを迎えた。たちまちにして炎が燃えさかり、ランプに火が灯った。ブッダはそのことについてどこでも触れたことがなかったが、もし彼がサハジョに出会っていたら、この詩を認めたはずだ。

世界は夜明けの最後の星のよう
サハジョは言う
それはすぐに消えてしまう露の真珠のよう
掌《てのひら》に受けた水のよう

夜明けの最後の星が消えゆく様をブッダが見たとき、彼は世界というものの本質すべてを理解した。しがみつくべきものは今、ここに何も残っていなかった。手にするものは何も残っていなかった。世界は移ろいやすいという本質を理解する人は世界から自由になり、世界が移ろいやすいという本質を理解する人だけが、自らの目を神聖なるものへと向けられる。これらの物事一切が、互いにつながっている。

なぜ、こうなるのか
ああ、どうしてこうなってしまうのか
探し求めて生は過ぎゆくのに
魂の友は見つからない
たった一度の触れ合いもないまま
ハートの花は咲かずに幾多の季節を巡る
ハート、外側で微笑んで
内側で静かに泣いている
なぜ、こうなるのか
ああ、どうしてこうなってしまうのか
一体いつまで、こんなにつまらないままなのだろう
私と誰かの手が、永遠の愛に結ばれるのはいつなのだろう
誰かの瞳が語る言葉を
わたしの瞳が解するのはいつだろう
いつになったら真実の道が、苦痛から解放されるのだろう
獲得しようと願うハートが、永遠にさ迷うのはなぜだろう

なぜ、こうなるのか
ああ、どうしてこうなってしまうのか
探し求めて生は過ぎゆくのに

魂の友は見つからない
たった一度の触れ合いもないまま
ハートの花は咲かずに幾多の季節を巡る
なぜ、こうなるのか
ああ、どうしてこうなってしまうのか

なぜこうなってしまうか、理由は単純だ。わたしたちが、本質的に止《とど》まることのないものを押し止《とど》めようと、動かずにはいないものを押し止《とど》めようとするからだ ── 動かずにはいない、まさにその本質が活動であるものを。まさにその本質からして、捉えることが不可能なものを捉えようとしている。水銀をつかもうとするようなものだ。水銀は飛び散る。わたしたちは、水銀を追い回すように世界を追い回している。水銀は拡散する。

しかし、わたしたちは、常に現在に在る者、わたしたちが戯《たわむ》れ遊ぶこういったゲームのすべてを超えて立つ者、わたしたちの内側に立つ者、わたしたちの外側に立つ者、その姿を見たことはない。この戯れのすべてをじっと見守っている者、観照者である者を見たこともない。神聖なるものを注視したことがない。だからこそ、魂の伴侶など見つからないのだ。多くの人々が魂の友のように見えても、実のところ、ひとりとしてそうではない。しばしば魂の友を見つけたと思っては、ただ繰り返し失うばかりだ。

あなたはどれほど多くの友情をでっちあげ、どれほど多くの愛を形作り、どれほど多くの執着の縄を縛りつけてきたことだろう ── その度ごとに、あらゆるものを失ってきた。手にしたのは苦悩と悲嘆だけだ。それでも、いまだに目覚めていない。いまだにどこかで誰かを見つけることを望んでいる。「もう少し探させてくれ、あと少し!」。希望は不死身だ。欲しいものを見つけるのは不可能なのだと体験は示してくれるのだが、希望が体験に勝利し続ける。希望は新しい夢を組み立て続ける。唯一、希望から目覚めた人だけが世界から目を覚まし、自由になる。

ここには魂の友はいないし、ここではハートの内なる花はけっして咲かない。花は、神聖なるものとの接触があって初めて咲く。季節は来ては去る。しかし、あなたの中の花は咲かない。けっして。神聖なるものの季節が到来して初めて、咲くことができる。それがその春であり、その安息が秋だ。いくらでも待てるが、遅かれ早かれ戻らねばならない。知性的な人はすぐに戻るが、愚かな人は長くかかる。知性的な人は少しの体験で学ぶ。だが、愚かな人は同じ過ちを繰り返し、徐々にこれらの過ちに慣れてしまう。目を覚まして学ぶよりも、間違うことが上手くなる。過ちを繰り返しては、熟達していくばかりだ。

目覚めなさい！　過ちを繰り返してはいけない。何かを試み、何も獲得できなかったとき、なぜそうなったのか――どうしてなんだと頭を拷問にかけてはいけない。それは非常に単純な原理でそうなったのだ。壁を通り抜けようとすれば、頭をぶつける。どうして、そうなってしまうのだろう。扉を通って行きなさい、扉はある。聖者たちはみなこの扉、この玄関口について語っている。

神聖なるものを思い起こすなら
時間という蛇や、苦という虫に悩まされることはない
ゆえにダヤは言う
世界という網を置き去りにして、神聖なるものを抱きしめよ

世界は網だ。長い間、あなたはそれを保ってきた。だが、あなたの手には何も入ってこなかった。魚

一匹獲れぬまま、どれほどあなたはこの網を打ってきたのだろう。海岸に何生も腰を据え、惨めにくたびれ果てて、幾度となく同じ網を編み上げては打ち、いまだに魚一匹捕まえたことがない。

イエスが、漁をする漁師を見かけた。朝のことだった。イエスは漁師の肩に手をかけて言った。「わたしを見なさい。いつまで無用な魚をつかまえているつもりだ。ついて来るがいい。本物の魚をつかまえる秘訣をあなたに教えよう」

漁師は、イエスの目を覗き込んだ――見も知らぬ人に背後から近寄られ、肩に手をかけられるとは思いも寄らなかった――だが、漁師は漁をしていた網を放し、イエスに従った。

弟が叫んだ。「どこへ行く」。弟は舟の上で漁をしていた。「どこへ行くのだ」。網を打って、もう存分に人生を過ごしたと兄は答えた。ときどき少々の魚が捕まったが、実際に彼は何を捕まえたのだろう。魚は獲れるときもあれば、獲れないときもあった。だが実際、彼らは何を捕まえたのだろう。彼は空虚で、虚しいままだった。「今日、この人の目を見た。彼の言うことが信じられる。ひどい目に会うわけではなし、失うものもない。何かが得られればよし、だが、そうでなくてもよしだ。俺はこの人と一緒に行く」

すべての神秘家が、まさにこれと同じことを言う。あなたの肩に手をかけて「いつまでこの網を打っているつもりだ」と。

ゆえにダヤは言う
世界という網を置き去りにして、神聖なるものを抱きしめよ

あなたは何度もこの網を打ってきた。何かが掛かることもあれば、何も掛からないこともあった。し

かし、深く見てみれば、網はいつも空っぽなまま戻り、何も掛かっていないとわかる。何であれ網にかかったものには価値がなく、何の益もなかった。ときには少々のお金、ときには地位、ときには名声。だが、それらにいったい何の価値があるだろう。いつの日か、それらすべてを残して、あなたは去る。あなたの地位、あなたの名声、あなたの富。あなたはそれらの主人ではなくなる――あなたはそれらの主人ではない。それらは、あなたが現れる前からここにあり、あなたが去った後も依然としてここにある。名声と地位は残るが、あなたは去っていく。現れたときと同じように、あなたは空手で戻って行く。

神聖なるものを思い起こすなら
時間という蛇や、苦という虫に悩まされることはない

ダヤは言う。神聖なるものを想起するなら、生の苦悩のすべて、苦悩という生の大火はすべて沈静される。そのとき、あなたを焼き焦がすものはない。今現在は、あらゆるものがあなたを焼いている。今のところ、あなたが人生と呼んでいるものは、生ではなく葬式の薪だ。あなたはあらゆる形で焼かれている。憤怒に焼かれたり、葬式の薪に焼かれたり、いずれにせよ、しょっちゅう焼かれている。その葬式の薪は、ときに顕《あらわ》であったり、ときに隠されていたり、目に映る形であることもあれば、目に見えない形であることもある――いずれにせよ、あなたは焼かれ続ける。自分の生の甘露《ネクター》を味わったことがあるだろうか？　あなたのハートが焼かれなかった瞬間を、燃焼が完全に緩和された瞬間を味わったことがあるだろうか？　ときに火の勢いは強烈になり、ときに火の勢いは落ち、ときに火の手は遠ざかり、ときには遠ざからず、いずれにしても平安の瞬間をあなたは味わったことがあるのか、至福の瞬間を味わったことがあるのか？　扉は開いたことがあるのか？　ないだろう！

神聖なるものを思い起こすなら
時間という蛇や、苦という虫に悩まされることはない

しかし唯一、神聖なるものを思い起こす者のみが至高の平安を達成し、世界という猛火を超えて行く。神聖なるものを思い起こすとは、どういう意味だろう。

もし人が、そのままの自分を頂点とすれば、彼は苦悩に生き、それで終わる——種が種自体を結果と決め込むなら、花は咲かない。種は限界を超えねばならない。種は種自体を超えて進まねばならない。人が神聖なるものを想起するとき、それはまさに彼が自分自身を超えて行こうとするときでもある。

神聖なるものを思い起こすとはどういうことだろう。それは座って『ラーマラーマ、ラーマラーマ』とくちずさんだり、ラーマの名入りショールを羽織ることでもない。これは、そんなに安上がりなものではない！　神聖なるものを想起するとは、自分自身を超えて進み始めたということ、目を上に向け始めたということ、種が花を探し始めたということだ……それはまだ花ではないが花になることができる……種は花を探し始め、ランプの炎は空へと向かい、太陽に向かって上昇し始めた。旅は始まった。種は弾《はじ》けて芽を出し、空に向かってその旅を開始した。

『わたしが何であれ、わたしが誰であれ、わたしは人間であり、それで終わりだ』と思っている限り、自分を超えることに向かって開く扉はあなたの内側にはない。あなたは扉のないままだ。扉のない人は、惨めで悲嘆に暮れている。自分自身を閉ざし、牢獄に閉じこもっている。

神を信ずること、それは別に、空に鎮座する神がいる、世界を駆けめぐる神がいると思うことではない。こういった幼稚な観念に堕ちてはいけない。神を信ずるとは、単にこういう意味だ……正しく理解

するなら、それは単純にこういうことだ。『わたしは自分で終わらせはしない。これ以上が可能だ』これを繰り返して言うなら、『わたし以上のものが可能だ。わたしの境界線は、わたしの存在の究極の境界線ではない。わたしは大きくなれる、広漠たる広がりになれる、わたしは発展できる』ということだ。単にこれを思い起こすことが、神聖なるものを思い起こすことだ。

　神聖なるものを想起することは、まったくの象徴だ。座って神聖なるものの御名を唱えることに没頭しているとき、彼は何を言っているのだろう。彼はこう言っている。『どうぞ、あなたのご加護を賜りたい。おお、わたしの未来、あなたに乞う、ああ、わたしの可能性！　今現在、わたしは一粒の種にすぎないが、これがわたしの内なる旅となるよう、花を思い起こしている。わたしは歩む。今、座ってなどいられない。わたしは昇る、わたしは旅をする。わたしは探さねばならない。わたしの目的を探し当てねばならない。怠惰に座っていても何になるだろう』。霊《スピリチュアル》的に不足を感じる人は、すでに宗教的だ。世間的な物事に満たされていて、スピリチュアルな感覚に不満のある人は宗教的な人の徳性を示している。

　目下のところ、状況は反対だ。今のところ、あなたは世間的感覚において不満を感じる。裕福であっても充分ではない。家はあっても小さすぎる。車はあるが古い。業者から中古車を購入したが、新車のちゃんとしたものが欲しい。金庫はあるが小さすぎる。地位はあるが満足できず、もっと高い地位に就きたい。今現在は、世界に対して不満がある。おもしろいことに、自分については完全に満足している！　内側に対してすべきことは何もない。不満があるのは、みな外側の物事だ。身の安全はより確実でなければならない、新車を買わねばならない、家はもっと大きくなくてはならない、財産をもう少し増やす必要がある、もっとよい妻や夫を見つける必要がある……こういったことに、あなたは巻き込まれている。あなたは拡張している。しかし、あなたの自己ではなく、あなたの世界を拡張しているのだ。

　ここが世間的な人とスピリチュアルな人との唯一の違いだ。あなたは自分の世界を拡張したい。スピリチュアルな人は自分自身を拡張する。あなたは自分自身にはまったく満足している。そのままの自分に満足している。自分がまったく違う者になれること、ブッダが自分の内側に降臨し得ること、マハヴィーラが自分の内側に誕生し得ること、イエスが自分の内側に誕生し得ることにはまったく関心がない。まったくもって、これについてあなたは悩んでいない。些細なことには非常に不満を抱き、偉大なことには何の不足も感じない。

これを心に刻みなさい。外側の物事への不満が内側に向かい始め、内側への満足感が外側に向かい始めるとき、あなたはすでに宗教的な人間だ。あなたはただ、この小さな変化を作り出さねばならない。満足は、その向きを外側に変えねばならない。家は小さくとも間に合う。生はとても短い。大きい家に住もうが小さい家に住もうが、大して変わらない。生が続行するのはほんの数日だ。持っているものでやりくりしなさい。外側が続くのはほんの一時《いっとき》だ。外側の生は、駅の待合い室に座っているようなものだ。あなたは待合い室を改装し始めたりはしない。少しペンキを塗って、掃除をして、絵を飾ったりはしない――三時間ここに座っていなくてはならないというだけで！　自分にこう言い聞かせなさい。「これは待合い室だ。あまり巻き込まれることはない。ここで新聞を読んで平和に満ちて座っていよう。電車が来れば、すぐにわたしは行ってしまうのだ」

外側の生は一夜の宿だ。朝には発たねばならない。これについてあまり悩む必要はない。この外側の生に満足することは、宗教的な人の徴《しるし》だ。何かに対して不満を感じたければ、もちろん内なる旅は広大だ。それは長い旅だ、永遠の旅だ。そこであなたは真実を探さねばならない。だから、そこにあなたの不満を投じて働かせるといい。あなたの全不満の炎を内側に引き寄せ、全満足を外側に落ちつかせなさい。これを行なうやいなや、あなたはサニヤシンになる。あなたは宗教的で、スピリチュアルだ。

神聖なるものを思い起こすなら、時間という蛇や、苦という虫に悩まされることはない。そして、神聖なるものを思い起こす者は誰であれ……神聖なるものを思い起こすとは、神聖であることに向かって進むということだ。しかし、まずはあなたが思い出さねばならない。まず自分が成るべきものを思い起こさねばならない。

これまでに、思考の本質を理解しようとしたことがあるだろうか？　家を建てたければ、何よりまず第一にその考えが浮かぶ――家を建てたいという考えが。マインドでそれを計画し、イメージを広げ、どんな家を建てるか紙に書いてみる。それから、計画を練るために建築家のところへ赴《おもむ》く。家が建てられるのは後のことだが、まずはあなたのマインド、あなたの想起の上に建てられる。

この世界に起こることは何であれ、まず思考において起こり、その後で世界に起こる。初めに思考に起こり、それから現実に起こる。神聖なるものを想起することは、自らの内なる旅を始めたということだ。今、あなたは自覚している。自分は神聖なるもので満ちる必要がある。神聖なるものへと飛び込まねばならないと。あなたは世界を見た、夜明けの最後の星を。今、それに向かって進まなければならない。今、あなたは手紙を書き始めた。その目的地はまだまだ遥か先だが、あなたは自分の行く先にメッセージを送り始めている。

彼はすっかりわたしを忘れている
一通の手紙も送ってよこさなかったのだから
雨季は過ぎ、恋人たちが出会う季節は去った
心地よく立ちこめる暗雲に、雷鳴は轟《とどろ》く
けれど、わたしの水差しはまだ空《から》のまま

ただの一滴もわたしのくちびるに滴《したた》ったことはない
わたしは渇きを、さらなる渇きで癒した
彼はわたしをすっかり忘れている
一通の手紙も送ってよこさなかったのだから
毎朝、鳥たちに飛び去るように懇願し
毎朝、歓迎の飾りつけをした
ときには暗闇の中で、ときには光の中で
わたしは多くの道の埃をかぶり、人々の笑い草となった
彼はわたしをすっかり忘れている
一通の手紙も送ってよこさなかったのだから

神聖なるものを思い起こすとは、あなたが手紙を書き始めたということだ。神は遥か先だ。今のところ、あなたには彼の馬車は見えてはいないし、その道に立つ埃すら見えていない。今のところ、神聖なるものは夢、単なる考え、連想にすぎない——わたしのままでは充分ではない、わたしという存在に平安はない、祝福はない、今の自分には安らぐ時間がない、自分はまだ旅をしなくてはならないという考えから波立ってくる連想だ。あなたは自分に満足しているだろうか？　本当に満足しているだろうか？　内側で何かが起こって欲しくはないだろうか——ランプに火が灯って欲しくはないだろうか？　旋律が生じて欲しくはないだろうか？　花が開いて欲しくはないだろうか？　芳香が立ち昇って欲しくはないだろうか？　もしもこの欲望、花に対する、香りに対する、光に対するこの切望があなたの中で目覚めているなら、あなたは手紙を書き始めている。あなたは思い出したのだ。

神聖なるものを思い起こすなら
時間という蛇や、苦という虫に悩まされることはない

神聖なるものの記憶が、あなたに戻ってきている。あなたが出てきた家、あなたが送り出された家を、あなたは思い出している。〝ここ〟は見知らぬ土地だ。あなたはここへ来た。だが、生まれる前はここにいなかった。そして、死後もここにはいない。自分の家を思いだし始める時――あなたが後にしてきたところ、あなたの本来の源泉であるもの、あなたの原点、誕生する前にあなたがいたところ、あなたが眠っていた巨大なミルクの大海、死後あなたのいるところ、あなたの流れが流れ込む大海、あなたであったもの、誕生する前にあなたがいたところであり、あなたの死後にいるところ――こういったことをすべて思いだし始めるとき、変容が始まっている。あなたの目は内側に向かい始めている。あなたの目は外側に対して閉じ始め、内側に進み始めている。

あなたは依然として外側で生きるだろう。だが、外国に暮らしながら自分の家を思い出す人のように。彼はそこで暮らし、事態を続行させる。自分の店に行き、市場を回り、オフィスに行き、あらゆることを行なう……夫がいて、妻がいて、子供たちがいて、彼はみんなの面倒を見、万事順調だ。しかし今、内なる記憶が、制し切れない内なる記憶が甦ってきた。まるで、何者かに引っ張られ始めているように。あなたの真の生の力は内側に向かい始めた。外側は名ばかりだ。漲《みなぎ》る生の流れがあなたの内側に集まり始め、エネルギーが結晶化し始める。

覚えておきなさい。わたしたちは自分が後にしてきた場所へ戻るということを。川は海から生じた。それは雲になって空へ昇り、ヒマラヤに降り、川となり、また大海へ戻る。源泉こそが目的地《ゴール》だ。わた

したちは自分が後にしてきた処《ところ》へ戻る。誕生する前にいた処こそ、死後に至る処だ。永遠は、その本来の源泉にある。休息はそこにある。〃ここ〃にあるのは喧騒、ごまかしに次ぐごまかしばかりだ。

彼はすっかりわたしを忘れている
一通の手紙も送ってよこさなかったのだから
雨季は過ぎ、恋人たちが出会う季節は去った
心地よく立ちこめる暗雲に、雷鳴は轟《とどろ》く
けれど、わたしの水差しはまだ空《から》のまま
ただの一滴もわたしのくちびるに滴《したた》ったことはない
わたしは渇きを、さらなる渇きで癒した
彼はわたしをすっかり忘れている
一通の手紙も送ってよこさなかったのだから

これが実態だ。今のところ、あなたは自分の渇きをさらなる渇きで癒している。水は一滴もない。あなたは、自分を慰めようとしているだけだ。どれほど慰めようとしたところで、マインドは慰められない。渇きで渇きが癒されたことがあるかね?

気づいたことがあるだろうか。驚くことに、ひとつの欲望が満たされないうちに、あなたは別の欲望を生みだす。どうしてだろう。──もし欲望が満たされなかったら、絶望を味わうことになる。そこで、あなたのマインドは他のものに関わらざるを得ない。何かに携わっていなければ、マインドはどうしたらいいだろう。そこで直ちに、もうひとつ別に欲望を作り出す──渇きをさらなる渇きで癒そうとして。

ひとつの欲望から悲嘆が生じるからこそ、別の欲望に持ち越すのだ。

これに気づいていただろうか。何かに悩んでいても、それを凌ぐさらに深刻な悩みが生じると、それまで悩んでいたことは即座に忘れてしまう。それはこのようなものだ。ある人が、頭痛がして医者に行く。「頭がもの凄く痛いんです。割れるようです」と訴えると、医者がこう答える。「ちょっと待ってください。えー、頭は何ともないようですよ。それでは心臓を調べてみましょう」。そして、あなたの心臓の鼓動を聞きながら、医者が言う。「どうも、頭痛なんか気にしてる場合ではありませんな。心臓発作の可能性があります！」。その瞬間、頭痛は完全に吹っ飛ぶ。頭痛などにかまってはいられない。頭があるのも忘れてしまうだろう！

何が起きたのだろう。小さな苦悩に大きな苦悩が取って代わったのだ。大きな悩みが小さな悩みに取って代わる。大きな絶望は小さな絶望を圧倒する。これはあなたの方便だ。苦悩にあるとき、あなたはどうやってそれを忘れ去るだろう。——さらに深刻な苦悩を創造する。小さな厄介事がある。あなたは、さらに大きな厄介事を持ち込む。こうして小さな厄介事を忘れ、大きな厄介事に巻き込まれている。

しばらくの間、あなたは大きな問題に関わっている。それから、それにすら飽きてくると、今度はもっと重大な問題を手に入れる。このようにして、人間は自分の問題を拡張し続ける。これこそ、『世界という網』とダヤが呼んだものだ。

『……渇きをさらなる渇きで癒した』。渇きが渇きを癒したことがあるだろうか？　頭がおかしいのではないか？　あなたの唇には一滴たりと滴ることなく、季節はすばやく過ぎ去り、この生がもたらす機会は失われて行く。

神聖なるものを思い起こすなら
時間という蛇や、苦という虫に悩まされることはない
ゆえにダヤは言う
世界という網を置き去りにして、神聖なるものを抱きしめよ

あなたの不満の鉾先を変えなさい——ゆえに神聖なるものを抱きしめよ。神聖なるものを思い起こすのだ。あらゆるものを気遣うもの、それに気遣いなさい。あなたの源泉であるもの、それを思い起こしなさい。あなたの本性であるもの、それに思いを馳《は》せるのだ。あなたの本性への渇望、その本性に対する熱狂——その切望があなたの中に喚起されますようにと。ゆえに、神聖なるものを思い起こすのだ。

いいかね、『ラーマラーマ、ラーマラーマ』と唱えるだけで、やるべきことはすべてやったことになるという、帰依者たちの言葉をもって結論づけるべきではない。『ラーマラーマ』と唱えることは、大きな行程《プロセス》の一部だ。もしも、この大きな行程があなたのものであれば、『ラーマラーマ』と唱えることは有意義だろう。しかし、その行程を経ていなければ、それを唱えても無意味だ。このように考えてみることだ。スイッチを押せば電気はつく。しかし、店からスイッチを買ってきて、それを壁に取り付けて押せばパッと明りがつくとは思わないことだ。電気は、大きな回路網《ネットワーク》の一部だ。スイッチひとつでは用を為さない。

T・E・ロレンスという素晴らしい人物がいた。彼はアラビアに住み、イスラム教徒たちに奉仕した。彼はすこぶる勇敢だった。英国人でありながらアラビア人を愛し、アラビアでその全生涯を過ごした。あるとき、フランスで大きな博覧会があった——世界博覧会だ。世界が検分できるようにと思い測り、

ロレンスは十人か十二人ほどのアラブの友人をフランスへ連れて行った。「あなたたちの住むアラビアの砂漠では、暮らしぶりが相当遅れている。世界を見ておくべきです！」。このように提案し、ロレンスは彼らを博覧会へ連れて行った。ところが彼らは一向に博覧会への興味を示さない。ロレンスは当惑した。しかし、いったん浴室に入ると彼らはなかなか出てこなかった。彼らの興味は、唯一浴室にしかなかった！　そんなに長時間、いったいそこで何をしているんだとロレンスは何度も尋ねた。数時間だ！　彼らは水に恵まれない民族で、まともな入浴をしたことがなかった。数時間もシャワーを浴びたり浴槽につかる以外、他には何も関心がないといった様子だった。彼らは博覧会へ行っても、すぐに「ホテルへ戻ろう」。と言うのだった。

出立の日、車に荷物を積み終わると、ロレンスはアラビア人たちがいないことに気づいた。「いったい、どこへ行ってしまったんだ……」。彼は途方に暮れた。飛行機に乗り遅れそうだった。そのとき、彼は閃いた。「また浴室にいるのか」。ロレンスが二階へ駆け昇って行くと案の定、アラビア人たちが全員浴室にいた。ひどく手こずっている様子で、ひとりはシャワーのネジを抜きにかかり、もうひとりが蛇口を外しにかかっていた。ロレンスは彼らに尋ねた。「何をしてる」

彼らは答えた。「これを家に持ち帰りたいのだ。家で楽しもうと思ってね。この蛇口をアラビアに持ち帰れば、家でも風呂に入れるだろう」

彼らは知らなかった。蛇口というものが目に映る一部分にすぎないことを。この背後には、巨大なネットワークが存在する。巨大なパイプラインが、遥か遠くの水源につながっている。蛇口は末端にすぎない。『ラーマラーマ』は、ちょうどこのようなものだ。座って、『ラーマラーマ』と繰り返し唱えることを、蛇口をひねればすぐに入浴できるようなものだと考えてはいけない。これは効かない。その背後には、広大な意識という背景、長きにわたる行程《プロセス》がある。

この行程の第一段階において、あなたは自分自身に満足していない。第二段階では、あなたは世界には満足している。それはそのままで申し分ない。それがどの様であれ、あなたは受け容れる。しかし、あなたは内側の自分自身のような、現在の自分に満足していない。あなたの切望、欲求、情熱のすべてが、ひとつの流れになり始めている。そしてその流れは、あなたの最奥の実存の一部となる。しかし、この流れは神聖なるものまで流れねばならない。無限なるものを探し当てねばならない。なぜなら遅かれ早かれ、有限なるものは死によって破壊され、肉体は破壊されるからだ。他人の葬式を見たことがあるだろう。ある日、あなたの葬式も執り行なわれる。他人の火葬用の薪を見たことがあるだろう。いつか、あなたもまた薪の上で燃える。限りある肉体は死なねばならない。

あなたの限りある肉体が逝く前に、無限なるものを悟りなさい。さもないと、生は虚《むな》しく過ぎ去る。その機会は現れては去った。無限のものも悟れなかった。魂の友も見つけられず、あなたのハートの蓮の花は開かなかった。

無限なるものを識《し》らねばならない。無限なるものの悟りに向けた呼び声が、神聖なるものの名前だ。名の無きものが悟られねばならない。これまであなたは自分を、自分の名前が付いているものと思ってきた。どうやってあなたが名前と結びつくのだろう。どんな名前でもつけられる。名前は常に借り物だ。あなたは名前なしに現れ、名前なしに去っていく。だから、出発の瞬間《とき》が来る前に、名の無きものを悟らねばならない。この名の無きものは『ハリ』と呼ばれる。名の無きものをわたしたちは呼ばねばならない！　それに名前をつけねばならない、そうしなければ、どうやってそれに宛てるのだろう。それで『ハリ』だ！

ハリという言葉は、とても魅惑的だ。それは泥棒という意味だ――虜《とりこ》にする者、盗む者、あなたのハートを奪う者だ。この世には、ヒンドゥー教徒ほどすばらしい人々はいない。人々は、実にたくさんの名前を神につけた――それもハリとは！　そんなことができるのはヒンドゥー教徒だけだ。それは適切でもある。愛はある種の盗みだ。彼はあなたのハートを奪う。ある日、あなたは発見する。自分は残ってはいるものの、自分のハートはどこかに行ってしまっているのを。今やハリがあなたのハートの座に君臨し、すべてを占有している。彼はハートを丸ごと奪って行った。彼は『ハリ』だ。あなたのハートを奪ったからだ。あなたには何一つ残さない。彼はあなたのものをすべて吸収する。一滴ももらさず飲み干し、あなたには何も残さない。

ある晩、スーフィーの行者《ファキール》の家に数人の泥棒が入った。行者は毛布の上に横になっていた。彼の持ち物は毛布一枚だけだった。彼は泥棒たちがとても忙しく働いている様子をずっと見守った。「やつらは何を探すつもりなのだろう」。彼は思いあぐねた。そこらにあった欠けて古ぼけた壺やら鍋をかき集めて、彼らは忙《せわ》しなく働いていた。

泥棒たちがそれらをまとめて出て行こうとすると、行者は一緒について行こうとした。彼らは行者に訊いた。「どうして一緒について来ようとする。どこへ行くつもりだ」。泥棒たちは仰天した。なぜ、この男はついて来ようとするのだろう。

彼は答えた。「みなさんが全部持って行くので、わたしも行くべきだと思いました。どうしてわたしを残して行くのです。そこなら、ここで暮らしていたときと変わりなく暮らせるでしょうよ。わたしがそこにいても、あなたたちに害はありませんよ」

「旦那さん、あんたの物は返すよ。どっちみちたいした代物じゃないし、あんたにはかまっていられない」。そう言って、泥棒たちは即座に彼の物を返上した。

ハリがあなたを盗み、あなたを連れ去るとき、後には何も残さない。盗まれるような物を持っているだろうか？　ハリがあなたのハートを持ち去るとき、このスーフィーの行者を思い出すことだ。ハリとともに行き、こう言いなさい。「おお、御身よ、わたしもお連れください。あなたはわたしの物をみな持って行かれようとしています——わたしの思考も、わたしの記憶も。それはかまいません。でも、わたしもお連れください。ここでわたしに何ができるでしょう」。そしてハリは本当にすべてを取る。彼が盗むとき、彼はすべてを盗む。後には何も残さない。

神聖なるものを思い起こすなら
時間という蛇や、苦という虫に悩まされることはない
ゆえにダヤは言う
世界という網を置き去りにして、神聖なるものを抱きしめよ

神聖なるものを想起することに興味のない者たちに語ってはならない

ハリに興味のない者たちには説明しないとダヤは言う。何の必要があるのか。いずれにせよ、彼らは理解しない。彼らは誤解するだけだ。

神聖なるものを想起することに興味のない者たちに語ってはならない

そして、あなたもまた彼らにかまうべきではないと彼女は言う。彼らは神聖なるものに背を向ける、

だから、そうさせておきなさい。神聖なるもの自らが事の次第を彼らに説明できないのに、どうやってそれがあなたにできるだろう。彼らは神聖なるものを曲解している、間違いなくあなたのことも曲解するだろう！　彼らは石頭になってしまった。彼らの面倒は彼ら自身にまかせなさい。

神聖なるものを想起することに興味のない者たち……

それに、これはわたしの体験でもあった。神聖なるものに向かう者たちだけが理解できる。この悟るということ、それは強制されるものではない。あなたの中に強烈な欲望があるときにのみ生じる。わたしの話を聞くとき、共鳴と深い興味と愛、そして献身をもって耳を傾けるなら、わたしの話は、あなたの内側に甘露《かんろ》のごとく降り注がれる。もしも、あなたがわたしの言うことに異論を唱え、わたしに対して閉じ、反対するなら、わたしの話は針のようにあなたをつつくだろう。

まだ世界にがんじがらめになっている者にとって、神秘家の言葉は針のようだ。彼らは言う。「なんだと。『世界は夜明けの最後の星のようなもの』だって？　選挙運動を終えたばかりなのに『世界は夜明けの最後の星のようなもの』だと！　そんなことを言って、我々の有権者にちょっかいを出さないでくれ。まずはデリーの政庁所在地へ行かせてくれ！　その後でなら何でも好きなことを言っていい。だが、まずは目的地へ行かせてくれ」

まだ世界に興味のある者たちは、こういった言葉を非常に有害なものと見なす。狂ったように世界を追いかける者にとっては、神聖なるものの御名すら苦々しい。彼らはそれを耳を毒すものとみなす。これを心に刻みなさい。すべてはあなた次第だ。あなたが毒でいっぱいなら、神聖なるものの御名のような尊い言葉をもってさえ、あなたの中に染み込むのは毒だけだ。あなたという器が毒でいっぱいなら、甘露《かんろ》はその中には注ぎ込まれない。神聖なるものを想起することに興味のない者たち……神聖なるものをまだ想起したことのない者たち、神聖なるものについて考えたことのない者たち、何か神聖なものが存在し、人はそれを探求しなくてはならないということを理解していない者たち、いまだに世間に酔いしれている者たちには、神聖なるものについて語ってはならない。彼らは眠っている。彼らの夢を邪魔してはいけない、さもないと彼らは怒る。

あなたのハートを、神聖なるものを愛する人に向けて開きなさい

ダヤは言う。神聖なるものの美を愛する人、神聖なるものへと飛び込んだ人、神聖なるものに向けて自らのハートの扉を開いた人——あなたのハートを、神聖なるものを愛する人に向けて開きなさい。——そんな人にだけ話しかけなさい。そういった事は、非常に内的なことだ。

人々はわたしのもとへ来ては、このように尋ねる。「すべての人がここへ入れないのはなぜでしょう」。ここへ入れるのは、マインドが明瞭に探求を始めた者たちだけだ。なぜ、すべての人がここに入る必要があるだろう。ここは見せ物小屋ではない！　単なる興味本位からなら、一人としてここへ来るべきではない。ここで行なわれているのは講義ではない。ここでは、ハートが顕《あらわ》にされる。準備のある者だけ、自らのハートを開くことを切望する者たちだけが、足を踏み入れられる。わたしたちのハートが出会えるかどうかが、ここに来る唯一の要点だ。さもなくば、あなたの時間は浪費され、わたしの仕事《ワーク》はすべて水泡に帰すだろう。そして、むしろ逆にあなたはこう言い、怒ってここを去るだろう。「これはどういう講話だ。彼は何かを説明するべきだ。何か役に立つことを教えるべきだ」

聖者のもとへ行くとき、あなたは何かを得ようとして行く。人々はわたしのもとへ来て言う。「あなた

の祝福を賜りますよう」。何のためにわたしの祝福を乞うのだろう。せめて、そのくらいはわたしに教えてほしい。

彼らは言う。「あなたは何でも知っている」。いやはや、御免こうむる。はっきりと言いなさい。後で面倒に関わりたくはない。なぜなら、その祝福が実りをもたらすかどうか、わたしが責任を持つことになるからだ。

裁判所で裁判が行なわれていて、と彼らは言う。裁判に長くかかっている。そこで「裁判に勝利するよう、どうか助けてほしい」。裁判があって、そのために来たのだ！　しかし、あなたたちのいわゆる聖者たちは、それを仕事のひとつにしている！　あなたたちは彼らを聖者と呼ぶが、彼らは裁判の勝利、選挙の当選、病気の厄除けを祈願する。

よく言っておくが、どのようにであれ、あなたの世界を手助けする者は聖者ではあり得ない。彼は単なる商売人の世界の一部にすぎない。彼は宗教の商人だ。彼もまた商売人の一人だ――あなたと同じで。しかし、彼の方があなたよりビジネスに長《た》けている。あなたは目に見える物を売り、彼は目に見えぬ物を売る。そして、この目に見えぬ商取引があなたには理解できない。彼に用心しなさい！

本物の聖者は、あなたをはっとさせる。真の聖者はあなたを叩く。彼の前では、あなたは無力な怒りに悶《もだ》える。あなたは何度も彼に腹を立てるだろうし、何度も彼から逃げ出したくなる。あなたは聖者を恐れる。彼のそばに行く前に、あなたは一千回も考える。なぜなら、光明を得た人のそばに寄ることは、変化すること、変容することを意味するからだ。

あなたのハートを、神聖なるものを愛する人に向けて開きなさいハートが開くのは、そのような人の前だけだ。こういったハートのものごとは、神聖なるものの美に惚れ込んだ者、神聖なる者と恋に落ちた者……神聖なるものを愛する人、神聖なるものの精神的支えにおいて喜びを見出し、内なる狂気が目覚めたことに喜びを見いだす者、そういう人にしか明かされない。

あなたのハートを、神聖なるものを愛する人に向けて開きなさい

神聖なるものの美に少々気づき始めた者たち、内側に新たな渇きを覚え始め、「順調だ。何であれ、ここにあるものに不足はない。しかし、これだけで満足している理由はない。これが存在するすべてなら、人生には何の意味もない」。こう言う人に……。毎朝、あなたは起きて会社へ行き、夕方家に戻り、食べて飲んで、寝て、そうして再び朝起きて、会社へ行き……もしこれが存在するすべてなら、人生は無意味だ。何かそれ以上のものが必要だ。何か絶対的な意義が欠かせない。何か別の世界の光、何か新しい意識の広がり、新しい空が必要だ。

もし、これが存在するすべてなら――毎日、朝晩、地を這いつくばって――もしも、この虫のような暮らしが存在するすべてなら、人生はくだらない。誰であろうとこれを理解した人には、あなたのハートを開きなさい。その人に、あなたのハートにあるものを伝えなさい。あなたのハートの弦をかき鳴らしなさい。その人の前に、あなたの金剛石《ダイヤモンド》を置きなさい。これこそ、光明を得た神秘家達のすることだ。彼らはただ語るのではなく、自分が見つけたダイヤモンドをあなたの前に掲げる。けれども、あなたの目にそれらのダイヤモンドが映るのは、世間にはダイヤモンドがないとわかるようになったときだけだ。ここにあるものは汚物にほかならない。まだ石ころがダイヤモンドに見えるなら、あなたにはまだこのダイヤモンドは見せない方がいい。あなたはそれを別の石ころだと思うだろう。

あなたがダイヤモンドを識別できるようになったとき、自分が目利きになったかどうか試してごらん――あなたのハートを、神聖なるものを愛する人に向けて開きなさい。神聖なるものを待ち受けるばかりの状態になり始めた、そんな生を生きる人に、あなたのハートにあるものを分かち合いなさい。その人にあなたのハートを開きなさい。その人にすべてを見せてあげなさい。あなたの秘宝をすべて彼に見せてあげなさい。彼をあなたのハートの最奥に招待しなさい。彼をあなたの寺院に招待しなさい。「わたしのお客《ゲスト》として、内側へお出《い》で下さい。わたしの内側で起こったことをご覧になって、それを吟味し、理解し、楽しみ、味わってください」。あなたに起こったことが彼にも起こり得ることを伝えなさい。

萌える若草
待っている、待っている
愛しき者よ
萌える若草
扉は開けておくのだよ
芳香の旗を掲げ、色とりどりの雲が立ちこめる
願わくばあなたの長寿たらんこと
ああ、微笑みの橋
優しい朝
待っている、待っている
愛しき者よ
優しい朝

光を見張っているのだよ
ランプを灯しておくのだ――おお！
ラジャニガンダの花のように、夜の時間をやり過ごすのだ
静かに、ああ、とても静かに
輝く一瞥
待っている、待っている
愛しき者よ
輝く一瞥
愛しき者よ
萌える若草
待っている、待っている

扉は開けておきなさい――光を見張っていなさい。ランプをつけておきなさい。師《マスター》は、あなたを自分のハートに招いてこう言う。『わたしの内側で起こっていることを、ただ見てごらん。今や、それはあなたを待つばかりとなった。あなたは少しばかり長く待たねばならない。そうすれば、わたしの中で起こったことが、あなたにも起こる。わたしはあなたと似たようなもの、骨と肉と髄の形をとっている。あなたと同じように、自分の限界に悩める者だ。あなたと同じように暗闇を彷徨《さまよ》った。わたしの中に灯ったランプ、あなたにもそのようなランプがある。昨日わたしは、あなたが今日在る場所にいた。明日あなたは、今日わたしが居るところに在ることが可能だ。ただ少しばかり待ちなさい』

扉は開けておくのだよ
芳香の旗を掲げ、色とりどりの雲が立ちこめる
願わくばあなたの長寿たらんこと
ああ、微笑みの橋
優しい朝
待っている、待っている
愛しき者よ
優しい朝
光を見張っているのだよ
ランプを灯しておくのだよ――おお！
ラジャニガンダの花のように、夜の時間をやり過ごすのだ
静かに、ああ、とても静かに。
輝く一瞥
待っている、待っている

一度、光明を得た神秘家、師《マスター》に出会ったなら、待つのは容易《たやす》い――非常に容易い。もはや待つことに痛みはない。待つことは非常に楽しくなる。なぜなら今や、信頼があり、今や、信念があるからだ。

人々はわたしに、光明を得た神秘家の定義を尋ねる。わたしは人々に言う。あなたのハートに信念を喚起する人、一緒にいるとあなたの待機が容易になる人、そばにいるだけでそれが起こる、確実にそれが起こる、起こらずにはいないという感覚を覚える人、そのような人が神秘家だと。すぐ起こるか後で

起こるか、いずれにせよ——それは別の問題だ。しかし、それは起こる。それは確実だ。もしそれが今日起こるなら、良いことだ。明日それが起こるなら、それはそれでいい。今あなたは気長に待てる。もやは疑いはない。光明を得た神秘家とは、その人の現前であなたの疑いが落ちる、そういう人のことだ。

神聖なるものの御名を発する瞬間、あなたの罪業はすべてなくなる

ダヤは言う、神聖なるものの御名を発する瞬間……想起することが染み込んだ深い待機の生にある人、ハートの最奥に神聖なるものの御名がこだまし始めた人、神聖なるものを享受し始めた人、神聖なるものの美に恋をした人、神聖なるものとの愛に在る人……神聖なるものの御名を発する瞬間、あなたの罪業はすべてなくなる……あなたの罪業はすべて、このひとつの名前を発することで焼き尽くされる。これを覚えておきなさい。あなたもまた、その名前を発したが、あなたの罪業は焼き尽くされなかった。だから実のところ、あなたはその名前を言わなかったのだ。これを知ることだ。

以前あなたはその名前を発し何度も懇願したが、実のところ、それを意味してはいなかった。あなたはそれを何気なく、うわべだけで発した。それはあなたの深みに染み込まず、そのためにあなたの全人生を賭けることもなかった。その矢はあなたのハートを射抜かなかった。あなたは、それをありきたりに言った。そうすると御利益があると人に教えられたので、あなたはその名前を発した。だが、それは探求ではなかった。あなたは恋に落ちたことがない、あなたは狂気にのっとられたことがなかった。

神聖なるものの御名を発する瞬間、あなたの罪業はすべてなくなる

あなたの罪業はすべて焼きつくされる。それらは焼き払うべきだ。それらが生き延びる理由はない。ランプが灯るやいなや、闇はすべて追い散らされる。同じように、神聖なるものの御名を想起することに命を吹き込むやいなや、人の世界はまるごとなくなったも同然だ。あなたの世界は一切なくなり、この世界においてあなたが行なった事はすべて飛んで行く。それはすべてひとつの夢だった。すべてひとつの闇だった。

おお、人よ、神聖なるものを想起せよ
あなたのハートの反復句《リフレイン》

〝反復句《リフレイン》〟は、あなたが何をしようと、何を言おうと —— 起きようが座ろうが、歩こうが歩くまいが、食べようが眠ろうが —— 神聖なるものの御名は始終支えのように、あなたとともに留まる。あなたはそれにもたれる。その支えを手放してはならない。

おお、人よ、神聖なるものを想起せよ
あなたのハートの反復句《リフレイン》

これは歌の中に見られる。一節が繰り返されて、反復句《リフレイン》と呼ばれる。同じ節が何度も繰り返される。神聖なるものの御名を、あなたの反復句にしなさい。何をしようとも —— 自分の仕事場、自分の店を営もうと、家事をしていようと —— あなたのすべての活動の中に、神聖なるものの御名の反復句を存在させなさい。内側にその想起を存在させるのだ。息子を見ては、神聖なるものを思い起こしなさい。妻を見ては、神聖なるものを思い起こしなさい。夫の足を洗っては、神聖なるものを思い起こしなさい。お客に食事を出しては、神聖なるものを思い起こしなさい。いたるところに、神聖なるものの窓があなたに開く――それが〝反復句〟という意味だ。

そして初めて、あなたは一日二十四時間、神聖なるものに追いつく。そうでなければ、寺院に二、三時間、あるいは五分間座って神聖なるものの御名を唱えては、走り去ることになる。慌てることになる――片づけなくてはならない仕事が山ほどある。もし神聖なるものを想起することが、山ほどある仕事のひとつにすぎなければ、けっしてそれはあなたの内側深くには進まない。神聖なるものの御名を、あなたの反復句にしなさい。それをあなたの行ないのすべての核にしなさい。店へ向かうとき、神聖なるものに出会うのだと思って、ひとりひとりのお客に対しなさい。仕事場へ行っても、お客の形をとって、自分のもとへ神聖なるものが来ているとあなたは感じる。

これこそカビールがしていたことだ。カビールがバラナシに布を売りに行く際は、踊りながら行ったと言われている。彼の仕事は実にありきたりのものだった。ただ布を売るだけなのに何がそんなに嬉しいのかと、彼はよく人々に聞かれたものだった。すると彼は、ラーマが来ている、そこには神聖なるものが居て、自分を待っていると答えたものだ。当日になって織手のカビールが遅れて来ていなかったら、彼はがっかりしてしまうかもしれないと。

お客に物を売る際、カビールはこう言った。「ラーマ、それをよくお手入れなさってください。わたしはこれを一生懸命織りました。とても愛情を込めて織った上等な一枚です。ラーマを思い起こして織ったのです。細目《こまめ》にお手入れなさってください。あなた様の一生を通じて存分にお役に立てて頂けるように織りました。お子様の代までもお使いになれます」

ラーマをあなたの反復句にしなさい。カビールは布を織っては、〝ラーマ〟と言ったものだ。縦や横に糸を渡し、ラーマの名前はあらゆる糸に存在した。ラーマを、まさにあなたのハミングとしなさい。あなたの呼吸のように、心臓の鼓動のように。

おお、人よ、神聖なるものを想起せよ、あなたのハートの反復句《リフレイン》
この想起なくしては、あなたのマインドには人、人、人だけ……

これこそ長きにわたって、わたしがあなたたちに語ってきたことだ。神聖なるものを想起しない限り、人間には〝人間〟以上のものはない。そして人間に〝人間〟以上のものがなければ、その人の中には何もない。ちょっと考えてみることだ。あなたの内側に、あなたをおいて他に何もなければ何があるのだろう。

この想起なくしては、あなたのマインドには人、人、人だけ……

人間以外には何もない、あなたの頭には人間をおいて他には何もない。あるのはあなただけ、あなたのマインドだけだ。それこそ、なぜあなたが空虚なのかという意味だ。意味はあなたを超えたところからやってくる。意味は遥か彼方からやってくる。意味は上方からやってくる。あなたは無意味だ。意味はあなたの中にはけっしてあり得ない。意味は常にあなたを超えたところからやってくる。

見たことがあるだろうか？　女性が自分のために料理しているとき、その姿に喜びはない。それはそうだ——彼女は料理しなければならない。しかし、長年家を空けていた最愛の人が家に帰ってくるとな

ると、彼女はわくわくし、踊り、歌をくちずさみ、その料理には大いなる喜びがある！　彼女を超えた何者かによって、その行程に特別なものが付け加えられた。そして女性が母親になると、それまでとは異なる香りが、何か格別なものが彼女の生に生じる。女性は女性だ。子どもが生まれると直ちに、彼女の生に新たな意義が生じる。今や彼女の生には確固とした目的がある。男性は彼自身のために生きる。それはまったく正しい。しかし、それから女性と恋に落ち、彼の歩みは変わる。ひとつの光輝が彼の顔に現れる。彼を超えた何かが、彼の生に付された。

だが、これらはすべて実に些細な物事だ。それらは超越から生じる極めて意義あることではない、それは確かだ。それらは実に些細なことではある。しかし、あなたは自分の小さな境界線では終わってはいない。別の境界線がそれにつながり、それに意義をもたらした。

芸術家が絵を描くとき、彼の生は意義を持つ。彼は完全にその絵の美しさに献身する。彼は彼以上のものを作っている。芸術家は死ぬが、その絵は残る。彫刻家は彫像を作る、ことによるとブッダの彫像を。彫刻家は死ぬが、その彫像は死後、幾世紀も残る。彼以上のものが彼に付される。自分自身を超えたものが自分に入るのを許すときはいつであれ、意義という芳香があなたの生に入り込む。

だから、これらは非常に些細なことだ。神聖なるものとは大いなる現象だ。ある日、神聖なるものという大海が、あなたというちっぽけな滴《しずく》に付され、無限の意義があなたの生に入り込む。永遠の空《そら》、永遠の空間《スペース》があなたの生に入り込む。あなたは広がっている。すると、あなたには何の境界もない。

限界があると悲しみがある。無限性がともなえば至福がある。境界線のある所はどこであれ牢獄であり、壁がある。境界線がないとき――人が神聖なるものと結合するやいなや、その人に境界線はなくなり――至福がある。

この想起なくしては、あなたのマインドには人、人、人だけ……
悲惨さに泣き叫び、あなたは嘆き悲しむ
幻想《マーヤ》に囚われ、あなたのマインドはけっして静まらない

あなたの内側に、人の他には何もないとき、あなたは泣き叫び、嘆き悲しみ、しきりに泣いてむずかる乞食になる――……幻想《マーヤ》に囚われ、あなたのマインドはけっして静まらない……そしてこの混迷、この泣き叫ぶ状態、この失意、この乞食のような状態においては、あなたのマインドはけっして静まらない。戸口から戸口へと彷徨《さまよ》い続け、あなたは物乞いをする。

悲惨さに泣き叫び、あなたは嘆き悲しむ
幻想《マーヤ》に囚われ、あなたのマインドはけっして静まらない

あなたのハートに幻想が存在する限り、あなたは乞食であり、マインドは静穏になることも、平和に満ちることもけっしてない。それはとどまることを知らず、休息を見出すこともない。静穏はすべて神聖なるものの中に息づいていて、休息はすべて神聖なるものの中に在る。

何世紀にもわたって、この国では、神聖なるものを探求する場所はアシュラムと呼ばれてきた。アシュラムとは、休息の在るところという意味だ。アシュラムとは、あなたが小休止できるところ、平和のあるところ、あなたのマインドが静まるところだ。生々流転するものに執着するなら、あなたは泣いて、嘆き悲しみ続ける。声を上げて泣き叫び、悲嘆に暮れるだろう。変化することのない永遠なるものに執着しなさい。結婚しなくてはならないなら、結婚という儀式に従がわねばならないなら、カビール曰く、

神聖なるものという花嫁と結婚することだ。そうすれば小さい方の花嫁、花婿のことなど気にならない。そうして偉大なる結婚式が執り行なわれるに任せなさい。

悲惨さに泣き叫び、あなたは嘆き悲しむ
幻想《マーヤ》に囚われ、あなたのマインドはけっして静まらない

マインドは、神聖なるものを思い起こすとき休息し、
彼の御名をもって生は意義あるものとなる。

〃マインドは、神聖なるものを思い起こすとき休息し……〃神聖なるものを想起する状態を達成するとき、あなたはこの休息の状態に達する。〃生は彼の御名をもって意義あるものとなる〃──そして、彼とつながって初めて、あなたの生は意義あるものとなる──それ以前にはあり得ない。

生は神聖なるものと結婚するためのひとつの機会だということを覚えておきなさい。独り者のまま死んではいけない、今のあなたのように。

生は闇の砂漠を彷徨《さまよ》う
水平線上に現れたその星に何が起こったのか

……さもなくば、星々が水平線上に昇っては没するように、あなたもまた没する。それらは意味もなく昇り、意味もなく没する。今日咲く花々は明日しおれる。〃生は闇の砂漠を彷徨《さまよ》う〃。生は、この生の

砂漠の中で当てもなく彷徨《さまよ》う。花々は咲き、しおれて落ちる。あなたは生まれ、死んで再び生まれ、再び死ぬ。これこそあなたに起こってきたことだ。あなたは昇り、沈む。昇っては沈む。朝が来て、夜が来る。これは何生も起こってきた。どのくらい、いったいどれほど長くこんなふうにあなたは昇っては沈み続けるのだろう。神聖なるものとひとつになれば、あなたは永遠に昇っているだろう。そのとき上昇だけがあり、沈むことはけっしてない。

あなたの生に何らかの意味が与えられているように見える現在の陶酔、それはいずれ、むしり取られる。何らかの陶酔が子供時代からのものであり、それらは青春期によって取り去られる。青春期にもそれ自体の陶酔があり、老年期がそれらを取り去る。死んでしおれた陶酔がわずかばかり、なおもあなたの老年期に残るが、死がそれらを取り去る。

子供時代には多くの陶酔がある。〝いつか、わたしはこれになる、いつかわたしはあれになる〟

ムラ・ナスルディンはわたしにこう言っていた。「若い頃、おれは億万長者になるまで休まずに頑張ると誓った」

そこで、わたしは彼に訊いた。「それからどうした」

彼は言った。「ああ、十八の時分、誓いは守るより忘れる方が簡単だって悟ったのだ」

億万長者だ！　その誓いは変える方が簡単だ。子供時代は誰もが各自の夢を持っている。はたしてそうした夢の方で、その子に実現してもらうことを願っているかどうかは知る由《よし》もないが。しかし、青春期がそれらの夢を取り払う。そうして、青年期には別の夢がある――愛という夢だ。老年期がそれらを取り去る。老年期にもまだわずかばかり夢が残る――尊敬に値すること、面目――そして死がそれらをも取り去る。この世界では、あなたの夢はことごとくむしり取られる。それらを取り去る死の到着を待たない人は賢明だ。識別する人は未来を理解する。過去を理解することに賢明さはない。過去を理解するのに、賢明さはまったく必要ない。何が起ころうとしているかあらかじめ知っている人、その時間《とき》が来る前にそれに対して目覚める人が賢明だ。

おお、飲まずに酔っていた、そんなときがあった
おお、今は酒を飲んでも酔ってはいない

葡萄酒《ワイン》なしに酔うときが、あなたの人生にあった。あなたは若く、常に酔っぱらっていた。それから、けっして酔わない時が訪れる。いくら飲んでも何でもない。この時が来る前に、すべての陶酔を落としなさい！　ただすべての陶酔を落とせと言っているのではない。そうではなく、その後には二度と素面《しらふ》になることのないひとつの陶酔があると言っているのだ。それは、神聖なるものを飲むことから生じる陶酔だ。

それこそダヤが言ったことだ。……神聖なるものとの愛に在る者たち……それは、あなたが二度と素面《しらふ》になることを許さぬ陶酔だ。けっしてあなたを放っておかない、無制限の法悦《エクスタシー》だ。それは永遠の陶酔だ。

ダヤのこれらの小さな詩句に同じ無制限の法悦《エクスタシー》を見い出してみよう。だが、初めの道標《みちしるべ》をマインドに留《とど》めておきなさい。

世界は夜明けの最後の星のよう
サハジョは言う

それはすぐに消えてしまう露の真珠のよう
掌《てのひら》に受けた水のよう

第一歩は、世界がくだらないということ、実体がないということを認識することにある。それから、わたしたちは実のある、意義あるものを見出すことに向けて次のステップを踏みだせる。非真実を非真実として認識することが、真実に向ける第一歩を踏むことだ。

今日はもう充分かね？

第二章

愛は幾生も待機できる

Love can Wait for Lifetimes

初めの質問

愛するＯＳＨＯ、その渇望は生じませんし、わたしの扉も開きません。

自分で渇望を生み出せる者はいない。あなたは水を探し求めているかもしれないが、自分の喉を自分で渇かすことはできない。渇いているなら渇望がある。そうでないのなら、あなたは待たねばならない。渇きは強制されるものではないし、強制する必要もない。正しい時が到来すれば、あなたの実存は成熟し、渇望が生じる。その時が来るまえに何も生じないのはよいことだ。

マインドは欲が深い。たとえるなら、このようなものだ。小さな子供が、愛や性交についての話を小耳にはさんだり、バーツヤーヤナのカーマスートラ（古代インドの性愛論書のひとつ）を手にする機会を得る。そこで彼は、自分の場合ははたしてそのような性的熱情を、どれほど感じるのだろうかと思案する。そうして子供の中に欲求が生じる。しかし、幼い子供には性的熱情が感じられないので待たねばならない。性的熱情は性エネルギーの成熟によって生じる。性エネルギーが成熟するように、神聖なるものへの熱情も成熟する。他にはどうしようもない。そして、ことさらそれを早く生じさせる必要もない。

しかし、あなたは他人の話を聞いて欲望を感じ、自分の場合はいつ神聖なるものに見《まみ》えるのだろうという思いにふけり始める。神聖なるものを歌にするダヤを見て、無量の法悦《エクスタシー》にふらつくミーラを見て、あなたの内側で強欲が渦巻く。あなたは同じ無量の喜びに浸りたい。あなたが惹かれるのは神聖なるものではなく、この解放の喜びだ。あなたが欲しいのはこの法悦だ。路上でよろめいている神聖なる酒豪が目に入ったので、同じ泥酔状態を体験したいのだ。あなたの関心は神聖なる葡萄酒《ワイン》にはない——たぶん、あなたは葡萄酒には気づいてもいない。しかし、この酒豪の無量の法悦によって、あなたの嫉妬の引き金が引かれたのだ。

覚えておきなさい。光明を得た神秘家に接近すれば、祈りに満ち得ると同時に、嫉妬も生じ得る。嫉妬が生じると難しいことになる。あなたには渇望がまったくないので、あなたの中に酷《ひど》い居心地の悪さが生じる。渇いてもいないときに横で水が流れているとき、それをどう思うだろう？　喉が渇いていなければ川など気にするだろうか？　水を飲んでも満足感は得られない。満足感は、不満があって初めて得られる。そうでなければ吐き気をもよおしたりもする。

そうなってはならない。けっして急いではならない。忍耐強くありなさい。信じていなさい。時が到来すれば用意は整い、あなたは成熟している。そして成熟の意味を理解しなさい。成熟とは、もはや世界の愉《たの》しみのすべてが、自分にとって無意味に思われるということだ。そうして初めて、あなたの中に神聖なるものへの渇望が生じる。あなたにはまだ、世間的な愉《たの》しみの無益さがわからない。それらは無益だとわたしが告げても、あなたは無益に思えない。わたしにそう言われただけで、あなたにとってどうすればそれらが無益になるだろう？　年寄りは子供に言う。「おもちゃなんかくだらない。そんなもので、どうして時間を無駄にする？　意味がない」。——それでも子供はおもちゃに意義を見い出し続ける。

幼い子供が人形に話しかけていた。母親は言った。「そんなどうしようもないおしゃべりはやめなさい」。子供は走り去った。なぜ子供が急いで逃げて行ったのか、母親には見当もつかなかった。

子供はすぐに戻ってきた。「さっきは何て言ったの？」。そう言う彼の腕に人形はなかった。

母親は尋ねた。「なぜ、あんなに急いで走って行ったの？」

彼は答えた。「お母さんの話がお人形さんに聞こえたら、お人形さんは悲しくなっちゃう。だから、おねんねさせてあげたんだ。今なら、言いたいことを言っていいよ」


子供の言うことは無意味に思える。だが子供にすれば、その瞬間《とき》、人形には命があり、心を痛める。子供にしてみれば、人形に話しかけるものではないと考えること自体が、人形の機嫌を損ね、不愉快にさせることになる。

子供から見た真実は、老人から見た真実とは異なる。そして老人から見た真実は、子供から見た真実とは異なる。人形を手放すようにと、年寄りが子供に無理強いする。年寄りは大人なのだから、正しいことを言っているのだと思って子供は従う。すると、子供は夜眠れなくなってしまう。子供の眠りはしきりに阻害される。「ぼくのお人形はどうしているのかな？　暗闇の中で、誰かにいじめられていませんように！　あの子は暗闇が怖いかもしれない！　今夜は雨が降る――濡れちゃうかもしれない！　獣《けもの》や悪い人にいじめられていたらどうしよう！」彼は眠れない。一晩中、人形の夢を見る。彼には、人形を手放す時期がまだ来ていない。

ある日、その時が訪れる。ある日突然、彼は理解する。人形は単なる人形であって、話しかけても意味がないと。彼の話を人形は聞いていなかった。その馬鹿らしさを笑って、人形を部屋の片隅に置きざりにする。その後は、二度とそれにはかまわない。人生の場合も同じだ。

わたしにはあなたの困難がわかる。あなたは貪欲に幸福を求める。富、権力――いたるところに幸福を探し求める。いまだにそれが見つかっていないというのに、そこでは幸福は見つからないことがあなたはわかっていない。

これこそ、あなたの窮状《ジレンマ》だ。あなたは幸福を見つけていない。幸福は探し出すものではない。これまで幸福を探し当てた者はいない。あなたがいくら幼くて、どれほど返答を期待しても、人形が口を開くことはない。それはどうしようもない。そうやって幸せをつかんだ者はいない。あなたが幸せをつかんだことはない。それなのに、あなたの希望はまだ死んでいない。それが探せるものだと思い込んでいる。人形が口を開くと思い込んでいる。「もう少しちゃんとやってみよう。もう少し説得しよう。もう少し待とう。おそらく自分がしっかりやらなかっただけだ。ちゃんとやっていないからだ。たぶん、やり方が生温いんだろう。しっかり頑張らなかったからだ。人生を存分に賭けなかったのだ。もう一度人生をやり直さなくては」

あなたの希望はまだ死んでいない。あなたの希望はぴんぴんしている。そして、まさにここが世界の存在するところだ —— そういった希望の中にこそ、世界は存在する。あなたの希望が打ち壊されるとき……。それらはただ他人の話を聞いただけで打ち壊されるものではない —— さもなくば、年寄りの話を聞いただけで子供が年を取ることになる。他人の話を聞いただけで、あなたの希望が打ち壊されるなら、実際にはそれは打ち壊されてなどいない。寺院に入って腰を下ろしても、あなたが思うのは市場だ。禁欲主義になって世間を放棄し、ヒマラヤの洞窟に隠《こも》っても、あなたは依然として妻子を思う。それはまったく自然なことだし、どこが悪いわけでもない。こうしてあなたは失敗するのだと、わたしがわざわざ言うまでもない。

ある日、ムラ・ナスルディンは、おんぼろ時計を修理に出した。それは、かつて時計だったとは思えないほどひどい有様だった。彼は、それをビルの七階から落としてしまった。下を見ようと前に身を乗り出した際、ポケットから滑り落ちたのだ。

とても高い所から落ちたので、時計は完全にめちゃめちゃになった。ムラがたくさんの破片と鉄屑時計職人の卓上に並べると、職人は念入りにそれを見つめ、まるでその物体が何か探ろうとするかのように眼鏡をかけた。ついに時計職人は問いかけた。「だんなさん、それ何ですか？」

ナスルディンは言った。「何だって！　それが懐中時計なのがわからないの？」

時計職人は声をあげて言った。「どうしてあなたは……？」。彼はそれしか言わなかった。「どうしてあなたは……？」

「どうしてあなたはそれを落としたんですか？」と聞かれているのだと思って、ムラは答えた。「どうもこうもないよ。落としてしまったのさ。七階の窓から外を見ようとして、うっかりやっちゃったんだよ」

時計職人は言った。「どうしてそれを落としたかとは聞いていません。何でそれを拾ったか知りたいんです。どうして気にするんですか？」

あなたが目を覚ます日、生には何もないことがわかる。その日、手放すことに何の懸念もない。そして、自分はどうしてこんなに長い間しがみついていたのだろうと不思議に思う。「なぜ、自分は時計を拾ったのだろう？」。それは放棄の偉大さに感服するのとは違う。その日、あなたは不思議に思う。なぜ自分はそんなに長い間、快楽に注意を奪われてきたのだろうと。「なぜ、こうだったのだろう？　なぜ、それほど盲目だったのだろう？　なぜ、それほど無知だったのだろう？　そこには何もない。それなのになぜ、そんなに無意識だったのだろう？」

西洋にこんな言葉がある。哲学者は、闇夜に明かりのない部屋で黒猫を探している——そもそも最初からいない猫を。これこそ、あなたの生のあら筋だ。闇夜に暗い部屋の中で黒猫を探している。しかし、そもそも最初から猫などいないのだから探せるわけがない。ところが闇夜で、その猫は黒いと決めてかかっているので、あなたは猫を探し続ける。今は見えなくとも、探し続ければいつか見つかると思っている。これまでにその猫を見つけた者はいない。

しかし、これはすべて他人から教わったことだから、その部屋から出てもいいということではない。さもなくば、あなたは放浪し、繰り返し同じ部屋に戻ってくることになる。身体は戻らなくとも、あなたのマインドが戻って来る。あなたの思考が戻ってくる。あなたの考えが戻ってくる。あなたの夢が戻ってくる。目を開けて女性と座っていても、目を閉じて女性と座っていても何も違わない。本物のお金を数えることと、夢でお金を数えることに何の違いがあるだろう？　何も違わない。富はまったく空想の所産にすぎない。目に見える実際の金貨を石の上に広げれば、チャリンチャリンと音がする。その音と、瞼を閉じて頭の中で金貨を数える音は、どちらも等しく架空のものだ。どちらも空想という虚構だ。しかし、わたしがそう言ったからといって、あなたにとってそれが作り事になるわけではない。体験は借りることができない。

あなたの困難はわかる。あなたは言う。「その渇望は生じませんし、わたしの扉も開きません」。あなたは借り物の体験を探し求めている。借りるのは避けなさい。あなたを破壊したのは、〝借りる〟ことだ。非常に長い間、あなたを惑わせたのはこの〝借りる〟ということだ。今、借りるのはやめなさい。今、この世界に何らかの幸福があると感じるなら、そのために全力を尽くすことだ。やってみなさい——あなたの全身、全思考、全霊をもって。石ころひとつも、ひっくり返さないままにしておいてはならない——なぜなら、実際に試したことのないものが、あなたを悩ませるからだ。実地に試されていないので、あなたにつきまとう。世界それ自体はあなたにつきまとわない。世界の中で、あなたが入ったことのない部分、生きたことのない、訪れたことのない部分があなたにつきまとう。知っているものからは、あなたは自由だ。あなたは未知なるものに縛りつけられている。

だから、多少堕ちてみるといい。あなたの中に渇きが生じないなら、なぜ、それを目覚めさせようとはしないのだ？　あなたにはまだ世界に対する渇望があるのかも知れない。両方向への渇望は同時に存在しない。あなたの中に虚実への渇望がある限り、真理への渇望はあり得ない。非真実を飲むことに興味がある限り、真実を飲むことに興味はない。虚実にまだ興味があるのなら、まだ利己主義において興味があるということだ。利己主義は偽りだ。今のところ、あなたは地位、名声、王座を欲し――自らの利己主義における興味がある。これらの快楽をくぐりぬけて行きなさい。恐れることはない。なぜなら、これらの快楽は実際には存在しないのだから。猫は部屋にいない。だからこそ、わたしは勇気をもって探し求めよ、いたるところ隈無く探し求めよと言っている。こつこつと探求することだ。

あなたたちのいわゆる聖者たちは、とほうもなく恐れている。かのいわゆる聖者達もまた、あらゆるものを借りてきたと見える。彼らはあなたに言う。「世間に入ってはいけない。巻き込まれてしまうぞ」。わたしは言おう。進むがいい！　どうすれば巻き込まれるだろう？　あなたを巻き込むものがあるだろうか？　そうだ、全一《トータル》に突進して行かなければ巻き込まれたままだろう。そして、マインドはこう始終言い続ける。「ためらわずに進んでいれば、とうにそれは見つかっていた……わかったものではない。未知の部分が多少残っていて、そこにこそ財宝があるやもしれない、それがまさにその場所かもしれない――自分は取り逃がしているのだ！」。どうすれば、そこには真実などなかったと言えるだろう？　あるのは虚偽だけだった、そこには錯覚しかなかったと、どうして言えるだろう？

だから、わたしは言う。進むがいい。あなたの興味が、あなたを誘うところへ。あなたの興味を転向しようとしてはならない。どこかに興味があるはずだ。興味のない人はいない。そんな人は、一瞬たりとも生きてはいない。まったく何の興味もない人が、なぜ呼吸し続けることを望むだろう？　そんな人が、なぜ毎朝目を覚ますだろう？　そんな人が、なぜどこかへ歩いて行くだろう？　そんな人が、なぜ目を開けるだろう？　興味が完全に尽きるまさにその瞬間に死んでしまう！　そんな人には一瞬たりとも生きるすべはない。生きる欲望が進行して、生もまた進行する。

だから、あなたの興味はどこか別のところにあるはずだ。わたしにはあなたの困難がわかる。あなたの興味は富や地位の方へとあなたを駆り立て、かのいわゆる聖者たちはあなたを引き止める。彼らは言う。「どこへ行く気だ？　そこには何もない」。あなたはジレンマに陥る。「聖者の言うことを聞くべきだろうか？　彼らの言うことは正しいような気がする――彼らはなかなか立派な人たちだ……」。しかし、あなたのハートは言う。「今すぐ、それを探そう」

モスクで、ある学者《モーラヴィー》が演説した。演説の後で彼は言った。「天国へ生きたい方、どうぞご起立ください」。ムラ・ナスルディンを除く全員が立ち上がった。学者は少々まごついた。再び全員が着席すると、学者は言った。「今度は地獄に行きたい方、ご起立ください」。立ち上がる者はなく、ムラもそのまま腰かけていた。すると学者は言った。「ムラ、あなたはどうしたいのでしょう？　どこかへ行きたくありませんか？」

ムラは答えた。「天国には行きたい。しかし、今すぐはごめんだね。あんたときたら、まるでバスが外で待ってて、みんなで出発する準備をしなきゃならんとでもいった口ぶりだ。まだごめんだよ！　天国には行きたいがまだだ。ここでやることが、まだたっぷりある。あたしの欲望はまだ満たされてないんだよ」

ムラはなおさら正直だ。実際に外でバスが待機しているとわかっていても、立ち上がった人々全員が再び着席する。天国へ行きたいと表明はしたいものの、まだ行きたくはない。今すぐ天国へ行くことを誰が望むだろう？　今のところ、世間でやることはたっぷり残っている。あなたには計画があり、野心がある。あなたの夢はまだぶち壊されていない。今のところ、あなたの夢は虹のように広がり――膨大な数の虹の架け橋がある。今のところ、遠い地平線上に蜃気楼を見てはこう思う。「もうほとんど辿り着いたようなものだ。もうじき到着だ。官庁所在地《デリー》がどんなに遠かろうと、実際はそれほどでもない。あとほんの少し――ほとんど到達している。そろそろ着くころだ。あと二歩か四歩……まもなく。ちょっとしっかり働いて、ちょっと頑張って、ちょっと待てば……」。あなたのマインドは、こう言い続ける。

あなたは世界に興味がある。とはいえ、世俗の人々の顔を見れば、欲しいものは手に入らないような気がしてくる。欲しいものを手に入れた人はいないように見える。そこで、あなたは聖者たちの方を見る――彼らはさも、見い出しているといった様子だ。欲するもの……平和に満ちること、至福を。だが、あなたの体験が内側で呟《つぶや》く。「まだだめだ。今はだめだ。もう少し探そう。わからないじゃないか。これまで誰も見つけたことがないようなものが、見つかるかもしれない」

これこそがマインドの根本的な要素のひとつだ。常に自分だけは例外かもしれないと、自分に対して言うことだ。願い事が叶った人はいない。だからといって、自分の場合もこれに該当するだろうか？　常に自分を免除するのはマインドの慣例だ。マインドは言う。「自分だけは違う」。誰もが死ぬ。地上は墓場であり、毎日誰かが死んでいくにも関わらず、マインドは依然としてあなたに向かってこう言う。「死ぬのはいつも他人だ。自分が死ぬわけではない。今までに死んだことがあるのか？　いつ、自分が死んだことがあるのか？　今までに自分の死を見たことがあるのか？　おそらく自分だけは死なない」

人は、まさに最後の瞬間まで、死は常に他人事であり、自分には起こらないと思い続ける。目にするのは常に自分の棺桶ではなく、他人の棺桶が運ばれて行く様だ。あなたは他人の葬儀に参列してきた。

これまで、誰かに火葬場へ運んでもらったことがあるだろうか？　あなたの内側には、自分の場合だけは、神がこの決め事を容赦してくれるのではないかという望みがある。

泥棒が盗みを働くとき、捕まるとわかっていながら彼はこう思う。「おそらく自分は捕まらない。他の奴は捕まる。下手だから捕まるのだ。捕まる奴には、盗む技術がない」

殺人を犯す際、どういう結果になるかわかっていながら、殺人者はこう考える。「捕まる？　いや、細心の注意を払って上手くやるから、自分だけは捕まらない」

この慣例をあなたは、日々自分に適用している。あなたは昨日怒った、一昨日も怒った――そして怒る度に嘆いてきた。だが、今日も怒っている。今度こそ怒っても惨めになるまい、今度は後悔すまいと考える。あなたの手は、どれほど棘に刺されて血を流してきたことだろう？　しかし、それでもあなたはまだ、もう一度だけ棘で遊んでみたい――おそらく今度こそ棘が花に変わる。おそらく今度の棘には慈悲がある。自分は生から非常に多くのことを学んだので、たぶんこれ以上棘に悩まされることはないだろう。このように、あなたのマインドは自分を免除し続ける。

人は、生の永遠の規則《ルール》、自分もまた例外ではないということがわかり始める。自分も死ぬ、自分も塵となってそれっきりだと。地位や名誉があってもわたしは救われない。どれほど裕福であろうと、死を免れるすべはない。人がこれを明確に理解する日、革命が彼の生に起こる。その日、世界へと、外側へと向かっていたその渇望が、内側へ、神聖なるものへと向きを変える。待つのだ！

愛は落ち着きがないばかりではない、忍耐の試練でもある
魂は至福の滋養、そして愛の痛み

愛は、常にその対象を獲得することを切望する。〝愛は落ち着きがないばかりではない、忍耐の試練でもある〟。対象を獲得することを切望しながら、愛は忍耐強く待てる。これらは愛の矛盾する二局面だ。愛は落ち着きがなく、対象を獲得することを切望すると同時に待つこともできる。愛は何生でも待てる。これが愛の矛盾だ。これは表面的には理解できない。

扉の前で恋人を待ち受ける女性を見たことがあるかね？　その落ち着きのなさといったら！　微風に枯葉が音を立てただけで、恋人が来たと思って飛び上がる。風が吹きつけて扉が軋《きし》んだだけで、扉を開けに飛んで行く。

覚えているだろうか？　手紙を心待ちにしているときのことを。人が通りかかると郵便集配人ではないかと表に駆け出して行く。どんなに仕事が忙しくともやり過ごさないようにと願いつつ、ハートは玄関でお客を待ち受けている。扉のそばにいないで彼を出迎えられなかったらどうしようと、あなたは恐れる。ひどく落ち着かずに待ち焦がれている——だが、大いなる忍耐もある。ひどく落ち着かずに待ち焦がれると同時に、あなたはとても忍耐強い。何生と待つことになっても、あなたの待機には喜びがある。あなたは待つ。

だから、愛はもどかしいと同時に忍耐強い。愛は対極の出会いだ。

だから、ここが肝心だ。渇望がまだ生じていないなら心配してはならない、早まってはならない。生の体験を楽しむことだ。自分が俗世間への関心から自由だと思っても——他人の話を聞いてそう思うのではなく、体験からそう思うなら——世界が無味乾燥になったと感じても、少し我慢しなさい。その道には何かがある。その道に何か他に興味があるはずだ。少し我慢していなさい。ときおり、その間にわずかな隔たりがある。ひとつの旅ともう一方の旅の間に短い休息がある。ひとつの人生行路が終わり、次の人生行路が始まる前に、短い休憩を取る場所がある。

実際にこの世界を終えるのは可能だ。心配はいらない。ほんの少しの我慢、ほんの少しの忍耐、ほんの少し待てば……やがて、新たな人生行路が始まる。あなたは常に外側を走ってきた。そして今、それが止んだ。そこで、あなたのエネルギーに機会《チャンス》を与えなさい――向きを変えるため、戻るため、新しい習慣が形作られるよう、新しいスタイル、新しい方法を学ぶため、新しい方向を見つけるために。それに機会を与えなさい。

人間は通常、このようなものだ。フォードが初めて自動車を作ったとき、それには後退《バック》ギアがなかった。彼はそれを思いつかなかった。前進するためのギアはあったが、後退するためのギアがなかった。このため、この問題が身を持って認識された。わずかでも車が家の前を通り過ぎてしまうと、その向きを変え様がなかったので、戻ってくるために何マイルも回って来なくてはならなかった。車庫から車を出すだけでも、後で元に戻すために村を一周しなければならなかった。そこで、後退ギアが装備されることになった。

マインドという自動車は、後退ギアなしで何生も前進してきた。それには後退ギアがなかった。それは前に、外側に進むだけだ。それは他人に向かって進む。マインドには、あなた自身に連れ戻す装備がまったくない。自分の車庫に戻ることなど、これまであなたは考えたこともなかった。そのままでは、あなた自身に戻る方法は世界中を巡って旅することだ。そして世界は大きい。幾多の生を経ても、あなたの旅は終わらない。それは広大だ。

ときおり人の外側に対する興味が、真に終焉を迎えることはあり得る。だが、後退ギアが装備されるまでしばらく時間がかかる。その装備はあるが錆ついている。それはあなたの内側にある――なぜなら神聖なるものは、あなたを一方向にしか行けないようには作らなかったからだ。神聖なるものは、あなたを外側同様、内側にも行けるように作った。最終的には、あなたは内側に向かわねばならない。あなたの機能《メカニズム》には支障はまったくないが、あまりにも長い間、それを使ってこなかったので……生に次ぐ生において、あなたは内側に向きを変えようとしなかった。内側を見たことがなかった。

背後を振り返ることがなければ、その人の首はこわばる。そうして何年も経った後に振り向こうとすると、筋肉が固まっているためにプツッと切れてしまう。これこそ、あなたのマインドのあり方だ。だから少し我慢していることだ、少しだけ待ちなさい……。

〝その渇きは生じませんし、わたしの扉も開きません〟――どうやって扉が開くだろう？　その扉を叩くのは渇望だ。苦悩に悶えるのは、渇いているからだ。魚は水揚げされて浜に放り出され、渇きのあまりに悶絶する――焼けた砂を肌身に感じる魚のごとく世界を感じ、大海へ戻ろうと欲する魚のごとく、神聖なるものに思い焦がれて悶えるとき、あなたは扉を叩き始める。

イエスは言った。〝叩けよ、されば扉は開かれん〟。しかし、叩くとはどういう意味だろう？　もちろん、物質的な扉がそこにあるわけではない。呼び鈴をつかんで鳴らすことはできない。わたしたちは内なる扉について話している。そこには、物理的な意味での扉も呼び鈴もない。あなたの存在全体から切望が生じるとき、これが起こる。ある日、あなたの切望のすべてが溶け合ってひとつの流れとなり――ちょうど妻や子供を望むように、富や地位、世界を望むように――それが神聖なるものへの切望となるとき、その日、扉はそれ自体で開く。一体どんな扉が、そのような膨大な流れに面して閉ざしたままでいられるだろう？　その流れは満ち満ちて、氾濫している。あなたのエネルギー全体が膨大な流れとなる……扉は倒壊する。そして実のところ、扉は閉じてもいないし、鍵がかかっているのでもない。神聖なるものそれ自体は、あなたから隠れていない。神聖なるものはあなたを呼んでいる――耳を傾けたくないのはあなただ。神聖なるものは毎日あなたの扉を叩いている――しかし、あなたがその扉を叩き始めるまで、出会いはまったくあり得ないし、結合はない。どうすればあり得るのか？　だから、渇きが生じなければ扉が開かないのは当然のことだ。

つまり、これには二つ要点がある。ひとつは、世界にまだ何らかの興味があるなら急いではならないということ。神聖なるものはまさにこの理由から、あなたに世界を与えた──外側で獲得されるものに価値はなく、あなたの外側には何もないということが、存分に世界を体験することによってあなたに伝わるようにと。これは虚しく無意味な人生行路だ。常にそうだったようにあなたの手は空っぽのままで、あなたの生が満たされることはない。

世界があるからこそ、体験が得られる。

ある日、ムラ・ナスルディンは若い息子に梯子《はしご》に昇るように言った。少年は梯子を昇った。すると、ムラは飛び降りるように言った。「あたしの腕の中に飛び込みなさい」。息子は少し怖くなった。そんな高さから飛び降りたら、父親の手をすり抜けて落ちてしまうかもしれない。ムラは言った。「なぜ怖がる？　あたしを信じないのか？」

息子が飛び降りると、ムラはよけた。少年は地面に落下した。彼は泣き叫んで言った。「どうしてこんなことするんだよ！」

ムラは言った。「おまえに教訓を学ばせたかったのだ。たとえ父親だろうと信用してはいかん。一切誰も信用しないことだ。これこそ賢者というものだ。いいか？」

神聖なるものは、あなたが体験するために世界を創造した。しかし、外側に依存してはならない。ここにはたくさんの美しい誘惑がある。遠くから聴こえてくる太鼓の音は魅惑的だが、距離があるからこそのように感じられる。近づくにつれ、その魅力は薄れる。その音の出所に達すれば、最終的にその魅力は幻にすぎない。

そして、真の富は自分の内側にあるということ、これを知るために世界は創造された。自分自身の外側にそれを探し求め続ける限り、あなたは貧しい。自分自身の外側に探し求めることに疲れて、探求をやめるその日……目を閉じ、自分自身の内側に飛び込むと、富の中でも最高の富が、常に自分の内側に現存していたことがわかる。

皇帝となるべくして、あなたはここに送られた。しかし、あなたが皇帝となるのは、外側の世界の貧しさをすべて体験した後で初めて可能だ。その貧しさを知ることなしに、皇帝にはなれない。闇を見なければ光は見えない。棘を知らなければ花の美しさはわからない。無益さを体験しなければ、あなたの生に意義深さは降りて来ない。

そもそも、なぜ世界は存在するのかと人々はわたしに尋ねる。世界は、対極の体験ができるように存在する。学校では、授業の際、黒板に白いチョークで書いて子供たちに教える。白い板に書くこともできるが読みにくくなる。なぜ黒板に書くのかは言うまでもない。黒板上は、はっきり文字が見える。白い板に書きたければ、黒いチョークを使う必要がある。

この世界は、あなたの生エネルギーがもっとも純粋に、もっとも鮮明に映える黒板だ。世界なしには、そうならない。

この世界という苦が背景だ。そして、この背景にこそ、生の究極の至福がそれ自体を映す。そうなるより他にない。死を背景に、生はそれ自身を映す。失敗を通じて成功を、苦悩を通じて至福を、敗北を通じて達成を人は見いだす。渇いて初めて、喉は癒されることを知る。空腹になって初めて満腹になるのだ。

この世界は、神聖なるものによって創造された方便だ。この世界に入り込まぬ限り、自分自身に達することはない。まだこの世界に入ったことがなければ、あなたのハートにまだ何らかの興味や惹かれるものがあるならば —— 外に出なさい！　行きなさい、何もためらわずに。他人に耳を傾けてはいけない。耳を傾けたとしても、自分の望むことだけをしなさい。行きなさい！　世界が砂以外の何ものでもないということ、砂からは油は搾り取れないことが自分でわかったとき、あなたは家に戻り始める。その日にのみ、聖典にある言葉が理解される。その日にのみ扉が開く。その日にのみ、その扉には何の抵抗もないことがわかる。事実、扉はすでに開いている。

つぼみはほころび、庭はうっそうと繁っていた
中庭は口ずさみ、垣根の道は歓喜に踊っていた
でも、わたしの扉は開かなかった
扉を開けようとしては、人生は過ぎていった
どんな鎖をあなたは扉にかけたのか？
あなたは忘れてしまった
わたしに便りひとつ送ってはこなかった
住処《すみか》は虚しいわたしのハート
甘く香る白檀《サンダルウッド》の火が灯る
愛する者よ、かくれんぼはもうたくさん
さあ、聞いて
朝は宵闇になった

あなたは忘れてしまった
わたしに便りひとつ送ってはこなかった

あなたの朝が夜になるとき、果てしなく探し求めたとき、疲れ果てて敗北したとき、走るのをやめて崩れ落ちたとき、扉はひとりでに開く。鍵は外れる。その瞬間、神聖なるものが降臨する。世界の強烈な体験が、神聖なるものの探求の精髄となる。世界とは、神聖なるものの対極ではない。世界は、神聖なるものの探求の背景だ。これを知ることが、あなたの展望のすべてを変える。

かのいわゆる聖者たちが、あなたに教えることに大した価値はない。彼らはあなたに教える。世界は神聖なるものの敵であり、神聖なるものは世界の敵だと。これは非常におかしなことだ――それでも、あなたといったら、それについて彼らに訊きただそうともしない。世界を創造したのは神聖なるものだと言ったのは、彼らであるにも関わらず。神聖なるものは創造主であって、なおかつ世界の敵だとあなたに信じ込ませた。これらは両立しない。世界を創造したのが神聖なるものなら、どうすればそれが世界の敵となるだろう？　彼が世界の敵なら、どうやって彼はそれを創造できたのだろう？

いや！　世界は神聖なるものの敵ではない。世界は神聖なるものに向けての必修の旅だ。あなたは世界をくぐり抜けて行かなければならない。それは必修の旅だ。それから逃げるなら、途中でやめて逃げ出すなら、神聖なるものは見つからない。それは試練だ。あなたは通過しなければならない。

第二の質問

愛するOSHO、あなたは太陽の中にいます。月の中にいます。
あなたはいたるところにいます。
自ら知ることも、自ら求めることもなく、
あなたの中のこのような至福の泉に、自分が溺れているのがわかります。
それでも、人はこれから自由にならねばならないと、あなたはおっしゃいます。
なぜわたしは、このような至福を敢《あ》えて捨て去らねばならないのでしょう?

ニルパマがこれを質問した。彼女の言っていることは正しい。至福にあるとき、どうしてそれをわざわざ放り捨てようなどと思うだろう? しかし、これを理解しなくてはならない。

世界は幸福を約束し続ける。しかし、それは得られるものではない。人は幸せになりたい。けれども、見つかるものは悲しみばかりだ。扉には〝幸福〟と印されていても、いったん中に入れば悲しみばかりだ。虚偽という世界の幸福がある。神聖なるものの真実の至福がある。この二つの間に師《マスター》は立つ。師は扉だ。世界の方から神聖なるものに足を踏み入れるところに師がいる。太陽の照りつける中、旅人は歩き疲れて休みたいと思う。その木陰が師だ。師は木陰だ。

しかし、彼は単なる休息の場、途中下車の場であって最終目的地ではない。あなたは幸せを、非常な幸福感を受け取る。世界において、あなたは幸福というものを知らなかった。それゆえ、師の現前において、彼の愛に、彼の祝福にあなたは大いなる幸福感を味わう。あなたは他に幸福を知らない。これより大いなるものを知らない。だから、あなたのハートは言う。「なぜ、これを手放さなくてはならないのだろう? それをしっかりとつかませてほしい」。しかし、その師が真の師ならば、さらに大いなる幸福の可能性があるから、そんなに慌ててこれにしがみついていてはならないと教える。彼は言う。「さあ、あなたは世界を手放してわたしを見つけた。わたしを手放せば、さらに究極の真理を見いだす。世界を手放したとき、あなたはわたしの言葉に耳を傾け、非常な幸福を知った。さあ、もう少しわたしの言葉に従ってみるといい。さらにわたしを手放せば、永遠の幸福が見つかる」

だが、わたしには帰依者の嘆きがわかる。この世界という砂漠に、庭は見つからなかった。そこには渇望以外何もなく空腹があるのみで、焼けつく他なかった。とめどなく失うばかりだった。今、彼は休息の場を、静穏、源泉、緑の木々に囲まれて流れ落ちる滝、青々と繁った草を見つけた。彼はその草の上で休み始めて間もない。滝の水で喉を潤し、木陰に座った。他人に言われたからといって、どうやってこれを放棄できるだろう？　彼は二つの選択肢しか知らない。オアシスを離れれば、再び砂漠に戻ることになる。彼はこの二つしか知らない。オアシスを離れることは、砂漠に戻ることを意味する。三番目の選択肢はない。

しかし、師は何と言うだろう？　ここに流れる小さな滝は、大海へつながると彼は言う。この流れは、それだけでここにあるのではない。それだけなら滝の流れは干上がってしまう。それらの源泉が大海につながっていなければ、いったいどのくらいもつだろう？　水はまもなく枯れてしまう。滝は池ではない。池は閉じていて、池自体を超えることはない。池の水はまもなく濁って腐敗し、やがて枯渇する。池の水はいつも死んでいる。

これが、光明を得た神秘家と学者の違いだ。学者は池だ。池の水は滝の水と同じように見えても、その水は死んでいて、借り物で、淀んで腐敗している。池には水を活性化したまま、新鮮で清浄に保つ生きた源泉がない。流れていれば、水は清浄だ。流れがせき止められると汚れてしまう。

師は滝だ。光明を得た人は、滝のごとく神聖なるものが注ぎ込んでいる人だ。師の中にあなたが目にするもの、それはガンジス川の原点であるガンゴートリのゴームクだ。ガンジス川がガンゴートリにおいて流れ始めるとき、その流れはゴームクと呼ばれる小さな山間《やまあい》から生じる。ゴームクは〝牛の口〟という意味だ。師は口のようなものだ。彼は口だ。そして流れ落ちてくるもの、彼を通して流れ落ちるのは神聖なるものだ。さあさあ腰を落ちつけて、この小さな流れにしがみついていてはならない。この流れには幸福がある。しかし、この流れが生じる処《ところ》にある〝限りなきもの〟に比べれば、この幸福感は比ではない。

だから、自分の手元にあなたを置いておこうとする師《マスター》は、本物の師ではない。真の師はあなたに言う。わたしのもとへ来て、わたしを超えて行け。わたしにつかまり、そしてわたしを手放せ。わたしを梯子《はしご》にして昇れ。だが、止まってはならない。

梯子を使って、あなたは何をするだろう？　それに足を掛けて昇る。しかし、梯子に腰を下ろして、こんなことを考えていてはいけない。「この梯子のおかげで、実に高く昇れた。この梯子は手放せない」

小舟《ボート》に乗るとき……しばしばブッダは、師は小舟のようだと言った。あなたは小舟に乗る。こちらの岸からあちらの岸に向かうために。到着したら、それを頭上に担いで運んで行きはしない。「この小舟は、わたしを岸まで運んでくれた。こんなにもわたしを幸せにしてくれた。闇を離れ、光に到達する手助けをしてくれた。さあ、これを頭に乗せて運んで行こう。これを神にして礼拝しよう。わたしはけっしてこれを手放さない」。こんなことは言わない。そんなことになれば、厄介なだけだ。

ブッダはこんな話をした。

あるとき、四人の愚か者が小舟《ボート》に乗って川を渡った。そこから彼らは、市場まで小舟を頭に乗せて運んで行った。行く先々で、彼らはこう訊かれた。「あなたたちはいったい何をしているのだ？　人が小舟に乗っているのは見たことがあるが、人の頭に小舟が乗っているのを見たのは初めてだ」

しかし、四人はこう答えた。「おれたちは、絶対にこの小舟を手放さない。これはとても大切なものだ。これのおかげで、こちらの岸に着くことができた。向こう岸は危なくてどうしようもなかった。夜だったので、真っ暗で辺りには野獣がたくさんいた。おれたちを救ってくれたのは、この小舟だ。とてもありがたい。おれたちは、絶対にこれを手放さない。そういうわけで頭に乗せている。無上の光栄だ。ありがたき幸せだ。おれたちは、これを一生守り抜く」

ブッダは言った。「川を渡るためには小舟を使いなさい。その後は、渡してくれるものがあったことに感謝しなさい――だが、その小舟を頭に乗せて運ぶ必要はない。それは愚かだと、この狂人たちに教えてあげることだ」

だから、わたしにはわかる。ニルパマの言うことが。「あなたを見いだし、幸福を、木陰を、庇護を見つけました。ここであなたは、あなたを超えて行けとおっしゃいます」。彼女は正しい。それは痛みに満ちている。そうだ。それは痛い。わたしにはわかる。なぜなら、あなたが知っている体験は、二つしかないからだ――ひとつは、自分の師に出会う前のあなたであり、二つ目は師に出会ってからのあなただ。

しかし、わたしには体験が三つある。前途に第三の体験があると覚えておきなさい。あなたが前進できるよう、師が彼を手放すようにとあなたに求めるとき、あなたに多大な幸福をもたらした人が告げるべきことを、どうか信頼して欲しい。前途において、より大いなる幸福に包まれることが可能だ。

神聖なるものこそが、究極の師《マスター》だ。このため、わたしたちは神聖なるものをも師と呼ぶ。師は、究極の真理の小さな姿での顕現にほかならない。そして神聖なるものは、師の広大な姿での顕現、その広がりだ。

わたしを手放すようにと、わたしがあなたに求めるとき、それは実際にあなたがわたしの元を去るということではない。わたしがあなたに、わたしを手放すようにと求めるそのとき、あなたはさらに大きな姿で、広大な姿でわたしを見いだすだろう――そこには境界線はなく、滝はもはや滝ではなく大海となる。もっとも小さな滝でさえ大海につながっている。その水は大海から生じ、その水は大海のものだ。どこであれ知ることと光があるところ、それはすべて存在から、神聖なるものから流れ来る。

だから、師は〝ゴームク〟だ――ガンジス川が流れ出る牛の口だ。あなたのハートにあるものを祝って飲みなさい。その中に深く飛び込み、浸りなさい。しかし、この体験から学ぶことはこの程度だ――前進しなくてはならない。前に進み続けねばならない。行くべきところが他にない地点をさらに超えた究極の地点に到達するまで、どこであろうと止まるべきではない。それこそ、わたしたちが神聖なるものと呼ぶものだ――もはや行くべきところがまったくない、その地点を超えた究極の地点だ。師を超えて、さらに到達すべき場所がある。

それこそナナクがシーク教の寺院をグルドゥワラと呼んだ理由《わけ》だ。その言葉は適切だ。〝グルは扉〟という意味だ。人は扉のところで立ち止まったりしない。扉は通過するだけだ。扉に居座り続けたりはしない。戸口に腰を下ろすなら、あなたはおかしい。あなたは内側にも外側にもいるわけではない。家にも洗濯をする川岸にもいるわけではない、洗濯屋のロバのようだ。あなたは中に入るべきだ。敷居を跨《また》いで超えて行く必要がある。

寺院につけられた名前は非常にたくさんある――モスク、仏教徒のチャイティヤ、教会《チャーチ》、シナゴーグ――しかし、シーク教が使っている言葉ほど美しい言葉はない。〝グルドゥワラ〟、それには非常に深みがある。師《マスター》は扉という意味だ。彼の援助を受けなさい。だが、彼を超えて行くのだ。これは、あなたが感謝しないということではない。いったん、跨《また》いだなら、あなたはさらに感謝に溢れる。これを理解しなさい。師とともにあって非常な幸福を感受し、感謝に満ちるなら、彼を超えたとき、あなたは無上の謝意を体験する。

これこそカビールが、グル・ゴヴィンド・ドイ・カレ、カケ・ラグン・パオン（*Guru Govind doi Khare, kake lagun paon*）と言ったわけだ。〝師と神、その両方がわたしの前にいる。どちらの御足に先に触れるべきなのか？〟——どちらの御足に先に頭を垂れることになるかもしれない！　両方がわたしの前に立っている。神の御足に先に触れれば、師を侮辱することになるかもしれない！　師の御足に先に触れれば、神を侮辱することになるかもしれない！　大いなるジレンマだ。

いつか、そのような困難に直面する人は、実に幸運だ。それに直面する日、どんなに幸運なことか！　それは困難な瞬間ではある。だが、それが起こるのは偉大なる祝福だ。〝師と神、その両方がわたしの前にいる。どちらの御足に先に触れるべきだろう？〟先にどちらに向かうべきだろう？　どちらに対しても不敬を働くつもりはまったくない。ただ間違いを犯してしまうことを恐れている。

もちろんカビールは案じた。一方は彼の師、ラーマーナンダであり、一方はラーマ（神）だった。どちらの御足に先に触れるべきなのか？　カビールの言葉はすばらしい。

師《マスター》と神がわたしの前にいる
先にどちらの御足に触れるべきだろう？
わたし自身をあなたに、我が師に捧げよう
あなたはわたしに神を示された

師《マスター》は言う。〃ためらってはならない。これ以上考えていてはならない。神の御足に触れなさい〃

これこそ、その対句が指し示していることだ。それは多くの意味を持ち得る。だが、初めにカビールは師の御足の元に身を投げ出したとわたしは信じている。この意味はさらに重要に見える。なぜなら、彼が「わたし自身をあなたに、我が師に捧げよう」と言うとき、彼は彼の前に在る両者を見て、ためらったに違いないからだ。「どちらの御足に先に触れるべきだろう？」。師は神を指したにちがいない。「彼の御足に触れなさい。わたしのことは気にするな」

しかし、どうやって先に神の御足に彼が触れられよう？　あまりにも偉大な師の慈悲ゆえに、師自身からさえ、わたしたちを解放する手を差し伸べるとき、人はその御足に先に触れねばならない。〃わたし自身をあなたに、我が師に捧げよう〃とカビールが言うのは、まさにこういった理由からだ——あなたは偉大だ。どうすればいいか、わたしに示してくれた、さもなくば、わたしは大変な窮地に陥っていた。あなたはわたしに最終的な助言を与えてくれた。あなたを離れるようにと。

だから、彼は師の御足に先に触れたに違いないと、わたしは確信している。なぜなら、このためにこそ、人は謝意を表さねばならないからだ。〃師《マスター》〃というまさにその言葉は、あなたを世界から連れ出し、神聖なるものへ導く人という意味だ。

だからニルパマ……わたしがあなたを世界から連れ出して、ここまできた。これは旅の半分だ。あなたの旅はまだ終わっていない。そして旅の半分にしてこれほどの至福、これほどの陶酔だ！　旅の半分にしてこれほどの歌が出るなら、これほどの嬉しい芳香が広がるなら、旅の完了に際しては、どんなものが現れるか想像してみるといい。あなたはまだ、目的地に到達していない。途中の休憩所にいるだけだ。何の執着も育たぬようにしなさい。ここにしがみついて止まってはいけない。止まりたくなるのは当たり前だ。たとえ、これがわかっていても。

あなたが来たから家に美がある
わたしの夕べは何と色彩に溢れていることか

師が現れるそのときが、たとえあなたの生の黄昏であったとしても、それがあなたの生の最後の瞬間だったとしても――〝わたしの夕暮れは何と色彩に溢れていることか〟。あなたの夕暮れは朝になり、あなたの老年期は幼少期となる。花々は咲き、蓮は開花し、再び春が訪れる。
だから、あなたが嘆くのはきわめて自然なことだと、わたしは思う。

遥か彼方から光輝く弦の響が鳴り渡り
大地の歌にかき消される夢の旋律
東の空のかすかな微笑みに、ランプのような無数の星々は消滅する
夜明けだ　木々の果実は揺れ初め
葉はさらさらと音を立て、どの枝も踊りだす

あなたの生のエネルギーは歓喜する。師のタッチが、あなたの肉体の全気孔をこれまでにない至福で満たす。新たなダンスが誕生する。あなたの最奥の実存において、これまで歌ったことのない歌を耳にし始める。これまでに演奏されたことのない竹笛《フルート》が吹かれ始める。そして、それはあなたが生涯待ち望んでいたものだ。何かがぼんやりと目に見えるようになり始める。行く先はまだ遥か彼方かもしれないが、ちらちらと視界に入ってくる。あなたはその一瞥を捉えられるようになる。それはまるで、聳《そび》え立

つヒマラヤの頂上を遠くから眺めるようなものだ。数千マイル離れたところから、純白の雪をかぶって聳《そび》え立つヒマラヤの頂上が目に入るようになる。それらは依然として霞《かす》み、雲に覆われている。ときどき見えなくなっては、また見つけたりする。ときには見え、ときには見えない。こうしたことが起こる。

しかし、立ち止まるべきではない。自分が目にした一瞥、それをあなたの生の現実となるまでにしなくてはならない。あなたが受け取った幸福は、これまでわたしを通して生じたものだ。神聖なるものが直接あなたの生に降り注ぎ、これ以上媒体としてわたしが必要のない地点まで、あなたは到達しなくてはならない。わたしが、あなたと神聖なるものとの間に留まるなら、それほどの障害、それほどのヴェールが依然としてそこに残る。それは美しいヴェールかもしれない、金銀のヴェールかもしれない、様々な宝石やダイヤモンドが、ちりばめられているかもしれない——しかし、それでもヴェールはヴェールだ。それほどのしきりすら、取りつけておくことはない。師というヴェールすらも、外さねばならない。

手を取ってあなたはわたしを導いてくれた
これほどの助けで充分だ

人はまさにこう言いたいと感じる——というのも、これ以上あるのだろうかと、驚嘆することほどのことが起こるからだ。一滴でも不死の霊薬があなたの唇に滴り落ちれば、これ以上のことはあり得ないとあなたは感じる。

手を取ってあなたはわたしを導いてくれた
これほどの助けで充分だ
あなたは愛のこもった眼でわたしを見る
これで充分に授けられた

美のランプが灯るのは
たとえ彼方であってもそれは灯っている
旅人はそれを頼り
せめて心の糧として、苦難の道を乗り越えて行ける
我が道を照らすには、これで充分な明かりだ
長い間、わたしの孤独は、誰かが親密になってくれることに焦がれてきた
今、あなたがわたしの生に入ったからには、世界すべてがわたしのもののよう
ある意味で、あなたはわたしのものだ
この恩恵で充分だ

昏は笑いに浸り、ハートの庭に芳しい香りが漂う
失恋の痛みがうねり立ち、我が実存のかっこうはさえずる
全人生を緑にするようにと、追想のモンスーンが降り注ぐ
これで充分な精髄《ジュース》だ

我がハートは何と幸運――
何生と恩恵をこうむる贈り物《ギフト》を受け取った
歌うべき甘い歌を見つけた
礼拝すべき神を見出した
この恩はけっして返せるものではない
これで充分な愛だ

わたしにはわかる。あなたが言っていることがわかる。あなたの立場にわたしがあれば、わたしも同じことを言っただろう。

手を取ってあなたはわたしを導いてくれた
これで充分な助けだ

だが、起こることはまだまだたくさんある。なぜ遠くからランプを見ることがある？ それに近づかねばならない。近づく必要があるだけではなく、そのランプの中に自分自身を巻き込ませ、ひとつにならねばならない。

蛾が、ランプの中でどうやって死ぬか見たことがあるかね？ 同じようにして、帰依者はある日、神聖なるものに溶け込む。そのときにのみ、現象全体が生じたということだ――それ以前に休んではならない。その前に、幾度となくあなたは腰を落ちつけたいと感じるだろう。もっとも素晴らしい場所に到達した、これより美しい場所などないと。しかし、止まってはならない。歩き続けなさい。

スーフィーの古い話がある。森の中で、行者《ファキール》が日々瞑想に精進していた。そこに、木を切りに来る樵《きこり》があった。行者はこの男に憐憫の情を抱いた。樵は年老いて七十の齢《よわい》にはなっていたが、それでも木を切り倒しては、それを里まで運んでいた。樵はほとんど骨ばかりになっていた！　肉体はやせ衰え、腰が曲がっていた。

ある日、行者が言った。「おお、ちょっとそこの変わり者！　おまえは一生、木を切ってきたが、今度はもう少し奥へ行ってみるといい」

樵は返事をした。「この先に何があるというのだ？　あるのは森だけだ。わしは年寄りだからあまり歩けはしない。ここまで歩いてくるのもやっとのことだ。森の奥に行ったからといって、何があるというのだ？」

行者は言った。「いいか——もっと奥に進むのだ。そこには鉱山がある。たった一日で、一週間木を切るよりも稼げるだろう」

老人は森の奥へと入って行った。するとどうだろう、そこで彼は銅を見つけた。そうして持てるだけの銅を持ち帰り、里でそれを売った。その儲けで一週間を楽に過ごせたので、彼は大そう喜んだ。森に戻る必要は一週間なかった。そして彼は、週に一度森を訪れるようになった。

そこで今度は、行者は樵にこう言った。「いいか——止まってはならない、もっと奥に進みなさい。森にはまだ他の鉱物がある」

老人は言った。「それを探し出して、わしにどうしろというのだね？」

行者が言った。「さらに奥に進むと、ひと月は楽に暮らせるほどの銀が手に入る。森には銀がある」

樵は、行者の話を無視することができなかった。とはいえ、その話を聞いたとき、彼は初めこう思った。『なぜ、わしに構うのだ？　どうしてこんな厄介事にわしが関わらねばならない？　わしの生活は順調だ。もう充分だ。ほっといてくれ。昔はパンを買うために毎日森で木を切った。今は、その頃よりはずいぶんましだ――週に一度森に来れば、後は楽に過ごせる。休むこともできるし、わしは安楽に暮らせる』

老人は、行者に言った。「どうか、わしを混乱させないでくれ」

行者は言った。「好きなようにしていい。だが、もう一度やってみることだ」

樵は好奇心が湧いてきて、さらに森の奥へと進んだ。すると今度は、彼は銀を見つけた。そうして、樵が森に来るのは、一月《ひとつき》に一度となった。

さあ今度、行者は樵にこう告げた。「おまえには、言わねばならないことがまだある。もっと森の奥に進みなさい。そこで金が見つかる。そうして一年暮らせるだろう」

老人は、もう骨折り仕事はしたくなかった。面倒なことをするには年を取りすぎていた……しかし彼は、行者の言葉を信頼し始めていた。『行者の言葉が真実であることは、二度とも証明された。だから、今度も真実に相違ない。年に一度だと！　ああ、わしは一生を無駄にした。もっと早く森の奥に分け入っておくべきだった。この森が鉱山だったとは……わしときたら、ここへ来ても、木を切って終わっていた。森の入口で、手を止めて里へ戻っていた。他の富が森にあるとは、思いもしなかった』

そうして彼は森の奥へ進み、そこで金を発見した。老人が森を訪れるのは、もはや年に一、二度となった。さて今度は、行者は老人にこう言った。「おまえは年老いている。もう少し奥に進みなさい。馬鹿者め！――なぜ、自分から進み続けようとしないのだ？」

老人は返事をした。「これ以上何があるのだ？　金に優《まさ》るものはない」

行者は言った。「これ以上のものがある。もっと奥に進むがよい」

そうして森の奥へと進んだ樵は、金剛石《ダイヤモンド》を見つけた。その日に採れた分だけで、老人が一生暮らせるほどの儲けになった。もはや樵が森に戻る必要はなかった。そこである日、行者が老人の家まで来て言った。「頭がおかしいのではないか？　なぜ森へ戻って来ないのだ？」

老人は言った。「どうして戻ることがある。もう充分だ、わしの分だけではない、子供たちの分まで儲かった。もういい」

行者は言った。「もっと奥へ進みなさい」

老人は答えた。「ダイヤモンドに優るものがあるのか？」

行者は答えた。「ダイヤモンドに優るものはわたしだ。来なさい」

老人が森へ行くと、ダイヤモンドの向こうに絶対的な平安の中に座っている行者を見た。その平安は、今まで味わったことのないものだった。樵は一切を忘れた。行者の御足に額ずくと、二度と起き上がれなかった。何時間と時が経った。そのような平安、そのような至福を、彼はそれまで味わったことがなかった。それは生きている流れだった。

行者は叫んだ。「おお、このおかしな奴め、またしても止まってしまったのか？　もっと奥に進みなさい」

老人は尋ねた。「しかし、これに優るものがあるのか？　これ以上の至福は、経験したことがない」

行者は言った。「もっと奥へ進むがよい。神聖なるものがおまえを待っている」

これこそが、わたしがニルパマに言っていることだ。もっと奥へ進みなさい、さらに奥へ。師《マスター》の御足の元には幸福がある。それと世界を量りにかければ、これまであなたが知ったことなど無きに等しい。だが、それと神聖なるものを量りにかければ、それすら大したものではない。神聖なるものに到達する前に、あなたは止まるべきではない。

あなたの困難を重々承知しながら、わたしはこれを言う。師を手放すのはたやすいことではない。そもそも、師は見つけること自体が難しい。何生も何生も経て、やっと誰かとかっちりと合う。幾多の生を通じて、人はたくさんの教師に出会う。だが、かっちりと合うことは滅多にない。あなたにかっちりと合う教師こそ、あなたの師だ。そうでない人は、あなたにとっては単なる一教師だ——他のあらゆる人にとって、彼がどれほど偉大な師だったとしても。

ブッダのもとへ行くこともあるだろう。その人があなたにかっちりと合えば、彼があなたの師だ。そうでなければ、彼は単なる一教師にすぎない。あなたはわたしの元へ来た。あなたがかちっと来るものを感じたなら、わたしがあなたの師だ。そうでなければ、わたしは一人の教師にすぎない。わたしから何かを学んで、あなたが昇進する。かっちりと来るものを感じたなら、昇進というものはすべて終わる。そうして、あなたはわたしの中に溺れる。わたしから学ぶことは果てしなく続き、あなたはわたしとひとつになり始める。

これがサニヤスだ。かっちりと合った者がサニヤスを切望する。やって来ては、わたしの話に耳を傾け、わたしの言葉を好ましく感じ、少々の言葉を拾い上げては去って行く、そんな人たちがいる。そういったことに彼らは注意を傾け、それらを美しくまとめあげる——たまに、彼らが自分の存在を想起することもある——だが、わたしに溺れているわけではない。彼らは蛾になっていない。酔いしれていない。彼らの頭は何らかの富を集めたが、そのハートには何も起こっていない。精髄《ジュース》は、そこに流れなかった。

サニヤスとは、あなたが自分自身に溺れたということだ。そのような人々は言う。「今、わたしたちは蓮華の御足を見つけた。もう、それを手放すことはない。今、この蓮華の御足にのめり込む用意がある」

そもそも師は見つけ難い。そして師を見つけ、次にいっそう困難なことに、まもなく師がこう言う。「今度は、わたしを手放さねばならない。わたしの役割はたったこれだけだ。あなたの手を引いて、神聖なるものへと誘うこと。わたしは扉だ――今、あなたは内なる聖地に到達した。今度はわたしを忘れ、神聖なるものに自分自身を没入させねばならない」。これはひどく難しい。そもそも、師を見つけること自体難しい。そのうえ、師を手放すのはさらに難しい。

あなたはわたしに、ただ愛を手放すようにと命じた
人はこれを、嘆きながらも、どんなハートで果たせるものだろう

あなたはわたしに、ただ愛を手放すようにと命じた
人はこれを、嘆きながらも、どんなハートで果たせるものだろう

あなたはただ愛を手放すよう、わたしの執着を断つようにと言う。「あなたはわたしに、ただ愛を手放すようにと命じた……」。あなたは言った。この愛を手放すようにと命じた。

だが、どうすればハートにこれができるだろう？
どうしたものか？
愛を手放すことに、どうして何も感じずにいられるだろう？

わたしは、彼女が自らヴェールを外すことを切望し

彼女はわたしに懇願されるのを待っている

最後の瞬間、まさに最後の瞬間、神聖なるものと出会う瞬間……。
「わたしは彼女が自らヴェールを外すことを切望し……」
神聖なるものが自ら現れることを。

……彼女はわたしに懇願されるのを待っている。
神聖なるものは、あなた自らが欲望を表現することを待っている、あなたが祈り、乞い、迫ってくることを。そのとき、ヴェールは外される。

神聖なるものを見る勇気は持たないほうがいい
けれど、その勇気があるのなら、わたしの目で見続けるがよい

自らの中に神聖なるものを見る狂気を生じさせるのでも、
神聖なるものを見る不屈の精神を生じさせるのでもなければ……。

神聖なるものを見る勇気は持たないほうがいい

人は敢《あ》えてそうするべきではない。

けれど、その勇気があるのなら、わたしの目で見続けるがよい

ここまであなたが勇敢なら、もう少し勇気をかり集めなさい——わたしの目を通して見るように。わたしがあなたに、わたしを手放すように求めるとき、わたしの目を通してわたしが見ているものに、どうかもう少し注意を払ってほしい。わたしは、まだあなたには見えていない何かを見ている。あなたは、わたしに耳を傾けてこれほど遠くまで来た。わたしが銅について話せば、あなたはそこまでやって来た。わたしが銀について話せば、あなたはそこまでやって来た。わたしが金について話せば、あなたはそこまでやって来た。わたしがダイヤモンドについて話せば、あなたはそこまでやって来た……あなたはこれほど遠くまで来た。

わたしが瞑想の銅について話したとき、あなたはそこに分け入った。さあ、もう少し奥に進みなさい。すべてがそこで終わる。そこには瞑想者も瞑想も、弟子も師《マスター》も、探求者も探求すべきものもない。そこではあらゆるものがひとつだ。川は大海に出会う。そこに至福がある。師のそばであなたが見つけたものは、その至福のちっぽけなこだまにすぎない。

それは、風にのった花の香りのようだ——あなたの鼻孔に漂ってきた香だ。あなたはまだその花を目にしたことがない。確実に、それはどこかにある——その香はあなたの方に漂ってきた。師とは、神聖なるものの香にほかならない。

神聖なるものの香、その手がかりをつかみなさい。ゆっくりと、それを筋道にして、花を探し当てるのだ。師につかまり、人は花を探し出さねばならない。

かつて、あなたは勇気を示した。師につかまること、それには偉大な勇気が必要とされる——なぜなら、師につかまることは、自分自身を手放すことだからだ。師につかまること、それはあなたのエゴを

明け渡すことを意味する。あなたはかつて自分自身を手放し、師につかまる勇気を示した。さあ、さらに偉大な勇気を示すのだ。今、さらに師を手放しなさい。すると、すべての執着が終焉を迎える。ここが、しがみつく者も、しがみつかれるものもない地点だ。ここが、神聖なるものが降臨する地点だ。

三番目の質問

愛するOSHO、観照者になるのは大変です。
この他に、神聖なるものへの道はないのですか?

ある。わたしたちは、毎日それについて話してきた。ダヤの言葉が、そのもうひとつの道だ。献身こそ、もうひとつの道だ。二つの道がある。観照すること――観照することは瞑想だ。そして献身、それはあなたの感情《フィーリング》だ。観照とは、油断なく醒めて見るという意味だ。そして献身とは溺れること、見るのを止めて、それ以外の一切の事を行なうという意味だ。献身とは、あらんかぎりの方法で感謝の気持ちに溺れるということだ。献身的に歌い、踊り、その歌に没頭する――酔っぱらってしまったかのように。あなたはただ一切を忘れる。自分自身をただ忘却する。

自分自身を忘却することがひとつの道であり、自分自身を想起することがもうひとつの道だ。行程《プロセス》は異なるが、成果は同じだ。その道は異なる。だが、行く先は同じだ。自分自身を思い起こすこと、それが観照だ。しかし、自分自身を思い起こさねばならない。そして一瞬たりとも忘れてはならない。自分自身に隔たりをもたせなさい、あらゆるものと自分自身との間に隔たりをもたせなさい。『目に映るものは何であれ、自分から離れている』。これを念頭に保つのだ。どんな同一化も生じさせてはならない。いかなる状況にあろうとも。観照者は観照者のままでいなくてはならない。たとえ神聖なるものが目前に現れても、観照者は観照者のままで、それと溶け合いたいとは望まない。溶け合うことは観照の道ではない。観照の道は、あくまで目撃し続ける。

観照の道を行く者の言葉を知っているだろうか。仏教徒は言った。『たとえ道で出会ったのが仏陀その人であっても、観照者は刀を抜いて振り上げ、まっぷたつに斬って捨てる』。観照すること、その意味は感覚の対象がどんなものに移ろうと、あなたはそれではないということだ。瞼を閉じてあなたが瞑想している。そのとき、目の前に笛を吹くクリシュナが現れたなら、剣を取って彼をばらばらにする――『これはわたしではない。わたしは見る者とひとつだ』と。これは、ネティネティ（*neti-neti*）――これではない、これではない――と絶えず否定することだ。『わたしはこれではない』、『わたしはあれではない』と言って打ち消す。この実践を通して、すべての対象が消滅する。思考はない、選択することもない、ただマインドだけがある。二者択一はなく、至高の静寂がある。そのときあなたは、知る者として一人在り、知られるものは一切ない。その日、あなたは達成している。旅の終わりにあなたは到達している。

だから、観照の旅を行く者は、神聖なるものを目にすることがない。この道を行く者は、単にこれを体験する――〝わたしこそが神聖なるものだ〟を。ウパニシャッド曰く、わたしこそ究極の神性だ！それこそが観照者の道だ。マンスール曰く、アナルハク！（*Ana'l hag!*）――『我こそ真理なり』。それこそが観照者の道だ。

その日、マインドの心的動揺はすべて観照の道に溶解し、あなた、あなた自身こそ神聖なるものの現れとなる。

あなたは言った。「観照者になるのは骨の折れることです」

心配はいらない。他に道がある――そして、それは観照の道とは正反対だ。観照の道が適さない人に適した、この道がある。人には二種類しかない。肉体レベルにおいて男性と女性があるように、意識レベルにおいても男性と女性の二つの性別がある。『男性』とは、観照者だ。男性の意識は観照の道のものだ。男性のマインド――覚えておきなさい、わたしが『男性のマインド』と言うとき、すべての男性を意味してはいない。『男性的意識』がふさわしくない男性は大勢いる。そして、わたしが『女性』と言うとき、すべての女性を意味してはいない。観照が適している女性は大勢いる。だから、わたしの区別を肉体レベルに限定してはならない。これは内側の相違だ。男性が女性マインドを持つこともある。そして、女性が男性マインドを持つこともある。しかし、その二つの性別の相違は明らかだ。

女性マインドは献身、感情、忘却に依存する。その違いは何だろう。観照の道では、目に映るものは無視され、切り離され――見る者だけが保持される。献身の道では、目に映るものは保持され、見る者は溶解しなくてはならない。この二つは非常に異なり正反対だ。クリシュナがあなたの前に現れる……あなたの感覚にクリシュナのイメージが生じると、あなたは自分自身を溶解し、クリシュナを保持しなくてはならない。まさにあなたの命を彼に注ぎ込む。彼のイメージに命が吹き込まれるよう、彼のイメージが息づくよう、まさにあなたの命を彼に注ぎ込むこと。あなた自身の生エネルギーがクリシュナの笛を吹くように、全一《トータル》に自分自身を彼に注ぎ込む。それこそ帰依者たちのしていることだ。

帰依者と観照者の道はあまりにも異なっているために、使う言葉も異なっている。帰依者はこのように言う。『忘我の境地にあれ。あなた自身を忘れ去れ。法悦《エクスタシー》に溺れ、神聖なるものの想起に没入するのだ。

大酒飲みが自己を忘れるようにあなた自身を忘れ去れ。酔うがいい、神聖なるものの御名を葡萄酒《ワイン》にして。自らの葡萄酒を作り、大酒飲みとなるのだ。恍惚として狂気に浸るのだ』
あなたにとって観照の道が大変なら、心配はいらない——献身の道があなたの道だ。法悦《エクスタシー》、陶酔……その道を進むといい。踊り、歌い、神聖なるものの想起に没入しなさい。これがダヤのメッセージだ。
これが、サハジョとミーラのメッセージだ。

わびしい森の葡萄の木の上に彼女は眠った
献身の至福に満ちて、愛の夢に浸って
繊細無垢なる若き女性《ひと》——茉莉花《ジャスミン》のつぼみ
彼女は眠った
最愛の人の到着が、どうして彼女にわかるだろう
主人公《ヒーロー》は彼女の頬に接吻し、葡萄の木は揺りかごのように揺れた
それでも彼女は目覚めなかった
怠惰に——弁解もなく、彼女は眠たげな目を閉じ続けた……
それとも彼女は酔ったのか
若さという葡萄酒《ワイン》を飲んで、話せる者などいるのか
無情にもその主人公《ヒーロー》、彼女の美しく柔らかな体を揺すり
その清らにふっくらとした頬に、風を吹きつけ冷淡さを表した
乙女ははっとし、驚きに目を見張り、愛の寝床《ベッド》の傍らに愛する人を見つける
柔らかく接吻された女性《ひと》は笑い、陽気に生彩に富めるゲームで彼と遊んだ

献身とは、愛する人を探し求めることだ。献身は、真実の形での神聖なるものを見ない。神聖なるものは最愛の人、何より愛しい者だ。献身とは、貴い最愛の人を探し求めることだ。

愛の寝床《ベッド》の傍らに愛する人を見つける
柔らかく接吻された女性《ひと》は笑い、陽気に生彩に富めるゲームで彼と遊んだ

献身の道は、とても生彩に富んでいる。それは春の道だ。この道には花が咲き乱れている。ヴィーナが奏でられ、ムリダンガ（インドの打楽器）がドンドン打ち鳴らされている。献身の道は、足輪の鈴の道だ。そこには踊ること、歌うこと、賛歌がある。愛と情熱がある。そして、この愛のすべて、この献身のすべては神聖なるものの御足に捧げられる。その水差しは幾度となく愛で満たされては神聖なるものの御足に注がれる。背後に何も残さないほど、人は自分自身を完全に注ぎ込まねばならない。そしてすべてが注ぎ込まれたとき、あなたは到達している。

そういった献身の道を見いだす者にとって、観照者の道は困難だ。まず献身を探求しなさい。なぜなら、ほとんどの人々にとって献身は易しいからだ。それもまた生気に満ちている。踊りながら行けるとき、なぜ歩くことがあるだろう？　そこへ歌いながら辿り着けるときに、どうして悲しげな顔で進むことがあるだろう？　太鼓を叩いて楽しく神聖なるものに到達できるとき、自らの喜びとともに在りながら、どうしてマハトマや放棄した者たちの実践に関わることがあるだろう？　放棄やら何やら、献身に適さないこういったことは、すべて止めてしまうことだ。献身が適していれば、もし愛が適していれば、あらゆるものがぴったりとはまり、ことさらすべきことなどはない。

だが、わたしにはわかる。問題はこういうことだ。わたしが献身と言うとき、人々は神経質になる。彼らは、わたしのもとに来て訴える。「わたしたちには献身する勇気はありません。そのように、敢えて狂喜する勇気はないのです」。狂喜に向かうのも、人々は計算して行なう——ある程度までの狂喜……。

ムラ・ナスルディンの妻は死の床にあった。死の間際、彼女はこう言った。「ナスルディン、わたしが死んでしまったら、あなたはどうするの？」

ムラは答えた。「おれは狂っちまうよ」

彼の妻は言った。「嘘をつかないでちょうだい。わたしにはわかるの。わたしが死んだら、あなたはすぐに再婚するわ」

ムラは言った。「おれは狂っちまうが、そこまでおかしくはならない」

狂うことさえ、人々は計算する。どのくらい狂うべきか計算する！　わたしが献身について言及すると、人々はわたしのもとへ来て、この道は狂気の沙汰の道だと言う。踊り、歌い、キルタンの中でミーラが言っていた通り、人は社会に対する面目をすべて失う。『わたしは収税官だ、税務署の副収税官だ、技師だ、医者だ——これは混乱を生じさせるだけだ！』

あるとき、一人の医師がわたしを訪れるようになった。わたしは親指に問題があって、彼がその手術を施してくれた。彼はなかなか得がたい人物だった。彼は手術を施しに来て、思いがけずわたしに恋をした。彼は言った。「わたしは、あなたについて行きます。でも、今すぐではありません。わたしは来ます。いつの日か、あなたについて行くことになるでしょう。でも、今のところは恐ろしくてたまりません」

わたしは彼に訊いてみた。「あなたは何を恐れているのか？」

彼はこう答えた。「恐ろしいのです。こうやって歌って踊って、お祝いすることに惹きつけられてしまったらどうしようかと――きっと、そうなるでしょう。なぜなら、いつもそうしたかったからです――そうなると面倒な事になってしまいます。あなたの手を手術したその日の晩、わたしは、自分がオレンジ色のローブを着て、踊っている夢を見ました……これをさせないでください。まだ、だめです。当座は勘弁してください。わたしには養わなくてはならない妻や子供がいて、すべて順調です。今のところ、自分の人生を築き上げる必要がありますし……いつか来るのは確実ですが、今のところは、恐ろしくてたまりません」


献身の道を恐れている人は大勢いる。ところがそういった人達は、たとえ観照についての話が持ち出されても、興味をそそられない……なぜなら、観照の道――厳格な鍛錬の道、努力の道は根気がいるからだ。それは無味乾燥だ。味気ない状況が、人々を不安定にする。しかし一方、愛の流れるところでは、人は狂気を恐れる。

献身の道は狂人の道だ。狂気において打算はあり得ない。計算された方法で進みたければ、観照があなたの道だ。それは数学的だ。純粋な数学だ。そこには狂気のための場所はない。狂気は、そこではけっして生じない。それは非常に科学的な行程《プロセス》だ。だから、あなたが興味を引かれる方ならどちらでもい い……しかし、いずれあなたは決めねばならない。

わたしの経験からすると、献身の道について語ると、人々はむしろ観照の方を選ぶ。なぜなら、献身を恐れるからだ。観照について言及すれば、人々は献身を考慮する。観照は、実に骨の折れる道に見えるからだ。彼らはこの艱難辛苦を恐れる。『いやだ……そんな厳しい道が自分に辿れるとは到底思えない』

深く観照に入って行くにつれ、あなたの生からすべての喜びが消え去り始める。

観照を実践するようになると、自分の妻を見ても自分のものとは思えなくなる。『自分』という感覚が溶解し始め、あなたは単なる一観照者にとどまる。誰かに罵られ、人があなたを罵っている声を耳にしても、侮辱されているとは感じない。どうすれば観照者が侮辱されるだろう？　花輪を首に飾られれば、それが起こっているのを感じ、それを快く受けるが、そのことで自分が尊敬されているとは感じない。

これが困難を生むことになる。このようにして、あなたの生き方のすべてが変化して行く。今のところ、首に花輪をかけられれば、あなたは少なからずとも多少は嬉しくなる。実際、あなたはこれまで一度も花輪を受けたことがない——いまだにあなたは待っている！　そして、これが起こる前に、あなたは一観照者となり始めてしまった——そのため、少々の困難がつきまとう。今のところ、自分を罵った人にどうやって報復するかあなたは知っている——観照は、それをすべて破壊する。まさに観照の意味が、世界に住みながら、完全に世界に触れられずにあるということだ。観照者に触れるものはない。あなたは水上の蓮のようだ。しかし、人はそれほどの勇気もかり集めない。

献身においては、心配するようなことは何もない。しかし、献身の場合、それはそれでまた別のことがある。妻を献身の眼差しで見れば、そこに神聖なるものを見る。夫を献身の眼差しで見れば、そこに神聖なるものを見る。息子に神聖なるものを見る。こういったことが、すべて狂気の沙汰のように思われてくる。妻に神聖なるものを見るとは——納得いかない！　中には、夫に神聖なるものを見ることが当たり前になっている女性もいる。なぜなら、数千年の長きに渡って、女性たちはそうするように言われてきたからだ。——ところが、妻に神聖なるものを見るとなると、どうだろう？　夫である神は困難を感じる。しかし、献身をもってすれば、ある日、あなたは自分の妻の足下に額ずく自分の姿を見るだろう。

わたしの友人にごく単純な男がいて、ある晩、わたしたち二人は夜遅くまで語り合ったことがあった。わたしの話に、彼は深い感銘を覚えた。その話は、〝いたるところに神聖なるものを感じる〟という話題《テーマ》だった。わたしは彼に言った。神聖なるものはあらゆる人の中にいる、あなたの妻の中にさえいるのだと。わたしは単に例証として上げただけだったのだが、まさしくそれが彼の心を動かした。家に帰ると、さっそく彼は妻の足元に額ずいた。彼女はとても動揺した。夫の頭がおかしくなったのではないかと危ぶんで、彼女は家人を起こして回った。しかし、わたしの友人は妻の足に頭を垂れたことに非常な喜びを覚え、家で人を見かけると誰彼かまわず、その足元に額ずいた。召使いでも誰でも……家人は全員、彼が狂って完全におかしくなったと思い込んだ。

彼らは、夜中の二時にわたしのもとへ押しかけてきた。そして、わたしを起こしてこう言った。「あなたが何かしたのではありませんか?」

わたしは言った。「それのどこが悪いのか。妻はいつも夫の足に触れている。それはおかしいと思われない。今、夫がそれをしたからといってどこがおかしいのか」

彼らは言った。「何ということをおっしゃるのでしょう。もうあなたのところには行かないようにと、いつもわたしたちは説得しているのですよ」

そして彼は、その後自分の周辺に起きたことすべてに対して非常な喜びを感じ、三ヶ月も歓喜に満ちてそれを続行した。家人は、彼に様々な治療やら、薬やら護符を勧めた——悪霊払いさえ勧めた。彼は笑って、家人に言った。「わしは狂ってなどいない」。しかし、家族は、彼が何らかの霊にとり憑かれているのではないかと心配し、悪霊払いを開始した。そしてとうとう彼らは、わたしの言葉に耳を貸さず、電気ショックによる治療を彼に受けさせた。事態はいっそう深刻になった。それでも、わたしの友人は無制限の法悦《エクスタシー》の状態にあったために、通りすがりの人の足にも触れ始めた。彼には、どこもおかしなところはなかった。彼はごく単純で、ハートの無垢な人だった。

そういうわけだ、人々は献身さえ恐れる。なぜなら、献身はまったく異なる世界の束縛を解くからだ。ここでしばしば、こんなことがあった。観照についてわたしが説明すると、人々が訴えてきた。観照すると、自分にとってあらゆる問題が生じてくると。しかし、献身について説明しても人々が訴えてきた。自分にとってあらゆる問題が生じると言う。だから、きっぱり決心しなさい。そして覚えておきなさい。決意したなら、巻き込まれた問題の数を数えてはいけない。考慮すべき点はひとつしかない。どちらがより自分に調和しているかだ。他に重要なことはない。その他のことは、すべて二の次だ。自分にとって献身が実りあると感じるなら、勇気をかり集めてその中に飛び込むことだ。いつかは始めるとは言わないこと。なぜなら、その日はけっして来ないからだ。今日始めなければ、あなたが始めることはない。明日はけっして来ない――そして誰にわかるというのだろう。死がその前に訪れるかもしれない。

だから、あなたのハートを呼び覚ますならどちらでもいい。あなたのハートの琴線に触れるなら……ミーラが踊っているのを思い浮かべてごらん、あなたのハートに共鳴が起こるだろうか？　彼女のように踊りたいだろうか？　それとも平安に満ちて瞑想し、観照に座す仏陀の像を見て、自分もそうなりたいと切実に感じるだろうか？　自分もまたそのように座りたいと感じるだろうか？　どちらが自分にもっとも調和していると感じるだろう？

それ以外は考慮するに値しない。あなたが生まれた家庭の方針は考慮するに値しない。あなたが生まれた家庭は、献身の道、ヴァラッバからラーマーヌジャに従っているかもしれない。それでも、あなたが仏陀やマハヴィーラに喜びを見いだし、彼らの像によって喚起されるなら、案じることはない。あなたが生まれた家庭は、それとは関係がない。そのような状況であれば、瞑想があなたの道だ。たとえあなたが、ジャイナ教徒や仏教徒の家庭に生まれたとしても、ヴェーダンタ哲学に傾倒していても。あなた自身のハートを見なさい。ミーラの歌を聴いて、自分の内側に揺さぶられるものを感じるなら……、ミーラの手にしたヴィーナを見て、夢の中で誰かがヴィーナを爪弾き始めるなら……、ある日、自分もまた彼女のように完全に没入し、恍惚として、すべてを忘れて踊りたいという欲望が生じるなら……、喜びの流れが生じるのを感じ始め、そのように心に思い描くことによってあなたの中に流れが、あなたの周辺に芳香が立ちこめ始めるなら――案じることはない。ジャイナ教徒や仏教徒の家系に生まれようと、ヴェーダンタ哲学に傾倒していようと何だろうと。それらはみな考慮するに値しない。どんな家庭に生まれたかは偶然の産物だ。

あなた自身のハートに耳を傾けなさい。ハートこそ唯一の真の家だ。そこで手がかりを得て、あらゆる途上に現れるであろう困難を理解するのだ。困難がまったく生じない道があると思っているのだろうか？　そんな道はない。それについて考慮するなら、一歩たりとも進めはしない。困難はあらゆる道に生じる。これらの困難には、こんな意味がある。あなたはこの時点まで、ある生き方に従って一定の構造を構築してきた。ところが今、それが変化しなくてはならない。これこそ、困難が生じる要因だ。これまであなたは、ある側面を人々に示してきて、今異なる側面を表明することが難しくなってしまった。しかし、こういった困難は簡単に解決する。必要なのは勇気だけだ。

勇気こそが、宗教的な人の第一の質だとわたしが言うのはそのためだ。勇気のない人は、宗教的にはなれない。宗教は、臆病者のためのものではない。

だから、わたしはあなたに言おう。観照に手を焼いても悲しんでいてはいけない、落ち込んではならない。自分が観照に適していないとはっきりわかれば、他の道に適していることがはっきりする。第三の道はない――二つにひとつだ。それしかない。世界には二通りしかない。だから今度は歌いなさい。くちづさみなさい。そうして、自分自身を神聖なるものの美に没頭させるのだ。

金持ちには山ほど財産がある
けれども、わたしごときの貧者には、あなたが唯一の富

歌うのだ！　神聖なるものの御足に額ずくことだ。すると、彼の御足はいたるところに、あらゆる方向にある。あなたが頭を垂れるとき、そこにはつねに彼の御足がある。

金剛石《ダイヤモンド》の首飾りをする者あり
紅玉《ルビー》の首飾りを持つ者あり
また、赤い染料で足を染める者あり
その手にヘナの模様を描き込み
その髪に真珠を編み込んでいる
身体には百万もの装飾をほどこして
金、銀、玉、金剛石《ダイヤモンド》
けれども、わたしのハートには、あなたが唯一の宝石

それを伝えなさい、神聖なるものにそれを伝えなさい……。

プーリやドゥワルカへ行く者あり
カーシを礼拝する者あり
トリヴェニで禁欲生活を実践する者あり
また、マトゥーラにとどまる者あり
北、南、東、西
内側、外側、あまねく既知の世界には、他の者たちの巡礼の場は幾多とある
けれども、あなたひとりがわたしのヴリンダーヴァン

願うのだ。「他の者たちの巡礼の場が数々ある。けれども、あなたひとりがわたしのヴリンダーヴァン」

自らの美しさを誇る者あり
また自らの強さを驕《おご》る者あり
自らの知識を自慢する者あり
また自らの富をひけらかす者あり
肉体、富、妻や馬
栄誉、恥、幸福や悲哀
肉体的、精神的、そしてそれにまつわる苦悩
この世界は幾多の形で生きては死ぬ

探求しなさい。瞑想が合わなければ、愛において探求しなさい。瞑想が合わないのなら、献身を通して探求しなさい。いずれにせよ、あなたは探求しなくてはならない。困難を巧みに捏造して、この困難ゆえに自分は始められないのだと自分を慰めてはいていけない。始めなくてはならないなら、始めなくてはならないのだ――そんなときに、誰がそんな困難に構っていられるのか。困難について気を揉むのは、始める勇気がないときだけだ。あなたは、自分の困難から蜘蛛の巣を紡ぎ出している。

聞いた話だ。

アクバル皇帝は狩猟から帰還している途上だった。夕暮れ時になって、彼は祈りを捧げるために、村はずれの木の根元に敷物を敷いて腰を降ろした。熱心に祈りを捧げていると、ひとりの女が彼の方に駈けてきた――若く歓喜に満ちたこの女は、ほとんどきちがいじみてるといった様子だった。この女は、アクバルの敷物の上を駈け抜けて行った。屈託がなく、ほとんどきちがいじみてるといった様子だった。その際、彼女のサリーが彼をかすめた。アクバルは非常にかき乱されてしまい、怒りに燃え上がった。しかし、祈りを捧げている最中だったので、そのことについては、何も言うことができなかった。

素早く祈り終えると、彼はその女を探し出そうと馬の支度をした。何と無礼な女だ！　祈っている者にあんなことをするのはまちがっている。しかもこのわたし、皇帝に向かって！　だが、彼女を捜す必要はなかった。彼女はまた戻ってきた。皇帝は、彼女を引き止めて言った。「この無礼者め、女！　おまえには思慮というものがないのか？　人が祈りを捧げているときに、邪魔すべきではないということがわからないのか？　皇帝が祈っていたのが目に入らなかったのか？」

女はまじまじと彼を見つめた。彼女は言った。「今のお話ですが、この道を駈けて行ったとき誰かが祈っていたのを確かに覚えています。そして、わたしのサリーの裾がその人をかすめたのも覚えています。あなたのおっしゃる通りです。しかし、わたしは、恋人が戻って来たので彼に会うために走っていました。他には何も目に入らず、考えることはできませんでした。どうぞ、わたしをお許し下さい」

「それでも、ひとつお聞きします。あなたは神聖なるものに、究極の恋人に出会おうとしていました――にも関わらず、わたしのサリーの裾が触れたのを感じたのですか？　わたしは地上の恋人に出会うために行き、あなたには気づきもしなかった。あなたは、わたしがかすめたのを感じ、わたしはあなたのことなどまったく感じませんでした。これはおかしくはないでしょうか、陛下――どういう祈りを、あなたは捧げておられたのでしょう？」

皇帝は自分の自伝に記している。「これが、わたしのエゴを吹き飛ばしたことを、決して忘れない。実際、わたしの祈りは祈りではなかった。人が通り過ぎるぐらいの些細な邪魔が入っただけで、真の祈りが妨げられるものではない。愛があれば邪魔などあり得ない！　至福の中、内側で一心不乱であれば、誰かの服がかすめたぐらいではかき乱されない」

あなたもまた瞑想しようとして座る。だが、些細な事にかき乱される。それらにかき乱されるのは、あなたの瞑想がまだ瞑想ではないからだ。あなたは神聖なるものを想起して座る。そして、つまらぬ物事にかき乱される。それは、その想起がまだ想起ではないからだ。

ただ瞑想するふりをしているだけなら、あらゆる物事があなたをかき乱す。真正になりなさい。あなたのハートに適《かな》う方、あなたに調和している方に決めるのだ。そうしてその道を歩き、一意専心してその道を歩きなさい。その中に、完全に自分自身を没入させるのだ。完全に専念せずには、観照者も帰依者も、瞑想者も恋人も達することはない。自分自身を没入させねばならない。自分自身を没入させるのだが難しいと思えば、けっして進歩しない。没入は必須だ！　瞑想か献身に、自分自身を没入させるのだ――いずれにせよ、没入は避けては通れない。

いずれの道にもそれなりの困難がある。いずれの道にもそれなりの美しさがある。困難のまったくない道はない。困難のない道とは、一体どういう道だろう？　歩けば困難はある。旅をすれば、太陽や埃に苦しまねばならない。道には岩や石ころ、棘もある。

だが、神聖なるものの想起があなたの生に入り込むとき、この探求があなたの生において始まるとき、あなたは一切の困難を忘れ去る。そのとき、困難すらも踏み石となる。

今日はもう充分かね？

第三章

夜明けの最後の星

The Last Morning Star

愛に浸ったサドゥーたちの様子は言葉に表せない
彼らは歌いながら笑い、泣き叫ぶ
これはとても矛盾しているとダヤは言う

神聖なるものの美酒《ネクタル》に酔いしれて
彼らの知覚は底知れず
サドゥーにとって三界はただ無益なばかりとダヤは言う

彼がひとところに下ろしたはずのその足は
どこかよその場所に着地する
彼の身体は歓喜に溢れ、恍惚としている
神性の美に溺れるほど
彼の愛は育つとダヤは言う

彼は笑い、歌い、泣き、何度も波打ってやまない
しかし、一度神聖なるものの美酒《ネクタル》を味わえば
彼は分離の痛みのすべてに耐えられるとダヤは言う

わたしのハートに別離の苦悶の炎が生じる
来て下さい、おお、神聖なるものよ、来て下さい、最愛のものよ
来て下さい、おお、ハートを魅了するものよ
来て下さい、おお、クリシュナ、おお、純粋なる者よ
あなたに会うことを、わたしは切に願う

わたしの手は鴉《カラス》を追い払うことに疲れ
わたしの眼差しは期待に満ちてその道を見る
わたしのハートは愛の大海に落ちてしまった
そこには岸も出口もない

さあさあ、皆の衆！　とシャキール曰く
これは気ちがい沙汰ではないかね？
自分のものにはならない彼のものになったということは

神の探求において、愛の道は狂人の道だ。あなたが神聖なるものに属すことはあっても、神聖なるものがあなたのものになることはない――なぜなら、あなたのものになるなら、満たすべき要件がひとつあるからだ。それは、あなたが存在するということだ。あなたが存在するからこそ、誰かがあなたのものになる。だが、神聖なるものに見《まみ》える必須条件は、あなたがもはやいないということだ。あなたが消え去って初めてそれは現れる。あなたがもはやいないとき、そのときにのみ神聖なるものが在る。

ひとつ確かなことは、あなたが神聖なるものに属すことはあっても、神聖なるものがあなたに属すことはないということだ。あなたがもはやいないとき、こんな要求が誰にできるだろう？〝わたしの〟は〝わたし〟が存在するときにのみ存在し得る。〝わたし〟がもはやないとき、〝わたしの〟に何の由縁があるだろう。

神を仰ぐ道では、愛する者は失うばかりだ。獲得せんとする話は何であれ無駄話だ。ところが、おもしろいことに、この失うことですべてが獲得される。溺れて溺れて、溺れ続けることだけがある。何であろうと救われる話は無益だ。まさにこの溺死において救済が起こる。川岸は流れの真只中に見つかる。消え去る勇気を持つ必要がある。そして、その消え去る勇気をかり集める第一段階は、あなたの知性を手放すこと、あなたの用心深さ、あなたの賢さを手放すことだ。すべての数学、計算や論理を手放しなさい。

これこそ愛の道が狂気の道、気ままな道、勇敢な道という理由《わけ》だ。知識の道は商売人でも旅できる。そこでは、計算が理路整然と働いていて公正だからだ。しかし、愛の道を歩けるのは、ばくち打ちだけだ。なぜなら、損得勘定抜きで一切を失わねばならないからだ。獲得されるものはない、すべてが失われる。敗北を勝利として、死を生として、あなたの消滅を達成として受け容れるほど充分にあなたのハートが広ければ――そのとき初めて、愛の道への扉が開かれる。愛の道は打算的な者には閉じている。だから、それは酒場の道、酔っぱらいの道と呼ばれる。

愛はひとつの葡萄酒《ワイン》だ。まだ愛の葡萄酒の注ぎ方を学んでいないために、あらゆる類の葡萄酒を探し求めているというのがあなたの現状だ。あなたが酒場に行くのは、あなたの寺院がまだあなたの酒場になっていないからだ。葡萄からできた葡萄酒を飲むのは、あなたがまだ魂の葡萄酒を飲めずにいるからだ。ちっぽけで安上がりな逃避を探し求めるのは、あなたが陶酔の真の言語を忘れてしまったからだ。

神聖なるものとは、絶対的酩酊状態にあることだ。

本日のスートラは素晴らしい。それらは帰依者たちのハートから素直に出たものであり、帰依者たちのハートの開花だ。言葉《スートラ》のそれぞれが一枚の蓮の花びらだ。これらを注意して理解しなさい。

　愛に浸ったサドゥーたちの様子は言葉に表せない
　彼らは歌いながら笑い、泣き叫ぶとダヤは言う

何と矛盾していることか！　矛盾する言明とは、一般論理、一般数学と合致しない部分があるという

こと、数学的理解の範囲を逸脱しているということだ。矛盾する言明とは逆説的な言葉のことだ。獲得するために失わねばならない、到達するために己が消滅しなくてはならない、小舟が岸を見つける唯一の方法は、流れの真只中に沈むこと……こういった類の逆説的な言葉だ。

カビールは多くの矛盾する詩句を歌った。矛盾する詩句には、論理上はあり得なくても、生においては起こり得る事象が言い表されている。

カビールは言った。ナディア・ラギ・アーグ！（*Nadia lagi aag!*）〝川は燃えている！〟さあ、どうだろう。川は燃えるものではない。川に火がつくなら、火を消す手段はない。川は燃えない――不可能だ。これは一切の論理、数学やら科学やらとは相容れない。しかし、カビールは生において起こることを言う。起こり得ないことが起こる。人は神だが、乞食のようにふるまう――〝川が燃えている！〟人は不死だが、死に面して怯《おび》える――〝川が燃えている！〟人は破壊できないものであり、永遠だ。彼は常に在ったし、常に在るだろう。神聖なるもの自らが彼の内に現存するが、人は二セントの価値もないものを乞い、乞食椀を抱えて悲観する。乞食椀を持って乞食をする皇帝のようだ。〝川が燃えている！〟起こるべきではないことが起こっている。すべてがあべこべになっている。数学を通して神聖なるものに到達するのは不可能だ。あなたは別の方法を探さなくてはならない――矛盾してしまったあなたの生、それと同じ程度に矛盾する方法を。これこそ、あなたの混乱からあなたを連れ出す方法だ。

これを理解しなさい。矛盾する表現とはこういうことだ……毎朝、太陽が昇るのを見て、あなたは太陽の存在を疑ったことはない。太陽の存在を信じると言う人に、出会ったことがあるだろうか？　いや、太陽の存在を信じるという人にも、太陽の存在を信じないという人にも、あなたはお目にかかったことはない。太陽は存在する。これはわたしたち全員の体験だ。つまり、これに敢えて注目して、信じる者も信じない者もいない。太陽はある。わたしたち全体が、世界が存在することに同意するのは、それがあらゆる人の体験だからだ。世界はわたしたちの目の前にある。手はそれに触れることができ、耳はそれに耳を傾けることができ、舌はそれを味わうことができる。それは感覚の理解の範疇にある。

神聖なるものは目に見えず、手で触れることも耳で聞くこともできないといった具合に、感覚の理解の範疇にない。だから、神聖なるものを信じている人は、人の目にはとても支離滅裂に映る。世界を信じても、それは当たり前だ——数学的で論理的だ——しかし、神聖なるものを信じるのはまったくおかしい。見たことも触れたことも、体験したこともないものを信頼するのだから！　ばくち打ちにはそれが信じられる。未知のものを信じる……それには大いなる勇気がいる。

太陽を信じるために勇気は必要ない。だが、神聖なるものを信じるには、尋常ではない勇気がいる——論理の網全体を一掃する勇気が。

生には唯一、このような扉しかない。あなたのハートにある愛の扉だ。愛においてのみ、自らの論理の網がほんのひととき脇に寄せられる。誰かに恋をすれば、あなたは計算事を一切投げ出す。そうして、こう言う。『わたしは愛している。打算は一切ない』。あなたはすべてを賭ける決意をしている。マジュヌはすべてを賭けたのではなかったか？　マジュヌになりなさい。そうすれば考え事をやめられる。そうして、こう言うだろう。ハートが肝心だ、こうなったら考え事は禁物だと。

若者が、恋人の父親に会いに行った。「お父さん、お宅のお嬢さんと結婚させてください」

父親は、打算的な人間だった——父親とはそんなものだ。父親は、若者をしげしげと見つめて言った。「なぜ、わしの娘と結婚したいのかね」

若者は答えた。「どうぞ御容赦ください。理由などありません。彼女を愛しています。他には理由がありません」

愛には理由がない。意識に昇るとき一切の理屈を破壊する、それが愛だ。愛は理屈ではない。愛は未知から生じる。あなたには愛を操作するすべはない、あなたは無力だ。だからこそ、恋人は相手の支配下にあり、無力だ。自分という限界を超えた、自分という統制を超えた何かが起こる。

平凡な生における愛でさえ、あなたの手の内にはない……男性、あるいは女性と恋に落ちるときですら、それはあなたという限界を超え、あなたの支配下にはない。それはあなたより大きく、あなたを飲み込む。それを上回ることはできない。あなたの手はあまりにも小さすぎて、それをつかめない。あなたの手はそれに包み込まれてしまう。それでは、神聖なるものへの愛についてはどう言えるだろう。それは広漠たる、永遠なるものへの愛だ。神聖なるものへの愛の光があなたの生に降臨するとき、その状態はまさに不合理を呈《てい》す——尋常ではないことが起こる。

ミーラは村から村へと踊り歩いた。彼女は一般の社会秩序を忘れた。王家の女性であったにも関わらず、街角や騒然とした市場や寺院で、狂女のように踊り始めた。

ミーラの親族はとり乱したに違いない。彼らが一杯の毒を彼女に盛ったのは憎しみからではない。それは思慮分別の行動だった——いいかね、彼女が敵である理由は彼らにはなかった。ミーラに毒を盛ったのは、ミーラが家名を辱め、家の不名誉となったからだ。彼らにとって、彼女は死んでくれた方がよかった。

ミーラの内に神聖なるものが現れて、親族が取り乱している！　これを象徴《シンボル》としなさい。神聖なるものの光がハートに降臨すると、あなたの頭はかき乱される。頭は親族みたいなものだ。頭は計算する、頭とは論理のことだ。愛の光があなたのハートに降り注いだら、それとともに在り、それに手を貸しなさい。なぜなら頭はとても強固だからだ。頭は光を殺すこともある。頭は扉を完全に閉ざすこともある。

こうしたことはよくある。あなたはそれを何度も体験しているはずだ。ときおり、何かに乗っ取られそうになると、すぐさまあなたは神経質になる。そうして頭にすがりついて問い正す。『いったいこれはどういうことだ？　なぜ、こうなってしまったのか？』

人々がわたしのもとへ来ては、しょっちゅうこんなことを言っている。『瞑想中、踊りに乗っ取られてしまったように感じる瞬間があります。しかし内側から引き止めるものがあります。突然、足枷がはめられたかのように、始めようとすると止めるのです。〝何をしている？　到底、正気だとは思えない〟そんな声が、どこからともなく聴こえてくるような気がするのです』

頭とハートは相容れない。頭にとって、愛はきちがい沙汰だ。頭にだけ耳を傾ける者たちは、愛のない生を生きる。彼らの生に矛盾はけっして入り込まない。生に矛盾がなければ、そこでは蓮の花も咲かない。

蓮の花は大いなる矛盾だ。蓮は泥に咲く。これ以上の矛盾があるだろうか？　汚泥の中だ！　そのように美しい花が、汚れた泥に咲く。それこそ、それがパンカジャ（*pankaj*）と呼ばれる理由だ。*pankaj*とは、泥を意味する。蓮は*pankaj*として知られる――泥から生ずるものだ。金塊から蓮が咲いても奇跡だが、蓮が泥の中に育つなら――そのような奇跡はどう言えばいいだろう。ダイヤモンドや宝石から蓮が咲いても奇跡ではある。なぜなら、それらは死んでいるが蓮は生きているからだ。だが、蓮は泥の中に育つ――悪臭と汚泥の他に何もない処で。泥沼地を歩くときは、ハンカチで鼻を覆わねばならないほどだ。しかし、蓮にはそれに似つかわしくない美しさと芳香がある。それは矛盾した現象だ。

ある日、神聖なるものという蓮華が、あなたの肉体という泥に咲く。それは矛盾している。愛という蓮華が欲望の泥に咲く。それは矛盾している。人が超意識に昇るのはセックスからだと、初めてわたしが人々に言ったとき……人々はいまだにわたしに対して怒っている。そんなことを語るのは適切ではないと、人々は言う。わたしが伝えようとしているのは、泥に蓮が咲くということにほかならない。わたしは泥と蓮の象徴を、人間のレベルに持ち込んでいる。それに、泥に蓮が咲かなければ、あなたに望みはない。もしそうなら、あなたの蓮はけっして咲かないことになる――あなたが泥に他ならないからだ。あらゆる人が泥以外の何ものでもない。しかし、蓮の花はこの泥に咲く。

仏陀が光明を得たとき、実際にはどういうことが起こったのだろう？　泥に蓮が咲いたのだ。今のところ、あなたは泥だ。そして仏陀は蓮の花になった。今日、その違いは明白だ。だが、明日あなたの蓮が咲けば、あなたもまた仏陀のようになる。そして、かつて仏陀は泥だった、あなたと同じように。

セックスが超意識に、泥が花に、情欲が神聖なるものになると言うとき、単にわたしは矛盾は起こると述べている。それは論理的ではない。泥に蓮の花が咲くかどうか、論理学者に見解を求めれば、不可能だと答えるだろう。どうすれば可能だろう。蓮の花と泥には関連がない。蓮のない土地に生まれ、汚泥に蓮が育つことを知らない人がいる。ある日、近所にできた沼地に蓮の花が咲いているのを彼が見れば、この汚泥こそが蓮華になったと思うだろうか？　不可能だ！　それは完全に非論理的で矛盾している。

愛に浸ったサドゥーたちの様子は言葉に表せない
彼らは歌いながら笑い、泣き叫ぶとダヤは言う

愛に浸ったサドゥーたちの様子は……愛に浸ったサドゥジャン（*sadhjan*）は……このサドゥー（*sadh*）という言葉は非常に魅惑的だ。その言葉の意味は転化してしまった。辞書で調べれば僧侶、苦行者とい

う意味になっているだろう。しかし、正確な意味は、純粋な（*simple*）、飾り気のない（*plain*）という意味だ。それは知能という網、論理という網から解放された生を生きる、飾り気のない、ごく純粋な人間という意味だ。知能はとても屈折していて狡猾だ。それは人を欺く。知能は外面的に何かを示す他には何もしない。内側で起こっていることと、外側で知能が行なうことには相違がある。知能は猫かぶりだ。

知能の猫かぶりから解放された者がサドゥー、サドゥジャンだ。彼は外側と内側が等しい。外側と内側の不均衡というものが彼にはない。彼は彼の言葉であり、彼の言葉こそ彼だ。彼はどんな場所でも味わうことができる、そしてその味わいは常に変わらない。

仏陀は、サドゥーは大海のようだと言った。いつどこで飲もうと、それは常に塩辛い。日中飲もうと夜飲もうと、朝飲もうと夕方飲もうと、暗闇で飲もうと明るいところで飲もうと、こちらの岸で飲もうとあちらの岸で飲もうと違いがない。サドゥーは大海のようだ。常に同じ味がする。

狡猾な人間は様々な味がする。狡猾な人間は、自分の顔を隠そうとして様々な仮面をつける。時と場合に応じた仮面を。

サドゥーは素顔のままだ。ありのままの自分を彼は見る。

あなたはサドゥーという言葉の、まったく逆の意味遣いに慣れてしまっている。サドゥーとは卓越した霊《スピリチュアル》的な修行を行なった者、卓越した霊的努力を行なった者という意味だと思っている。しかし努力をしているのなら、もはや純粋ではない。霊的な実践を学ぶべきなのは、純粋でない者だけだ。純粋な人間が修練すべきだと思うだろうか。子供たちはサドゥーだ。彼らが何の修行をしただろう。彼らはただ自然だ。

自然な人はサドゥーだ。修行をする者は、かなり異なったものになる。修行すること、努力をすることは、内側にあるものを別のもので覆い隠すということだ。内側に怒りがあって外側で慈悲を示す。内側に性欲があって外側で禁欲を示す。内側に強欲、非常な強欲があるにも関わらず、外側では一切を投げ出す。内側で何らかの欲望が燃えさかっていながら、外側でまったく異なる様相を呈するように自分を操作する。これこそ、あなたがサドゥーと呼んでいるものだ！

ダヤは、そのような人をサドゥーとは呼ばない。ダヤのサドゥーの定義は……愛に浸った……サドゥーたち……愛に浸った者、ひたすら自らの愛にある者、愛に飛び込む者、愛という狂気に身を捧げることを決意した者――彼らの様子は、言葉に表せない。彼らの様子を言葉にするのは非常に難しい。足下はふらつき、千鳥足で酔っぱらいのようによろめいている。彼らの全身の気孔に法悦《エクスタシー》がある。彼らの立ち居振る舞いにひとつの歌がある。彼らの息づかいに音楽がある。

そして、彼らの生には一貫性がまったくないと知るだろう……いずれにせよ、音楽を見いだすのは確実だ。一貫性は、自分のふるまいを規律づけている者の生に見られる。サドゥーの生に見いだされるのは、一貫性ではなく音楽だ――そこでは毎瞬、爽やかな音楽が奏でられているのがわかる。そして、昨日と同じことをサドゥーが行なっているのを見ることはない。昨日は昨日で、今日は今日だ。今日彼は、神聖なるものが彼にさせることを行ない、もはや昨日との関連はない。それゆえサドゥーの行ないは予測不可能だ。明日、彼が何を言うか、何を行なうか前もって告知することはできない。あなたは、明日の到来を見極める。サドゥー自身は、明日起こることを知らない。彼は、明日、神聖なるものが彼にさせることをし、彼に見せるものを見、彼に踊らせる踊りを踊る。

サドゥー、光明を得た神秘家とは、神聖なるものの御手に自分自身を明け渡した人、自分自身の生を制御《コントロール》することをやめた人、単なるひとつの楽器となった人だ。彼はこう言う。「お好きなようになさってください。あなたが動かすのなら一枚の葉は揺れます。そうでなければ揺れません」

サドゥーとは、自分の意志に沿った生を放棄し、神聖なるものの意志に沿った生を生き始めた者だ。

だからこそ、彼のあり様は〝言葉に表せない〟のだ。サドゥーのあり様は、神聖なるもののあり様に匹敵するほど矛盾している。本物のサドゥーは、神聖なるものの縮小版だ——毎日、新しい花々が咲き、毎日、新しい歌が歌われる。あなたが外側に一貫性を探しているなら、それは見つからない。だが、かのいわゆるサドゥーたちには一貫性がある。彼らは自分の生き方に対する体系を一式持ち合わせ、その枠組みは固定されている。

エークナートの話に、こんなことがあった。とある村に、村中の者に疎《うと》まれるほどたいそう不信心な者がいた。村人たちはできる限り彼を諭《さと》そうとしたが、何の甲斐もなかった。それどころか逆に彼は、神がいないということを村人たちに諭そうとするのだった。村人たちは彼を疎んでこう言った。「サドゥーの中でも一番のサドゥーがお出ましになった。御名をエークナートといわれる。その方のもとに行ってみることだ。神聖なるものの存在をおまえに納得させられるのは、エークナートをおいて他にいない」

無神論者は、エークナートのもとを訪れた。その頃、エークナートは村の寺院——シヴァ神の寺院に逗留《とうりゅう》していた。寺院へ着くなり、男はまごついた。彼は困惑した。男は不信心でこそあったものの、エークナートのようなことはしなかった。エークナートは横たわって休んでいた——シヴァの像に足をかけて。男は無神論者なので、シヴァ神を信仰してはいなかった。それでも、見かねて彼はこう思った。『こいつはかなりの変人だ。シヴァに足をかけて寝ている。なんと不敬な！　おれは、神は存在しないと口では言っているが、シヴァの像を蹴飛ばしてみろと言われれば、心は揺れ動き、やはり神はいるかもしれないと心細くなる。神はいるやもしれない！　それに面倒なことには関わりたくない。しかし、なんだこの男は。シヴァに足をかけて頓着もせず横になっている……』

男は声をかけた。「あの、何をなさっているのでしょう。自分は無神論者ではありますが、神とやらを探してあなたのもとへ参りました。馬鹿な村人たちに、あなたを訪問するように仕向けられたのです。それにしても、あなたは何をなさっているのですか?」

エークナートは答えた。「いつ何時だろうと足を置くところには、神がおられる。足を休ませるところなら、どこであろうと足は神に安らぐ。神をおいて他に誰が、わたしたちを支えているのだ。そういうわけだ、こんなことは問題ではない」

エークナートの言葉は、矛盾しているようではあったが、とても意義深かった。この男は、あたかも実際に何かを見たという様子だった。神しか存在しないなら、足をどこに置くというのか。足を置くところはどこにでも神がいる。あらゆる状況において、足は神に安らいでいる。だから、どこが違う。シヴァ像に足を置いて休んでも、かまうことはない。

「なるほど……」男は考えた。『このサドゥーには底知れぬものがある。一緒にいて観察させてもらおう。彼の行なうことが見てみたい』

エークナートは横になったままだった。朝になり、太陽が高く昇っていった。男は言った。「あの、サドゥーは早朝、ブラフマムラートゥの時間に起きると聞いています。しかし……、あなたはまだ寝ておられる。」

エークナートは言った。「サドゥーが起きるとき、いつであれそのときこそがブラフマムラートゥ＊だ。(＊通常、太陽が昇る約二時間前、瞑想、祈り、ワーク等の自分にとって一番よい事を行なう時間)――その他の時間がそうであるわけがない。サドゥーがブラフマムラートゥに起きるのではない、サドゥーが起きる時間がブラフマムラートゥだ。どうして、わしが生半可にやることがある? 神は起きたいときに起き、眠りたいときに眠る」

これを理解しなさい――神聖なるものは、起きたいときに起きる。神聖なるものは、あなたの内にある。それがまだ目覚めたくなければ、それを起こそうとするあなたは何者だろう。ただの道具であるというその感覚、その完璧な明け渡し……ともかく、そのような人間の行ないには一貫性はまったくない。

エークナートは起き上がった。そうして乞食《こつじき》しに出ていった。乞食から戻ると彼は、パンを作り始めた。数個のパンが焼き上がり、彼はそれについている灰をぽんぽんと叩いて、はたき落とした。そこへ一匹の犬が現れ、パンをひとつくわえて逃げていった。男はその様子を座って見ていた。エークナートは犬を追った。それを見て男は思った。「ここが我慢の限界か。先程この男は、神聖なるものはいたるところにいると言っていた。だが、今は痩せ犬を追いかけ回している！」。この顛末《てんまつ》を見てやろうと、彼はエークナートの後を追った。

二マイルも走ったところで、エークナートは犬を捕まえた。彼はその手にバター壷を抱えていた。エークナートは犬の口をつかまえてこう言った。「馬鹿だな！　バターを塗るまでは、パンをくわえて行っちゃいかんと何度も言ってるだろう。もう、二度とこんなことをするでないぞ！　おまえは神だ。だから、バターなしのパンをおまえが口にするのはしのびないのだ」

エークナートは犬の口からパンを取り上げ、バター壷のバターを塗って犬に与えた。そうしてこう言った。「さあラーマ、どうぞお召し上がりください」

サドゥーのふるまいは単純で、子供のようだ。サドゥーのふるまいは、いかなる精神修養上の規律からも起こらない。それは実直さゆえに生じる。規律づけられたのでも、教化されたのでもない――そのふるまいは自然で、毎瞬毎瞬新しい喜びがある。どういう行動をサドゥーが取るか、それは予期できない。どういう行動をとるか予期できれば、その人は機械的だということだ。昨日も同じ、一昨日《おととい》も同じ、今日も明日も同じ……そんな人間は死んでいる。サドゥーは生きている。だからこそ、サドゥーの生は非常に矛盾している。

愛に浸ったサドゥーたちの様子は言葉に表せない

彼らの行動は予測不可能なために、人に伝えようがない。彼らがどういう行動を取るかは誰にもわからない。彼ら自身にさえわからない。何であれ、なるようになる。明日、自分が何をするか知っているなら、あなたの明日はすでに死んでいる。生じる前から死んでいる。他人に罵られ、自分がどうなるかわかっているなら、あなたは神聖なるものに機会《チャンス》を与えていない。すでにすべてを決定してしまっている。それではいけない。他人には罵倒させておけばいい。後で神聖なるものに、この人間が自分を罵倒したと訴え、「さて、それに対しあなたはどうなさりたいのでしょう」と伝えなさい。その度に新しい対応が生じるのがわかる。すると、あなたの生には反応というものはあっさりとなくなる。そしてその代わりに感応が生じる。あなたは機械的にふるまわなくなる。

今のところ、あなたは他人にボタンを押されては怒り、別のボタンを押されては幸福になるといった具合だ。ちょうど、スイッチを押されているようなものだ。あるスイッチをつけると明かりがつく。別のスイッチをつけると扇風機が回る。今のところ、あなたは機械であり奴隷だ。少しでもあなたの生き方を知っていれば、誰でもあなたの主人になれる。あなたは奴隷になってしまう、誰であれ、あなたのボタンの押し方を熟知している人の奴隷に。

知っているだろうか。これこそ普段、人々がしていることだ。夫のどのボタンを押すべきか、妻は知っている。妻のどのボタンを押すべきか夫は知っている。幼い子供でさえ、父親のどのボタンをいつ押せばいいか知っている。乞食もそうだ。乞食は、人がひとりきりのときを狙わない。ボタンを押しても作動しないことを、乞食は知っている。彼は、人が外で他人と会話しているときを狙う。彼はそれを名誉の問題にすり替える。そこで乞食に硬貨《コイン》の二、三枚もくれてやらなければ、人に何と言われるものやら……あなたには、恵んでやるつもりは毛頭ない。乞食になど何も与えたくはない。本当のところは、頭をかち割ってやりたいと思う！　そこであなたは、慈悲の気持ちからではなく、その場をしのぐために仕方なく恵んでやる。体裁というものがある……人にどう思われるだろう。だから、あなたは微笑みを浮かべて乞食に硬貨を与える。乞食もそれを重々承知している。この硬貨は自分に与えられたものではない、あなたの体裁という積み立て金に加算されたということを。彼は、あなたのボタンのひとつを押している。

自分の場合を振り返れば、自分もまた始終、他人のボタンを押しているのがわかる。そして自分も始終、他人にボタンを押されているのがわかる。人はまさしく機械だ。

サドゥーの反応は予測がつかない。彼にはボタンがない。だから、ボタンを押そうが押すまいがどうにもならない。サドゥーとは目覚めた人だ。彼は行動規範に従って生きることをやめた。サドゥーは天真爛漫に、自然に生きる。

彼らは歌いながら笑い、泣き叫ぶ……

サドゥーの状態は理解し難い。ときには泣き叫び、ときには笑い、ときには同時に泣いて笑う。泣き叫びながら歌う、そうなるのは狂人だけだ——なぜなら、まったく脈絡がないからだ。人が泣くとき、その人は哀しいのだとあなたは思う。人が笑うとき、その人は楽しいのだとあなたは思う。しかし、泣きながら笑うとなると……これは難しい。測り難い、それは謎だ。不幸なら泣いて、楽しければ笑うべきだ。なぜ彼は同時にそうなってしまうのだろう。
サドゥーの状況とはこういうものだ。かたや世界を見ては泣き、かたや神聖なるものを見ては笑う。彼は真ん中に、扉のところに立っている。一方ではかり知れない悲しみと痛みを、虫のように悶絶する人々を見て泣き叫ぶ。もう一方で、神聖なるものの至高の贈物、降り注ぐ至福を見て笑う。彼は笑い、泣き叫ぶ。

彼らは歌って笑い、泣き叫ぶ
これはとても矛盾しているとダヤは言う

だから、もしサドゥーを見つけようと思うなら、二、三のことを心にとめておきなさい。サドゥーは酔いしれ、歓喜に満ちている。酒も飲まずに酔っぱらっている。

酒も飲んでいないのに、人はわたしを大酒飲みと呼ぶ
何という歓喜！　あなたはいたずらに悪名を与え給うた

そして、サドゥーは酒も飲まずにそこに座る。しかし、あなたには彼が酔っぱらっているように映る。

今、これこそ我があり様なり……あなたの美しさに祝杯をあげん！
もはやわたしには、気づきと陶酔の区別はできない

彼にとって、もはや意識と無意識に違いはない。両方が一緒になってしまった。一方がもう一方に溶解し互いの中に溺れてしまった。このように笑いと涙が相伴う。彼は泣きながら歌うことができる。

わたしたちの生き方は、自らの生を分別する。生において、あらゆる物事を分別する。生をこちらに、死を向こうに、幸せをこちらに、哀しみを向こうに、天国をこちらに、地獄を向こうに、愛をこちらに、憎しみを向こうに回す。親しい者をこちらに寄せ、余所者を向こうに回し、友人をこちらに寄せ、敵を向こうに回す。わたしたちはあらゆる物事を分別する。だが、生そのものは分別されない。サドゥーは分別しない。彼は生の不可分性を生きる。生は非二元的だ。サドゥーは、生の完全性の中に生きる。

生と死は分かれていない――それらがあると、あなたはただ信じた。誕生したその日に、あなたは死に始めた。あなたの最初の呼吸は、あなたの最後の呼吸の始まりでもある。七十年後のある日突然死ぬのではない。突然起こるものなどあるだろうか。死ぬには七十年かかる――ゆっくり、ゆっくり死につつある。七十年経って、とうとうあなたは最期を迎える。

だから、生と死は二つに分かれている物事ではない。生と死は、共に歩みを進める右足と左足のようなものだ。それらは同時に進む。吸気と呼気のように……生が吸気なら死は呼気だ。両方が一緒に進む。両足は共に歩む。これらの翼は共に羽ばたく。

ときどき、あなたは自分のふるまいに戸惑うことがある。泣いていて、突然笑いたくなる。すると自分を制する。そうしないと、人に狂っていると言われてしまいそうだ。あなたは他人にそう言われることを恐れている。

わたしの教師だった人が亡くなったときのことだ。その人はとても魅力溢れる人で、もの凄く太っていて強靭だった。彼に比べれば、我らがタルーなど何でもない！　彼もまたとても無垢だった。その顔を見ているだけで、笑いがこみ上げてきたものだ――その顔には、それほどの無垢があった。そして、ボーレナート、〝まぬけ大王〟と言われては、よく怒ったものだ。教室の黒板にボーレナートという言葉を書かれただけで、授業中ずっと腹を立てていた。授業の間中いらだっていた。彼は飛び上がって怒ったものだ。机を棒で叩いて全身汗だくだった……。

彼が亡くなって、生徒たちはみな彼の家へ弔問に訪れた。わたしは彼の亡骸《なきがら》の真近に立っていた。彼の顔を見ていて、わたしは笑いがこみ上げてきた。それでも涙は流れていた。笑いはその場にふさわしくなかったので、わたしは必死になって笑いをこらえた。人が死んで笑うなんて……わたしは悲しみを感じて泣いてもいた。彼をもっとも悩ませたのはわたしだったし、その場で一番悲しんでいたのもわたしだった。他の誰よりも一番わたしが取り乱していた。そのような類の幸福感は、二度と体験したことがない。わたしたち二人の間には、このように深いつながりがあったのだ。

ちょうどそのとき、彼の奥さんが姿を現し、深い悲しみに圧倒され、遺体にすがってこう言った。「ああ、わたしのボーレナート、〝まぬけ大王〟……」。そのとき、わたしは自分を抑えることができなかった。最後までボーレナートと呼ばれ、わたしたちにいじめられ、そして今日、当人の妻がそう呼んでいる。もし彼の魂が近くにいたなら、飛び上がって怒り出しただろう。わたしはさめざめと泣き続けながら、どっと笑いこけてしまった。

家に帰ってから、わたしは散々みんなに諌《いさ》められた。彼らは言った。「もう、お通夜に行くのはだめだ」わたしは彼らに聞いた。「でも、どこがいけないの。こういうことは一緒に起こるものではないの？」彼らは答えた。「ばかなことを言うんじゃない」。誰もがお説教を垂れた。「一緒にそういうことが起こるかどうかは問題じゃない。人が死んだら泣くのが当たり前だ。笑うのはおかしい。両方同時にこみ上げてくるというのは、まったくどうかしている」

しかし、幼い子供が泣いているのを見たことがあるだろうか？　彼が笑いすぎると、その笑いはゆっくりと涙に変わる。それこそ、村の母親たちがこう言うわけだ。「笑いすぎだよ、おまえ。でないと泣いちゃうよ」――というのも、幼い子供にはまだその分別がないからだ。彼はまだ非二元性の中に生きている。笑っていると、その笑いは徐々に涙に変わっていく。泣いていると、徐々に笑いになってくる。彼にとって、対極はまだ対極ではない。ある意味では、彼にとってすべてがまだひとつだ。聖者は再びひとつになる。彼は再び幼い子供になる。

イエスは言った。「幼子のような者だけが神の王国に入れる」。幼子のような……。

〝サドゥー〟という言葉を、探求者、規律の厳しい人という意味だと誤解してはならない。サドゥーの意味は、再び子供になった者、再び無垢になった者だ。

わたしは自分の様子に気づいていない
他人から聞くだけだ
わたしが深く嘆いていることを

サドゥーは、自分自身のあり様にまったく気づいていない。彼は消え去る。ちょうど神聖なるものが、宛所《あてどころ》のない正体不明の存在であるように、サドゥーもまた正体不明の存在だ。家のない人と結婚すれば、あなたも家なしだ。未知の存在と結ばれれば、あなたもまた未知となる。

わたしは自分の様子に気づいていない
他人から聞くだけだ
わたしが深く嘆いていることを

サドゥー、光明を得た神秘家は、自分の行為を後で他人から聞いて知る。自分が笑っていた、泣いていた、気ちがいになっていた、町で踊っていた――彼は他人から聞いて初めてそれを知る。というのも、何かをしているとき、彼はその中に全一《トータル》に在り、離れて観察するということがないからだ。ここが瞑想の道と献身の道の違いだ。瞑想の道では、あなたは距離を置いている。離れて見る。あなたは常に観察者だ。何が起ころうと距離を保ち、離れた処に立って影響を受けない。その行為の中にあなたはいない。

献身とは距離を置いていないということ、観察者ではないということだ。あなたは行為者だ。献身とは全一に行為者になったということ、何であれ起こっていることに没入したということ、あまりにも全一に没入したので、あなた自身があますところなく触発されたということだ――全身の気孔がそれで漲《みなぎ》っている。

意識が完全にその行為に巻き込まれるとき、そのときにのみ、その行為は全一になる。観察者ではなく行為者であるとき、あまりにも全一《トータル》に行為者となり、もはや分裂していないとき、そこに行為だけが残る。このときの、この完全な行為が献身だ。そして、完全にあなたがその行為の中に消え去ったとき……歌を歌って、歌い手は消え、歌うことだけが残る。踊り手は消え、踊りだけが残る。詠唱者は消え、献身的な詠唱だけが残る……帰依者が神聖なるものの御足に額ずくとき、そこには額ずくことだけがあり、離れて見ている部分はない。『わたしは頭を垂れている』。頭を垂れている自分を見ているなら、あなたは実際には頭を垂れていない。あなたのエゴはつっ立っていたのだ。肉体は額ずいても、あなたはそうではなかった。

バヤズィッドに面会を求めた行者《ファキール》がいた。バヤズィッドの前に出ると、彼は習わしに従って頭を垂れた。そこから身を起こし、彼はバヤズィッドに問いかけた。

バヤズィッドは言った。「まずは頭を垂れなさい！」

行者は言った。「なんですと。ついさっき頭を垂れたばかりです。それなのに頭を垂れろとおっしゃる——わたしが頭を垂れていたのをご覧にならなかったのか？」

バヤズィッドは言った。「あなたの肉体は頭を垂れた。だが、あなたはそうではなかった。頭を垂れなさい！」

仏陀の生涯においても、似た様なことがあった。とある皇帝が仏陀のもとを訪れた。彼は片方の手に、ダイヤモンドやら玉《ぎょく》といったひとつかみの宝石を携え、もう一方の手に季節外れの蓮華の花束を持っていた。彼は考慮したのだった。「宝石を差し上げても、仏陀はお喜びにならないのではないか？　それで彼が何をするのだ。ならば花を差しあげよう。花ならば、きっと喜ばれるだろう！」そして皇帝は掌いっぱいの宝石を仏陀に差しだそうした。そのとき、仏陀はこう言った。「それを差し出すことはない、落とせ！」

皇帝はためらった——捧げることには、ひとつの喜びがある。自惚《うぬぼ》れの喜び、非常に高価な宝石を捧げているという喜びだ。しかし仏陀は言う。「それを落とせ！」。仏陀がそれを落とすようにと言う……。一瞬ためらったものの、皇帝は、周囲が見守る中で面目を失うのを恐れた。そして、それらを落とした。大勢の人々の前で、仏陀がそれらを地に落とすようにと言っている。従わなければ……。そして彼は、それらを地面に落とした。

そうして皇帝は花束を捧げようとした。仏陀は再びこう言った。「それを落とせ」。皇帝は言われるままに花束を落とした。それから、もはや空《から》っぽになってしまった両手をついて額ずこうとした。すると、仏陀はまたもや言った。「それを落とせ！」

皇帝は立ち上がって言った。「何を言われる、お気は確かですか。落とすような物は、もう何も持っておりません」

仏陀は答えた。「あなたの手にしている物を落とせと言っているのではない。物を持って、つっ立っているその人自身を言っている。花を落とすことや宝石を落とすことに、何の意味があるだろう。あなたは落とさねばならない！　これらの花や宝石を持ってきたのは、自分がどれほど偉大な皇帝であるかを見せつけるためだ——自分はそれほど貴重な物を差し出せると！　表面では、それらをわたしに捧げているようでも、内側では自分の偉大さをひけらかしている」

帰依者が額ずくとき、そこには額ずくことだけがある、額ずく者はいない。帰依者が踊るとき、そこには踊りだけがあり、踊っている者はいない。行為だけがあり、それを行為する者はいない。行為者は完全に行為に飲み込まれる。体験だけがあり、体験する者は体験の中に完全に溶解する。この融合こそ、純真と呼ばれるものだ。この融合こそが明け渡しだ。

彼らは歌いながら笑い、泣き叫ぶ
これはとても矛盾しているとダヤは言う

彼は、神聖なるものが笑わせるとき笑い、神聖なるものが泣かせるとき泣く。自分からは泣きも笑いもしない。神聖なるものが導けばどこへでも行く。神聖なるものが行なわせることを彼は行なう。そうでないときは何もしない。彼は、彼自身の意志を手放した。彼は彼自身の計画を落とした。今、彼は神聖なるものの御手にある単なるひとつの楽器だ。そのため彼は、とても矛盾して見える。

神聖なるものの美酒《ネクタル》に酔いしれて
彼らの知覚は底知れず
サドゥーにとって三界は
ただ無益なばかりとダヤは言う

神聖なるものの美酒《ネクタル》に酔いしれ……みごとな表現だ。神聖なるものの美酒に酔いしれ……神聖なるものという美酒を飲んだ者たちは、酔いしれて歓喜に溢れている。

神聖なるものの美酒に酔いしれ……神聖なるものという美酒、それを味わった者たちには、もはや自分自身という感覚、気づき、意識がない。

常に覚えておきなさい、自分を意識しているかぎり、神聖なるものに気づくことはない。これら二つの剣は、同じ鞘《さや》には納まらない。〝わたし〟がある限り神聖なるものはいない。神聖なるものが現れるのは〝わたし〟が去ったときだけだ。神聖なるものの美酒に酔いしれ……そのような者たちは……。

神聖なるものの美酒《ネクタル》に酔いしれて
彼らの知覚は底知れず

彼らの意識は底知れず果てしない——というのも、明け渡すやいなや、あなたという境界線はすべて消え去るからだ。あなたがいるからこそ限界がある。神聖なるものは無限だ。

これを理解することだ。ガンジス川は海に流れ込む——それは広大な川だが、それでもまだ岸がある。大海へ流れ込むと岸は消える。人は取るに足らない落水のようだ。大海へ流れ込むと、彼らという境界線はすべて消えてなくなる。大海へ入れば、一滴の雫《しずく》はもはや雫ではない——それは大海そのものになる。それは雫ではなくなり、大海になる。

神聖なるものの美酒《ネクタル》に酔いしれて
彼らの知覚は底知れず

彼らの意識、彼らの知覚、彼らの光明の状態は、ひたすら底知れぬものになって行く。彼らは、神聖なるものの味わいに酔いしれている。

オマール・ハイヤームは、詩集『ルバイヤート』の中で、神聖なるものという不老不死の霊薬について語っている。オマール・ハイヤームの詩を英訳したフィッツジェラルドには、彼に対する理解がなかった。オマール・ハイヤームは葡萄酒《ワイン》について語っているのだと彼は思った。これはスーフィー教徒であるオマール・ハイヤームにとっては、極めて不当なことだ。人々は、オマール・ハイヤームが、葡萄酒や酒場、酒場の酌婦について語っていると思う——まあ、そんなところだと。だから、〝オマール・ハイヤーム〟とか〝ルバイヤート〟という飲み屋の看板を目にすることがあるだろう。だが、オマール・ハイヤームが歌っていたのは、神聖なるものという葡萄酒だ。彼はスーフィーの行者《ファキール》だった。彼は一度も葡萄酒を口にしたことがない。飲み屋に行ったこともない。オマール・ハイヤームの肖像はみな、葡萄酒の入った水差しを脇にして座っている。この水差しは象徴だ。それは異空間を指している。この水差しは、この世のものではない。地上の土でできているのではない。注がれているのは、神聖なる葡萄酒だ。

光明を得た者が、この世の不当な行為に苛《さいな》まれるのは珍しいことではない。だが、このオマール・ハイヤームほど酷《ひど》い目に遭った者はいない——なぜなら、彼の作品が他言語に翻訳される度に、同じ誤訳が発生したからだ。フィッツジェラルドは偉大な詩人ではある。彼はオマール・ハイヤームの栄誉に一役買ったものの、それらをすべて誤解してしまった。愛の葡萄酒《ワイン》と神聖なるものの葡萄酒では比較にならない。詩は台なしになった。それらは居酒屋の詩になってしまった。

しかし、葡萄酒という象徴はとても意義深い。なぜかというと、葡萄酒においてごくささやかに起こることが、神聖なるものにおいてはまったく大規模に、広漠たる規模で生じるからだ。

神聖なるものの美酒《ネクタル》に酔いしれて
彼らの知覚は底知れず
サドゥーにとって三界はただ無益なばかりとダヤは言う

サドゥー、純真になった者には、世界の豊かさがすべて無益に見える。なぜだろう。これを誤解してはならない。過去において、それは誤って伝えられてきた。世界の豊かさを無益と思えと伝えられた。そのようなことは、ダヤのスートラには記されていない。ダヤのスートラには、こう記されている。サドゥーは三界の豊かさが無益であることを知っている。このように思えと言っているのではない。あなたの持っている金塊を土くれと思え、ということではない。どうしてそんなことができるだろう。金塊は土くれだと何度自分に言い聞かせたところで、それが金塊であることをあなたは知っている。土を見て、それは土だと自分に言い聞かせたりしない。あなたは金塊を前にして、それは土くれだと自分に言い聞かせる。その違いを重々承知しながら、あなたはただ、その事実をねじ曲げようとしているだけだ。あなたは自分を何とか納得させようとしている。それは土くれだ、何の価値もないと。

納得しようとしているあなたは何者だろう。深いところでは、あなたのマインドはそれが金塊であることを知っている。とても高価な物だと……あなたはこう言って、マインドを抑圧しようとしているだけだ。それは土くれだ、何でもない、今日ここにあっても明日はない、自分がこの世を去るとき、この虚飾と見せかけのすべてを後にするのだと言って。しかし、実際には、あなたは物にはそれ相当の価値があると信じて疑わない。あなたはそれをここに残して行く——しかし、自分に何とかなるものなら、ここに置いては行かない。あなたはそれを持って行く。だが、去るときになれば、あなたはそれを逸するだろう。

あなたは自分を慰めようとしているだけだ。どうか、くれぐれもこの点に留意してほしい。金塊は土くれ同然だと信じ込む者がサドゥーなのではない。彼は、金塊は土くれにほかならないと知っている者だ。知ることと信じ込むこと、その違いは何だろう？　思い込みは借り物だ。あなたは他人の考えを自分の知識とする。だが、それは使い古しのもので、一銭の価値もない。あなたはこうやって間違った在り方を創造する。あなたは偽善者になる——サドゥーではなく、光明を得た者ではなく。

サドゥーは、どうやって豊かさに価値はないと知るのだろう？　知るという彼の芸術《アート》、それが異なっているのは歴然としている。神聖なるものの富を知るまで、この世界の豊かさは無価値にはならない。どうすればそうなるだろう。より大きなものを知って初めて、より小さなものが小さいと思われるのだ。

あなたも聞いたことがあるかもしれない、アクバルの話にこんなことがあった。ある日アクバルは庭に出て、一本の線を描いた。そして、触れずにその線を短くしてみろと廷臣《ていしん》たちに言って、それに挑ませた。廷臣たちはあれこれと考え、頭を悩ませた。しかし、触れずにその線を短くする方法を思いつく者はいなかった。

ビルバルが立ち上がった。彼はアクバルが描いた線の脇に、さらに長い線を描いた。ビルバルは初めの線には触れなかった。しかし、直ちにその線は短くなった。

あなたは教えられてきた。この世界の豊かさを土くれ同然に思うようにと。わたしはこんなことを言わない、ダヤとても言わない。知る者たちがそんなことを言ったことはない。そして、これからも言うことはないだろう。どうすればそんな馬鹿げたことが言えるだろう。だが、あなたたちの大聖《マハトマ》ときたら、百人いれば九十九人があなた同様の愚者だ――ときには、もっと愚かなこともある。

最初に大きな線を描くことだ。小さな線に触れる必要はない。神聖なるものという富を体験するのだ。そうすれば、この世の富はみな無価値になる。それは一個の石ころを持ち歩いているようなものだ――陽光に輝く色のついた石を。そのときは、その石ころが貴重に思える。だが、そこで何かの拍子にダイヤモンドを見てしまったとする。すると、もはやその石ころを以前と同じようには思わない。それは落とす必要も、手放す必要もない。単に忘れられてしまう。その石ころが手をすり抜けてしまっても気にならない。振り返ったりもしない。どちらを人は保持するだろう――ダイヤモンドか石ころか。ダイヤモンドを手にするためには、手にその余地を作らねばならない。ダイヤモンドのための余地を作る必要がある。

わたしはあなたたちに、神聖なるものを探求せよと言う。だが、世界を放棄せよとは言っていない。

神聖なるものの光があなたに降臨する日、その日を境に世界は背後に取り残され始める。だからこそ、わたしのサニヤシンには世界を放棄するための組織だった方法を与えたことがない。サニヤスとは、何かを落とすという意味ではない。サニヤスとは拒絶ではない、サニヤスは現実逃避ではない。サニヤスとは神聖なるものへの誘い、神聖なるものへの呼声だ。「ああ、最愛なる御方《ゲスト》、来て下さい！　どうぞお座りください。待っています。わたしは礼拝し、祈り、呼びかけ、瞑想します。どうぞおいで下さい」。神聖なるものが現れるその日、大きな線が描かれる ── それは無限の線だ。それには始まりも終わりもない。いったい、いつどこで、この世界というちっぽけな線が消えてなくなったのか、人は気づきもしない。

そうなってからは、人は自分が放棄しているとはけっして主張できない ── どうすればできるだろう。放棄などしていない、それなのに、放棄者の名乗りがどうして上げられるだろう。放棄者を名乗るなら、その人が取り逃がしているのは歴然としている。自分は数百万ルピーもの大金を放棄したと喧伝《けんでん》するなら、彼はまだそれにしがみつき、内側で計算し続けている。それは明白だ。どれほど放棄したか自慢するなら、彼の人生にまだ大きな線は描かれていない。いまだに彼は小さな線でもがいていると理解することだ。彼はまだ、あらゆる手を尽くしてそれを短くしようとしている。だが、その線はそうそう簡単に短くなるものではない。かき消そうとしても消せはしない ── より壮大なものが出現しない限り、つまらぬ物は消えない。

明かりをつけずに、部屋を明るくすることができるだろうか？　そんなことがどうして可能だろう。暗闇と格闘することもできる。瞼を閉じて、さも暗くないかのように装うことも可能だ。だが、目を開けば、再びそこは暗闇だとわかる。いったん明かりが灯されれば、暗闇は存在しない。

世界は暗闇だ。神聖なるものは光だ。光を探し求めなさい、暗闇と闘ってはならない。

神聖なるものの美酒《ネクタル》に酔いしれて
彼らの知覚は底知れず

神聖なるものの葡萄酒《ワイン》に自分自身を浸し、全身の気孔が恍惚として酔いしれるよう、心ゆくまでそれを飲みなさい。

サドゥーにとって三界はただ無益なばかりとダヤは言う

彼はそれを単に知っている、それは思い込みではない。どっちみち思い込みは役に立たない。思い込みは非常に弱いものであり、無力だ。人は世界がくだらないということを体験する。これを体験するとき、一切の執着が落ちる。自分からそれを落とす必要はない、それはひとりでに落ちる。そうして世界は消失する——音もなく、枯れ葉が木から離れて落ちるように。そのとき、『わたしは放棄した』と言って、わざわざ人にふれ回ったりはしない。他人はこう言うかもしれない。『このお方は、どれほど手放されたことか！』。だが、びっくりするのはあなたの方だろう。『いったい何を放棄したというのだ？どういう放棄だ？』

あるとき、ラーマクリシュナのもとを訪れた男がこう言った。「あなたは偉大な放棄者であられる」ラーマクリシュナは笑い出した。「見事なジョークだ！」。彼は言った。「偉大な放棄者はあなたの方だ」男は言った。「お戯《たわむ》れを。とはいえ、あなたが戯《ざ》れ言《ごと》をおっしゃるわけはない。どういうことでしょう。

このわたしが放棄者？　わたしは世俗の者でございます。巷《ちまた》にどっぷりと漬かっています――一日二十四時間です――一日二十四時間、これらの価値のない物をかき集めています。それでも、わたしを放棄者と呼ばれるとは。それは、いったいどういうことでしょう？」

ラーマクリシュナは答えた。「そうだ、間違いなくわたしはそう言った。わたしはあなたを放棄者と呼ぶ。間違っても、わたしを放棄者と呼ぶでない。わたしは神聖なるものを楽しんでいる。どうすれば放棄者になるのだ。あなたは価値もない世俗のものをかき集め、神聖なるものを手放したままでいる。あなたの放棄はすばらしい！　本当に無欲だ。こちらは神聖なるものを楽しむ、ただの道楽者だ。わたしが何を放棄しただろう。わたしは一ペニーを放棄して、ダイヤモンドを見つけた。それが放棄にあたるのか。あなたときたらダイヤモンドを放棄して、一ペニーを貯め込んでいる。あなたの放棄は、わたしの放棄よりもすばらしい。はるかに偉大だ」

世俗の人は偉大な放棄者だ。屑を突っつきまわしてふるいにかけ、がらくたを見つけて保管する。偶然、ダイヤモンドや宝石が出てきても、それは脇に寄せる。ときおり、瞑想の方から彼の人生に分け入ってくることがある。すると、それをどかしてこう思う。『どうして今そんなことができるだろう。今は裕福になるために忙しい。瞑想だって？――まだいい！』。サニヤスがその頭をもたげてくると、それを無視してこう言う。『まだいい、まだまだ先は長い。達成しなくてはならないことが山ほどある。自分の力を世間に知らしめねばならない』。彼はときおり、神聖なるものを思い出すことがある。彼の中に神聖なるものの波が生じる。すると、彼は身を揺すってそれをふり払う。『これは危険な取引だ』。『そんなことに陥ってはならない』

真の放棄者は、その人生において放棄の余地に気づくこともない。

わたしは正気ではない
でも、あなたはご存知だろう……
人々は言う、わたしを破滅させたのはあなただと

ある日、帰依者は神聖なるものにこう言う、『人々はまったく信じられません。彼らは、わたしが破滅した、わたしが世間を放棄し、すべてを捨てた、馬鹿だ、気違いだと言うのです』

わたしは正気ではない
でも、あなたはご存知だろう……

帰依者は神聖なるものにこう言う。『あなたなら知っているかもしれない――わたしにはわからない。いつ何が、どんなふうに起こったのか！　わたしは完全に酔っぱらっている』

人々は言う、わたしを破滅させたのはあなただと

彼がひとところに下ろしたはずのその足は
どこかよその場所に着地する
彼の身体は歓喜に溢れ、恍惚としている
神性の美に溺れるほど
彼の愛は育つとダヤは言う

彼がひとところに下ろしたはずのその足は、どこかよその場所に着地する……これは帰依者の条件づけだ。彼は足をある地点に置く。だが、それらは別の場所に着地する。ひとところへ狙いを定めては、違う場所に着地する。彼は自分自身の制御下にはない、神聖なるものの制御下にある。彼に自制する力はない。

覚えておきなさい。自分で制御する限り、エゴがそこにある。エゴとは自制の別名だ。神聖なるものの御足のもとに、あなたの支配権を明け渡すその日、『さあどうぞ、わたしの面倒を見てください。今、汝が為されん』と言って、それをあなたが差し出す日——そのとき、足が欲するところへ足が望むように着地する。あなたは自分の足を制御《コントロール》しない。

彼がひとところに下ろしたはずのその足は
どこかよその場所に着地する……

そして、そのとき恍惚とした陶酔がある！　もしも、あなたのちっぽけな庭に広大無辺の空間が降臨すれば、あなたは飲んだくれにならないだろうか？　あなたの悲惨な生に至福の泉が湧き上がり、神聖なる美酒があなたの絶望、悲しみと苦悶の砂漠を通って勢いよく流れ、そこにオアシスが栄えれば、あなたは踊りださないだろうか？　そのとき、あなたの足は着地するその場所に気づいているだろうか？あなたの足はどこへ行くか選ぶだろうか？

彼がひとところに下ろしたはずのその足は
どこかよその場所に着地する
彼の身体は歓喜に溢れ

それは信じられないほどだ……彼の身体は歓喜に溢れ、恍惚としている……彼の全身の気孔が歓喜に、祝祭に溢れる。広漠たる広がりが生じ、最愛の人が現れた。暗闇に明かりが降り注ぎ、かつて死があるのみであった場所に生が踊る。彼の身体は歓喜に溢れ、恍惚としている……あらゆる気孔が喜びに興奮し、踊っている。あらゆる気孔が音楽で満たされる。ハートのヴィーナが鳴っている。幸福、歓喜、真の祝祭がある。

帰依者の生とは、祝祭の生だ。

あまりにも長いあいだ、宗教の名において悲哀という感覚が広まってしまった。寺院、モスク、教会はとても陰鬱になってしまった。踊り、祝祭や歓喜はすべて失われてしまった。あなたの胸には、かの聖者たちが重い岩のようにのしかかってくる。本物の宗教性はとても喜びに溢れ、とても歓喜に満ちている。真の宗教性は無表情なものではない。それは花のようだ。悲しいものではない。それは歓喜と祝祭だ。

二、三日前、年配の伝統的なサニヤシンがわたしに会いに来た。彼は言った。「これはいったいどうなっているのでしょう。ここはいったいどういうアシュラムですか。人々は踊って、喜びに溢れ、幸福だ……人々は歓喜に溢れている――まるで酔っぱらいのようだ。彼らは深刻であるべきです。真理の探求者は常に深刻であるべきです。真理の探求はとても深刻なものです」

わたしは彼にこう言った。「ここでは、わたしたちは真理を探し求めていない。神聖なるもの、神を探し求めている」。……まさにその〝真理〟という言葉が、あまりにも深刻なものになってしまった。ひからびて精髄を欠いてしまった。砂漠が浸食した。

その違いがわかるだろうか。「真理の探求」――それはまるで論理の網をはりめぐらせ、知能を使って、あなた自身を攻め苛《さいな》まねばならないとでもいったふうだ。「神、最愛の者、親愛なるあなたの友を探し求めること」。こういったこととは、まったく異なっている。哲学者は真理を探求し、宗教的な人々は神聖なるものを探し求める。哲学者は神聖なるものを真理と呼び、そうやって神聖なるものすら、悲しむべきものにしてしまう。宗教的な人々は真理すら〝主〟、最愛の者と呼ぶ。彼は愛の関係性を創造する。この関係性は論理に基づいていない。それは愛の関係、親愛と愛着の関係だ。

彼の身体は歓喜に溢れ、恍惚としている

肉体とハートが踊りだすとき、ひとつの祝祭において肉体とハートが一体となるとき……ダヤがどんなふうに言っているか覚えておくといい、彼の身体は歓喜に溢れ、恍惚としている……踊っているのはあなたの魂だけではない。魂だけが歓喜に満ちるという考えこそ、不足な見方だ――それは肉体に対する非難中傷だ。魂が踊るとき、あなたのマインドも踊る。マインドが踊るとき、あなたの肉体も踊る。あなたの全体が踊る、あなたのあらゆる部分が踊る。神聖なるものが現れるとき、その富を受けるのは魂ばかりではない、あなたのマインドも、あなたの意識の状態も無限に広がる。

彼らの知覚は底知れず

神聖なるものが現れるとき、あなたの肉体も神聖になる。肉体は神聖になり、あなたは〝神聖なる肉体〟になる。神聖なるものが現れるとき、すべてが金《きん》と化す。それが顕現するとき、すべてが神酒《ネクター》となる。花々は咲かずにはいない――棘でさえも花開く。

彼がひとところに下ろしたはずのその足は
どこかよその場所に着地する
彼の身体は歓喜に溢れ、恍惚としている
神性の美に溺れるほど、彼の愛が育つとダヤは言う

そして、神性の美に自分自身を溺れさせるほど……彼の愛は育つ……あなたの愛は、それに比例して育つ。

宗教的な人の徴《しるし》、それは、その人から流れる愛の流れだ。宗教的な人かどうかを量るには、それが唯一の試金石だ。あなたの愛、あなたの親愛の情が増すほど、あなたは無条件に愛を与え始める――それを必要とする者や必要としない者、それを求める者や求めない者を愛する――人々に向かい、あなたの愛で彼らの器を満たし始める。そうして、そうすればそうするほど歩むごとに愛を振りまき、何の理由もなく、何の計算もなく友人や見知らぬ者にそれを与える……まるで、小舟に氾濫する水をかき出して〝両手で掬《すく》い出す〟ように……。

カビールは言った。「小舟に水が満ち始めれば、あなたはそれを両手で掬い始める」。これと同様に、

あなたのハートが愛で満ちてくれれば、あなたはそれを〝両手で掬《すく》い出す〟。これこそサドゥーの務めだ。

愛を掬い出し、愛を分配し、あなたから愛が流れ、果てしなく愛が流れ出る寺院にあなたがなるとき、あなたは知る。神聖なるものが自分の内側で悟られたことを。これを主張しても意味をなさない。自分は神を見たと喧伝しても、それは意味をなさない。重要なのは、あなたがどれほど愛を分かち合っているか、どれほどあなたの生が愛の道に沿って進んでいるかだ。

インドでは、状況はまったく逆《さかさま》だ。数千年に及ぶ無秩序、その中で学識者や聖職者たちが宗教の名のもとに押し進めてきたのはこういうことだ。完璧に愛の干上がった者、まさに枯れ木と言ってもおかしくない、乾いた丸太のような者をサドゥーと呼ぶことだ。焼いても煙も出ない。何の潤いもない。彼には樹液というものがまったくない。しかし、わたしたちはそんな人間を聖者と呼んで、彼が到達したと言ってはばからない。彼は神に達していない――どこか他の場所に到達している！　間違いなく彼はどこか別のところにいる――なぜなら、神聖なるものはとても潤っているからだ。あなたたちの聖者は乾ききっている。だが、神聖なるものはとても潤っている。

考えてみることだ。世界を運営する仕事が聖者たちに任されたら、どうなるだろう。花は咲くだろうか？　それはない。木々は青々と茂るだろうか？　それはない。男性が女性を愛するだろうか？　それはない。母親が息子を愛するだろうか？　それはない。友のために生き、友のために死ぬ者がいるだろうか？　それはない。もしもこの世界が聖者たちの手中にあれば、あなたの人生は機械的になる。生は存在はしても、ひとつのことが欠けている――愛だ。そこに愛はないだろう。

これゆえに、グルジェフは常々こう言っていた。かの聖者たちは存在に抗《あらが》っているようだと。存在は潤いに満ちているからだ。存在は途方もなく潤っている――月や星々、岩や山々、あらゆる側面において果てしなく。存在とは踊り手であり、歌い手であり、愛する者だ！　宗教があなたの生において成長するとき、これと同様のものがあなたに起こる。

神性の美に溺れるほど、彼の愛は育つとダヤは言う

これがその兆しだ。これを試金石として受け容れなさい――あなたの愛が日増しに一歩ずつ成長していれば、自分は神聖なるものに近づいている、前進している、正しい道の上にいると知りなさい。あなたの愛が減少し始めていれば、自分は何かを取り逃がしている、どこか道を誤っていると知りなさい。庭に向かうにつれ、涼しいそよ風、漂う花の香を感じ始める。たとえその庭がまだ目に見えなくとも、その空気は香り、爽やかさに包み込まれて行くのがわかる。そうして自分は正しい方向に、庭園に向かって進んでいると知る。これと同様に、あなたの愛が成長し始めるとき――彼の身体は歓喜に溢れ、恍惚としている――あなたの親愛の情は、その瞬間毎《ごと》に成長し、あなたは無条件にそれを分かち与え始める。それが取引ではなく贈り物であるとき、あなたはこれを知らずにはいない。自分は神聖なるものに近づいている、寺院はさほど遠くはない、間近だと。ことによると、もうあなたはその段階にいるのかもしれない。

彼は笑い、歌い、泣き、繰り返し波打ってやまない
しかし、一度神聖なるものの美酒《ネクタル》を味わえば
彼は分離の痛みのすべてに耐えられるとダヤは言う

これらの言葉を内側深くしみこませなさい。

彼は笑い、歌い、泣き、繰り返し波打ってやまない

神聖なるものを渇望する者は、笑い、歌い、泣き叫んで波うつ。彼は光のシャワーが降り注ぎ始めたことに歓喜する。もっともっとと欲しがる自らの欲望のために彼は落ち着かない。神聖なるものが少々その姿を現して、彼は満ち足りている。それでも彼はそれが完全に降臨して欲しくてたまらない。一筋の光線が射し込んだことに満たされると同時に、以前彼がいかなる光も知らなかったとき、自分がまったく存在していなかったことに不満を感じる。一筋の光をとらえた今、彼は太陽全体を欲する。彼は至高の太陽との結合を欲する。

彼は笑い、歌い、泣き、繰り返し波打ってやまない
しかし、一度神聖なるものの美酒《ネクタル》を味わえば
彼は分離の痛みのすべてに耐えられるとダヤは言う

しかし、一度神聖なるものの味わいに耽溺した者、いったんそれを味わった者、一口でもその葡萄酒《ワイン》を啜《すす》ったことのある者は……。

しかし、一度神聖なるものの美酒《ネクタル》を味わえば
彼は分離の痛みのすべてに耐えられるとダヤは言う

その生にどれほどの痛みが伴おうと、最愛の者との別離がどれほど彼を煽り立てて焼こうとも――彼の全身の気孔が慕い焦がれて泣き叫んだとしても――一度でもそれを味わったことがあれば、もう元には戻れない。今、引き返すすべはない。

帰依者は、何度も引き返したいと思う。あなたにはこれはわからないかもしれない。帰依者は、何度も引き返そうと思う。なぜなら、至福を味わうとともに、彼は途方もない痛みを体験しているからだ。

それをこのように見てみるといい。〝九十九問題〟の話を聞いたことがあるだろうか。この世において生じること、それと同じことが霊的《スピリチュアル》な物事においても生じる。

その昔、とある皇帝のお抱えの床屋がいた。床屋は、皇帝の身体を毎日揉みほぐし、その代金に一ルピーを賜っていた。ずいぶんと昔のことだ。その頃一ルピーと言えば大変な価値があった。それだけで、優に一ヶ月は暮らせた。床屋の喜びようは口には表せないほどで、彼は日々を思う存分楽しんで過ごし、友人に食事を御馳走することも珍しくなかった。村の者たちには太っ腹と呼ばれた。その頃の一ルピーには相当の価値があった。だから、彼はそれをふんだんに使って豪遊した――朝に一回皇帝の身体をマッサージすると、後は日がな一日遊びほうけた。仲間同士でサイコロやチェスをしたり、歌を歌ったり、トランプ大会を催したり。夜は夜で、気の合う仲間と踊り明かした。彼はとても幸せだった。

そんな床屋に、皇帝は嫉妬を感じるようになった。皇帝は床屋の幸せを妬んだ。皇帝はあらゆるものを所有していたが、床屋のように呑気《のんき》ではいられなかった。一方、床屋には喜びしかなかったが、その喜びは言い尽くせないほどのものだった。床屋は毎朝一時間仕事をして、後は思うように一日を過ごした。

皇帝は、床屋の幸福の謎を大臣たちに問いただした。大臣たちは答えた。「それは、さほどたいした謎ではございません。我々の手で何とかいたしましょう」

すると次の日、床屋は元に戻ったようだった。惨めになったということだ。そうして一週間とたたぬ間に、彼の様子はどんどん悪くなっていった。

皇帝は尋ねた。「何があったのだ。なぜ、おまえはこんなに憔悴してしまったのだろう。賭け事もチェスの会もやっていない。夜になって、おまえの家から音楽が聞こえて来ることもなくなった。いったい、どうしたのだ」

床屋は言った。「閣下、あなた様に尋ねられたからには、申し上げねばなりますまい。わたしの人生に〝九十九問題〟が生じました」

「何だ、それは？　どういう意味だ」皇帝は尋ねた。

床屋は答えた。「わたしの家に、何者かが九十九ルピーの大金が入った袋を投げ入れました」

皇帝は彼に尋ねた。「それでどうして動揺することがある。それを楽しめばよいではないか！」

床屋の言い分はこうだった。「まさにそれが、わたしの楽しみを台無しにしてしまったのです。その次の日、閣下からお給金を頂戴し、その一ルピーを貯金すれば百ルピーになると思いました。たった一日のことです。たった一日、プリンやミルクやゲームを我慢すればよいのです。その日、わたしは断食しました。そのときから、事の次第はとても悪くなって行きました。わたしは一ルピーを貯金しました。その翌日こう思いました。このように貯めて行けば二、三日中にわたしは大金持ちになると。そうして、百ルピーありましたので、それを百一にしました。そうやってこの絶え間ない関心事が、わたしの人生を破壊しているのでございます」

世界において起こることが、あなたの霊《スピリチュアル》的な生にも起こる。あなたの生に神聖なるものの最初の光線が射し込むそのとき、突如として自分が取り逃がしてきたもの、これまで自分に欠けていたものを、あなたは初めて認識する。あなたが生と呼んでいたもの、それは実際には生ではなかった。初めてあなたは生を味わう。今、大いなる欲望があなたの内側に生じる、そのすべてを手にしたいという切望が。一口味わって、あなたは中毒になってしまった。ダヤは正しい言葉を使った。

しかし、一度神聖なるものの美酒《ネクタル》を味わえば
彼は分離の痛みのすべてに耐えられるとダヤは言う

大いに楽しみ始める一方で、もっともっとと望んであなたは苦しみを感じる——そのすべてが欲しい！　そのようにわずかな光があなたを夢中にさせ、たった一口で至福に満たされるとき、あなたはそれにどっぷりと溺れてしまいたくなる。

そのような瞬間において、人は幾多の困難を感じる。帰依者は何度も考え始める。「主よ、わたしは引き返したい。この痛みはあまりにも強烈で、わたしにはもう耐えられない。この待機にはもうこらえられない」

愛を見捨てる強さは一度たりとも生じない
愛を見捨てる思いは幾度もよぎる

この思いは幾度もよぎる。「この面倒にわたしは疲れた。もう、この愛の陶酔から脱け出したい」

〝愛を見捨てる強さは一度たりとも生じない〞――人は立ち去る勇気をかり集められなかった。〝愛を見捨てる思いは幾度もよぎる〞――それでも、こんな考えは幾度も頭をよぎった。わたしはこの事に疲れた。昔に戻りたい。ある意味ではその方がましだったろう。わたしは暗闇で迷っていたが、少なくともそれに気づいてはいなかった」。その味わいを体験したことがなかった。だから、ある意味では安らぎ、幸福で平安だった。この関心事、この落ち着きのなさはなかった。明けても暮れても泣き叫んではいなかった。あらゆる瞬間を、自分の目をその道に据えて過ごしてはいなかった。今は、眠りこけるべきだとも、目覚めるべきだとも思えない――ただこの落ち着きのなさが、そこら中にあるだけだ。

〝愛を見捨てる強さは一度たりとも生じない〞――愛を落とす勇気、愛を放棄する勇気を、あなたは見いだせなかった。〝愛を見捨てる思いは幾度もよぎる〞――あなたは愛を落としたかった、あなたは引き返したかった。

あなたを愛するこの道で
重苦しいハートで歩む段階《とき》が来た
愛を手放す地点が来た

幾度か人が疑念を抱くときがある。あなたを愛する旅にあっては、愛を手放さねばならない段階も到来するのかと。何度も人は撤退したい、逃げ出したいと思う。彼は何度も引き返そうと思う。これまでに起こったわずかばかりのことで、強烈な痛みが生じるなら……もちろん、彼の生には幸福が転がり込んできた。だが、このために底知れぬ痛みを感じ始めることにもなった。人はわずかに知り始め、そのために暗闇も見えるようになった。

このようにそれを理解してごらん。盲人は暗黒に住み、そこに慣れ親しんでいる。だが、視力が回復してくるとぼんやり物が見えてくる。物がかすかに見えるにつれ、暗闇も見えるようになる。それ以前は、彼には暗闇も見えなかった。

いいかね、盲人には暗闇も見えない――暗闇を見るには目が必要だ。目がなければ、光も暗闇もない。盲人には暗黒しかないと思うのは間違っている。それはあなたの体験だ。目を閉じれば暗黒になる、それはあなたに見る力があるからだ。盲人には暗闇すら見えない。だが、わずかでも視力が回復してくると、彼はおおいに打ちのめされる。ぼんやりと物を見、その靄《もや》の中に暗闇が見える。そうして強烈な欲望が彼の内側に生じる。正常に物を見たい、完全に見えるようになりたいという欲望が。

しかし、百万回引き返したいと望んでも、あなたは引き返せない。帰依者は何度も撤退する。座り込んで彼の扉を閉ざす。だが、その後で彼は再び扉を開く。

確実なものはたくさんあるが、どれも美しくはない
おいで、その不確実なものについて再び語り合おう

幾度も帰依者はこう思う。「もういい、忘れよう！　旅はあまりにも困難だ。自分から面倒に巻き込まれてしまった――そもそも、この旅を始めたのが間違いだ。世俗の人々の方が安楽だ――少なくとも安易に暮らしている。店に行き、家に帰り、仕事や裁判にかまけ、それ以外の事には一切完璧に気づかないでいる。何というものに気づいてしまったのだろう！　なぜ、これほどまでに夢中になってしまったのだろう！」

サットサング、師《マスター》とのハートの交信《コミュニオン》は、ある種の麻薬常用癖だ。あなたは何度も逃げ出したくなる。

何度も退きたいと感じる。あなたは何度も撤退するだろう。しかし、実際にはそれがやめられない。

〝確実なものはたくさんあるが、どれも美しくはない……〟一度神聖なるものの美を目にすれば、世の中には同等の美しさを備えているものがない。百万回、他の物事にかまけようとしたところで、あなたにはそれができない。

おいで、その不確実なものについて再び語り合おう

あなたは繰り返し、あなたの献身歌、あなたの礼拝、神聖なるもの、〝その不確実なもの〟の想起に戻る。

わたしの生には至難の時が二度あった
一度はあなたが来る前
一度はあなたが去った後

しかし、これを知るのは、あなたに神聖なるものの最初の光が射し込んだとき、その足音を聞いたときだけだ。そのとき、これ以前のあなたの生は、苦悩の時であったことを知る。それには実体がなく価値がなかった。そして今度は、さらなる苦悩がある。

わたしの生には至難の時が二度あった

一度はあなたが来る前
一度はあなたが去った後

しかし、ゆっくり、ゆっくりと扉は開き、ゆっくり、ゆっくりと光は輝き始める。

あなたと離れている哀しみ
それは他の一切の苦悩からわたしを救った
今敢えてわたしに近づく者はいない

そのうち、ただひとつの記憶だけが残るようになる——それが神聖なるものの記憶だ。神聖なるものから分離しているという炎だけが残る。ただこのひとつだけを残し、あなたが知っている数多くの苦悩は消滅する。一切の苦悩——富裕の苦悩、所有の苦悩、名声の苦悩、あれやこれやの苦悩——それらはみな、あなたとただひとつの関心事を残して去る。そしてこのひとつの関心事から逃れるすべはない。

しかし、一度神聖なるものの美酒《ネクタル》を味わえば
彼は分離の痛みのすべてに耐えられるとダヤは言う
わたしのハートに別離の苦悶の炎が生じる
来て下さい、おお、神聖なるものよ、来て下さい、最愛のものよ

そして今、あなたのハートには火のように燃え立つものがある。

わたしのハートに別離の苦悶の炎が生じる
来て下さい、おお、神聖なるものよ、来て下さい、最愛のものよ

今あなたは、神聖なるものが姿を現すのを、最愛のものが現れるのを待っている。その炎はあまりにも強烈で、それが降ってほしい、彼という雨雲が湧き出て、自分を冷まして欲しいとあなたは願う。

わたしのハートに別離の苦悶の炎が生じる
来て下さい、おお、神聖なるものよ、来て下さい、最愛のものよ
来て下さい、おお、ハートを魅了するものよ
来て下さい、おお、クリシュナ、おお純粋なる者よ
あなたに会うことを、わたしは切に願う

そこにはひとつの欲望だけがある、そこに残されたのはひとつの切望——あなたに会うことを、わたしは切に願う——わたしはあなたに会うことを切望する。すべての探求が彼の目へと集中し、彼の中のすべてが待機となる。帰依者のエネルギーのすべてが祈りと待機に変わる。

世界のむごたらしさも、わたし自身の誠実さも覚えてはいない
愛を除けば、もう何も覚えていない

……まさしくひとつの狂気、鮮烈な狂気、誰にも説明できない陶酔だ。そうだ、二人の狂人が出会うとき、彼らはそれを理解する。だからこそダヤは言う。神聖なるものを想起することに興味のない者たちに語ってはならない。あなたのハートを、神聖なるものを愛する人に向けて開くのだ。彼らだけにあなたの苦痛が理解できる。

わたしのハートに別離の苦悶の炎が生じる
来て下さい、おお、神聖なるものよ、来て下さい、最愛のものよ
来て下さい、おお、ハートを魅了するものよ
来て下さい、おお、クリシュナ、おお純粋なる者よ
あなたに会うことを、わたしは切に願う

帰依者の目は完全に焦点が定まっている。彼の全エネルギーは、次第に彼の目へと向かう。あなたの全エネルギーがその目になる日、究極のものが起こる……まさにその瞬間に。

わたしたちは目だけでつながっていた
今、これはハートに達している
昨日までわたしのハートに隠してきたものが
ひとつの旋律となって、わたしの唇まで昇っている
あなたに出会えたのは一度きり

でも、いまだにどの目にもあなたの愛らしさはない
あなたの豊潤を、優美なる麗しさを歌にしたいのだけれど
どんな旋律も値しない
神聖なる結び目を締めて
わたしのハートは結婚式の火の回りを歩むように感じる
愛という花嫁が篭に乗り
夢はその担ぎ手
金の篭は彼女の最愛の者の家へと向きを変え
赤い模様のついた足、ヘナで模様をつけた手で
愛がハートの扉を叩く
わたしたちは目だけでつながっていた
今、これはハートに達している

ゆっくり、ゆっくりと、あなたのエネルギーは、ただ最愛なるものを見つけたい、彼に会いたい、彼に出会いたいという一点に脈打ち始める。内側に他に旋律がないとき、あなたの合一の妨げとなるものは残っていない。だが、その合一が起こるまで、あなたの切望は満たされない、あなたの渇きは癒されない。そんなときは、他の渇望も内側にあるのだと知りなさい。あなたの生における洗濯物の一覧表に他の物事があるかぎり、それが達成されることはない。他の多くの達成すべき項目の中でも、神聖なるものを見つけることが一番にならないかぎりは。あなたの全エネルギーがただひとつの欲望に結晶化するそのとき、その欲望は切望と呼ばれる。

今のところ、わたしたちの欲望は数多くある。富を求め、地位を求め、愛を求め、威信を求め、あれやこれやを求め、大きな家を求め……あなたの欲望はたくさんある。あなたはそれらの中で分裂している。欲望というあなたの馬たちは、思い思いの方向に疾駆している。これらの馬がすべてひとつの引き具に繋《つな》がれ、ただひとつの方向に走るとき、神聖なるものとの出会いが……。

イエスは言った。「初めに汝の主を探せ。さらば他の一切はおのずと生じる」。他のあらゆる物事を追いかけるなら、それらが達成されないばかりか、主に達することもない。多くの物事を追いかける人は、この一点をも取り逃がす。

ラヒーム曰く、「そのひとつのことを達成すれば、他の一切は達成される」。このひとつのことを達成する人は、すべてを達成する。神聖なるものを見いだす以上に面目の立つことが他にあるだろうか？神聖なるものに達して、それよりもよい地位につけるだろうか？　神聖なるものを見いだして、他に見つけるべき富があるだろうか？　神聖なるものを見つけることにおいて、他の一切が達成されている。

わたしの手は鴉《カラス》を追い払うことに疲れ
わたしの眼差しは期待に満ちてその道を見る
わたしのハートは愛の大海に落ちてしまった
そこには岸も出口もない

引き返すすべはない。川が大海にさし掛かった今、どうやって戻るというのだろう。

わたしの手は鴉《カラス》を追い払うことに疲れ……

鴉は象徴だ。鴉とはあなたのマインドの空を飛び回るくだらない思考だ。招いてもいないのに、鴉のようにとかくそれらはやってきて、始終カーカー鳴いている……。

ボンベイで、クリシュナムルティが講話をした際、その場所には、インド中から鴉が寄ってきた。彼らはそこが大好きだ。あまりにも鴉がうるさく鳴くので、クリシュナムルティの話はほとんど聞こえない。けれども、クリシュナムルティは強くこう言った。「鴉には鳴かせておくことだ。あなたはただ聞きなさい……」

それこそがマインドの状態だ――始終カーカー鳴いている。あなたは主を求め、鴉はカーカー鳴く。思考のそれぞれは一羽の鴉だ。思考を鴉と呼ぶのには理由がある。ひとつは、招かれてもいないのに来るということ、ふたつめは、その鳴き声が非常に耳障りだということ。まったく音楽的ではない。やかましい限りだ、完全に混乱していて音楽性のかけらもない。

わたしの手は鴉《カラス》を追い払うことに疲れ……

ダヤは言う。「わたしは、あなたへと向かう道を見つめています。鴉が邪魔をして、あなたを見失ってしまうことを恐れています。思考という鴉がわたしたちの間に割り込んでくる。だから、あなたが姿を現しても会うことができないかもしれない……それで、鴉を追い払い、わたしの手は疲れているのです」

わたしの手は鴉《カラス》を追い払うことに疲れ
わたしの眼差しは期待に満ちてその道を見る

「そしてわたしの目は、その扉を、その道を見据えて大きく開かれ、それを見守り、深く待ち望んでいる。わたしの目は疲れている、わたしの手は疲れている」

わたしのハートは愛の大海に落ちてしまった

そして彼女のハートは大海へ流れ込んだ川のようだ。

……そこには岸も出口もない

「何と上手く、あなたはわたしを巻き込んでしまったことか」。ダヤは不平を言う。「あなたはうまく網をはった。どんな逃げ道も残さずに」……**そこには岸も出口もない**……さあ、脱け出す方法はない。川が大海へ流れ込んでしまえば、完璧に飲み込まれ、もう引き返すことはできない。「戻るすべがないうえに、あなたが姿を現すには長くかかる。あなたが訪れるという知らせはまったくない。わたしの手は疲れ、目は腫れてしまった。引き返す場所もないまま、あなたはわたしを取り残した。何という罠、何という策略！」

これは恋人の不平だ。帰依者は幾度も不平を言う——帰依者だけにそれができる。敢えて試みたところで他の者には真似できない。帰依者は神とけんかもする。彼は怒る。何度も彼ははっきり言う。「礼拝はごめんだ。捧げ物をするのはもうやめだ。何にでも限度というものがある！」

このように恐れずにものが言えるのは恋人だけだ——愛は勇気だ。恋人は、そんな無分別さえ許されることを知っている。学識者や聖職者には、やろうと思ってもこんなことは真似できない。

ラーマクリシュナは彼の寺院を礼拝した。だが、ときおりしないこともあった。そして彼の礼拝はとても変わっていた。数時間続くこともあれば、二、三分で終わることもあった。丸一日かかることもあった。そして他にも面白いことがいくつかあった。彼はまず初めに自分で味見をし、それから神に食事を捧げた。

人々から苦情が出た。寺院の管財人はラーマクリシュナを呼び出し、礼拝は何らかの規律に則すべきだと言い渡し、どういう礼拝をしているのかと彼に尋ねた。

ラーマクリシュナは言った。「規律に則した愛なんて聞いたことがあるかい。どうやって決めごとに愛が存在するのだ。愛のあるところに、どうやって決めごとが存在するのだ。この二つは同時にはあり得ない。あなたが規則に従って欲しければ、自分が聖職者であると知るがいい。わたしは恋人だ。礼拝をする。だが、それは規則に制限されない。礼拝する気が起きなければ、それをするふりはしない。ここでわたしが我慢して偽りの礼拝をすべきだろうか。自分が怒っているときに、どうやって礼拝するのだろう。わたしはそんなことはしない――そこに礼拝はあり得ない」

「神には待たせておくことだ！　彼がわたしを責めるなら、わたしが彼を責めてやる。扉は閉じたままだ――彼には苦しませておけばいい、わたしが彼のことを思い出すように、彼にわたしのことを思い出させるのだ。そして食事を捧げることに関してだが、わたしの母は、いつもわたしに食事を与える前に味見をした。だから、わたしはそれが神にふさわしいかどうか確かめるために、初めに味見をしなくては捧げられない。まず自分で味見をしなければならない。そういうことだ。決めごとを作りたければ、聖職者を探すことだ！」

ラーマクリシュナは真の聖職者だった。さあ、これはまったく変わっている。これはある感覚の状態だ。帰依者は何度も不平を言う、怒ることさえある。やはり、何にでも限度というものがあると……。

わたしは怖い、この苦しみが救い難いものになることが
わたしは怖い、この苦しみが救い難いものになることが
たとえあなたのためであっても

帰依者は何度も自らの苦悩に翻弄され、彼の痛みがとめどなく増していくことを知る。

わたしは怖い、この苦しみが救い難いものになることが……

彼は恐れる。最愛のものには救うすべがないのかもしれないと。にも関わらず、彼はどんどん巻き込まれている——やはり救いはないと言わんばかりに。引き返すのは困難になっている。

わたしは怖い、この苦しみが救い難いものになることが
わたしは怖い、この苦しみが救い難いものになることが
たとえあなたのためであっても

「わたしの苦しみはあまりに強烈だ。やはり、あなたにはその苦しみが癒せないのではないかと恐れて

しまう。もしそうなら、わたしは打ちのめされてしまう。引き返すのは不可能だ……わたしは愛を味わってしまった」

しかし、一度彼が神聖なるものの美酒《ネクタル》を味わえば、とダヤは言う……

……そこには岸も出口もない

「何と上手く、あなたはわたしをだましたのだろう！」

帰依者は幾度も争い、幾度も小言をつく。その小言が愛に溢れているとき、それは祈りのひとつの形でもある。神聖なるものに小言を言う勇気がないのなら、あなたはまだ献身について何も知らないのだ。最愛の人とけんかできないのなら、あなたの愛はまだ弱い。真の愛は百万回のけんかに堪え抜いて生き残る。どんなけんかも打ち壊せるものではない。真実のものは、あらゆる争いの度に一層深まり、一層洗練され、光輝く。帰依者は神に怒っても、再び神に嘆願する。そして帰依者が真に怒れば、神もまた帰依者に嘆願する努力を惜しまない！

そしてあなたが真正に小言をつき、あなたの祈りが本物になる瞬間が到来する。真からもどかしくなり、あなたのハートが燃え上がる炎と化す、そうした瞬間が来る。そのとき、それが起こる。そのとき、その雨が降る。

宇宙は、あなたに対して無頓着ではない。存在はあなたに無関心ではない。あなたが存在に関心を持つのと同じ程度に、存在はあなたに関心を持つ。この鍵をあなたのハートに携えておくように。存在はわたしに無関心だ、わたしには無頓着で関心がないと思うならその意味はただひとつ、今のところ、あなたには存在への関心がないということだ。あなたは存在から遠く隔たっている。だからこそ、存在があなたから遠く隔たっている。

あなたが存在に近づくほど、存在はあなたに近づく。あなたが歌をくちづさむとき、存在も歌をくちづさむ。あなたが存在を抱きしめれば、存在はあなたを抱きしめる。あなたが勇敢に存在へ向かっていくなら、同様にして存在はあなたに感応する。

存在の感応は鈍くはない。これが献身の科学のすべてだ。感応は存在に本来備わっている。あなたが呼び込めば、感応は現れる。その感応を受けなければ、あなたの呼び込みには何かが欠けているということを、充分承知しておきなさい。

ああ汝、乾いた唇の愛しきもの
あなたの渇望をよく喚起しなさい
されば彼方の暗雲は雨を降らさずには立ち去れない

立ちこめる雷雲と雨
この大地にあまたの雨季の音楽《ラーガ》の喜ばしい旋律が
小道や路地にこだまする
けれど往来するあなたに会うと
その手には空の水差ししかない
他の誰もが満ち足りているというのにあなたは渇き
世界が喜んでいるというのにあなたは哀しい

パピハ鳥の喉元で
最愛なるものの歌は優美に舞い
低く垂れ込めた暗雲が
その竹笛《フルート》をしてぱらぱらと雨音を立てる
出会いの時が来て、大地が新鮮な抱擁を交わす
なぜ、あなたのバルコニーの灯火《ランプ》は
燃え尽きそうなのだろう

蜜のように甘美な庭が歌う、それなのにあなたは落胆し
金が降るというのにあなたは貧しい
ああ、あなた、月を凌《しの》ぐ者よ
その灯火《ランプ》を灯すのだ
されば落ちる涙の雫は、星のごとくに微笑むだろう

ああ汝、乾いた唇の愛しきもの
あなたの渇望をよく喚起しなさい
されば彼方の暗雲は雨を降らさずには立ち去れない

雨は降る、雨は降った。ダヤに降り注ぎ、サハジョに降り注ぎ、ミーラに降り注いだ。どうしてあなたに降り注がないことがあるだろう。それは降った、だから降る――何度でも。

渇望が必要だ、深い渇望が必要だ。あなたの渇望が全一になるその日、その全一な渇望から雨は生じる。あなたの全一な渇望が雨雲になる。他に雲はない。あなたの呼びかけが全一になるその日、あなたの存在全体から呼びかけるその日、一切押し止《とど》めることなく、その呼びかけにあなたのすべてを投ずるその日、神聖なるものが現れる。

今日はもう充分かね？

第四章

愛の純粋な炎

A Pure Flame of Love

最初の質問

愛するOSHO、献身とはどういう意味ですか？

献身とは、神聖なるものを体験し始めているということ、意識に上っているものの中に、意識に上っていないものを知覚し始めているということ、形の中に形のないものを、ちらほらと見るようになり始めているということだ。

献身、それは何であれ目に映るものの中に、目に見えぬものの影を見始めているということだ。目に映るものであなたが止まるなら、あなたの中にけっして献身は生まれない。見えぬものが近づいてくる、その音に耳を傾けねばならない。聴こえるはずのない足音を聞き、感覚は歓喜に溢れ、五感を超越した喜びに興奮する。これまで慣れ親しんだことのない媒体を通し、あなたは目に見えないものを知覚し始める——そして、この媒体の名前こそ献身だ。直接見ることのできないもの、目で知覚されないもの——それもまた見ることができる、見えぬものが見えるようになる。見えないものを見えるようにする奇跡が、献身と呼ばれる。献身はひとつの錬金術、ひとつの科学だ。

たぶん、あなたは考えたこともないだろう。恋をするとどういうことが起こるだろう。恋をすると、恋しい人の骨、肉や脊髄だけを見るだろうか？　それだけを見るなら、ある日あなたは死体に恋してもおかしくはない。そうではないだろう、あなたは別のものをちらりとかいま見たのだ。あなたの目は、彼の中に深く入って行った。その人の内なる印象《イメージ》が表に出てきた。いつであれ恋をするときは、神聖なるものがあなたを何らかの窓から呼び出している――自覚していようといまいと。

そして、神聖なるものの最初の一瞥は、常に恋人を通して生じる。だから、愛したことのない人には献身がわからない。献身は、氾濫する愛だ。愛はにわか雨のようなものだが、献身は洪水だ――しかし、愛も献身もその根本的な性質は違わない。愛には限界があり、献身には限界がない。愛は終焉を迎える。今日ここにあり、明日はないかもしれない。愛は一瞬生じ、そしてなくなる。愛は儚《はかな》い。世界は夜明けの最後の星のよう――一度生じてしまえば献身はとどまる。もう、それから逃れるすべはない。いったん入ってしまったら、あなたは永遠にそれに入ったきりだ。戻ることはできない。愛は引き返すことができる。なぜなら、愛は常に少しばかり不確かで、少しばかり浅はかだからだ。しかし、献身は非常に深く進む。

だから、献身を理解するには愛から始めることだ。愛は献身の最初のレッスンだ。あなたは夫だ、夫は妻を愛する。あなたは父親だ、父親は息子を愛する。あなたは妻だ、妻は夫を愛する。あなたは友人を愛する……愛があるところならどこだろうと、さらに進んで探求するために愛を使いなさい。

愛は、鉱山に埋もれているダイヤモンドの原石のようだ。それはまだ泥だらけで磨かれていない。何世紀もの間、石や岩と一緒に眠っていた――それに輝きはない。愛は鉱山から採取されたばかりのダイヤモンドの原石のようだ――磨かれていない――宝石職人の手にかかっていない――まだ鑿《のみ》で彫られていない。今のところ、それを非常に深く見ることのできる者にしか、ダイヤモンドであることがわからない。それが何か、あなたにはまだわからない。これこそ、愛において献身が見受けられない理由だ。なぜなら、愛は磨かれていないダイヤモンドの原石のようなものだからだ。ミーラにおいて、ダヤにおいて、サハジョにおいて、そのダイヤモンドが洗練された。宝石職人による芸術が施された輝きがある。そうしてきらきらと輝く。そのためには、相当切り磨かれる必要がある。

コイヌールは世界最大のダイヤモンドだ。発見された当初、その重さは現在の三倍以上あった。カットや整形、研磨がすべて施されると、その重さはたったの三分の一になっていた。だが、整形される度にその価値は上がっていった。新しい切り子面が付く度に美しくなった。発見当初の重さの三分の一しかないので、重さの点からすると、現在の価値は発見当初よりも低くてしかるべきだ。しかし、当初は何の価値もなかった。洗練され、研磨された末に価値が生じた。

西洋の名だたる彫刻家、ミケランジェロにこんなことがあった。ある日、彼が道を歩いていると、大理石を扱う店の傍《かたわ》らに、大きな一塊の大理石がどんと横たわっているのに気づいた。彼は何度か、それがただ道端に放置されているのを見かけていた。彼は店に入って行き、店主にその置き去りにしてある石の値段を訊いた。店主はこう言った。「値段なんかないよ。これは全然値打ちがない。こんなものを欲しがる彫刻家はいない。欲しければやるよ。片付けることができてありがたいぐらいだ。持ってってくれれば、お代はいらないよ」

ミケランジェロはその石を持って帰った。石を運ぶ彼に主人が訊いた。「このつまらない石をどうするつもりだ。そいつは役に立たんよ」

ミケランジェロは言った。「一、二ヶ月もしたらお答えします」。月日は流れ、彼は店の主人を家に招いた。そこにはマリアの膝に横たわるイエス像があった。店主はそれに魅せられてこう言った。「彫像はたくさん見てきたが、あんたはいったい、この稀有な大理石をどこで見つけたんだね」

ミケランジェロは答えた。「これは、あなたが放り捨て、わたしが無料《ただ》でいただいたあの石です」

店主には彼の言葉が信じられなかった。「あの石とこの彫像とでは、月とすっぽんだ。全然結びつかない。あんなどうしようもない石が、こんな像になることをあんたはどうやって見抜いたんだ」

ミケランジェロは答えた。「お宅の店の前を通りかかる度に、この像が石の中からわたしに呼びかけていました。解放して欲しい、この牢獄から出して欲しい、この束縛から解き放って欲しいと石に懇願されたのです」

献身は、愛という牢獄に閉じ込められている。わたしは、それをあなたたちに伝えたい。そして愛は献身の解放を叫び、求める。献身が愛から解放され、洗練され、純化される日、あなたは神聖なるものを見いだす。愛は不純物がたくさん混合している金塊のようなものだ。献身は炎をくぐり、精製され、清められた金塊だ。ゴミはすべて焼きつくされ、純金だけが残る。献身こそ愛のもっとも純粋な形であり、愛は献身の不純な形だ。

だから、愛には二つある。献身は愛の一部分を成し、世界も愛の一部分を成している。愛の不純物が世界であり、その愛に潜む純粋な献身が神聖なるものだ。だから識別する人は、愛において神聖なるものを見いだし、愚か者は愛において世間に身を落とす。愛は梯子《はしご》だ。世界は下にあり、神聖なるものが上にある。愛を純化し続ければ、あなたは神聖なるものへと進む。汚し続けるなら世界へと降りる。愛が汚され過ぎると、それは夢以上のものにはならない。愛の純粋さが輝きだすとき、それは真理となる。

献身性は愛に隠れている――それを解き放ちなさい。愛において、あなたは幾度も献身の一瞥を得た。しかし、どうやってそれを自由にするかを知らなかった。あなたの愛をもっと祈りのようにし、肉欲を少なくしなさい。愛において要求してはいけない、与えなさい。愛において乞食になってはいけない、皇帝になりなさい。愛においては分かち合い、貯め込んではならない。すると、あなたの愛の不純さが徐々に溶け去っていくのを発見し始める。そしてこれらの不純さが溶解するにつれ、純粋な光の炎が顕現し始める。この炎が献身と呼ばれる。

あなたの思い出が忘れられない
わたしのハートは誰かに永遠に盗まれてしまったよう

すべての愛が盗みを働く。なぜなら、愛は神聖なるものの思い出にほかならないからだ。曖昧《あいまい》な思い出——非常に曖昧で何層もの層に覆い隠されている——しかし、愛はみな、等しく神聖なるものの思い出だ。だからこそ恋に落ちると狂ってしまう——程度の軽い狂人ではあるが、気ちがいは気ちがいだ。

どんな顔もあなたには似ていない
わたしはこの世界を彷徨《さまよ》い続ける
あなたの面影を抱きながら

だからこそ、あらゆる愛があなたに満足を約束するにも関わらず、けっしてそれを遂げないのだ。誰かに恋をするとまず初めに、その愛の美に凌駕《りょうが》される。しかし、まもなく灰が降ってくる。愛はとてもすばやく腐蝕する。すぐにもめ事や、闘争や混乱が始まる。その愛の高みにおいて何が起こったか知る人はいない。あらゆる愛が、ただちに闘争へと変化する。しかし、そういった愛の最初の瞬間、あなたの目が新鮮で一切が新しかったとき、あなたは一瞥を得た——さもなくば、どうして恋に落ちたのだろう。あなたを呼び求める者があり、何かがあなたの実存に挑んできた。それは誰の挑戦なのか。あなたは誰を一瞥したのか。あたかも、究極なるものを発見したようにあなたは感じる。あたかも、探し求めていたものを見つけたように。探し求めていた恋人を見つけたように！

しかしまもなく、再びすべてが失われる。肉欲、私利私欲、人生のあらゆるつまらぬ物事、怒り、中傷の噴煙……これらすべてが、まもなくあなたを乗っ取る。まもなくあなたは再び溺れ始める。ほんの束の間、水の底から上がってあなたは空を見た――だが、これは非常に儚《はかな》いものだったと知る。それは結婚式の晩だけだった。あなたは再び溺れ始める。愛においてこの美酒《ネクター》を体験したときはいつであれ、こういうことなのだから……。

どんな顔もあなたには似ていない
わたしはこの世界を彷徨《さまよ》い続ける
あなたの面影を抱きながら

これを理解することだ。神聖なるものの面影は、あらゆる人のハートに隠れている。わたしたちはこの面影を内側に携え、それに似ている人が見つかることを望む。外側でこの面影に匹敵する人、その絵姿の主を見つけることを望みながらさすらう。まさに魂の最愛の人に出会うまで、わたしたちは苦しみ、悩む。探し求め、恋い焦がれて。ときどきほんの一瞬、探し求めている人に似たような顔を見つけ、それをあなたは愛と呼ぶ。だがさらに近づいてみると、またもや事態は崩壊する。その類似性は幻にすぎなかった。ほの暗い闇の中では似ていると感じたのだが、実際には違った。あなたはまたもや取り逃がしてしまった。

だから、少々距離をおいたところで恋人に、愛の器に出会うとき、すべてが素敵に見える。しかし、接近するやいなや、すべてが悪化し始める——なぜなら、あらゆる人の内に神聖なるものが隠れているとはいえ、誰ひとり神聖なるものには似てはいないからだ。神聖なるものの顔に百パーセントは似ている人はいない。一パーセント似ていたとしても、九十九パーセントは違う。愛の始まりに出会うのはこの一パーセントだ。そして、次第に残りの九十九パーセントが浮上する。

愛における敗北を幾度も経て初めて、ある日、人は献身へと入って行ける。愛の敗北から、あなたはこれを悟る。『外側を探し求めても、あなたを見つけることはできなかった。今度は内側に探し求めよう。肉体に、物事に、形に、美しさにあなたを探し求めても、あなたはいなかった。今、美しさを超えて、形なきものにあなたを探し求めよう。わたしは儚《はかな》いものにあなたを探し求めていたが……』

想像してごらん。夜空に月が出ている、満月が輝き、湖のほとりにあなたは座っている。湖は静まり返り、あなたは、月が湖の中にあると感じる。目を上に向けなければ、月は湖の中にあるものと信じて疑わない。

聞いた話だ。

ラマダーンの断食月のことだった。ムラ・ナスルディンは井戸のそばに座っていた。彼は喉の渇きを覚えた。そこで井戸を覗き込むと、どのくらい水かさがあるのかと思い、下方を確かめようとした。満月の晩だった。そして井戸の水には月が映っていた。それを見てムラはこう言った。「何とお可哀想に」。「どうしてこの井戸に落っこちゃったんでしょう？　お救いせねば！」

まわりには誰もいなかった。そこはとても人里離れた場所だった。自分の喉の渇きもすっかり忘れ、ムラは月を引っ掛けて、なんとか引き出そうと井戸に縄を投げ込んだ——さもないと世の中どうなる？縄は井戸の中のどこかの石に引っ掛かった。それを、首尾よく縄が月に掛かったのだと思い込み、ムラは渾身の力をもって引き上げた。

縄が切れ、彼はどすんと背後に倒れた。倒れたところ、空の月が彼の目に入った。「どうってことはないでさあ」、彼は言った。「ちょっと怪我をしたが、あなた様をお救いできた。おお、主なる月よ。それでたくさんだ」

世界において私たちが目にしてきたもの、それは井戸の中の月影にすぎない。世界においてわたしたちが目にしてきたもの、それは神聖なるものの反映にすぎない。わたしたちはまだ、神聖なるものに目を向けたことがない。自分の眼差しの上げ方さえ知らない。地上のあらゆる宗教において、人々が祈るとき空に目を向ける。これは象徴的だ。神聖なるものは空にはない。だが、わたしたちは昇らねばならない、見上げねばならない。神聖なるものはどこかわたしたちを超えたところ、上の方にいる。しかし、自分自身を超えてどうやって上方を見るか、見当もつかない。わたしたちは下の方を見ることに慣れ切ってしまった。その方がずっと簡単だ。

肉欲をもって他者を見るとき、常にあなたは下の方を見ている。そして祈りに満ちた眼差しで人を見るとき、あなたは上方を見ている。この上方を見ることこそが献身だ。そして下方を見ることが愛だ。この二つは関連している。それらはともに結びついている同じエネルギーだ。それが下に向かえば愛になり、上に向かえば献身になる。

そして愛においてハートが燃えるのとまったく同様に、献身においてもハートは燃える。違いはひとつだけだ――それがまったく異なる燃え方をするということ。愛の燃え方にはある種の熱がある、献身の燃え方にはある種の涼しさがある。それは涼しい炎だ。愛の燃え方には燃えることだけがある。それはまるで、傷口に酸を振りかけているようなものだ。献身も、もちろん燃えることは燃える――苦痛、別離に悶え苦しむ――しかし、それはとても涼しく、とても穏やかだ。

わたしのハートは燃えている、シェフタ
たぶん、これが愛というもの

愛は燃える、献身も燃える。しかし、そこには大きな違いがある。愛の炎はあなたを焼き焦がす。献身の炎はあなたをただ焼くばかりではない、それはあなたを目覚めさせる。愛の炎はあなたを眠りに押しやり、献身の炎はあなたを眠りから引っ張り出し、目覚めさせる。愛の炎において、あなたは自分の肉体にのみとどまる。だが、献身の炎において、あなたの肉体は失われ、目覚めた意識だけが残る。

献身の意味とはこうだ。

わたしは、わたしの創造主を探し求める
会いたい、わたしを生みだしたまさにその御方に
わたしは探し求める
そこに隠されているわたしの源泉を
それはわたしの終局の宿命
わたしは究極なるものを探し求める
それが見つかれば、他に探し求めるものはない

学んだ者は、さも帰依者であるかのごとく探求する。しかし、学んだ者の探求は、自分だけを頼りにしている。帰依者ならこう言う。「どうやって、わたしひとりで探求を成し遂げられるでしょう。あなた

に助けてもらわなければなりません」。彼は神に訴える。「わたしはあなたの住処を知らない、だが、あなたはわたしの住処をご存知だ。おそらく、わたしはあなたを知らない。だが、あなたはわたしをご存知のはずだ。おそらく、わたしはあなたを見たことがない。でも、あなたはわたしを見たことがあるはずだ。それでは、わたしの探求は一方的です。わたしは暗闇で、盲人のように手探りしているでしょうから。わたしがあなたを探し求めるとき、どうかわたしの手を取ってください。あなたの手でわたしの手をつかんで下さい」

学んだ者は自分以外を当てにしない。学んだ者の道は決断、意志だ。帰依者の道は明け渡しだ。帰依者は言う。「わたしは探求する。一生探し求める。しかし、確かに言えることがある。それは、あなたがお許しになるときにしか、わたしたちの出会いは起こらないということだ。ですから、これを御心に留め、くれぐれもわたしの探求を放って置かれることのありませんよう」

おお、わたしのハート、わたしの震えるハート
わたしは彼を呼んでいる……
とはいえ、何かが彼に起こるに任せよう
それなら彼は現れるよりほかはない
わたしは彼を招く、しかしそれがいったい何になろう
とはいえ、何かが彼に起こるに任せよう
それなら彼は現れるよりほかはない

……それなら彼は現れないわけにはいかない！　両側で炎が燃えるときにのみ何かが起こる、それは両側で燃えている。あなたが神を探し求めるのと同様、神は切望し、あなたを探し求めている——おそらくもっと切望して。

それをこんなふうに見てみることだ。子供が市場や縁日などの雑踏の中で迷子になる。彼は母を探して走り回る。そのとき母親が子供を捜していないと思うかね。しかし、子供の注意は幾度も逸《そ》らされる——母親をすっかり忘れ、おもちゃを見、太鼓の音を聞き、手品をする奇術師に目を奪われているかもしれない。しかし、母親の気は逸れない。どんな太鼓にもどんな奇術師にも、どんなゲームにもどんな見せ物にも。彼女は狂ったように探し続ける。子供は自分が存在するこの世界の中で、母親をすっかり忘れてしまう。**世界は夜明けの最後の星のよう**——しかし、彼には目に映るものすべてが現実に見える。おもちゃ屋の前に止まり、人にお菓子をもらい、やった！と思うかもしれない。子供に何がわかるだろう。子供が探したとしても、それがいったいどんな探求になるだろう。そして母親は見つからない。すると二、三日も経てば母親のことなど忘れるようになる。一、二か月後には彼女を思い出すこともない。一、二年後にはどんな顔だったかも忘れてしまう。一方、母親は探し続ける、悶え苦しみながらも。

この第二の点を覚えておくといい。神聖なるもの、彼の方でもあなたを探し求めているということを。自分の力だけを頼りに探求するとき、あなたは知識の道にいる。「わたしは探し求める。それにわたしの全エネルギーを注ぐ。しかし、あなたの方でもわたしを探さない限り、わたしたちの出会いはけっして起こらない。それは確かだ……」とあなたが言うなら——。

おお、わたしのハート、わたしの震えるハート
わたしは彼を呼んでいる……

とはいえ、何かが彼に起こるに任せよう
それなら彼は現れるよりほかはない

わたしはあなたを呼び続ける。しかし、あなたの方でも何とかしなさい。わたしのところへ現れるより他にないように、わたしのところへ来ざるを得ないように。

献身とは明け渡しだ。献身とは全一に自分自身を手放すことだ。

知識の道の者は、世界を放棄する。帰依者は自分自身を放棄する。知識の道の者は、他の一切を手放す。帰依者はエゴを手放す。

愛の瞬間に、自分のエゴが消えたと感じることがときどきあったかもしれない。真に愛すれば、しばらくエゴが消え去っている体験がときどきあるはずだ。ほんの数瞬、それは消え去る。あなたはとどまるが、〝わたし〟という感覚はない。〝わたし〟が消え去るとき寺院は近い。〝わたし〟が消え去るとき、幕《カーテン》が開く、扉が開く。扉にあるのは〝わたし〟という鍵だ。

第二の質問

愛するＯＳＨＯ、あなたが教えているのは真っ当な教育です。しかし、政治家や官僚主義者たちが、それを真っ当な教育と見なすかどうかは疑わしいかぎりです。

疑わしくはない。確実に彼らはそれを真っ当な教育と見なさない！　わたしの教えることが、彼らには間違った教育に見えるのは確実だ。彼らは、それを止めるべきだと感じる――なぜなら、政治家は人々の知性の欠如の上に生きるからだ。

人々が知性的になると、政治家が存在するのは不可能だ。政治家の権力のすべては、あなたの無知に支えられている。あなたが無知であるほど、政治家の勢力は増す。この地上にほんの少しでも、さらなる知性が存在する日、人々がもう少し醒めているその日、第一番に消えてなくなるもの、それは政治だ。

政治の意味、それはあなたが知性的でないということ、他人があなたにこう告げているということだ。「あなたに知性はない。だが、我々にはある。あなたの人生を築くための法律を我々が決めてやろう。自分の人生の面倒もろくに見れないほど、あなたには知性がない。我々に権力を与えてくれれば、あなたにその体系《システム》を与えてやる。あなたは自分自身の主《あるじ》にはなれない。我々をあなたの主人にしてもらえれば、あなたの面倒を見てやろう。あなたは自分の利害関係の面倒も見れない。我々がその面倒をみてやる」

政治の意味はたったこれだけだ。指導者が必要になるのは、自分ではどうしていいかわからなくて、解決できないときだけだ。だから政治家は、人々に目覚めて欲しくない――ぐっすり眠っていてほしい。政治というものの在り方そのものが、人々が瞑想的になることをけっして望まない。なぜなら、瞑想的になる瞬間、人々は政治という軌道を抜け始めるからだ。政治という軌道には、怒り、敵意、嫉妬、羨望、恨み、軋轢《あつれき》が欠かせない。政治の中にとどまるのは、こういった炎があなたの内側で燃えている場合だけだ。狂暴性、他者を支配しようと駆り立てる力、他者を虐《しいた》げようとする欲望、競争、張り合うこと……政治にはこういったこと一切が欠かせない。政治とは一種の乱闘だ。

だから、瞑想が成長するにつれ、あなたの繊細さ、あなたの愛や平安も成長し、あなたは政治を落とし始める。あなたはこの世界にどんな争いも望まなくなる。

政治家は戦争を煽《あお》る。戦争が消え去ろうものなら、政治家には権力がなくなってしまう。戦争があれば、政治家は偉大な指導者となる。気づいているだろうか。世界の政治的大指導者の偉大さは、戦争の存在に依存する。戦争がなければ、その生涯において政治家が大指導者になることはない。だから、戦勝者となって自分こそ正しい人間だと知らしめるために、あらゆる政治家が生きている内に大きな戦争が起こることを望む。

政治はエゴの拡張のひとつだ。瞑想はエゴの死滅だ。政治は詐欺的行為、偽善だ。

聞いた話だ。


密林で起こった奇跡だ。突然ライオンが、まったく平凡で謙虚になってしまった。爪を引っ込めて、あらゆる動物たちに挨拶回りに出始めた。森の動物たちはみな何事かとびっくり仰天した！　彼は唸るのも吠えるのもやめてしまった。道で会った者には、誰かれ構わず友愛について語りかけた。

ある日、ライオンはお腹が減ってきて、謙虚でいることをちょいと忘れてしまった……政治において人々は見せかけの仮面をつける。木の下に立つロバが彼の目にとまった。普通、ロバは走り去る。だが、この二、三週間、ライオンが完全に非暴力的であったために――ガンディ主義者は一票を大切にする――ロバは恐れることもなくそのまま立ち続けた。その瞬間、ライオンは本性を現し、ロバに飛びかかった。しかし、飛びかかるやいなや、ライオンは自分の行状に気がついた。ライオンは即座にロバの足にひれ伏し、こう言った。「お許し下さい。父よ、わたしは過ちを犯してしまいました！」

ロバは耳を疑った――ライオンがロバを〝父よ〟だって？

ふくろうが木の上に座っていた。ロバが去って行くと、ふくろうが尋ねた。「どうなってるんだ。え、限度ってものがあるぞ！　おまえが純粋で道徳的になったという噂を聞いていたが、これは度を超している——ロバの足にひれ伏して〝父よ〟だってぇ」

ライオンは答えた。「おまえはふくろうだ、だから馬鹿なんだよ。選挙が近いってのにロバを怒らせたぐらいで、おれがみすみす供託金を失う気でいるとでも思うか」


政治家の野望はこれだけだ。できるだけ多くの人に権力を振るうことだ。政治はエゴを養う。ゆえに政治家は、真っ当な教育にはけっして賛成できない。政治は偽善だ。それよりひどい詐欺はない。政治は嘘を基盤とする駆け引きだ。いかに巧みに嘘がつけるか、それが政治の意味だ。

昨日、読んだばかりの話だ。


ある政治家が演説をしていた。彼は社会主義が現実化しつつある、だからもう少々の辛抱だと人々に告げていた。ひとりの男が立ち上がり、このように叫んだ。「この三十年間、ずっと社会主義は現実化すると言っている。しかし、いつになっても現実化しないじゃないか」

政治家は答えた。「わたくしを信じていただきたい。それほど先の話ではございません。ほとんど現実化しつつあります。それほど長くはかからないでしょう——少々の辛抱です。あと一回選挙が行なわれれば、社会主義は我々のものであります」

何人かが聴衆の中から立ち上がって言った。「社会主義はけっして現実化しない！　昨日の夜、クラブでおまえの秘書が社会主義は絶対に起こらないと言っていたぞ」

高ぶって立ち上がる群衆の波が広がり、あまりの騒々しさに政治家は狼狽して言った。「どうしてわたくしどもの秘書に、そんなことが言えるものでしょう。わたくしの演説文を書いたのは彼です！　みなさん、わたくしは社会主義は近いともう一度言わせていただきます」

しかし、立ち上がる者は後を絶たず、口々にこう言った。「社会主義は絶対現実化しない。そんなでたらめをぬかすな。もう懲《こ》り懲《ご》りだ」

政治家はもうどうしようもないと悟り、謙虚に起立してこう言った。「わたくしは社会主義が現実化するものだと思っておりました。ですが、あなたたちがそうおっしゃるのであれば、やはり社会主義が現実化することはあり得ないでしょう。わたくしは真実を探し出す所存でおります……まあ、ことによると予定が変更したんですな」

政治とは、搾取、空言と大衆うけをねらった論説だ。しかし、自分自身を完結し始めると自然と政治的態度を失うばかりでなく、他人の政治行為も見通せるようになる。

あとほんの少し、世界が知性的になれば、政治の余地はまったくなくなる――それに政治の余地はあるべきでもない。政治の必要はない。政治は無知を貪《むさぼ》って生きている。だが、政治があなたたちに教え込むことは、非常に深く入り込む――あなたたちの人生に革命の起こり得ないところまで。政治家はあなたに障害者でいてほしい、自分の足で立たずに、彼らに依存していてほしい。政治家は、仏陀やマハヴィーラ、クリシュナ、カビールやキリストのような人々が、これ以上世界に存在してほしくない。彼らは、それをけっして望まない。これらは危険な人々だからだ。政治家はイエスを黙許できず、十字架に磔《はりつけ》にした。政治家はソクラテスを黙許できず毒を盛った。彼らは危険な人々だと！

これらの人々がどんな危険な態度を取ったというのだろう。彼らの危険性は、正直で真正なところだ。彼らは真実を語り、隠蔽するような計画を持たず、嘘をつかず、日和見主義でもなかった。彼らは、全人類にとって何が最大の利益かということについて語るだけだ。たとえあらゆる人が反対したところで、彼らはその利益について語る。そういったところが光明を得た人の特徴だ。
ある友人が、他に質問をしている。

光明を得た者とは誰ですか。その特徴とはどういったところですか。

光明を得た人とは、スペードの札をスペードの札と言う人、いかにして生きるべきかを人々に教え、微々たる変更もそれにつけ加えない人だ。それはかなり革命的なもので、あなたがその関係に入って行こうものなら、全人生が徹底的に変容してしまうというものだ。

政治家たちは、光明を得た者に対して常に怒ってきた。彼らはあらゆる類の聖職者や学識者を好む。しかし、光明を得た人々を嫌う。聖職者や学識者は、常に政治家たちと共謀してきた。彼らは宗教と政治を連結させ、政治の便宜を図ることを宗教に課した。

光明を得た者は神性に生きる者であり、いかなる条件づけも受け容れない。光明を得た者はいかなる限定もせず、いかなる限定も受け容れない。光明を得た状態とは反乱であり、真っ赤に燃える炭のようだ。あなたを燃やして灰にしてしまう。神聖なるものが現れるのは、あなたの灰からだ。人々に神聖なるものが浸透するほど、人々は政治という網から抜け出る。大勢の人々が瞑想や献身に自分自身を浸すなら、全世界いたるところに途方もない変化が生ずる。そういった人々は、いわゆる指導者たちを受け入れない――追従者としてさえも。彼らは盲人を率いる盲人だ。

だから、あなたの質問はまったくその通りだ。政治家たちには、わたしが教育と呼んでいるものを受け容れる用意はない。彼らはわたしのメッセージが人々に届かないよう、あらゆる手を尽くしている。

彼らはあなたがわたしに辿り着けないように、わたしがあなたに届かないように手を尽くし続ける。わたしの言葉が広まることを最小限に留《とど》めること、それが政治家たちの最大の関心事だ。

そして面白いことに、わたしに反対する政治家は一種類ではない、あらゆる類にわたる。これは最高に興味深い。普通は、コングレス党に反対して演説すれば、ジャナタ（人民）党に支持されるものだ。ジャナタ党に反対して演説すれば、コングレス党に支持される。だが、いつであれ光明がどこかで具現化すると、こういった現象が見られる。あらゆる政治家がこぞってその人に反対する。これについて彼らは一丸となって結託する――なぜなら、光明はまさに政治の基盤を明るみに引きずり出すからだ。

世界が存続されるには二通りある。ひとつは政治、もうひとつは宗教性による道だ。今までのところ、宗教性によって世界が存続したことはない。政治という方法でのみ存続している。世界がこれまで生かされたことがないのも不思議ではない！　まったく生かされた例《ためし》がない。世界は常に死んでいた、常に腐敗してきた。これまで、あえて宗教性によって存続した社会はない。そして政治家たちがこれを阻む。どうすれば彼らが自分の権力、自分の強み、自分が尊敬されること、名誉や地位をわざわざ失いたいと思うだろう。

目覚めたる者の数、光明を得た人々の数が増え、この国で瞑想的なエネルギーレベルがわずかでも上がれば、多くの物事が即座に変化する。最たるもののひとつに、競争というとてつもなく強大な風潮がある――非常に多くの暴力、非常な攻撃性と個人的拮抗、非常に多くの足の引っ張り合い、非常な地位の重視――これらすべてが消滅する。自身の内なる自己の座に君臨する者には、他にどんな地位も必要ない。そういう者は王座を見つけている――それより偉大な王座はない。たとえ小さな流れであろうと神聖なるものの流れが流れ始めた者の生においては、エゴの旅の一切が急停止する。そして政治、富、地位、体面といったものの一切はエゴの旅だ。

　正しい教育の根本原理は、エゴを溶解することだ。そして間違った教育の根本原理は、エゴを養うことにある。あなたたちの学校、あなたたちの大学はすべて、エゴの落とし方を除いたあらゆることを教える。むしろエゴの高め方を教えるといってもいい。一番先に来た者なら誰にでも金メダルが与えられ、一覧表の先頭についた者なら誰でも称賛される。一級を修得すれば誰であろうと仕事を先に得る。こういったことが競争心を植えつける。

　ひとつの学級に三十人の幼い子供たちを詰め込んで、初めにすることは政治的なふるまいを仕込むことだ。ここで彼らは互いに競争することを課せられる。ひとりひとりが他の二十九人に対立するように課せられる。それぞれが一番先頭につかなければならない、ほかの全員を負かさねばならないと思う。誰もが敵になった。政治が彼らの人生に入り込んだ。彼らは政治に巧みになること、狡猾で不誠実になることを学ぶ。

　そのうえ後になって、自ら教えた当人がとんでもなく非常識なことを言う！　教育を受けた人間が不正を働いたことが判明する。すると、決まってこう言う。「いったい、こいつはどういう教育を受けたのか」。二十年から二十五年もの間、不誠実であることをあらゆる人に教え込んでおいて、卒業後に彼が盗みや不正、詐欺を働き始めたりするとあなたたちは言う。「いったいどうなっているのだ。奴は無教養のままでいた方がよかった――少なくとも無教養な者たちは不正を働かない」。無教養な者には不正も働けない。不正を働くには技術《テクニック》が必要だ。そんなことのためにさえ――さもないと、狭量な方法で欺いてつかまってしまう。こんなことにすら技術が必要となる。こんなことにも大卒の資格が必要だ。

　あなたたちが教育と呼ぶもの、それはエゴの栄光を称えることにすぎない。わたしが教育と呼ぶものは、エゴの完全な溶解を意味する。もはや大学が野望を教えない日――人が謙虚になり、あたかも存在しないように生き、無であることに幸せを感じながらそこを離れる日、初めて大学は真正なものとなる。

三番目の質問

愛するOSHO、わたしは世界には何の喜びも見いだせませんし、わたしの人生は喜びに満ちていません。それでもわたしは死を恐れています。これはいったいどういう皮肉でしょう。

死を恐れているなら理由はひとつだ、ただひとつしかない。それは、まだ自分は生を生きていない、生を生きる前に死ぬかもしれないと恐れている。あなたにはそれが皮肉に、不可解に、矛盾する状況に思える――自分は生を楽しんでいない、自分の生は幸福ではない。だから、どうして死を恐れることがあるのかと。このようにあなたのマインドは論理的なことを言う。世界を楽しんでいない、生がまったく喜びに溢れていない、だから死を恐れることはないと。

しかし、そうではない。そういうことではない。生のより深い原則にあなたは気づいていない。自分でそれを、**世界は夜明けの最後の星のよう**――を理解するまで、死の恐れは免れない。

生に喜びはまったくない。〝あなた〟が人生に喜びを感じたことはない。しかし、深いところで、それはどこかにあるはずだ、何らかの障害があるので、その瞬間が到来しても自分には喜びが生じないと思い込んでいる。生には何の喜びもないという明確な理解に、あなたはまだ至っていない。まだあなたの中には、そのような気づきが深まっていない。あなたの生は喜ばしいものではない、それは真実だ。

だが、あなたを取り巻く広漠たる生もまた、まったく喜びに欠けている。そのような体験、そのような理解があなたにはまだ起こっていない。だから、生きて喜びを見いだす前に死んでしまうのではないかと恐れ続ける。喜びを味あわずには死にたくない――そうでなければ生きたことにはならない、生きることもないまま中途で死ぬのだと感じる。

死に対するあなたの恐れは、明らかにあることを表している――あなたはまだ、生に関心があるということだ。わたしはあなたに同意する。あなたの生は喜びに満ちてはいなかったろう。しかし、まだあなたは望みを持っている。望みを持つことをあきらめていない。まだ望みの綱がある。弱い綱ではあるが、まだ損なわれていない。依然としてあなたはこう思っている。「何か方法があるはずだ。どこかに導いてくれる道があるはずだ。自分が正しい道にいなければ、他に正しい道があるはずだ」。あなたの世間への興味は依然としてある。

まだ、あなたは走りまわっている。あなたはどこにも到達したことがない。けれども、それによって到達する場所など存在しないのだという結論を得ていない。生には達成すべきものはない、生には何の喜びもない、仏陀が言ったように、生は〝一切皆苦〟だと単にあなたが感じるその日……。

仏陀は四つの真理があると言った。第一の真理は生が苦だということ。彼はこれを第一の真理、第一の深遠なる真理と呼んだ。生が苦であることを知っている人は高潔であり、真の人間だ。第二の真理は、人が生から、生という苦から自由になる方法があるということだ。第三の真理とは、解放されたマインドがある、生という苦から自由になった意識の状態があるということ。四番目の真理は、この状態が単なる想像ではなく、それは他の人にも起こってきたことであり、あなたにも起こり得るということだ。

これら四つの真理を仏陀は宣言した。そしてその第一が、生は苦しみだということだ。生の一切が苦、初めから終わりまで生は苦だと。

これを、まだあなたは目の当たりにしていない——その理由は何だろう。それはたったこれだけだ。あなたの時代以前の聖典、聖者とその教えにあなたは巻き込まれている。あなたはこれらの言葉をあまりにも早いうちに耳にしてしまった。生が無意味であることを、自分自身の体験から理解していない。他人がそう言っているのを耳にしただけだ。あなたのハートはあなたに、生は楽しいと言い続けている。だがあなたは、どこかでとある聖者から、あるいは他人から、生がくだらないと聞いた。そして今、あなたは窮地に陥っている。ひとつの扉があなたを呼び戻し、他の扉があなたに手招きする。あなたは困難に陥っている。

わたしは言おう。かの聖者たちのことは忘れ、生に入って行きなさい。もう少しさまよってみることだ、もう少し躓《つまず》いてよろついてみなさい。もう少し頭をぶつけてみなさい。生は壁のようだ。開くものではない、そこに扉はない。だが、自分で自分を血まみれにするまで、あなたは納得しない。生が苦だと仏陀は言った。だが、どうやってこれがあなたに受け入れられるだろう。生が苦であることを、どうやってあなたが受け入れられるだろう。仏陀にこれを告げる人があったとしても、彼にしろ受け入れることはなかっただろう。自分で知って、初めて彼はそれを受け入れた。あなたもまた自分で知って、初めてそれを受け入れる。

マハトマたちの言葉を鵜呑みにしたためにあなたがまだ未熟でいるなら、生から顔を背《そむ》けてはならない。顔を背ければ、宗教はあなたの生の真実とはならない——なぜなら、まさに第一の真理を取り逃がしているからだ。基礎もなしにどうやって寺院を建てられるだろう。マハトマたちの言葉を聞いたからといって、中途で引き返してはならない。自分自身の体験を持つまで引き返してはならない。いたる所で、あなたのハートが打ち砕かれて痛切に涙を流すまで。さもないと、あなたは偽善者になる。途中で引き返すなら、あなたは自分の内側にとって現実ではないものを装い始める。聖者のように座っても、あなたのマインドは依然として店に、市場に――世界にある。目を閉じて神聖なるものを想起しようとしても、神聖なるものは現れない。別のものがそこにあるだろう――世界という誘惑が。

わたしたちは自分にすねる
壊れて、傷物になってしまった人々、それがわたしたち
あまりの虚偽に、真実も目を背けるに違いない
これを取り、あれを集める
そんな楔《くさび》がわたしたち
それらの剣をもってして、柄《つか》である自分に何をするというのか
あらゆる大酒のみの寄せ集め
わたしたちはその中の虚しいひとすすり
博物館に置くといい
わたしたちは珍重だ
署名にはけっしてなれない、刻印ぐらいのものにしかなれない人々

他人の言うことに耳を傾けて、偽物になってはいけない。他人に耳を傾けて刻印になってはいけない。自分の生を生きることだ！　これは〝あなた〟の生であり、あなたに与えられている。まさにその最期まで旅するように、その究極の深みまで探し求めるように、あなたに授けられている。喜びを見いだせれば運がいい。見いださなくとも祝福されている――なぜなら、喜びを見いださなければ、内側に進む

ことができる。そうして疑念や心配事から解放されるからだ。疑念はあなたを一切取り巻かない、外側からあなたを呼び招くものはない。あなたは知ることの背後に戻っている。理解することの背後に戻っている。わたしのこの教えの基礎をよく考えてみることだ。

だからこそわたしは、あなたがサニヤシンになったとしても、世界を放棄してはならないと言う――あなたの居る場所で生を生きることだ。あなたの居る場所、そこで目覚めなさい、あなたの居る場所、そこで体験しなさい！　現実逃避者となるのは、まだ恐れがあるということだ。恐れる者だけが逃げ出す。そうでなければ、なぜ逃げるのだろう。店を放棄して森に入る者は、自分の店を恐れている。安穏に腰を落ちつけてしまうと、それに関心を奪われるのではないかと恐れている。妻から逃げる男は、妻の手を握ると肉欲に火がつくのではないかと恐れている。息子を残して逃げ出す者は、息子の目を見れば執着するのではないかと恐れる。こうしたことが示しているのは、まさにこういうことだ、まだ彼が生の第一の真理を体験していないということ。彼はまだそれを、**世界は夜明けの最後の星のよう**――を体験していない。

だから、わたしはあなたに告げよう。十全に生に分け入りなさい。恐れてはならない。怯えてはならない。これは、神聖なるものがあなたに課した務めだ。体験に伴って成熟しなくてはならない。家に戻るのは体験した後でしかない。体験して戻るとき、あなたの手は真珠でいっぱいになっている。人の話を聞いただけで戻るなら、あなたが持ち帰るのは石ころでしかない。石ころでは、あなたは満足しない。

生には精髄《ジュース》もないと言っておこう。だが、わたしが言ったからといって、どうかあっさりと戻って来ないでほしい。生はくだらないとも言っておこう。しかし、わたしの知識はわたしの知識だ。どうやってそれがあなたの知識になるだろう。わたしの目で見ることはできない、わたしの足で歩くことはできない。そして、わたしの体験はあなたの体験とはならない。それをあなた自身の体験にしなくてはならない。これを深く記憶にとどめておきなさい。「生はくだらないと言った人がいた——さあ、この目でそれを確かめよう」

わたしは間違っているかもしれない。仏陀は間違っているかもしれない。光明を得た人たちの数は、指で数えれられるほどだ。これらのわずかな人々は、みな間違っていたのかもしれない——なぜならつまるところ、大多数は生を放棄しなかったからだ。ごくわずかな人々だけがこう言った。「生を超えて行け……」。彼らの方が間違っていたのかもしれない。彼らが言ったからといって、引き返してはならない。自分自身の体験から戻ってくることだ。

あなたに言っておこう。全一に飛び込んで生の真底まで潜ってみても、そこで見るものはない。そこからあなたは、ある意味で空手で戻ってくる。しかし別の意味では、その手はいっぱいになっている。生には何もないと理解したのであなたは空手だ。今、神聖なるものを探すことが可能だ。その意味で、あなたの手はいっぱいになっている——呑気《のんき》に、一切の疑念もなく。今や、あなたの神聖なるものの探求には何の障害もない。もはや新たな選択肢はあなたの前に現れない。思考や欲望という鴉たちは、あなたのもとでカーカー鳴かない。今、歩き続けることができる。今、あなたの生の流れはひとつになり、神聖なるものの大海へと落ちることができる。

四番目の質問

愛するOSHO、二、三日ほど前、あなたはアシュタバクラの〝観照〟という太鼓を叩いていました。今、あなたはダヤの〝献身〟の歌を演奏しています。この間《かん》、あなたは老子先生のことは一切言及されず、わたしたちが耳にすることはありませんでした――彼は白い雲に乗っているだけでした。今日は献身の道、明日は観照の道といったように旅をして……風まかせにタオの白い雲に乗っていることは可能ですか。

クリシュナ・モハメッドがこれを尋ねている。あなたたちは日々これを目撃している。これこそ、始終ここで起こっていることだ。わたしは、ときには老子、ときにはアシュタバクラ、ときにはカビール、ときにはミーラ、ときにはモハメッドだ。これについて困難なところは、わたしには微塵もない。昨日、観照について語り、今、献身について語る。わたしにはそれはまったく気にならない。多くの道が存在しているが、わたしの見るかぎりでは行く先は常にひとつであり、同じだ。

山登りのようなものだ。多くの異なる方向、多くの異なる道から登ることができる。だが、頂上から見れば、誰もが同じ場所に向かって進んでいるとわかる。これが見えていなければ、実際にはまだ頂上にたどり着いていないということだ。頂上で、ジャイナ教徒が依然としてジャイナ教徒のままで、ヒンドゥー教徒がヒンドゥー教徒のままで、イスラム教徒がイスラム教徒のままなら、実のところ、彼はまだ頂上に達していない。ヒンドゥー教、イスラム教、ジャイナ教、キリスト教……それはすべて道に関するものだ。それはそれでいい。人は何らかの道を歩まねばならず、あなたはひとつの道を選ばねばならない。頂上への道が五十あっても、あなたが歩むことのできる道はたったひとつだ。五十の道を同時に歩けはしない。そんなことをすれば発狂するだろう。そんなことをすれば、そこへはけっしてたどり着かない。どうやって歩くのだろう。相当厄介なことになってしまう。

太った女性が映画を観ようとしていた。彼女は案内係にチケットを二枚手渡した。案内係は尋ねた、「お連れ様はどちらにいらっしゃいますか?」。女性は答えた。「すみません。わたしは太っているものですから、自分のために席を二つ予約したのです」

案内係は言った。「奥様、お好きなようになさってください。でも、これは……かえって大変でしょう」

女性は尋ねた。「それはどういうことです?」

案内係は答えた。「ひとつは五十一番で、ひとつは六十一番です。お望みなら両方にお座りいただけますが、それは大変でしょう」

二つの椅子に同時に腰を降ろすのは不可能だ。

ある政治家が、ムラ・ナスルディンに面談しに来た。ムラはひとりで椅子に座っていた。そして政治家には椅子を勧めなかった。選挙中、政治家に気をつかって椅子を勧める者はいない。ムラは誰もがやるように、あたかも乞食を見るような眼つきで彼を見た。「あっちへ行け! 失せろ、そんな暇はない!」と言わんばかりに。

政治家は怒っていた。彼は言った。「わたしが下院議員だということをご存知ないのでは」

ムラは答えた。「そうかい。まあ座ってくれ」。政治の指導者は続けた。「それもただの下院議員ではない、今度の選挙後には内閣に入るつもりだ。内閣のひとりになる」

そこでムラは言った。「その時はもうひとつ椅子をくれてやる。それにも座っていい、他に用はないか?」

二つの椅子に座るのは無理だ、たとえ首相であっても。二つの道を歩くのも、二頭の馬に乗るのも、二隻の舟に乗るのも不可能だ。それは大変だ。

旅の途上にあるかぎり、二つにひとつを選ばねばならない。まだ到達していない限り、ひとつを選びなさい。観照が気に入ったなら、観照の道に従うことだ。献身が気に入ったら、献身の道に従うことだ。モハメッドがあなたのハートを揺さぶるなら、彼に従いなさい。マハヴィーラがあなたのハートを揺さぶるなら、彼に従いなさい。

あなたたちのために、わたしはすべての扉を開けておいた。同時にすべての扉を通過しようとはしないことだ。ひとつの扉だけを使いなさい。あなたが問題に面することのないよう、すべての扉が開かれている。気に入った人なら誰でも、その人を通してあなたが喜びに達することができるなら誰でも――疑うことなく、その道に従いなさい。しかし、いったん内なる寺院の聖所に達してしまえば、すべての扉が等しくそこに導くものだったとわかる。山頂に着いてみれば、東から登っていた者たちや西から登っていた者たちも到着している。南から登っていた者たちも着いている。そしてかごで旅する者たちもたどり着いていると知る。歩いて来る者もいれば、馬に乗ってくる者もいる。歌いながら来る者も、沈黙してきた者もいる。みなが到達した。

わたしがいるところでは、老子とダヤ、サハジョやアシュタバクラに違いはない。老子はアシュタバクラに溶解し、アシュタバクラはダヤに溶解し、ダヤはカビールに巻き込まれる。みながひとつになる。川は分かれているが大海に入ればすべてひとつだ。どの川も異なる味がし、その道と様子は異なる。しかし一度、川が大海に入ってしまえば、すべて同じ味がする。

五番目の質問

愛するOSHO、人々は飲んではよろつきます。そして、そのときわたしはそこにいます。わたしは渇望してやって来て、渇望して去るのです。

お望み通りだ。それはあらゆる人の選択だ！　飲まないと決めたなら、禁酒の誓いを立てたなら、あなたを救う手だてはわたしにはない。

こんな諺《ことわざ》がある。「水場までは馬を連れて行ける。だが、馬に飲ませることはできない」。川まであなたを連れて来ても、休息に関してはあなた次第だ。あなたがこの往来を楽しむなら、どうぞ来ては去り続ければいい。いいではないか。しかし、いったいどれほどこれが続くものだろう。それに始終往来するだけとは、いったいどういう感覚だろう。味わいなさい！　これ以上、口実を作らないことだ。人はとても巧妙だ、いつも他人に責任を投げつける。

あなたの質問は、自分にはまったく落ち度がない、そう思っているように受け取れる。

愛の市場には運というものがある
わたしのハートの駆け引きが
今にも成立せんというそのときに、おじゃんになるように

ときどき運や状況のせいにし、あなたは口実を見つける。それらはみな口実や弁解にすぎない。飲み

たくなければ飲まなくていい。けれども口実を探してはならない。人には飲む勇気が必要だ。

あなたは言う。「人々は飲んではよろつきます……」

あなたが恐れるのはおそらく、このよろつくことだ。飲むことには関心があるらしい。そうでなければ、なぜこんな質問をしようと思うだろう、なぜここに来ることにかまけるだろう。よろつくことを恐れているに違いない。飲みたい、だけど、よろつきたくない。それは無理だ。飲めばよろつく。心の中では、あなたは何とかよろつかずに飲んでやろうと思っている。


人々がわたしのもとに来ては、よく……つい二、三日前もある紳士がやってきた。彼はわたしにサニヤスを授けて欲しいと言った——しかし、彼が求めていたのは〝内側だけのサニヤス〟だった。わたしは彼に尋ねた。「それは何だね。〝内側だけのサニヤス〟とはどういうことか」

彼は言った。「誰にも知られてはならないのです。サニヤスは、わたしとあなたの間だけの秘密にしなければなりません」

さあ、彼は手の込んだ方法を思いついた。「誰にもわからないようにしなくては！　誰にも知られたくない！　妻にも子供たちにも——家に戻ったとき、誰にもわからないようにしなくてはならないのです」

わたしは彼にこう言った。「それでは、あなたはサニヤスが本当に必要ではないのだ。わたしのもとで飲みたければ、あなたがよろめくのは避けられない。それは、あらゆる人の知るところとなる。世界中の笑いぐさになるのだ」

彼は言った。「それでは、マラをつけるだけにしましょう。服の下につけるだけでいいですか、それとも服の上につけねばなりませんか？」

人は勇気を失くし、とてもひ弱になった。服を脱ぎ捨て、マハヴィーラに従った者たちはとても勇敢だったに違いない。「師よ、服の下で裸であればいいのではないでしょうか？」とは言わなかった。それはいいだろう──服の下はみんな裸なのだから。どこにその困難があるのだ。彼らは大いに勇敢な者たちだったのだろう。とても勇敢だったに違いない。彼らは大いによろついた。

マハヴィーラの言葉を聞いて家に帰った若者の話が、聖典に記録されている。浴室で、彼の体を妻が洗っていた。彼女は彼の体にターメリックの練り粉と香油を混ぜたものを塗っていた。彼女は彼の体を念入りにこすって洗っていた。二人は話し始めた。

妻は言った。「あなたは、マハヴィーラのお言葉をお聞きになっている。兄もマハヴィーラのお言葉を聞いて、イニシエーションを受けて世界を放棄しようと考えています」

若者は言った。「考えているだって？　それは、そうしたくないということだ。考えることがあるだろうか。心を動かされるなら、とっくに動いているはずだ。考えることがあるだろうか。考えるとはどういうことだ？　それは、明日にしよう、明後日にしようということだ」

妻は、自分の兄が侮辱されているのだと感じて傷ついた。彼女は言った。「いいえ、兄は年内には絶対実行するでしょう」

夫は言った。「年を越す前に、彼は死ぬかもしれない。それに、心変わりしないと確実に言えるだろうか？　彼にそんな勇気はない。戦士階級のクシャトリヤだ。それなのにそんなことをするだろうか。年内だって？　それなら、今話す必要もない、一年以内にこの話題に戻ればいい」

妻はさらに傷ついた。「行って兄にお聞きになってください！　自分がそのようなサニヤシンになれるとあなたは思っているのですか？」

夫は立ち上がって浴室から歩み出た。妻は彼に尋ねた。「どこへ行くつもりです？」

彼は行った。「明らかになった」

彼女は言った。「せめて服を着て下さい」

彼は言った。「どうしてだね？　マハヴィーラがまた脱がせるだけだ」

妻は声を上げて泣き出した。家族の者たちが全員駆けつけた。彼は通りに出て、扉のそばに立った。

両親が助言しようとした。「おまえは狂っている。これはただの会話だ……」

彼は言った。「会話ではありません。明らかになったのです。他人について、自分が言っていたことを理解しました——考えることなどないと——それはわたしのことでもあります。核心を突かれたのです」


人々はその頃、非常に勇敢だった。次第に人々はとてもひ弱になってしまった——あまりにも軟弱なので、黄土色の服を着ることも恐れる。頭がおかしくなったと思われて、『どうしてしまったのだ？』と他人に問いただされるのを恐れる。そうして、数珠を服の外につけるのもためらう。

間違いなく、あなたには関心がある。だからこそ、ここにあなたは来た。間違いなく耽溺の傾向がある。それを飲んではいなくとも、そこら中に、ここに供されている葡萄酒《ワイン》の芳香が漂っている。それがあなたの鼻をくすぐったに違いない。それに、ここで飲んで歓喜に溢れる者たちのそれぞれの身辺に、ある雰囲気が醸《かも》し出される。それもまたあなたに触れたに違いない。あなたは飲みたいはずだ——そうでなければ、どうしてここに来ようと思うだろう。だが、あなたはよろつくことを恐れている。よろつく勇気もかかり集めなさい。よろつかなければ、飲むことにいったい何の楽しみがあるのだ。それなら、飲んでも飲まなくても同じだ。

サニヤスとは、古い生がくつがえされ、新たな生の道が根をはることだ。サニヤスとは革命だ。あなたの生は、古い場所から追い立てられ、新たな大地を探し求めねばならない。

間に困難な日々がある。過渡期の終末は困難の時となる。人々は笑って、あなたについて辛辣な批評をするだろう。人々は常にそうしてきた。だが、それは彼らの落ち度ではない。彼らが嫌みを言って笑っているとき、あなたを笑っているとは思わないことだ。彼らは自分自身を守っているだけだ――彼らもまた怯えている。あなたが黄土色のローブを着て、歓喜に溢れて踊りだすとき、あなたを笑う人は恐れている。あなたに反対しなければ、自分が同じ力に捉えられてしまうかもしれないのがわかる。彼は自分を守ろうとして、あなたに反対する。あなたが間違っていると彼は言う。あなたが間違っている、狂っていると彼はどなりつける。実際には、自分もまたこの狂気にとり憑かれてしまうのが怖いと言っているのだ。

自分が誰かに反対するとき、自分自身を注意深く見てみることだ。あなたはどこかで同じ方向に惹きつけられている。だからこそ、彼に反対するのだ――そうでなければ気にかかることもない。あなたに反対する人たちが、あなたの足跡に従う。しかしそのとき、あなたは少々よろついているはずだ。

おお、圧制者！　ハートを略奪するのは簡単なことではない
ハートに宿るのは簡単なことではない
和合を創造すること、それは遊びではない
それは次第次第に起こる

それには時間がかかる。ふらつくことにすら特定の規律が展開し、法悦《エクスタシー》にすら規則が、黄金の規則《ルール》がある。そこには方式がある――この狂気においてさえも。初め、それはすべて狂気に見える。だが次第に、あらゆるものごとが落ち着いてくる。そこで初めて、これより以前がすべて狂気だったと知る。今、

あなたは初めて繊細になった。世界はあなたを狂人と呼ぶだろう。だが、今まで自分は狂ってはいたが、今は狂っていないとわかる。初めて、あなたの生に光が降臨し、あなたの狂気のすべてが打ち消されている。

ちょっと勇気を出しなさい。サニヤスとは勇気のことだ。そして、これこそ酒場だ。今度こそ、ふらついて戻りなさい。あなたに勇気があれば、わたしにはいつでもあなたを祝福する用意がある。

誰にもわかるまい
どんな恐れと不安をわたしたちが抱いているか
したくもないことを無力に行なって
一歩ずつ死に近づきながら、ただ生きているふりをする

何をそんなに心配するのだろう。失ったものでもあるのか？　何かを失うことがあるのか？　その恐れは何だろう？　あなたは何を守っているのだろう？　あなたは何も持っていない。そして、やりたくないことをやり続け、やりたいことをするのを恐れている。これを理解しなさい。口実を捜してはならない。少し勇気を持つことができれば、未知への旅が始まる。

わたしは何度でも勇気という言葉を繰り返す。なぜなら、神聖なるものはいよいよ未知となるばかりだからだ。それは他にはない未知の葡萄酒《ワイン》だ、あなたはそれを味わったことがない。それは未知の道であり、あなたは旅したことがない。神聖なるものは高速道路《ハイウェイ》ではない、森に分け入る道だ。そこに見いだすのは自分自身ひとりだけだ。群衆は幹線道路にとり残される。政治的指導者、群衆、世論喚起者、あらゆる類の行列や浮遊物が高速道路にとり残される。

サニヤスの旅、それはひとりきりになることに関している。瞑想とは、あなたがひとりになる行程《プロセス》だ。献身に自分自身を浸すということ、それは、あなたが世界を忘れ初め、あなたの意識全体が遥かな星へと焦点を当てることだ。ある日、あなたの中にはそのひとつの星だけが残り、次第に他の一切がなくなる。それで人は怖くなる――あらゆる関係性を凌《しの》いで、それほどのひとり在ることの中へと入って行き、それほどの独居へと入って行き……。

ゆえに、宗教的な人にとって勇気は欠かせない。暴力的な人も宗教的になれる、怒れる人も宗教的になれる、性的な人も宗教的になれる、しかし、臆病者だけはけっして宗教的になれない。これを考慮し、それに瞑想することだ。

すべての宗教の聖典には暴力をやめるよう、怒りを断つよう、肉欲を断つようにとある。わたしはあなたたちに臆病を断てと言う。なぜなら、臆病を断たなければ、暴力は断てないからだ。臆病を断たなければ、怒りは断てない。臆病を断たなければ、お金を断てない。臆病を断たなければ、関係性は断てない。臆病を断つ、それを最初の一歩としなさい。そうすれば強くなり、一切を断つことができる。

　昨日の赤の他人は
　今日、わたしの人生の支えとなった

勇気を持ちなさい！　思い切れば突然、自分の手をつかんでいるとても力強い手を発見する。

　昨日の赤の他人は
　今日、わたしの人生の支えとなった

無力になってみると、神聖なるものがあなたを助けているのがわかる。

昨日の赤の他人は
今日、わたしの人生の支えとなった
記憶という金鎖が寂しいハートを縛り、眠い瞼は夢の冴えた状態を見損なう
全身の気孔は未知の甘い震えに覆われる
わたしの視界にはなかったものが、まさにわたしの呼吸の源泉となった
見たことも聞いたこともないもの……。
わたしの視界にはなかったものが、まさにわたしの呼吸の源泉となった
これがあなたの呼吸すべてに浸透する。

言葉の確かさは、約束という枝に止まって歌う鳥のよう
わたしの切望のロートス（＊）の森に、忍耐の香りが絶えずさまよう
愛がこもる汚れなき中庭で
最初に発せられた、これらの愛の音《ね》は成長した
知らぬ間に、誰かの名前はわたしの歌の受け手となった
（＊食べると家や故郷を忘れ、夢見心地になるという果実）

聞き覚えのない、これまで名無しだったものの名前……。

知らぬ間に、誰かの名前はわたしの歌の受け手となった

わが魂の鏡に喜ばしい光を捕らえた
しかし、閉じ込めてはおけぬものを
閉じ込めておくのはたやすいことではない
それゆえのわたしの挫折
赤裸々な書き損じの線
その手を広げ、空《そら》を見つめよ
おお、未知なるわが生
誰かの絵姿はわたし自身の下絵《スケッチ》となった

ちょっと勇気を出してみることだ。大胆になることだ。未知なるもの、少し馴染みのないものへと入っていく挑戦を受けて立つなら、あなたはひとりではない。神聖なるものがあなたとともに在る。しかし、神聖なるものが真にあなたとともに在る以前には、ひとりになる勇気を掲げねばならない。神聖なるものは、ひとりでいる者たちとともに在る。

最期の質問

愛するOSHO、神聖なるものにたどり着かなければ、いったい何を損なうのでしょう。

損なうものなどない。なぜなら、失ったものに気づくのは神聖なるものにたどり着いた後でしかないからだ。失ったものがわかるのは、持っていたものを失ったときだ。持っているかぎり、何を失ったかどうやってわかるだろう。達成するときに何が起こるか、あなたには予測できない――損か得か――それを達成するまではわからない。

大きくなって大人にならなければ、どんな損をすることになるのと子供に訊かれたら、どう答えたものだろう。彼に損失を説明するのは難しい。それはまるで、盲目であることは何を損なっているのかと尋ねる盲人のようだ。盲人は光を知らない。だから、光輝く世界を知らない。遊びに満ちた色とりどりの光織りなす世界、虹や太陽、月、星々、花々や木々、こういった世界が阻まれていることを彼は知らない。この無比の光の世界は、彼にとって完全に失われている。しかし、彼にはそれがわからない。視力が回復しなければ、どういう損失が生じるかと訊かれたら、どうやって彼に説明したものだろう――損失を理解する方法はひとつしかない。何かを持っていてそれを失う。そうして初めて何を失ったかがわかる。

あなたはこのように尋ねる。「神聖なるものに達しなければ、何を損なうのですか」。何を損なうかわたしは知っている……しかし、あなたの質問はまったく無意味ではない。あなたは神聖なるものを知らない、だから、何を損なうか、どうやってあなたに理解できるだろう。別の側面から、この質問に迫ってみよう。

今のところ、あなたが生と呼んでいるものに何があるだろう。生きるに値するものがひとつでもあるだろうか。あなたの生に、二度も生きたいと思わせるものがあるだろうか。存在がこの生をもう一度与えたら、今生きているのと同じように生きたいかね？　そっくり同じように生きたいかね？

考えてみることだ。あなたの生には何もない。だから、そっくり同じように生きたいとは思わない。それは虚ろで乾いている。花はどこにも咲かず、ヴィーナも奏でられていない。ハートのフルートは見つからず、あなたのハートには何の音楽も生じていない。この生には何もない、この生はどこにもない。あっちへこっちへ押しやられ、あなたは生き続ける。他にどうしようもないのであなたは進み続ける。この生において、自分を見いだしたので仕方なく進み続け、ただ進み続けるばかりだ。ある日、死がやってきてそれで終わりだ。知ってか知らずか、人は死を待ち受けたりもする。

ジグムント・フロイトは、人間には根本的欲望が二つあると言った。性欲と死の欲望だ。これは珍しい洞察だ。ひとつは、人を駆り立て続ける性欲だ。そして生がまったく無益なために、とても深い処に一縷《いちる》の望みが残るとフロイトは言う。死が訪れる――今日でなければ明日――そして万事めでたしだと。

これに気づいたことがあるだろうか？　あなたの生において、死を待つ以外に何がある？　この乾いてしぼんだ木が倒れても、どうでもいいのではないか？

わたしはそれを別の側面から見る。わたしは問う。もしこれが生なら、失ったとしてもどうでもいいのではないだろうか。毎朝起きて、会社に行って、家に戻って、眠りにつき、またもや小言をつき、またけんかして……これが生なら、失ったからといってそれが何だというのだ。世の最も偉大な思索家たちは同じ質問を問いかけた。

ジャン・ポール・サルトルという偉大な西洋の思索家がいる。彼は問う。「これが生きるすべてなら、自殺のどこが悪いのか」。これは愚かな思いつきではない。自殺は、これまでの最大の疑問だ。なぜなら、これこそが、まさに人生というものならば、自殺を願う者がいても驚くに値しないからだ。あなたは明日、同じことをする。そうではないか？——朝起きて、お茶を飲んで、妻とけんかして、新聞を読み、会社に行く。まるで壊れた蓄音機のレコードだ。針が外れて、同じ音楽《フレーズ》を何度も繰り返し続ける。——同じ溝、同じ溝、同じ溝！　同じあなたの生——壊れた古い蓄音機のレコードだ。

あなたは尋ねる、「神聖なるものにたどり着かなければ、何を損なうのですか」。いずれにしろ、これまでのあなたの生に何があるというのか。

神聖なるものに達すること、その目的はただひとつ、あなたの生に意義をもたらすことだ。他に目的はない。神性を達成する目的は、あなたの生に芳香、香り、音楽が入って行くためだ。あなたの生が気が抜けたままで借り物ではないように、祝祭、意気込みが生まれるためだ。生が新鮮になるように——朝のように、朝露のように新鮮に——純潔に。あなたの生が、月と星々の輝きを持てるように。それこそが神聖なるものに達する目的のすべてだ。そうであるべきだ。なぜなら、人間は存在全体の中でも、意識というもっとも独創的なものを持っているからだ。そのような貴重な宝物を与えられてきたのに、あなたはかけずり回って何を達成しただろう。少しばかり給料が上がり、金庫に多少のお金を貯め込み、小さな車ではなく大きな車、小さな家ではなく大きな家を獲得し……。

しかし、この至高の意識を与えられながら、実際それであなたは何をしているだろう。実際、この至高の意識を通して何を達成しているだろう。全宇宙の至福がその中に包含されるというのに。

神聖なるものを見いだす意味はこれだけだ。あなたの扉が至福に対して開くようになること、生の饗宴のすべてがあなたに浸透すること、踊って目覚められることだ。さもなくば、こうなってしまう。

今日、フィリソシンカの木に花が咲く
でも、最愛の人は宮殿にいない
女友達はわたしに春の装いさせ
わたしの髪を朱に染める
月とともに笑い、おしゃべりをして
突然、彼らはとぎれ
腕を組み、抱きしめ、それから解放する
マドゥカミニの花の香りのように
若さは金色の絹の襟巻《スカーフ》に包めない

今日、フィリソシンカの木に花が咲く
でも、わたしの最愛の人は宮殿にいない

花々が咲き、恋人が家にいない、それは最愛の人には関係ない……。

今日、フィリソシンカの木に花が咲く

でも、最愛の人は宮殿にいない

わたしの体を涼ませてそよ風が吹く
わたしの目は乾いて生気がない
春の盛りは素早く色褪《あ》せ
起きている間に夜は過ぎ行く
今日、フィリソシンカの木に花が咲く
でも、最愛の人は宮殿にいない

彼女の恋人はいない、月は空にあり、フィリソシンカの木の花は満開だ。涼しい風が吹き、辺りには芳香が漂い、いたるところ月明かりは放射されている。だが、いったいそれに何の意味があるのだろう。——彼女の恋人は宮殿にいない。人間のハートの条件づけはこのようなものだ。神聖なるもの、恋人から、あなたの真のハートに恩寵を賜るまで、あなたの全人生は乾いて、虚ろで、死んでいるようなものであり、死んでいるのだ。

神聖なるものの探求とは、あなたのハートの神聖なるもの、何であれ好きに呼んでかまわないが、その最愛のものを王位につかせることだ。今のところ、あなたのハートの王座は空席だ。そこに宮殿はあっても、皇帝はどこにも見られない。

死からさえ、生の贈物《ギフト》を受け取った
でも、あなたの扉に、わたしの願いは聞き届けられていない

あなたは、どんな腕輪をわたしにくくりつけたのか
わたしの手首はまだ自由ではない
春の季節と雨が移り変わった
大地と空は移り変わった
生は移り変わり、王国は移り変わった
宇宙は移り変わった

ときおり、海岸であなたの名を呼んだ
ときおり、一片の雲のように砂漠であなたを呼んだ
遊びのように、雑踏や市場にあなたを探し求めた
経帷子《きょうかたびら》に身を包み、火葬場であなたの名を呼んだ
進路を測りながら旅人は消えた
呼吸の足どりは弱り、旅は終わった
それでも、わたしの体と魂は
この悶絶の牢獄からわずかな休息をとることも知らない
どの窓からあなたが見ているかもわからない
これを覚えていてください
わたしはすべての寺院の門に頭を垂れる
いつになったら、あなたはわたしの扉を叩くのだろう
この苦悶に、わたしは一生眠れなかった

わたしの目はいつも見開いては半分閉じたまま
ところどころやせ細り
体は衰え、わたしの水瓶は空になって倒れている
それでも、ああ、わたしの月、この世界にあなたなしでは
わたしの人生の夜は、月光を知らない

神聖なるものなしには、人は闇夜だ。月は昇らず、月光はない。神聖なるものなしには、人は種に過ぎず、閉じていて不活発だ。この種は、神聖なるものの現前において初めて芽を出し、それから生の旅が開花し、実を結び始められる。神聖なるものなしでは、寺院はあっても、神がいない。あなたは空虚で満たされない。最愛のものは宮殿にいない——そして、それは自分でわかる。

神聖なるものに達しなければ何を失うのか、と尋ねてはいけない。今現在、自分が持っているものを尋ねることから始めなさい。神聖なるものに達しなければ、あなたが何を達成しているだろう？　その方がもっと意義深い。そして、そう尋ねる方がもっと適切だ。神聖なるものに達しなければ、この生において自分は何を達成しているのか。これを問いなさい。そうすれば、適切な場所から探求を始めることになる。

〝神聖なるもの〟の意味はこれだけだ。あなたの生の真実が明らかになるということ、あなたの中に持ち運んでいる宿命が明かされるということ、あなたの内なる蓮が花開くということだ。そのような蓮が花開くとき、それは究極の祝祭だ。神聖なるもの、その唯一の意味は、あなたの中のこの究極の祝祭が悟られることだ。だからこそ、わたしたちは蓮の上に仏陀やヴィシュヌを描く。だからこそ瞑想者は、人間のエネルギーの究極の源泉をサハスラーラ——千弁の蓮花と名づけた。あなたの意識が十全に花開

くとき、それはあたかも千の花弁が開くようだ。唯一その日にのみ、取り逃がしていたものを知る。唯一その日にのみ、生と呼んでいたものがまったく生ではなかったことがわかる。

シュリ・オーロビンドは言った。光明を得たときにのみ、自分が生と呼んできたものが死よりも悪いものであったこと、光りに見えていたものは広大な闇であったこと、自分が飲んできたもの――不死の果汁《ネクター》だと思い込んでいたものは――実際は毒だったことが真にわかる。

チベットの話だ。仏教の僧侶が道に迷っていた。夜は更けて空には星がちらほらとまたたき初め、辺りは薄暗くなってきた。彼は丸一日何も飲んでいなかったので、喉がからからに渇いていた。辺りを見まわしても、かすかな明かりも見えなかった。喉は渇き、空腹だった……とうとう疲労困憊し、僧は膝まづいて仏陀を思い起こした。彼は瞑想した。「おお、仏陀よ、どうかお助けください。さもないと、わたしは死んでしまいます。水がすぐに必要です。喉がからからです」

そうして彼が地に倒れ伏すと、目の前に黄金の茶碗が置いてある。そして、それには水がいっぱい入っている。彼はそれを拾い上げ、ごくごくと体に流し込んだ。そうして茶碗を置くと、仏陀の恩寵を賜った幸福感に包まれて眠りに落ちた。

次の朝、僧は目を覚まし、ふと目の前を見てひどく衝撃《ショック》を受けた。彼の目の前には茶碗はなく、人間の頭蓋骨が転がっていた。その頭蓋骨の様子がまた尋常でなかった。それにはまだ血や肉が少し付いている。察するに、それはつい最近、野生の獣に殺されて死んだ者に違いなかった。肉は腐り、蛆がわいていた。そしてその中にはまだわずかばかり水が残っていた。昨晩、彼はその水を飲んだのだ。

あまりの疲労と喉の渇き、さらに加えて、その晩がとても暗かったせいもあって、彼にはその頭蓋骨が黄金の茶碗に見えた。日の光のもとでは、そこには黄金の茶碗はなく、人間の頭蓋骨があるだけだった。腐って朽ち果てつつある頭蓋骨が。僧侶は狼狽し、ぞっとして吐いた。一晩中、吐くこともなく心地よく眠ったというのに、今になって彼は吐いてしまった。そして、その話によると、彼は吐いていて光明を得たという。彼は悟りの状態に入った。一切を悟り、全宇宙の秘密を理解した。

あなたは無意識として在るにすぎない。黄金の茶碗だと思っているものは、人間の頭蓋骨と同じくらい汚れている。この瞬間、愛と思い込んでいるものは、まだ泥まみれだ。あなたが生として理解しているものは、まったく生ではない。あなたの目が開くその日――神聖なるものの意味、それはあなたの目を開くことにほかならない――あなたの目が開くその日、今まで生きてきた生は、死よりも悪いものだったと知って驚くだろう。

だが、これは後になって起こる。今現在はどうしたものだろう。どうやって今、これがあなたに理解できるだろう。だからしばらくの間、これをすべて後にしなさい。今のところは、あなたの生に実際にあるものについて考えることだ。自分の生に何もないことがわかれば、そのとき探求は必然となる。あなたの手の内にある、この時間を使いなさい。

これだけは言っておこう。探し求める者ならば、誰であれ探し当てる。それは確実だ。探し求める者ならば、誰であれ達成する。扉はそれを叩く者に開く。探求者はけっして素手では戻って来ない。勇気をもって探求しなさい。今のところ、あなたの生には何もない。だからといって、こんなめちゃめちゃな質問はしないことだ。「神聖なるものに達しないと何を損なうのか」とは。それを達成しても意味はないだろう、だから今まで通りにしていてもいいじゃないかと、ただ自分を慰めるためだけにこんな質問をしてはならない。

人々は、わたしのもとへ来てこのような質問をする。「瞑想して何が得られるのでしょう」。わたしは彼らに聞き返す。「今まで、あなたは怒ってきた。だが、『怒って何になるだろう』と問いかけたことがあるだろうか」。そんなことを問いかけたことは一度もないはずだ。しかし、こうしたことは尋ねる。「瞑想の恩恵とは何ですか」。これまで、あなたは暴力的で、妬み、嫉《そね》み——しかし、そこから何が得られるかとは、問いかけたことがない。

彼らは言う。「はあ、疑問に思ったことはありません」。そこでわたしは、彼らにこう提案する。『これまでの人生で、怒っていいことがあったろうか』と、今現在の彼ら自身について自問するようにと。すると彼らは、そんなことをしてもいいことはなかったと答える。もし将来、怒ったらどうなるかとわたしは尋ねる。彼らは神経質になる。そうしたところで、いい結果にはならないからだ。そうなると……。

頭の中で何かを得るという考えだけで生きているなら、怒り、情欲や嫉妬をやめることだ——これらから、あなたが恩恵をこうむったことはない。怒り、情欲、嫉妬、貪欲、執着を断つなら、即座にあなたは瞑想の恩恵をこうむるだろう。

瞑想の恩恵を発見するのは、瞑想に入ったときだけだ。事前にどうやってわかるだろう。カビールは言った、グンガ・ケリ・サルカラ！ (*Gunge keri sarkara!*) ——口聞けぬ者の砂糖菓子（しょうがないの意）！　それを味わった者たち、彼らにさえもそれは説明できない。彼らに言えるのは、たったこれだけだ——あなたも味わってみるといい。

これこそ、わたしが言っていることだ。世界に恩恵はたったひとつしかない——そして、それが神聖なるものそれ自体だということを発見するのは、それを見つけた後でしかない。他の一切は無益だ。しかし、この悟りは、あなたがそれを味わって初めて生じる。今のところ、あなたがすべきことは、何度も自問することだけだ。「今現在、人生においてわたしは何を持っているのだろう？」。あなたの生を取り上げて、すべてを考察することだ。すべてを開いて、そこに何があるか見てみるといい。そこには何もない、そこには死んだ沈黙がある、完全に虚ろな沈黙が！　この空虚さゆえに、あなたは野心的になり、富や、高い地位——何でもかんでもそれで満たしたいと思う。空虚なので手当たり次第に、それで自分自身を満たしたいのだ。

この内側の空虚さがあなたを蝕《むしば》む。思いのままにそれを満たそうとしても、それは不可能だ——なぜなら、外側の富は内側に持って行けないからだ。あなたの身分、あなたの地位を内側に持って行くことはできない。家がどんなに大きかろうと、店がどんなに大きかろうと、内側には持って行けない。あなたの内側に入れる者は、神聖なるものだけだ。それはすでにそこにいるからだ。そして一度あなたがそれを見始めれば、自分自身の内側に進むための〝引き〟を感じ始める。

内側で満たされることは、神聖なるものに達することだ。そしてあなたが完全に、全一に内側で満たされるとき、そのときそこには満足、本望、堪能、真実、意識と至福がある。

今日はもう充分かね？

第五章

時を超えて

Going Beyond Time

この世界に永遠にとどまる者はいない
おお、ダヤ姫
この世界の人生はひとつの宿に一泊限り

一瞬にしてそれはなくなる
雫の真珠のように
おお、ダヤ
おまえのハートに神聖なるものを携えよ

おまえの父と母はこの世を去った
今、おまえも去る用意をしている
それは今日かもしれない、明日かもしれない
抜け目なくあれ、おお、ダヤ

時は大食らい、けっして満腹にならない
王たち、王女たちや皇帝たち
みんなを平らげる

漂う雲を吹き抜けて
風が雲の形を幾通りにも変えていくように
人生は死の手にあって
人は安らぎを知らない

〝宗教は人々にとって阿片だ〟というカール・マルクスの有名な言葉がある。彼は宗教については何も知らなかった。なぜなら、宗教を除いた他の一切が、中毒性を持つ阿片だからだ。富への奔走、地位への奔走——これらはみな麻薬だ。それらの陶酔から目覚めるための唯一の手段が宗教だ。

わたしたちは夢の中に生きている。それゆえ真実と通じ合わない。真実を知らないかぎり、わたしたちは幸福になれない。幸福とは、わたしたちが真実を知り始めることによって生じる芳香だ。夢の中に生きるなら、苦悩を創造するばかりだ。なぜなら、実在しないものからは幸福は生まれないからだ。存在しないこれらの夢は、繰り返し辛苦の種となる。数多《あまた》の手段を講じ、幸せになろうと試みることはできる。だが、それは起こらない。ないものはない。在るものだけがある。

〝宗教〟とは、在るものの探求だ。〝非宗教〟とは、ないものへの欲望だ。

存在しないもの、存在し得ない数多くの物事を、人間は求めてやまない。しかし、何とか自分の夢を叶えたところで、あなたの内側は依然として空虚だ。食事をした夢を見て、満腹になった人がいるだろうか。どうして夢に渇きが癒せるだろう。自分の夢で自分を欺き、自ら巻き込まれ、夢の中で暮らすようにすれば、夢はあなたを忙しくさせ続ける——しかし、達成することも、岸にたどり着くこともない。

夢に岸はない。真実には岸がある。問題は、夢の中で駆けまわっていると真実から遠ざかってしまうということだ。夢は真実の対極だ。だから、夢の中で駆けまわっているとすれば、刻一刻と自分自身を真実から阻んでいることになる。これらの夢はけっして成就されない。そして成就されたはずのものが阻まれている。自らの要求のために、自分がなれたものになれずにいる。

深い処《レベル》ではすでにあなたであるもの、あなたがなれるのはそういったものでしかない。種は花になる。

だが、それはその種に内在する花だ。今のところ、それは隠されていて、ある日現れる。

神聖なるものは、すでに人間の内に潜んでいる。たまに、その潜んでいるものが姿を現す――帰依者の中に、光明を得た神秘家の中に出現する。あらゆる人間存在は神性の種だ。だが、わたしたちのエネルギーは、その他の無数の方向に流れてしまう。それゆえ種はエネルギーをまったく受け取ることができず、培われない。

気づいたことがあるだろうか。市場へ向かうのと寺院へ向かうのとでは、あなたの意気込みが違うことに。あなたは、お金を数えるときと同じほど心を傾けて数珠を繰らない。あなたは地位を欲するときと同じほどの熱意を込めて、神聖なるときと同じほど神聖なるものを求めたことがない。神聖なるものの扉に向かってさえ、世間的な願い事をする――あなたの愚かしさには限界がない。神聖なるものの扉にすら、世間的な要求のためだけに向かう。寺院に向かうのは、実のところ世界における必要のあるときだけだ。富、名声、威信、地位といった必要が。神聖なるものにすら、相も変わらず持ったことのない、常日頃欲望しているものを乞い求める。自分の夢のためにすら、神聖なるものの助けを探し求める。

自分が求めるものは一切無益であり、ただの屑にすぎない、たとえそれを得たところで何にもならないということ、これが完全に明白になって初めて、あなたの目は神聖なるものに向かう。そもそも、あなたがそれを得ることはない。得たとしても、あなたはまだ何も得ていない。地球全体を手に入れて世界の統治者になっても、実際に何を得るだろう。依然として内側は、現在のあなたとまったく変わらない――惨めで不安で、動揺し、苦悩し、困っている。おそらく、少々問題が増えるだけだ――世界の問題を一手に引き受けることになるのだから。そうなると厄介事が尽きない。

宗教は陶酔ではない。阿片ではない。宗教以外の一切が中毒性を持つ阿片だ。宗教、宗教的であること、それこそが、これらの中毒症状から人を救う唯一の手段だ。宗教性こそが唯一の解毒だ。

だから初めに注目すべき点はこれだ。何が夢で何が真実か。試金石はどこにあるのか。どうやって見ているものを夢と知るか。どうやって求めているものが、自らの夢の一部にほかならないと認識するか。

これについて一番に言えることは、どんな場合にせよ真実は求める必要がないということだ。求めることができるのは、何にせよ夢だ。求める必要があるのは非真実のみだ。真実はただ在る。それに向けて、ただ目を開いているだけで充分だ。求める必要はない。


西洋の偉大な芸術家、パブロ・ピカソは、あることを繰り返し言った。人々は彼を、自己中心的だ、得意になっていると思った。わたしはそうは思わない。彼の話す態度は傲慢だったかもしれない。だが、彼の言葉はとても真実に適っていた。それはまったく不可解で矛盾していた。ときおり、芸術家、彫刻家、音楽家や詩人は、宗教の本質に、非常に肉薄する逆説的な言葉を口にする。それは非常に肉薄している――というのも、詩人、彫刻家や芸術家は、ときおり真実の一瞥を得るからだ。知能との連結が外れるとき、彼らはハートの中に深く入り込む。すると、何らかの扉、何らかの窓が開く。

光明を得た神秘家によって無限に達成されるものを、詩人はごくまれに小さな断片として得る。神秘家によって永遠に達成されるものを、詩人はたまの一瞥、ひとつの波として得る。

パブロ・ピカソはよくこう言っていた。「わたしは探すのではなく、見いだす」――わたしは探求しない、それを見る！　人々はこれを、非常に自己中心的な声明として受けとめた。「わたしは探すのではなく、見いだす」。しかし、それは魅力的な声明だ。そしてとても意義深い。真実は探し求める必要はない――それは見いださねばならない。

探求し始めるなら、忽《たちま》ちにしてあなたはそれを失う……という有名な老子の言葉がある。まさに〝探求〟というその言葉の意味こそ、自分が持っていないものを探すということだ。在るもの、それはあなたを全面的に取り巻いている。内側にも外側にも――いたるところ。それは内側の探求者でもある。探し求めるものは内側にあって、それがあなたの目を通して見ている。それを目にするのは、自分の外側ばかりではない。それはあなたの全身の毛穴に浸透する。全呼吸に浸透する。すでに自分が持っているものを、なぜ探し求めるのだろう。必要なのは、ただそれを見ることだけだ。

わたしは同じことをあなたに言おう。探し求める必要はない。必要なのは、神聖なるものを当然の権利として主張すること、それだけだ。探求するその瞬間、あなたは逸する。探求するということは、単にヒンドゥー教の神、イスラム教の神、キリスト教の神を探し求めているということだ。探求するということは、概念としての人の神を探しているということだ。神を見いだしたければ、神についての概念の一切を投げだしなさい。解放しなさい――探求さえも。座りなさい、空っぽになって。探求のない意識において、神聖なるものが明かされる。探求から解放された意識には、どんな波も立たないからだ。何の欲望もなければ、どうやって波が立つだろう。達成すべきものがないとき、行くべきところがないとき、どうすれば緊張、落ち着きのなさがあるだろう。この究極の静穏の状態において、神性は全面からあなたを取り巻く。それはすでにあなたを取り巻いていた。そして、この静穏の状態に在ることで、あなたがそれに気づくようになったのだ。

しかしわたしたちは、神聖なるものを探求するどころか、つまらぬ頼み事をしに行くぐらいのものだ。祈っているときに頼み事をするなら、あなたは罪を犯している。祈りながら要求するくらいなら、祈らない方がまだいい。なぜなら、それこそ、これを証明しているからだ――あなたがまだ神聖なるものについて何もわかっていないということ、自分のつまらぬ欲望のために神聖なるものを利用したいということを。裁判に勝たなくてはならない、仕事がうまくいかない、店が倒産しそうだ、妻がいない……そんな頼み事をするために、神聖なるもののところへ行ってはいけない。
昨日、諷刺的な短い詩を読んだ。

ヒッピー風の帰依者、それはそれは熱心に神に祈っていた
神像の御前に陣取ってねばり
主の思し召しがあるまで、しつこく一本足で立っている
この熱心な帰依に仕方なく、神は義務をまっとうせんとお出ましになった
神は言われた。「これ、帰依者」
「余は嬉しい、余はここだ、おまえの前に立っている。
さあ、目を覚ませ。ひとつ、願い（var）を叶えてやろう。
なんなりと望みを申すがよい」
帰依者は答えた。
「おお神よ、どうか期待を裏切られることのなきように
わがベルボトムのGパンと長髪にかけて
わたしは花婿（var）
それゆえどうか花嫁を見つけたまえ」　（＊varはヒンディー語で望み、花婿の二つ意味がある）

だが、いつ何を願うにしろ、ただ滑稽でおかしいだけだ。神聖なるものに何かを要求することは、知性が欠けていることを示しているにすぎない。何を願ったとしても。

ヴィヴェーカナンダは、ラーマクリシュナと一緒に暮らしていた。ヴィヴェーカナンダの父親が亡くなった際、残された家族は相当ゆゆしい状態にあった。父親がひどい借金を残し、家族には返済するすべもなかった。家には一日二食分のパンを作る粉もなかった。ヴィヴェーカナンダは飢えと悲しみに苦悩した。その様子を見て、ラーマクリシュナは言った。「馬鹿者め、悩む必要などない。なぜ母なる神にお願いしないのだ。寺院に隠《こも》って、必要なものをお願いするといい。お願いすれば何でも手に入る」

ラーマクリシュナの勧めるままに、ヴィヴェーカナンダは寺院に入った。とはいえ、非常なためらいがあった。だが、ラーマクリシュナに勧められたからには、従わないわけにはいかなかった。

一時間ほどして、ヴィヴェーカナンダが恍惚として戻ってきた。ラーマクリシュナは尋ねた。

「どうだ、欲しいものはお願いしたか。」

ヴィヴェーカナンダは答えた。「お願いするようなことが、何かありましたでしょうか」

ラーマクリシュナは言った。「馬鹿者、おまえがとても悩んでいるから寺院へ行くようにと言ったのだ。必要なものをお願いしなさい」

ヴィヴェーカナンダは言った。「おお、パラマハンサ（サニヤシンの最高序列の人）、忘れていました！」

「もう一度行きなさい」。ラーマクリシュナは言った。

ヴィヴェーカナンダは答えた。「わたしはまた忘れてしまいます」

ラーマクリシュナは言った。「おまえの記憶力はそんなに悪くないはずだ。なぜ忘れてしまうのだね」

ヴィヴェーカナンダは弁明した。「どうせまた忘れてしまいます。そこへ行くと忽《たちま》ち、目から涙が溢れてきます。中に入るなり、瞑想が深まり始めます。わたしは感化されるのです。その法悦の中で、空腹でも貧乏でもない、貧困に打ち拉《ひし》がれてなどいません。わたしは皇帝でした。神聖なるものがわたしに降臨され始めたのです。頼み事をするのは、あまりにつまらぬことに思われました。お金を要求するなど、とんでもない！　神聖なるものが降り注がれていながら、金銭についてどうやって頼めましょう。わたしには無理です」

ラーマクリシュナは、この話を聞き入れなかった。そうしてヴィヴェーカナンダは再び寺院へと戻って行った。しかし、今度も彼は、何もせずに戻り、恍惚としていた。ラーマクリシュナは三度ヴィヴェーカナンダを送り込み、ヴィヴェーカナンダはその度、お金を要求せずに戻ってきた。彼は祈り、溺れ、歓喜に圧倒された。しかし、乞いはしなかった。その瞬間《とき》、ラーマクリシュナはヴィヴェーカナンダを抱擁してこう言った。「今日、おまえが頼み事をしていれば、わたしとの繋《つな》がりは永遠に断たれていた。試練は終わった——おまえは試練を受け、真正で、真実であることが立証された。乞えばおまえの祈りは台無しになる」


……だが、あなたは常に施しを乞う。頼み事をせずに祈ったことはない。頼み事がなければ、あなたは祈らない。それは、こういった考えからだ。「何の必要がある。万事順調だ」。だからこそ、幸福なときは神聖なるものを思い起こさない。惨めなときにだけ思い起こされる。しかし、わたしは言いたい。真に神が思い起こされるのは、幸福の中で思い起こされるときだけだと。惨めなときに思い起こされるのは真の神ではない。なぜなら、惨めなとき、あなたは自分の苦痛を取り除くために願い始めるからだ。幸福なときは何も乞い求めない、与えるものがある。

祈りに自分自身を注ぎなさい、何も求めてはならない。与えなさい、求めてはならない。祈りの究極の瞬間において、帰依者は神聖なるものの御足に自分自身を手放す。自分自身を与え自分自身を捧げる。

探求し始めれば、忽《たちま》ちにしてあなたは失う。すべてはただ、持たれるべくここにある。だが、持つためには、乞食のものではないマインドが必要だ。

あなたの祈りと礼拝、敬意と尊厳――それらはすべて無意味になってしまう。あなたの乞食マインドもついて来るからだ。祈る際に施しを乞うことは、蒔いたばかりの種を毒に浸すことだ。それがすべてをめちゃくちゃにしてしまう。ある事を望んでも別の事が起きてしまう。何も求めない方がまだいい——少なくとも、その方が種は無事だ。礼拝はしないことだ——少なくとも、その方が種は毒されない。感謝に満ちて祈れる日に向けて、神聖なるものの慈悲が無限だとわかる日に向けて、あなたの祈りを取っておきなさい。「あなたは多くを与えてくださった。求めずとも、すべてをお与えになった。まったく何の理由もなく、わたしの不相応にも関わらず。この身の不相応にも関わらず降り注いでくださった。あなたはわたしに生を与え、愛を与えてくださった。至福を体験する能力を、美を見る繊細さを与えてくださった。この一切をわたしに与えてくださった！」。祈りに向かうとき、このすべてに感謝を捧げるために向かいなさい。

あなたの祈りが神への謝恩となる日、神聖なるものがあなたの祈りに降臨し始めたことがわかる。その祈りが何かを求めるものである限り、あなたは世間に立っている。寺院にいても、モスクにいても、グルドゥワラにいても違いはない——あなたが立っているのは市場だ。

この市場は、あなたの外側にあるのではない。外側にそれがあると思ってはならない。それもまた大きな誤信を生む。この市場は、あなたの中にある。この犇《ひし》めく思考の雑踏はあなたの中にある。この夢の謝肉祭《カーニバル》はあなたの中にある。これはあなただ——それぞれの方向に向かおうとする、非常にたくさんの夢の馬に股がっているのはあなただ。それはあなたの中にある。外側の市場は内側の市場の影にすぎない。本物の市場は、あなたの中にある。

外側の市場に疲れた者が、森に逃げ込んだり、サニヤシンになることはときどきある。またもやあなたは取り逃がした……またもや取り逃がしている。外側の市場は、内側の市場の単なる投影だ。本物の市場は内側にある。この内側の市場を落としなさい！　そのとき、外側の市場さえ寺院にほかならないと知る。自分の店に座っているときも、あなたは寺院にいるのだ。

〝宗教は人々の阿片だ〟とマルクスは言った。それは彼の見た人々が、すべて偽りの宗教的な人々だったからだ。実際、彼に落ち度はない。なぜなら千人中、九百九十九人は偽りの宗教的な人々、乞食だからだ――彼らは乞食のように媚びへつらう。神聖なるものへの感謝の念は、頭をよぎることもない。彼は不平につぐ不平で満タンになっている。そうして寺院へ参拝し、さあ、まもなく何かが得られるという希望のもとに家に戻る。マルクスが見たのは、こういった人々にちがいない。何かを受け取るという、この希望こそ阿片だ――今日は叶っていない、だが明日は叶うという感覚の阿片だ。これぞ阿片の本質だ。そのエキス、その凝縮物――それを固めれば阿片の錠剤になる。

阿片の意味とはこうだ。今日は苦しくとも明日は幸せになる――明日は確実に幸福になるという希望だ。今生は苦しくとも来生は幸福になる。この肉体には苦痛がある。だが、この肉体から魂が解放され、自由になれば幸せになる。地上には苦しみがある。しかし、天国には幸せがあるという希望だ。

阿片とは希望のことだ。阿片とは明日の保証が約束されること、明日に希望があれば、今日は苦しくてもいいということだ。「もう一日、今日をつましくやり過ごそう。疲れているが、もう少し先に進もう。明日になったらすべてうまく行く」

しかし、昨日も一昨日も変わりはなかった――そしてこれからも順調に行くことはない。明日が来ても、依然として何も好転していない。明日、あなたは明後日のことを思う。いよいようまくいきそうだ、まもなくだと。青年期にはすべてが順調になっているだろうと信じて子供時代を過ごし、老後はすべて順調になっているだろうと信じながら、青年期を過ごす。死後にはすべて順調になっているだろうと信じながら、老年期を過ごす。だが、これまで順調だったことは一度もない。

すべてが順調になるなら、今そうあるべきだ――明日、それは起こらない。〝明日〟とは阿片だ。避ける者、延期する者は阿片中毒症のようだ。中毒とは、どんな症状だろう。彼は避けようとする。妻が病気で、寝たきりだ。彼にはそれが堪え難く、阿片を吸って、妻と他の一切を忘れる。さあ、もう大丈夫！　酔いが醒めると、再び自分の情況を思い出す。ところが、それを見る瞬間が到来すると、もうひとつ錠剤を飲む。商売が赤字を出し、破産してしまった。おそらく彼は酒を飲んで酔っぱらう。酔えば、せめて一晩は煩《わずら》わされずに済む。翌朝、その日の心配をする。今のうちは大丈夫、明日の心配もひと休みと。一切が延期される。苦悩はあるが、明日に延期される。阿片やアルコールは自分の問題を忘れさせ、それを大目に見る口実を提供する。

愚かな者ほど、露骨な形の陶酔に耽《ふけ》る。俗にいう賢い者ほど、微妙な形の陶酔に走る。強烈に苦悩すると、あなたは寺院に行って神に祈願する。そうして、さあ神に訴えたからもう大丈夫という希望に溢れて帰る。まるで、神が何も知らず、あなたから告げられる必要があるようだ。自分から申告しないかぎり、神の耳には入らないようだ。あたかも神聖な方がそこに鎮座して、あなたの話に耳を傾けているようだ！　しかし、あなたは壁に向かって話しているだけだ。

だから、マルクスの言葉はある意味で正しい！　九百九十九人にとって、宗教は陶酔のひとつだ。だが、その九百九十九人は宗教について何もわかっていない。だからこそカール・マルクスは間違っていた、そして間違っているとわたしは言う。宗教性を知る人は、千人のうちひとりだ――仏陀、ミーラ、ダヤ、サハジョ、クリシュナ、キリスト。千人中の、このひとりだけが知る。そのような人だけが取り上げられるべきだ――宗教が彼にとってどのようなものなのか。彼の場合の宗教性は神への謝恩だ。

もしも物事を取り違えてしまったら――それらが半分間違っていて、半分正しければとても厄介なことになる。あなたの祈りは地下に葬り去られ、頼み事がその上にどっかりと胡座《あぐら》をかく。幾度も施しを乞うたために、祈りは頼み事をするということになった、というのが本当のところだ。祈りという言葉が、頼み事をするという意味になってしまった。祈りという言葉さえ取り違えられるほど、あなたは幾度も乞い求めた。

あなたの生を、正しく整理し直す必要がある。物事をあるべきところに据えなさい。取り違えてはいけない――さもないと、大変なことになってしまう。

諷刺的な歌を読んだことがある。

町外れの川っぷち
カリユガ行者は禁欲の焚き火を焚き
今どきの運命の神さまの魔除けをこしらえる
つい二、三日前、少年が泣いて言うことには
「おいらはこの三年、頭がおかしくなって大学の試験にも落ちっぱなし
お守りをちょうだい、そしたら今年は合格だ」
修行僧が答えたことには
「頭がよくなるよう、牛乳を飲むがよい
もうちっと自分に見合う暮らしをすることじゃ」
少年は答えた
「牛乳！　ああ、牛乳なら簡単だ、おいらの家には牛がいるもの

でも、こいつもお乳が三年出ない」
修行僧が答えたことには
「親愛なるわが友よ！　この二つのお守りを持って行くがよい
ひとつはおまえの首につけ、ひとつは牛の首につけるのじゃ」
少年は戻った
しかし、なんたる偶然
どういうわけか首飾りはすり変わり
牛は少年の首飾りをつけ
少年は牛の首飾りをつけた
この過ちで少年は身を持ち崩し
牛は大学の試験に受かった
まさにこの日、少年はべそかきながら
モラダバードの菓子屋で牛乳桶を運ぶ

物事をあるべきところに落ちつけなさい。さもないと、その魔除けから生じたような過ちによって、ひどい困難と厄介事が生じる。招いてもいないのに、あなたの店はあなたの寺院に居座ってしまった。物乞いが、あなたの瞑想の一部になっている。あなたの祈りは腐敗し、汚れている。あなたの祈りを浄化しなさい。神聖なるものについて案じることはない、まずはあなたの祈りを清めなさい。神聖なるものの存在を尋ねることもない。ただ、あなたの祈りを清めなさい。

祈りが純粋になる日、あなたは目を得る。そして神聖なるものの存在を知る日——神聖なるものが存在すると知るだけではない、神聖なるものだけが存在し、その他に何も存在しないと知る。その日、あらゆる方面から、神聖なるもののメッセージがあなたに届く。生において、あなたは神聖なるものを見いだし、死においてすらその現存を見るばかりとなる。それはあなたの幸福に、あなたの苦しみに、あなたの敗北に、あなたの勝利に現存する。花々に、そしてその棘に現存する。その日、自分の回りのいたるところに神性を見始め、初めてあなたに生が起こり始める。その日、あなたは生まれる。

肉体の誕生を、真の誕生だと思ってはいけない。母親の子宮からの誕生は、第一段階の条件を満たすだけだ。これより後にまだ、あなたの真の誕生が起こらねばならない。あなたが真に生まれる日……インドではそのような人をドゥイジャ（*dwija*）、二度生まれた者と呼ぶ。彼は真のバラモンだ。彼は再誕生し、二度目に生まれ、自分自身に新しい生、新しい意味、新しい現れを授けた。彼の生は祈りに彩られる。まったく何の理由もなく、ただ至福から、ただ全一な喜びから、彼は神聖なるものを思い起こした。彼は神聖なるものを呼びつけて、このように言ったりしない。「ちょっと用事があります。どうぞおいで下さい」。自らのハートが喜びに震えるからこそ、彼は神聖なるものを呼び起こす。彼は呼ぶことに至福を見いだす。彼は祈る、そしてその祈りによって途方もない喜びがもたらされる。祈りそのものが報酬であるとき、それこそが真の祈りだ。報酬が後で来るなら、その祈りは偽物だ。

本日のダヤのスートラは甘い。どこをとっても理解する価値がある。

この世界に永遠にとどまる者はいない
おお、ダヤ姫
この世界での人生は、ひとつの宿に一泊限りこの世界はひとつの夢だ。この世界での人生は、ひとつの宿に一泊限り——それはある宿に一泊し、翌朝になって再び出発するようなものだ。その宿を自分の家だと思ってはいけない。自分をひとつの柱に縛りつけてはならない。執着してはならない、執着に束縛されてはならない。朝、宿を発つときになって、後ろを振り返ったままずっと泣き叫んで、嘆いているべきではない。

宿はあなたの家ではない。まだ、あなたは自分の家を探さねばならない。宿を自分の家だと思い込む者に、どうやって真の家が探せるだろう。彼は物事の真相をはき違えている。彼は石ころとダイヤモンドをとり違えている。真鍮を黄金ととり違え、彼の黄金への探求は進んでいない。夢と真実をはき違え、彼の真実への探求は止まっている。

無数の人々がこの世界に生きているが、彼らに真実への切望はない。その理由は何だろう。どうしてこうなってしまったのだろう。どうしてこんなありそうもない事態になっているのだろう。非常に多くの人々がいる。そして真実への欲望は一切ない！　真実への切望もなく、真実に根ざすこともなく、真実へ目を向けることもなく、彼らはどうやって生きるのか。そのような生き方の理由を理解することだ。彼らがこうして生きているその理由は、真実として非真実を受け容れていることにある。そうであれば真実を探求する理由はどこにもない。がらくたをダイヤモンドや宝石として受け入れ、金庫に大事にしまっているとき、どうして本物のダイヤモンドの鉱山に出かけようと思うだろう。どうしてそんな仕事をするだろう、どうして気にかけるだろう。だからこの渇望に目覚めるために、これを知る必要がある。

この世界に永遠にとどまる者はいない
おお、ダヤ姫
この世界での人生は、ひとつの宿に一泊限りひとつ覚えておきなさい。それを日々の試金石として活用しなさい。これは続いているだろうか？それは続いて行くだろうか？　宝石商の店先に金を確認する試金石という石がある。金を売買する際、宝石商はこの試金石で金を確かめる。この理解をあなたの試金石としなさい。何をしようともそれは持続するだろうか？　それはとどまるだろうか？　それは続いていくだろうか？　水の上に詩を書けば、泣くのは必至だ。書き終わる前にそれは消えてなくなる。もしくは砂に詩を書いてみる……もう少し長く、せめて書き終わるまでは残っているかもしれない。だが、風が吹けばすべてかき消されてしまう。

イエスは弟子たちに、住処は岩の上に建てよと言った。イエスは最愛の弟子をペテロと呼んだ。〝ペテロ〟とは、岩という意味だ。ペテロは己の寺院の岩となる、彼の寺院はペテロの上に建つとイエスは言った。その名前は適っていた。それは意味ある名前だった。

砂の上に書いてはならない、水の上に書いてはならない。岩の上にあなたの生の足跡を記しなさい。岩は永遠を現す。それは続く、それは残る。あなたの行なっていることが束の間のものなら、それについてあまり心配しすぎてはいけない。それをやり終えるならいい、しかし、そうでなくてもいい。何も変わらない。起こったことはまだ起こっていない状態に、そしてあなたが行なったことはまだ行なわれていない状態になる——それもごく短時間で。だが、わたしたちは束の間のものにひどく熱狂している！　水の上に線を描いて、それが残り続けるのを待っている。誰の線も残ったことはない。しかし、わたしたちはそれが自分の実力だと思う。

自分の人生で、あなたは何をしているだろう。地位を探し求めているのだろうか。これまで地位が存続した人がいるだろうか。今日、地位についていても、明日はそれを失う。地位についている間、人々はあなたを称賛する。しかし、それが失われれば忽《たちま》ち忘れ去られる。あなたが誰だったかも、何があったかも思い出すことはない。挨拶していた者たちが、会ったこともないような顔をして通り過ぎる。しかし、あなたはそのような地位に熱狂し、そのために全人生を捧げている。それには実体がない、それは水の泡のようなものだ。

真に成熟する人々はごくわずかしかいない。

幼い子供たちが石鹸水でシャボン玉を作るのを見たことがあるだろう。彼らは実に楽しげで、とても興奮している。しかし、年を取った人々も同じことをしている。彼らの石鹸水は幾分微妙だ。それでも、やはり彼らもシャボン玉を吹いている。死ぬその日まで、彼らの唯一の関心はどうやって後生に名を残すかにある。

自分自身が生き残れないというのに、名声に何の意味があるだろう。あなたが生き残れないのに、どうやって名前が生き残るだろう。この世にどれほどの人間が生まれてきたか知っているだろうか。科学者たちによれば、あなたが今座っているところには、少なくとも十体の死骸が埋まっている。世界中が墓場だ。墓場を怖がる必要はない。あなたがいるところは、残らず墓場だ。いたるところに人が埋もれている。数百万年にわたって人間は地上に存在してきた。今日、人が暮らす場所はかつて火葬場だった。今日の火葬場にはかつて人が暮らしていた。人が埋もれていない土地はない。今日の廃虚はかつて大都市だった。

わたしはインドールに近いマンドゥーで瞑想キャンプを行なったことがある。そのとき家を建築中のわたしの友人が、わたしとともに滞在していた。彼は、自分の家の建築計画をわたしに伝えるためだけに来ていた。彼の興味は瞑想キャンプにはなかった。彼は考えたのだ――ただわたしが滞在することになっていたので、そこでわたしが容易につかまえられ、じっくり計画について語り合えると。

彼は豪邸を建てようとしていた。そして、わたしの祝福を受けたいと願っていた。わたしは彼にこう言った。「それについて、わたしとしては問題はない。祝福を与えても、わたしが損をするわけではない。だからこそ、俗にいう聖者たちは祝福を授けている ── 哀れなことに他に与えるものもないし、祝福しても損をするわけではない。お望みとあれば、わたしの祝福を書面にし、それに署名してもいい──何の問題もない。しかしとりあえずこの辺りを散策し、目についたものを覗いてみることをお勧めするよ」

彼は尋ねた。「ここで何か見るようなものがあるのかい」

「表に出て見てみるといい」、わたしは言った。

かつて、マンドゥーは大都市だった。九十万人もの人々が住んでいたという。だが、現在はたった九百人しか住んでいない。とはいえ、九十万人もの人々が住んでいた……。「マンドゥーがどれほど広大か知っているか？　ここには巨大な廃虚がある！　一万人がともに祈ることができたモスクの廃虚がある。一度に一万頭の駱駝を収容できた隊商宿の廃虚がある」

それは大都市だった。アジアを出入りする隊商《キャラバン》はみなマンドゥーを通過した。今日、それはマンドゥーとして知られているが、その頃その名はマンダヴァガーラといってマンダヴァの要塞都市だった。マンダヴァガーラがマンドゥーになった。ちょうど栄誉あるチャンドゥラール（ラールは敬称）が破産するとただのチャンドゥーになるようなもので、マンダヴァガーラはマンドゥーとなる。今はそれをマンダヴァガーラと呼ぶにはふさわしくないように思われる。城はどこにあるだろう。今、要塞はどこにあるだろう。マンダヴァと呼ぶのも的外れだ。

わたしは言った。「バス停の記念銘板を見てみるといい。ここの人口が九百人と書かれている。九百人と少々だ！　かつて、九十万人がここに暮らしていた。しかし、今はたった九百人しかいない。かつての大宮殿は、今日廃虚として佇《たたず》む。かつて町は何マイルにもわたって広がっていた。表に行って見てみるといい、わたしの祝福を受けるのはその後でいいだろう。戻って来たら祝福してあげよう」

彼は表に出ていった。そして目に溢れんばかりの涙を浮かべて戻ってきた。「図面をくれ」。彼は言った。「わたしはそれを破りたい。それには実体がない」

わたしは言った。「その方が祝福に適っている。家を建てて住むのは結構だ。しかし、そういった幻想を創造してはならない。これらの壮大な宮殿を建てた者は、壮大な幻想となっては、城主も宮殿も残っていない。すべては廃虚と化した。今、ふくろうがこれらの廃虚に棲んでいる。わたしが、どんなにあなたを祝福したところで何でもない。いつの日か、ふくろうがあなたの宮殿に憩うだろう」

わたしたちは自らの生において、試金石を携えるべきだ。何をしていようと、それは続くだろうか？巨万の富を獲得してもそれは続くだろうか？　名声、地位、威信は残るだろうか？　わたしたちが必死になって保とうとしている肉体は残るだろうか？　明日、もしくは今日にもそれはなくなる。確実になくなる物事にあなたのハートを過剰に巻き込ませてはならない。宿に暮らすように、それらとともに暮らすことだ。人は朝起きて、振り返ることもなく去って行く。

世界中がお祭り騒ぎ、人の集まりの一切はただの見せ物
わたしは人混みの中でひとりきりになった

あなたは大群衆にとり囲まれているが、それでもひとりだ。実のところ、あなたはひとりであり、本当にひとりきりだ。これらの見せ物と、欲に溺れる世俗の大衆には何の価値もない。不滅の価値はない。

そして不滅の価値のないものには、まったく何の価値もない。

しかし、あなたは未来に向けて計画を立てる。未来ばかりではない、過去に対してさえ計画を立てる。もしもああしていたら、こうしていたら事態は変わっていただろうと。

人間の狂気について考えてみることだ。過去は去り、それに対してもはやなすすべはない。しかし、あなたはいったいどれほど自分を捕まえて過去を変えようとしてきただろう。すでに起こってしまった物事、もはや変えられない物事を……昔、あなたは誰かに罵られた。そしてその瞬間《とき》は、現在の自分に可能な対応でやり返せなかった。そこで今になって、自分自身に悪態をつく。

マーク・トゥエインは西洋の優れた作家だ。その彼が講義をひとつ終えて、家に帰る途中だった――彼は道すがら、迎えに来た妻に講義はどうだったかと訊かれた。マーク・トゥエインは言った。「どの講義だね。用意しておいたものか、実際に行なったものか、それとも今になって講義すればよかったと思っているものか。おまえはどの講義を言っているのか。講義はたくさんある。しかし、用意していたものは無駄になってしまった」

大衆を前にすると、用意していたものはことごとく無駄になる。どれほど意図しようと、あなたは違ったふうに話し始める。「わしはひとつ講義を終えてきたところだ。しかし今は、こちらの方が断然ましだったと思われる講義について考えている。おまえはどの講義について言っているのだ」。

あなたは何度も過去を変え、白紙にしようとしている自分を発見する。「これを言っておけばよかった、あれをやっておけばよかった！　またしくじった」。これがどれほど気ちがいじみているか、わかるだろうか。過去は去った。もはやそれについてはどうしようもない。起こったことは起こった、元通りにはならない。今、過去に戻る方法はない。時の鳥はあなたの手から飛び立った。その鳥はあなたの作物を食べた――もう、できることはない。

それでも人は考え続ける。過去についてさえも、そして未来についてさえも。それもまた狂気だ。というのも、起こってもいないことを考えて何を達成できるだろう。すでに去ってしまったことを考えて、何が達成できるだろう。在るものを生きなさい。与えられた瞬間を生きなさい。あたかもそれが……**この世界での人生は、ひとつの宿に一泊限り**であるかのように、その瞬間に生きなさい。

欲望が挫《くじ》かれると、ハートは思考にたよって暮らす
こうなってしまったのか、いったいどうなっていたものやら
ああなってしまったのか、いったいどうなっていたものやら

わたしたちはこのように考え続ける。「こうなってしまったのか、いったいどうなっていたものやら。ああなってしまったのか、いったいどうなっていたものやら」。あるいは、「もし、こんなことになったら……」と。ときどきあなたは、こんなおかしなことを考える……選挙戦に出馬の届け出もしないうちから、「もし選挙に勝ったら……」と考え続ける。宝くじを買う前から「当たるかどうか」。と考えている。それだけではない。ときにはもう当たったものとして、その後を心配している。「このお金をどうしたものか。家を買うべきか。車にすべきか。このお金をいったいどうしたものだろう」

このように思い耽る自分の姿を、あなたは幾度も見かける。しかし、そうあるべきではない――なぜなら、マインドの状態がこのようにあり続ければ、けっして目覚めることもなく、この虚偽の中、この阿片の中に埋もれたままでいるからだ。あなたはけっしてこの阿片を手放さず、けっして目覚めない。

仏陀曰く、自己想起、正念
カビール曰く、スラーティ（*surati*）、注意すること
同じくナナク曰く、スラーティ（*surati*）、注意すること

目を覚ますのだ！　いいかね。あなたは何をしているだろう。何を考えているだろう。少しでも気づきをもって考えるなら、考えていることの百のうち九十九は狂気であることがわかる。せめて、それらを切り捨てなさい。そのためにあなたの時間を無駄にしてはならない。あなたは煩わされるだけだ――絶対的意味において役に立たないもの、充分な意義を持たないものに。当座は、それは実用的だ。それを活用して宿から脱出するのだ。

目に見えぬものを見よ
自分自身を忘れてはいけない
真実を探し求めよ
眠ろうとして自分の夢をなだめてはならない

夢を呼び続けてはならない。夢を飾りたて続けてはならない。子守歌を歌い続けてはならない――自分の幼稚さから抜けだしなさい。胸におもちゃをしっかと抱いたまま、座り込んでいてはいけない――そのおもちゃを落とすのだ！　そのおもちゃの名前は世界だ。

雫の真珠のように
一瞬にしてそれはなくなる
おお、ダヤ
おまえのハートに神聖なるものを携えよ

雫の真珠のように……朝方それは目にされる――この真珠は何と輝き、生彩があり、虹のようなことか！　ときにそれは太陽の光をとらえて、あらゆるダイヤモンドの美にも優る。しかし、それは雫の真珠だ――今ここにあったかと思うと、もうない。太陽が昇るやいなや、この真珠は蒸発し始める。太陽が目覚め始めるやいなや、これらの真珠はすべて消える。雫は蒸発し、蒸気になってしまう。

雫の真珠のよう……世界はそのようなものだ。マハヴィーラもこう言っていた。世界は草葉の雫のようだと。風が少し吹いただけで草は震え、雫は地にすべり落ちて消える。人間の場合も同じだ――ほんの一時、ほんのわずかな一時、あなたは草の上に宿泊し、そして風が吹き、死が訪れ、すべり落ちて消える。あなたの前に、いったいどれほど多くの人々が消えていっただろう。忘れ去られたこれらの人々は、想起のための助言を何か示唆していないだろうか。

老子は常日頃、そばに頭蓋骨を置いていた。彼は偉大なる賢者だった。弟子たちはこのように訊いたものだった。「問題は何もありません。がしかし、師よ、いったいどうしてこの髑髏《どくろ》をおそばに置かれているのでしょう。それを見ると、わたしたちは厭《いと》わしさを感じ、哀しくなってしまいます」

老子はこう答えていた。「だからだ！　わしのしゃれこうべの中で、おかしなことやら偽りの物事が進行し始めるときは、常にこのしゃれこうべを見ることにしている。すると、自分もまたいつの日か、このようなしゃれこうべになると実感する。自分のしゃれこうべのおしゃべりに惑わされることはない。このしゃれこうべを見ただけで、忽《たちま》ち気づきが取り戻される。わしは片時もそれを放さない。それはわしの師だ――まもなく、わしもこうなる。まもなく、わしのしゃれこうべも、蹴飛ばされて地面に転がっている」

「あるとき、このしゃれこうべに救われたことがある。ある日、ここでそれを手にしていたとき、ある男がやって来た。彼はわしに腹を立てていた。そして、わしを靴で殴ろうとして、自分が履いていた靴を拾い上げた。わしの方でも、まさに堪忍袋の尾が切れんとしていたそのとき、たまたまそのしゃれこうべが目に止まった。すると、忽《たちま》ちにして気分が和《やわ》らいでしまった。自分もまた、明日は死ぬ身であることを思い出した。靴で頭を殴られたからといって、それが何だというのだ。だから、わしはその男に言ってやった。『兄弟よ、気が済むまでわしを殴れ』と」

「仰天して彼はこう尋ねた。『どういう意味だ』

わしは彼に言ってやった。『このしゃれこうべが思い出させてくれた。いつか、別の靴にこの頭が踏みつけられて行くことを。いったい、どれほどこれを避けていられるだろう。いずれ、わしのしゃれこうべも墓場に転がって、誰にでも蹴飛ばされるようになる。これは、泥にまみれて幾世紀も人々に踏んづけられて行く。確実だ。だから兄弟よ、心ゆくまでじっくり殴っていい！　このしゃれこうべが落っちるまえに、おまえの心が安らぐように。これでおまえの気が済むならありがたい。わしが何かを失うわけではない。それに、おまえの心は安らかになる』」

男は靴を放り投げ、老子の足元にひれ伏した。彼は言った。「何とすばらしいしゃれこうべをあなたはお持ちなのか！　おっしゃる通りだ――殴るものがあるだろうか、守るものがあるだろうか。わたしは腹を立ててここにやって来た。わたしの怒りに何の実体があるだろう。我々がこの世に存在するのはほんの一時だ。争ったり、他人に怒ったり、他人を怒らせて何になるだろう。状況は過ぎ行くのだ」

意識的に生きる者があれば、その人に生の泥はつかない。意識的に生を通過する者があれば、そのとき彼の清らかさは損なわれない。

雫の真珠のように……

この世界は、あなたが目を開けて見ている夢だ。夢の中に、あなたの物はない。あなたの夢は、あなた自身ではない。自分自身を探すためには、人は夢を超えて見なければならない。観照者――夢の背後に隠れている者を、人は見なくてはならない。観照者は、あなたの夢の雑踏に隠れている。自分が誰かということもあなたは思い出さない。あなたは自分自身を忘れている。

雫の真珠のように
一瞬にしてそれはなくなる
おお、ダヤ
おまえのハートに神聖なるものを携えよ

だからダヤは言う、それはすべて一瞬にして破壊されると。たとえその瞬間が七十年であったとしても、何の違いがあるだろう――一瞬にしてそれは破壊される。確実に言えるのは、それが破壊されるということだ。これを――まもなく破壊される物事をあなたのハートに持ち続けていれば、ハートを汚すことになる。なぜそんな一時の客のために、あなたのハートを汚すことがあるだろう。常にとどまるものをあなたのハートに連れて行きなさい。

おお、ダヤ
おまえのハートに神聖なるものを携えよ

むしろ今度は、神聖なるものをあなたのハートに連れて行くことだ。それはそこに常にとどまる。永遠なるものを抱きしめなさい。太古から存在するもの、常に存在してきたもの、依然としてあり、これからも常にあるものを捕まえなさい。麦わらをつかんではいけない――麦わらをつかんでも何も残らない。紙の舟で船出してはならない。舟を作るなら神聖なるものの御名から作りなさい。何かにすがらねばならないのなら、神聖なるものの御足にすがりなさい。何かにつかまらねばならないのなら、あなたをとり残して去ることのないもの、あなたから取り去ることのできないものにつかまりなさい。

おお、ダヤ
おまえのハートに神聖なるものを携えよ

このようにして、あなたの流れは流れるようになる――神聖なるものに向かって、世界を離れ神性に向かって、無意味なものを離れ、意味あるものに向かって。そのとき、あなたは至高の高みへ達する。

炎に助けられて、すすはコール墨（＊）となる

（＊アラビア、エジプトの婦人が瞼を黒く染める物）

想起という、気づきというこの炎の助けが受けられれば、あなたはもはや儚《はかな》いものではなく、永遠なるものにのみ自分自身を捧げるようになる。そのとき、すすさえコール墨となり、不純なものさえ純粋に、卑俗なものさえ神聖になる。ゆえに、もはや肉、骨、髄以外は何も見えず、まもなく隠れていた内なる流れが見え、まもなく空前の美と、空前の至福も誕生する。

至福とは真実の影であり、幸福とは真実の結果だ。

おまえの父と母はこの世を去った
今、おまえも去る用意をしている
それは今日かもしれない、明日かもしれない
抜け目なくあれ、おおダヤ

おまえの父と母はこの世を去った、今、おまえも去る用意をしている——わたしたちが生と呼んでいるものは、実のところ死の扉の順番待ちに他ならない。日々、行列は前進する。なぜなら人々は、毎日少しずつその扉に入って行くからだ。あなたは近づいている。まもなくあなたの番もやって来る。

死があなたを捕らえる前に、神聖なるものに完璧にあなた自身を明け渡しなさい。そうすれば、あなたに死はない。あなた自身がすべてを明け渡せば、そのとき死があなたから取り去るものは何も残っていない。死は儚《はかな》いもののみを奪う。死の力は、儚いものにしか及ばない。死は永遠なるものには触れられない。あなたの内側に隠されている永遠なるものには、触れることができない。それはあなたの肉体を奪い取り、あなたの富を奪い取り、あなたの地位、あなたの名声、あなたの信望——すべてを奪い取る——しかし、内なる意識の流れは触れられずに残る。だが、あなたはそれにまったく面識がない。あ

なたは背を向け、その源泉を忘れてしまっている。

おまえの父と母はこの世を去った
今、おまえも去る用意をしている
それは今日かもしれない、明日かもしれない
抜け目なくあれ、おお、ダヤ

この〝抜け目ない〟という言葉を理解しなさい。ずる賢い人々を抜け目ないとあなたは言う。世俗の物事に巧みな人々を、あなたは抜け目ないと言う。賢明な人は、そうした人々を抜け目ないとは言わない。賢明な人は、そのような人々を大馬鹿者と呼ぶ。というのも、彼らの如才なさが、何を彼らにもたらすというのだ――少々の土くれだ。彼らの如才なさが彼らに何をもたらすだろう――少々のシャボン玉だ。彼らの如才なさの一切の最終結果は何だろう。狡猾さから獲得した富を死がすべて奪い去る。これは如才なさではない。彼らは他者を騙している。それればかりではない、彼らは自分自身をも騙している。繁栄の名のもとに、単に自らの不幸を増大させる人々を〝抜け目ない〟とあなたは言う。繁栄をまったく知らない人々、自らの不幸を富や成功とはき違える人々を、あなたは〝抜け目ない〟と言う。真に賢明な者、真に抜け目ない者とは、真の富の方向へ向かう人だ。

……抜け目なくあれ、おお、ダヤ

ダヤは何と言っているだろう。抜け目なくあろうとすること、それは彼女にとってどんな意味がある

だろう。知性はたったひとつしかない、それは死を意識することだ。人が死を意識するまで、神聖なるものを意識するまで時間は長くかからない。意識せずにはいられなくなる！

死なくしては、世界には何の宗教も存在しなかったろう。人々は目覚めることもなかった。人々に目覚めるすべはなかった。ちょっと見直してみることだ。死が存在するというのに、人々は未だに目覚めていない。死がなければ目覚める者はいなかったろう。世界に存在するわずかな覚醒の可能性は、唯一死ゆえのものだ――なぜなら、死の存在をもってしても自分自身を欺き続けられるのは、完璧な愚か者だけだからだ。

どんなに鈍くても自分の死に近づきつつあること、死がいつ何時でも起こり得ることは、誰にでもわかる。明日の朝を迎えられるかどうか定かではない。あと一瞬が思いのままになるかどうか定かではない。あてにならないことばかりなのに、なぜ家を建てるのだろう。非常に迅速に、非常に素早く変化している。同じ流れに二度足を踏み入れるのは不可能だ。それなのに、どうして安堵できるだろう。そこにどういう至福があり得るだろう。ここにとどまるすべはない。

だから抜け目ない人とは、死がほのめかすものに耳を傾け、即座に永遠なるものの探求に出発する人だ。あなたは知るだろう。この世で光明を得ている人々はみな、死を意識するゆえにとても本質的になったということを。

死体を目にして、仏陀は御者にこう尋ねた。「いったい彼に何が起こったのか」。まさにその瞬間まで、仏陀の目に死人は入らないように配慮されていた。彼は宮殿の中に、人為的に隔てられた生活を送っていた。

仏陀がまだ幼い頃、特定の物事から隔てておかなければ、王子はサニヤシンになってしまうと、父王は占星術師たちに告げられた。その特定の物事とはまず、人が老いるという事実だ。ゆえに老人は仏陀の目に入らぬよう配慮されなくてはならないと。次に病人、それから死体、そしてサニヤシンが、ひとりとして視界に入らぬようにされるべきだと告げられた。

父は戸惑って、こう返答した。一点を除き、彼らの助言は了解したと。老人、病、死を息子が目にすべきではないということは、理に適っているように思われた。こうした物事に、人は衝撃《ショック》を受けるからだ。王子は、衝撃《ショック》を受ければ家を出て行くだろうと占星術師たちは言った。スッドーダナ王には、年老いてから授かった、この一人息子しかいなかった。だから、王国の後継者は彼だった。王は怯えた。王子がそのまま家に居れば、チャクラヴァルティン（*chakravartin*）、世界の統治者となるが、家を出れば偉大なサニヤシンになるということだった。二つの可能性があった。「彼をとどまらせておくことです」と彼らは言った。

そこで仏陀の父親は、あらゆる策を講じ、息子を宮殿の中に隔てながら育てた。しかし、王は一点で、占星術師たちに疑問を感じた。他のことはすべて納得が行ったが、なぜ息子がサニヤシンを見るべきではないのか。それに答えた占星術師たちの説明はこういうものだった。「ああ、サニヤシンですか、サニヤス、すなわち死を意識するようになった者、そんな人間だけが世界を放棄するのです。サニヤシンを見れば、彼の心に疑問が浮かぶでしょう。『この人間に何が起こったのか。他の者と同じようには見えない。蓄財にも地位にも、信望にも関心がない。これは異なる種類の人間だ。彼に何が起こったのか』。サニヤシンを理解しようと努めれば、死がどういうものか理解しないわけにはいきません。死を意識せずに、サニヤシンになる者はいないのです。死を目の当たりにして初めてサニヤシンになるのです」

過去において、サニヤシンは結婚式やお祝い事に招かれなかった。そのような祭典に、死を悟った者を招待するのは危険だと思われたのだ。サニヤシンとは死んだ者だ。彼はすでに死んでいる、古い世界に対して死んでいる。だからこそ過去において、サニヤシンの頭髪が剃られた――死者の頭のように。実際に、火葬用の薪に横たわり、それに火がつけられた。そのとき師《マスター》がマントラを唱えて言う。「あなたの過去の一切は死んだ。過去はすべて破壊され灰になった。もはや昨日までのあなたはいない。あなたは誰の父親でも、誰の夫でも、誰の兄弟でも、誰の息子でもない。一瞬前まで存在していたその人は、今逝った。彼は火葬用の薪の上に寝かされ、火葬された。さあ、起き上がりなさい。あなたは別の人間だ。あなたはドゥイジャ（*dwija*）――〝二度生まれた者〟だ」

だからこそ彼らに黄土色の長衣《ローブ》が与えられた。黄土色の服は火を象徴する。この人間は火を通過し、彼は死んだ。黄土色の服は炎だ――火葬用の薪の炎だ。

それで占星術師たちが、仏陀にサニヤシンを見せないようにと言ったのだ。サニヤシンとは、この世界に死が存在する証《あかし》だからだ。そうでなければ、どうしてサニヤスを取るのだね？　サニヤスは当人が死を目の当たりにして、それによって衝撃《ショック》を受けたという事実の証だ。彼は衝撃《ショック》を受け、抜け目なくなった。

長い間、仏陀の父親はあらゆるものを隔ててきた。だが、いったいどれほどどこんなことがやりくりできるだろう。こういった物事は隠し通せるものではない。そして、そういったことを隠すのは仏陀の父親だけではない、あなたもまた隠す。父親、母親はみなそういったことを隠す。葬儀の行列が表を通ろうものなら、母親は息子を中に呼び入れ、扉を閉め切る。こういった事を見たことはあるだろうか――「中にお入り、誰かが死んだのだよ」。それが息子の目に入るのを彼女は恐れる。親はみな、子供が早々と死を悟ってサニヤシンになってしまうのを恐れる。

死について深く考えてみれば、たちまちにしてサニヤスの旅が始まる。サニヤシンにならずにいるのは愚か者だけだ。意識を持ち合わせている者たちが、自分自身を引き止めておけるわけがない。

サニヤスとは単に、この生が真の生ではないことを意味する。この生は死の手に握られている。わたしたちは死の顎《あぎと》にがっちりくわえられている。いつでもその口は閉じる、それでおしまいだ。しかし、それでもまだ、ほんのひとときでもわたしたちは生を楽しみたい、歌をくちずさむために、少しでも踊るために、一時でも現実を忘れるために。

ある太古の仏教の話がある。それには、多くの意味合いがある。そのうちのひとつに、次のようなものがある。

ある男が走っている。一頭の獅子《ライオン》に追いかけられ、恐怖にかられて走っていると、そこは行き止まりだった——巨大な峡谷だ。下を見ると、飛び越えるのは無理だとわかる。たとえ飛べたとしても——わずかに助かる見込みはあるが、おそらく足を折って体が不自由になる——眼下には、二頭の獅子がいて彼を見上げている。そして背後の獅子は唸りながら近づいてくる。

それで彼は、一本の木の根っこにぶら下がる。これが唯一の残された道だ。獅子がやって来て頭上に立ちはだかり、唸っている。下の方でも二頭の獅子が唸っている。そして男は木の根っこにぶら下がっている——だが、その根っこは古ぼけていて脆《もろ》い。いつでもポキッと折れてしまいそうだ。それればかりではない、よくよく見ると、根元を二匹の鼠《ねずみ》がかじっている。一匹は白く、もう一匹は黒い——まるで昼と夜だ！　刻々、根っこは咬みきられ、残された時間はほとんどない。しかし、彼の手はずきずきと痛み始めている。肌寒い朝で、彼の手は冷えてこわばっている。

あまり長くつかんではいられないとわかる。すでに手は滑ってきた。ちょうどそのとき、たまたまちらりと上の方を見上げた。蜜蜂が木の中に巣を作っていて、蜜が一雫落ちかかっている。それで、彼は舌を伸ばして蜜の雫を受けた。舌の上に蜜の雫が落ちると、とても甘い。「おお！　なんという甘さ！」。その瞬間、彼は他の一切を忘れる。獅子は頭上で唸っていない、下方の獅子はいない、かじっている鼠もいない。一瞬、彼はとても幸福だ。そうして、もう一滴蜜が欲しくなる。もう一滴落ちそうになっているから。

この仏教のたとえ話は意味深い。人間の状態はまさにこんなものだ。死は至る所にあり、あなたの回りは死だらけだ。ときどき、蜂の巣から蜜が一滴落ちてきて、あなたはとても幸せになり、至福に満ちる。そして時間という鼠が根元をかじり続ける。助かる道はない。あなたは逃れられない。なぜなら、これまでに逃げおおせた者はいないからだ。逃げるのは無理だ。絶対に回避することは不可能だ。逃げおおせることは、自然の法則にない。あなたは死ぬ。

愚か者は死を伏せておく。彼は言う。「死は来るときに来る。今は蜂蜜を味わおう」

知性ある人は、注意深く死を見つめる。彼は言う。「蜜のしたたりを味わうことは、わたしの時間を無駄にする偽りの快楽だ。死が訪れる前に何かをしなくてはならない。何かをしなくては。何か方法を探し出さねばならない」

逃れる道は外側にはない、それは本当だ。その男はそこにぶら下がっている。同じことになったらどうするか、誰かに尋ねられたらどう答えるだろう。あなたはどうやって逃れるだろう。上にも下にも獅子がいる。鼠が根っこをかじっている。その根っこは朽ちていて、今にも折れそうだ。そのうえ、手はかじかんでいる。あなたならどうする？　どこに逃げ込むだろう。

日本の禅の師《マスター》たちは、これを瞑想の技法として利用した。師は弟子に告げる。「これを、おまえの状況として想像しなさい。座って、その男のようにぶら下がっている自分自身に瞑想し、方法を探し出しなさい。方法はある」

そして弟子は瞼を閉じて座り、考えふける。毎日、答えを携え、師のもとに来ては、これこそが脱出方法ですと言う。しかし、常に師はこう言って彼を否定する。「全然違う。他の方法を見つけて来なさい」。ときどき弟子はこんなことを言う。近くにもう一つ別の根っこがあってそれにつかまります。その根っこも長くはもたない、そのうえ鼠にかじられていると師は言う。なにしろ世界にはたくさん鼠がいる。人よりも鼠の方が多い！　鼠がその根っこもかじっている。時間はいたるところでかじられている。

あなたは別の方法を探しだしてくる。「手を擦《こす》ったりして、なんとか手を暖めます……あるいは、サーカスのように足でぶら下がります。こういったことを考え出してくる。こうしたらどうか、ああしたらどうかと弟子は何カ月も考える。だが、常に師は言う。「ばかばかしい、これではどうしようもない。手でどうしようもなければ、足でいったい、どれくらいぶら下がっていられるものだろう。ここはサーカスではない。落ちても下には、おまえを救う網は張られていない。ここはサーカスではない――人生だ」。そして弟子は探求を続け、思いつくかぎりの解答を捻出し、どれも役に立たないと知る。

弟子が真の解答を見つけ出すまで、師はひたすら待つ。真の解答とは何か。その日、弟子はこう言う。「目を閉じて、内側に入ります。外側に逃れる道はありません。外側に進める場所はありません。しかし、内側にはあります。死はどんどん迫っています。目を閉じて瞑想し、無の状態に入ります。わたしは内側に向かい始めます。そこには獅子も根っこをかじる鼠もいません。手足が冷たくなってくるのも頭をよぎらない。永遠なるものが、わたしの中に君臨します」

神聖なるものを抱きしめるとは、自分自身の内側にすべり込むという意味だ。

今おまえも去る用意をしている

それは今日かもしれない、明日かもしれない
抜け目なくあれ、おお、ダヤ

抜け目なくあるとは、瞑想、気づき、油断なく醒めていることを意味する。

知識の所産は嘆きと患い
瞑想の栄華は永遠なる安らぎ、サマーディ

正念《サマーディ》は扉だ。サマーディとは、解答を意味する。だからこそ、わたしたちはサマーディに〝サマーディ〟という名を与えた。サマーディとはすべてが解決している状態、あらゆる問題が消滅している状態だ。知識には何も解決できない。「知識の所産は嘆きと患い」。知識からは、別の悶着の種、新しい疑い、新しい問題、新しい難局、新しい精神的、肉体的苦悩が生じる。「瞑想の栄華は永遠なる安らぎ、サマーディ」。もしあなたが瞑想に入るなら、それを祈り、神聖なるもの、あるいは普遍の自己と呼んでもいい——これはみな名前にすぎない——あなたが内なる旅に向かうなら、あらゆる解答があなたの求めに応じて得られ、あなたの問題は一切消え去る。

時は大食らい、けっして満腹にならない
王たち、王女たちや皇帝たちみんなを平らげる

時は大食らい、けっして満腹にならない。これも理解しておくことだ。インドは、死と時間にカール

(*kaal*)という同じ名前をつけた唯一の国だ。これは理由なしになされたことではない。この国は、時間と死に対して同じ言葉――カールが使われている唯一の国だ。時間はカールとして知られ、死もカールとして知られる。なぜなら、時間そのものが死だからだ。時間の中に生きる者はみな死の手中に生きる。時を免《まぬが》れた者はみな死をも免れた。

インドでは、〝昨日〟はカル(*kal*)といい、〝明日〟もそう呼ばれる。この国だけがこのようになっている。世界の他の言語はすべて二つに分かれている。初めてこれを耳にする人たちは少々驚いて、二つの物事に対してひとつの言葉しかなければ、どうやって話が通じるのかと尋ねる。しかし、過去のものはカルだ。死の手に入ってしまってカールの餌食になる――カルだ。そしてまだ起こっていないもの――今現在、それもまた死の顎《あぎと》にある。時の口、死の口の中にある。唯一、現在の瞬間だけが死の外にある。昨日は死の口に消え去り、明日もそこに隠れている。過去は死んだ、未来も死んでいる。現在にのみ死が存在しない。唯一この瞬間、この現在の瞬間が死の外に存在する。この瞬間を正しく利用する人があれば――この瞬間が鍵だ――それを用いて扉を開けば、永遠なるものの中に入る。

現在は時間の一部ではない。普通、時間は三つに別れていると言われる。過去、現在そして未来。それは間違っている。現在は時間の一部ではない。過去と未来は時間の一部だ。現在は永遠なるものの部分だ。それは時を越えている。それは時を超越し、死を越えている。

時は大食らい……時の流れは移ろいやすい。時は大食らいだ。その中に無数の人々が支配されている。時はけっして満足しない、絶え間なくあらゆるものを飲み込んでいる。生まれたものは死に、生じたことは滅し、始まりは終わりになる。すべての経過と行為は無に帰する。これゆえに時間にうるさくなりすぎてはいけない。時間に過度に関心を払ってはいけない。時を越えて行きなさい。

西洋の国々において、時間がかなり意識されていることに気づいたことがあるはずだ。それはなぜだろう。国が実利主義的になるほど、時間に対する意識が増す。霊《スピリチュアル》的な人ほど、時間への意識が減少する。まさにその霊　性という言葉の意味が、時間の外側を進み始めた、時間の外にすべり込んだということだ。

　これまでに、時間が消え去った瞬間を味わったことがあるだろうか。そのような、ただひとり在ることが神聖なる瞬間だ。ときおり太陽が昇るのを見て、あなたはとても深く瞑想に入って消え去り、内側の喜びは非常に深まる……時間を忘れる地点まで、どれほど時間が過ぎ去ったか思い出すこともない地点まで。あるいは昔、月を見ていて、あるいは音楽を聞きながら、あるいは恋人の隣りに座って手を握り、あなたは時間を忘れた。あるいは昔、ひとりきりで理由もなく何もせずに座っていて、時間をすっかり忘れた。どのくらい時間がたったのか、どのくらい時間が過ぎ去ったのか思い出そうともしなかった。いつその瞬間が来て去ったのか。正念《サマーディ》、無心の最初の味わいをあなたが味わったのは、こういった瞬間だ。

　たとえわずかな瞬間でも時間から滑り出したことがあれば、あなたは神聖なるものにすべり込んだのだ。世界とは時間のことだ。神聖なるものとは時の超越、永遠だ。

時は大食らい、けっして満腹にならない
王たち、王女たちや皇帝たちみんなを平らげる

　そして期待しないように……誰が貧乏人で、誰が金持ちか、時の流れは気にかけない。死は偉大なる社会主義者だ！　誰が裕福で、誰が貧しいとか、地位のあるなしを死は気にもとめない。誰が道徳的で、

誰が不道徳か、死は顧《かえり》みない。誰が清浄で、誰が不浄か、死は見ようとしない。死はあらゆる人を等しく扱う。このように、死は真の社会主義者だ――王も貧民もまったく同じようにさらっていく。

王たち、王女たちや皇帝たちみんなを平らげる

免れる道があると思ってはならない！　アレキサンダー大王は、自分を防御するためにあらゆる策を講じた。だが、それでも自分を救うことはできなかった。この世界にあらゆる策を講じることのできた皇帝たちがどれほどいたことだろう――巨大な軍隊と彼らの要塞を囲む城壁、それでも死は彼らを連れ去った。

とある皇帝が、自分を防衛するために宮殿をひとつ建てたそうだ。その宮殿には扉がたったひとつしかなかった。そこには窓もなく、泥棒であろうと、悪漢であろうと、人殺しであろうと、敵は一切侵入不可能だった。侵入することは誰にもできなかった。宮殿は全面的に閉ざされ、完全に封印されていた。そこには皇帝が出入りする扉がたったひとつあるだけだった。

隣国の王が、この最もすばらしい建造物の噂を耳にし、この目でそれを確かめようと、宮殿を訪れた。彼は深く感銘を受けた。ひとつの扉に五百人もの護衛が付き、一列に並んでいた。誰にも侵入不可能だった。隣国の支配者は宮殿を見学し終えた。そして帰国の準備も整い、彼は馬車に乗らんとした。その際、彼は皇帝に言った。「あなたの宮殿は実に見事だ。完璧に安全です。反逆者も刺客も、敵は一切ここに侵入できない。わたしもこのような宮殿を建てようと思います」

道端に座っていた乞食が、この会話を聞いて爆笑した。皇帝は言った。「どうしておまえは笑っているのだ。頭がおかしいのか。何がそんなにおかしい。答えろ、それとも死にたいか！　君主が話している

ときに笑うなどもってのほかだ。そんなことも知らないのか。」

乞食は答えた。「そうだ、わたしは笑っている――死がおかしくて笑っているのだ。さてと今度は、わたしの死も迫っているという。いいとも」

皇帝は命令した。「どういうことか説明しろ」

乞食は答えた。「このひとつしかない扉だが、そいつはとても危険だ。そこからは死が入って来る。だから笑ったのだ。こうすればいい。中に入って、この扉を煉瓦で塞《ふさ》いでしまうのだ。それなら死は入って行けまい。それでもまだ完璧に安全ではない。まだいくらか危険性が残っている。この護衛たちは結構だ。彼らは人を差し押さえられる。だが、こいつらに死が差し押さえられるか？　こいつらの剣では無理だ。こいつらの武力では無理だ。五百人いても五十万人いても、死の乱入は阻めない。こうすればいい。おまえが中に入って、それから外から扉を塞いで壁にしてしまうのだ。それなら完璧に安全だ」

皇帝は言った。「この気ちがいめ！　そんなことをすれば、わたしが死んでしまう！　わたしが中に入った後で、煉瓦で壁を築いてどこが安全なのだ。そんなことをすれば死んでしまう――今すぐに。死は来るときに来る。それなのに、おまえは今すぐ死ぬ方法を言っている」

貧者《ファキール》は言った。「だから、笑っているのだ――おまえはすでに死んでいる。九十九パーセント死んでいる。生きているのは一パーセントだ――それは、このひとつしかない扉のおかげだ。扉が百あれば、百パーセント生きている。おまえ自身の計算で行けばな。この最後の扉が閉ざされれば、自分は死んでしまうとおまえは自分で言った。だから、おまえの大部分は死んでいるのだ――扉がたったひとつしかないのだから。おまえはたったの一パーセントしか生きていない。このような方法で死が避けられるだろうか。」

貧者《ファキール》は続けた。「かつては、わたしも皇帝だった。だがお金には死は差し止められないと悟り、瞑想を探し求めるようになった。権力にも死は阻めない。だから、わたしは無を探求している。わたしもまた死を超越したいのだ。だが、わたしの旅はおまえの旅とは異なっている」

その貧者《ファキール》は正しかった。誰も死を免れない。しかし、何人かは免れた。普通の、肉体的な死を免れる者はいない。だが、何人かの人々は、自分たちの死の瞬間にさえ油断なく醒め、気づいていた。他のすべては死んでしまったが、意識はけっして死なない。自らの意識ゆえに、彼らは死の扉を通じて普遍の自己へと入っていった。死の扉は無意識な者にとっては新たな誕生の扉となり、意識的な者にとっては究極の解放の扉となる。そうして、そこに新たな誕生はない。そうして、来ては去ることがなくなる――抜け目なくあれ、おお、ダヤ。

漂う雲を吹き抜けて
風が雲の形を幾通りにも変えていくように
人生は死の手にあって、人は安らぎを知らない

漂う雲を吹き抜けて、風が雲の形を幾通りにも変えていくように……空に雲が生じて、風がその様子を変えていくことに気づいたことがあるだろうか。雲の形は一瞬たりとも同じままではない。風は雲を流し続ける。瞬間、ある雲は象のように見え、一瞬後に胴体は消え去り、足は足に見えなくなって、もはや象には見えない。すべてばらばらになる。しばらく雲を見続けていると変化し続けているのがわかる。雲はただの煙だ。風がそれをかき立てていく。ちょうど海の表面で、波がうねるようなものだ。風は波しぶきを立てていく――同じように、風は雲を追い散らし、新しく形作る。

漂う雲を吹き抜けて
風が雲の形を幾通りにも変えていくように……

雲は風に破壊され、絶えず変形される。空中で、風は如何様にも雲を破壊する。

……人生は死の手にあって、人は安らぎを知らない

同じように、死という風によって人間は繰り返し形作られては変形される――人生は死の手にあって……人はカール（*kaal*）という風、死という風に繰り返し作られては変形される。あなたはかつて象だったし、馬だった。あなたは鳥だったし、木だった。ときには人、ときには女性、ときには醜い……あなたという雲は、どれほどの形を呈してきたかわからない。あなたは全然新しくなどない。これはインド独自の発見だ――あらゆる人が数え切れぬほどの誕生を経てきたということは。人はあらゆる種として生まれてきた。八百から四百万種を経てきた。死はあちこちと人を押しやり続け、雲は数え切れぬほどの形態をとってきた。
ダヤは非常に甘美なシンボルを選んだ。

漂う雲を吹き抜けて
風が雲の形を幾通りにも変えていくように……

そして、たった一陣の風で空の雲は変化する。

……人生は死の手にあって、人は安らぎを知らない

同じようにして、人間は死によって絶えずあちこちへ追いやられる。こうなったり、ああなったりしながら。これが続く限り、どうすれば平安が可能だろう。安定しない限り、どうやって平安を知るのだろう。風が止まない限り、どうやって至福があなたを包めるだろう。あなたはどれほど多くの形態で苦悩してきたか、わかったものではない。ときには馬、ときには象、ときには蟻、ときには人間 ―― 女性として、男性として……あなたは苦しみの他には何も得なかった。あらゆる種類の生が苦しみだ。

死の外に在る方法がひとつある。抜け目なくあれ、おお、ダヤ……あなたの気づきを少しばかり鍛錬することだ。これは、目を覚まして「自分は肉体ではない」と知ること、目を覚まして「自分はマインドではない」と知ることだ。意識とはこういうものだ。目を覚まして「わたしとは観照する状態だ。わたしは単なる観照者にすぎない」と知ることだ。この気づきのこつを覚え始めれば、死は肉体を乱し、マインドを動揺させるが、あなたが観照している状態は動揺させられないということが忽《たちま》ちにしてわかる。観照する状態は死を超越し、死の手はそこに届かない。そして神聖なるものは、死の手が及ばないところに永住する。真実は、死の手が及ばないところに永住する。死の手が及ばない、その意識の状態が解脱《モクシャ》、究極の解放と言われる。

解脱《モクシャ》は地理上にはない。だから解脱が地理上に位置していて、まもなく科学者たちが宇宙船で到達すると考えてはいけない。解脱はあなたの内なる状態だ。地理上にあるものではない、あなたの意識の空に存在する。

あなたが知り始める日、自分は肉体ではない、マインドではないという事実に目覚め始めるその日、あなたは超越している。その違いを理解しなさい。雲は空に集まり、形をなしては消え、来ては去る。雨季になると集まり、それから消える――しかし、空は常にある。雲は来ては去るが、空はいつもある。風に変えられるのは、空ではなく雲だけだ。どうして空が風に変えられるだろう。風は空にはどんな影響も与えられない。風は吹き、進み続けるが、空はどんなに接触されようと触れられず、清らかなままで汚れない。

内側の魂は外側の空のようだ。魂とは内なる空の名前だ。空は外側に広がる魂の名前だ。分割はないと悟る日、中心から肉体が消え去る日、「自分は肉体ではない」と悟るその日、内なる空と外側の空が溶け合う。内なる空と外側の空が溶け合うこの瞬間がサマーディ、ブラフマンとの融合、神聖なるものとの融合だ――あるいは好きなように呼んでもいいが。

つねにこれを覚えておきなさい、この空を理解するまで安らぐことはできない……人は安らぎを知らない――雲に同一化しているために、あなたは安らいでいない。雲は毎瞬変化し、あなたは泣き叫ぶ。雲は変化する――何度も何度も！　たった今すべてが順調だと思っていても、一分と経たぬうちにそれは破壊される。

幻想《マーヤ》への執着が　昼も夜もわたしたちを惑わす
世界を手放せば火は鎮まる

火は鎮まる――目を覚まして、自分が世界ではない、自分は肉体ではない、自分はマインドではない、自分はこれらすべてを超越していると知るときにのみ。これが唯一安らぐ方法だ。なんとかしてあなたは永遠なるもの、けっして他のものに変化しないものを見つけださねばならない。

広げた翼をたたむとき
散文は詩になる

あなたの欲望という鴉《カラス》の翼がたたまれるとき、これ以上、欲望の世界へと飛んで行きたいと思わないとき、思考の鴉がカーカー泣くのを止めたとき、自分は単に見つめる者、観照者であって、「これはわたしではない」と知るとき、突然、散文が詩に変わったのがわかる！　あなたの内側に至福、歌、音楽、祝祭の流れが生じる。あなたの存在の全気孔が興奮に躍る。そして内側にこの至福が生じれば、それはあなたの魂の中だけにとどまらず、マインドとハートにもくまなく行き渡り、それらを色づける。それは肉体にくまなく広がり、肉体を色づける。それは肉体から飛び出し始め、他の人たちをも色づける。

仏陀やマハヴィーラのそばにいた大勢の人々が変容し、色づけられたのはこういったわけだ。彼らのもとを訪れた人たちはみな、彼らの現存によって色づけられた。かつて、あなたはこの富を発見したことがある。それが空前の富、無限の源であることがあなたにはわかる。

茶碗は壊れた
さあ、生《せい》の水を掬《すく》おう
そして心ゆくまで飲もう

今のところ、あなたはちっぽけな計量カップで生《せい》の水を飲んでいる。肉体とマインドはちっぽけな容れ物だ。この小さなカップで、あなたは生という広大な海を飲もうとしている。頭はこのような方法では満足しない。肉体とマインドが後にされる日、計量カップが壊れる日、あなたは大海そのものとなる。

すべてを手放し ── 自分の衣服さえ手放して、マハヴィーラのように裸になったギリシャの神秘家ディオゲネスの話だ。西洋で、マハヴィーラに匹敵する人間はただひとりしかいない、それがディオゲネスだ。彼は水を飲むための小さな椀と、その程度のものしか持ち合わせていなかった。ある日のこと、彼は喉の渇きを覚え、椀を持って川に向かった。土手に着き、彼は水を飲む前に椀を洗っていた。そこへ一匹の犬が走ってきた。犬はとても渇いているらしく、素早く水の中に入り、水を飲み終え、また水から上がって行った。ディオゲネスの方はまだ椀を洗い終えてもいなかった。彼は犬の方が優っていると悟って愕然とした。どうして自分は椀に執着していたのだろうと不思議に思いながら、彼はそれを放り捨てた。「犬が椀なしで暮らせるなら、どうしてこの椀に縛られていることがあるだろう。洗わねばならなかったり、ああしたり、こうしたりしなくてはならない ── とんでもない！　盗まれたらどうしようと心配し、夜寝ている間も手探りで確かめたりしていた」。まさにその瞬間、彼は椀を放り捨て、犬の前にひれ伏して言った。「あなたはわたしの師《マスター》です。椀はわたしの最後の執着でした」

茶碗は壊れた
さあ、生《せい》の水を掬《すく》おう
そして心ゆくまで飲もう

今、障害は一切ない。マインドと肉体という器を後にすれば、あなたは生の大海へ入っている。

無という弓に、時間という矢が番《つが》われ
破壊されるものは射抜かれ
不滅のものは解き放たれた

無という弓に、時間という矢を番《つが》えて射らねばならない。あなたが時間から自由になるように、そして時間があなたから自由になるように。

破壊されるものは射抜かれ
不滅のものは解き放たれた

破壊可能なものをあなたの気づきが貫くやいなや、あなたの内側にある不滅のもの、あなたの内なる空は体験され、悟られる。内側に隠されているこの空を悟った者だけが生を悟ってきた。それを悟らぬ者は虚しく生きた。

もしもわたしたちのハートが出会わないなら
出会いに何の意味があるだろう
目的地に着かなければ
旅に何の歓びがあるだろう
見つかりもしない岸に向けて船出するくらいなら

大海の真ん中で溺れた方がましだ

この内なる空を悟らずに生きる者たち——彼らは大海に溺れる方がいい。なぜなら、たとえ岸に近づいたとしても、彼らはけっして岸を見ないからだ。

もしもわたしたちのハートが出会わないなら
出会いに何の意味があるだろう

あなたの最奥の核、あなたの内なる魂を見なければ……。「目的地に着かなければ、旅に何の歓びがあるだろう」。長い間、あなたは歩いてきた。あなたは何生も旅してきた。それなのに、まだちらりとも目的地を目にしたことがない。

目的地に着かなければ
旅に何の歓びがあるだろう
見つかりもしない岸に向けて船出するくらいなら
大海の真ん中で溺れた方がましだ

日毎、あなたは近づいていると感じる。だが、近づいていると感じる行く手に岸はない。あなたは近づいても、その目的地は地平線のように遠ざかる。生は幻想のようだ。だから溺れたほうがましだ。しかし、溺れる勇気があれば、出会いは起こる。溺れる度胸があれば、神聖なるものの探求を阻む者はいない――なぜなら、溺れる用意のある者には死ぬ用意があるからだ。そのような人は言う。「わたしには死ぬ用意がある」。これこそサニヤスの意味だ。サニヤスとは「わたしは自分の意志で、死にゆく一切のものを手放す。わたしは消え去るもの一切との関係を断つ。わたしは儚《はかな》いものとの関係を断った。今、わたしはこの世界に生きるが、世界を宿以上のものと思わない」

人々はわたしに、サニヤスの意味とは何かと尋ねる。世界を宿と思うことだと、わたしは言う。あなたはここで生きねばならない、他に行ける場所などない。しかし、世界に生きている間さえ、世界から解放され――あたかも宿に暮らすかのように生きる方法がある。気づきをもって生きなさい。抜け目なくあれ、おお、ダヤ――。

名誉に探求は一切必要ない
しかし、初めにしなければないことがある
自分に名前をつける前に
まず寂しい場所を探して休息しなさい
お客や他人のために余計な時間を潰さないこと
空いている場所に花鉢を置いてもいけない
あなたの神と語る瞬間があるはずだ
神たちは沈黙があるときにしか訪れない
もしハートが騒々しければ、彼らはそっと立ち去る

沈黙しなさい。平安の瞬間《とき》を見なさい。少し無思考の状態に降りていきなさい。ときどき何もせず安

らかに座っていると、突然自分が祝福されていることがわかる――祝福があなたに降り注ぐ。あらゆる方向から神聖なるものがあなたを取り巻く。これは、しなければならないことではない。それはあなたが鍛錬の末に偉業を成し遂げるといったようなものではない。そのためにあなたが行なうとき、それは起こらない。なぜなら、行なうことの中にあなたがいるからだ。行ないとはエゴ、〝わたし〟だ。

神聖なるものは、努力ではなく恩恵から見いだされる。ときどき、何もしないための時間を作って静かに座りなさい。庭や川岸の木の下に座って、野外の星のもとに、何もせずに座り、空っぽになって沈黙しなさい。あなたの思考は現れては去るだろう。現れては去るままにさせておきなさい。それらに関心をまったく払わないように。反対も賛成もしてはいけない。思考が現れるならいい。現れなければそれもまたいい。人通りの多い路地の脇にいるようなものだ。騒がしくても、そうさせておきなさい。ただ離れて座りなさい、無関心で。空っぽになりなさい。

ときおり、あなたの思考が一瞬止まる――光線があなたに射し込んだ瞬間だ。あたかも誰かに闇を揺さぶられ、破壊されたように。そのような瞬間、不死の甘露《ネクター》の雫が自分に降っているように感じる。死を越えた何かを、あなたはちらりとかいま見る。次第に、これらの瞬間が増え続けていく。次第に味わうほど、あなたの内なる旅がさらに結晶化し、容易になり始める。そうしてある日、自分が欲すればいつ何時でも――たとえ目を閉じていなくても――神聖なるものが、絶えずあなたを取り巻くようになる。そのとき、あらゆるものがその現存で満たされる。これが起こるまでは、自分の目的地をまだ探し当てていないと知りなさい。

そして行く先は見いだされねばならない。あなたの行く先を見いだすということ、それは――二度と神聖なるものを失うすべもないように、神聖なるものを見いだすということだ。

この世界を、瞬時にして破壊されうるものと知りなさい。

……一瞬にしてそれはなくなる
おお、ダヤ
おまえのハートに神聖なるものを携えよ

この世界を死の扉へ続く行列と知りなさい。

おまえの父と母はこの世を去った
今おまえも去る用意をしている
それは今日かもしれない、明日かもしれない
抜け目なくあれ、おお、ダヤ

今日はもう充分かね?

第六章

あなたの魂を受けとめて

Receiving Your Soul

最初の質問

愛するOSHO、瞑想キャンプがここで催される中、なんとか参加しながら、どうしてわたしは差別を感じるのでしょうか。

サニヤシンになれば、それは即座に穴埋めされるのですか？

あなたの祝福は、サニヤシンたちのためだけにあるのですか？

生きるものすべてのためにあるのではないですか？


祝福はあらゆる人のためのものだ。しかし、わたしの方が与えるだけでは、あなたは受け取れない。自分でそれを手に取れば、あなたはそれを受けられる。川は流れ、それはあらゆる人に向かって流れている――木々がその水を吸い、鳥や動物がその水を飲み、人間もしかりだ。しかし、誰であれそれを飲む者は、まず飲みたいと思わねばならない。堅苦しく傲慢に土手に立っていても、川はあなたの手に飛び込んで来ない。水を飲むためにはまず体をかがめ、手で掬わねばならない。水を飲んでいないからといって、川の悪口を言ってはいけない。川は常に流れている。


しかし人間は逆さまに考える。祝福を受け取っていないと、たぶん自分には祝福が与えられていないのだと感じる。しかし、その人に祝福が受け取れるだろうか？　その人は祝福を受け容れるだろうか？

祝福は安っぽいものではない。あなたはそれが安価で、ただで手に入ると思っているかもしれない。だが、祝福は炎だ――それはあなたを焼き、あなたを変化させ、変容させる。それには勇気が必要だ。

サニヤスに、他に何の意味があるだろう。それは単にあなたが身をかがめて、手のひらでお碗を形作り、川との関係に入って行くことに同意したということだ。サニヤスとは単にこういうことだ。快くあなたが祝福を受け取る意志を示したということ、あなたの容器を差し出した、あなたという器を差し出したということだ。祝福は絶えまなく降り注いでいるが、それを受ける器を自ら差し出さなければ何も受け取れない。

祝福は降る。それは山にも降るが、山には納まらない――山はすでに山でいっぱいになっている。山に雨が降ると、水は窪地や峡谷に流れる。それは流れ、満ちてくると湖になる。だからといって、雨は湖だけのために降っていることになるだろうか？　雨はあらゆるものに降っている。しかし、山は山自体でいっぱいなので水を受ける余地がない。湖は空っぽだったのでその余地があった。それらは切望して雨に自分自身を開き、そこに水が注がれた。

この祝福は絶え間なく降る――あなたに、サニヤシンたちに、これらの木々に。しかし、それを誰が受け取るか、どのくらい受け取るかはまったく個人にかかっている。

これがサニヤスの意味のすべてだ――他にはない。それは、あなたがわたしとともに進む用意があるという意味だ。

だが、あなたはいたずらにこれらの祝福を受け取りたいと思う。自分の姿勢に関しては変えるつもりは毛頭ない。自分が空っぽになりたいとは露ほども思わない――湖になりたいとは思っていても。あなたの野望はカイラス山の巡礼地である神秘の湖、マナサロワル湖になることだ。だが、露ほども自分自身を空っぽにする勇気はない。

サニヤスは勇気の別名だ。なぜ、あなたは怖がるのだろう。あなたがサニヤスを取ることを阻んでいるのは誰だろう。その恐れは何だろう。巻き込まれているその恐れは、実に取るに足らないものだ。しかし、人間は狡猾だ。人間は恐れを狡猾さで取り繕《つくろ》う。恐れを恐れとして受け容れることすら困難なようだ。なぜなら、恐れを受け容れることはエゴを傷つけるからだ。

ある晩、ムラ・ナスルディンは、いつもより早めに居酒屋を出ようとした。仲間たちが尋ねた。「どこへ行くんだい」

ムラは言った。「今夜は長居できない。かみさんに十時前に戻るように言われたんだ」

友人たちは笑い出して言った。「おいおい、おれたちにだって女房はいるんだ。どうしてそんなにびくびくすることがある。ムラ、おまえは男か、それとも鼠か？」

ムラは胸をはって立ち上がり、その胸を叩いて言った。「おれ様は本物のタフガイだ。男の中の男だ！二度とそんなこと言っちゃいかん」

友人がムラに尋ねた。「証拠を見せろ！　おまえがそんなタフガイなら、その証拠は何だ」

ムラは言った。「証拠？　かみさんは鼠を怖がる。だが、あたしのことは怖がらない。それが何よりの証拠だ」

誰も自分が怖がっていることを認めたがらない。

あなたは尋ねる。「瞑想キャンプがここで催される中、何とか参加しながら、どうしてわたしは差別を感じるのでしょうか？」

なぜなら、差別があるからだ。そして、その差別はあなたの側から生じる。自分はそれを傍観する側だという差別だ。サニヤシンでない者はひとりぼっちで萎縮し、おずおずと孤立していると。開くことも、くつろぐことも、つながることもできないと。彼は怯えている。ここの人たちと関わり過ぎてしまったら、深くのめり込んでしまったら、自分の限界を越えたところに足を踏み入れて突然サニヤシンになったら、わが家はどうなる。妻、市場、わたしの店、社会はどうなってしまう……。だから、非常に注意深く進む。狡猾さ、計算を保持しながら、彼が進むのはこの程度だ――ちっとも進まない。そして、これらの酔っぱらったオレンジ色の人々と場所を同じくはしても、彼は距離を保っている。彼は一歩退く。彼らに近づきすぎるのは危険だ。この病気は感染するからだ。もし、これらの黄土色の人々と長く居すぎると、この黄土色の人たちの夢が、あなたのマインドにも生じ始める。

それで、あなたは差別を創造している。あなたが恐れるからこそ差別が存在する。それはあなたの恐れゆえに存在する。そうして、自分には祝福がまったく降り注いでいないと感じる。どうしてそんなふうに感じるのだろう。他人を見れば、とても至福に満ち、すっかり魅了されている――だが、自分は至福に満ちてはいないし、魅了されてもいない――だから、彼らは祝福を受け取り、自分は受け取っていないと感じる。自分には与えられていない何か特別なものを、彼らは受け取っていると。

彼らの手に入るものは、同じようにあなたの手にも入る。しかし、あなたが口を閉ざしている間に、彼らは飲む。彼らはかがみ込んで水の容器を満たしている。だが、あなたはそうすることを恐れている。相違はあなたの恐れゆえに生ずる。単にあなたの恐れのせいだ。

あなたは尋ねる。「サニヤシンになれば、即座にそれは穴埋めされるのですか？」

サニヤシンになったからといって、すべての隔《へだ》たりが即座になくなるわけではない。だが、確実に、それらの隔たりが消え初めるきっかけになる。徐々に隔たりはなくなってくる。これらの隔たりは、実に多くの生の中で培われてきた。それは瞬時になくなるものではない。そのためには時間がかかる。人は忍耐強くなくてはならない。だが、これらすべての隔たりの消滅は始まっている。

ある人は腰を下ろし、ある人は立ち上がり、ある人は歩く。今のところは、誰もがみな同じ場所にいる。座っている人、立っている人、そして前に一歩踏み出そうとしている人、今のところ彼らはみな同じ地点、同じ線上にいる。だが、すでに彼らの間には大きな違いがある。座っている人は、隔たりをなくそうとしていない。立っている人は、少なくともその中間の状態にある――彼はどこかへ出発するかもしれない。座っている人は、まず腰を上げねばならない――歩くのはそれからだ。座りながら歩くことはできない！　立っている人は、座っている人よりは歩いている人に近い。歩きたいと思えばすぐに歩き初められる。そして、足を運んでいるだけの人はまだ目的地に着いていない――まだ他の二人と同じ所にいるが、すでにその距離は縮まり始めている。一歩でも歩めば、少なくとも一歩は近づく。

サニヤスは最初の一歩だ。それは隔たりをなくす第一歩だ。だが、その最初の一歩が一番難しい。歩みは、その後おいおい続いていく。最初の一歩は一番難しい。だからこそ、最初の一歩が旅の半分とみなされるべきだ。

マハヴィーラの有名な言葉に『歩きだした人はすでに到達している』という言葉がある。実際には、この言葉は真実ではない。歩き出したからといっても、必ずしも目的地に到達しているわけではない。途中でやめて引き返すかもしれない。気持ちが変わったり見通しが変わるかもしれない。だから歩きだした人がすでに到達しているという言葉は、全面的な真実ではない――がしかし、それには深い意味がある。潜在する真実がある。歩き始めた者が、すでに旅の半分を完了しているので、マハヴィーラはきっぱりとこう述べた。最初の一歩で、すでに旅の半分は終わっている。最初の一歩はもっとも困難な一歩だ。わたしがあなたに茶碗を与え、それを飲むことを勧める。そしてあなたがその茶碗を口元に運べば、ほとんどそれは完了している。口元と喉はどれほど離れているだろう。茶碗が唇に触れれば、中身は喉に達する。しかし、唇が茶碗に触れなければ、自ら茶碗を持たなければ、どうやってその中身があなたの喉に達するだろう。

あなたは訊く。「あなたの祝福は、サニヤシンたちのためだけにあるのですか？」。わたしの祝福はあらゆる人のためにある。しかし、それを受け取ることができるのはサニヤシンだけだ。これを正しく理解しなさい。それはあなたの頭の上を素通りする。

ある皇帝が仏陀に会うためにやってきた。彼はいくつか質問をした。仏陀は答えた。「一、二年経ったらまた来なさい。今は瞑想の技法を与えよう。まずこれをやってみるといい」

皇帝は、少々落胆して言った。「わたしは普通の人間ではない。それに遠方より質問をしに参ったのだ。長い間、これについて頭を悩ませてきた。たくさんの者に尋ねたものだ。だが、誰であろうと答えてくれた。あなたは答えようともしない。そのうえあなたは、今わたしに、瞑想してから来いと言う。あなたの態度はとても無礼だ。わたしを侮辱しているのか？」

仏陀は言った。「そうではない」。それをこのように理解するようにと、仏陀は皇帝に言った。雨が降る中に、水差しが逆さまに置いてある。その中に雨粒は一滴も落ちない。他にも正しく置かれている水差しがある。だが、それにはたくさん穴があいている。雨水がザーザー降り込んでも、水はたまらない。雨がやんだら、たちまち空っぽになる。いっぱいに見えても、穴だらけなのですぐに漏れてしまう。穴の空いていない三つ目の水差しを思い浮かべてみることだ。それは正しく置かれている。だがゴミが詰まっていて、雨が降るとその水は汚れ、毒になる。それを飲むのはやめたほうがいい。飲めば、まちがっても生を見つけることはない――むしろ死んでしまう。

「あなたは、この三つの水差しをひとつにしたようなものだ」。仏陀は言った。「これまでの何生という生において、あなたはどれほど有害で不潔なゴミを内側にため込んできたかわからない！　そのうえ逆さまになって、さらに穴だらけの水差しでもある。次にわたしのもとへ来る前に、少しでもあなたの水差しを清め、穴を塞ぎ、正しく立てられるよう、一、二年瞑想するようにわたしは求めた。わたしにはあなたに降り注ぐ用意がある。だが、そうしたところで今は無意味だ。何か聞かれても、あなたに答える必要はない。肝心なのは、わたしの答えを受容する力があなたにあるかどうかだ」

なんと残酷なことを仏陀は言ったのだろうと、あなたは思うかもしれない。しかし、仏陀は慈悲の極みからそれを言った――少し準備を整えてからくればいいと。サニヤスとはその準備だ。

ここでも、わたしの話に耳を傾けに来る人々に三種類の器がある。ある者はあべこべになっている。そして空手で去って行く。たとえ彼らに宝物を見せてあげても、彼らはあなたを嘲笑する。そして何も得なかったために、彼らはこう言う。「どうしてそんなに満ち足りていられるのだ。あなたは自分を欺いているのだ。盲目的に思い込んでいる。多情多感なだけだ。あなたには何の理解もない」。そういう彼らはとても知的な人々だ。――しかし、彼らは何も受け取らなかった。あなたの方が知性的だということが、どうして彼らに受け容れられるだろう。あなたは単純素朴で、思い込みが激しく、思索の仕方もわかっていない、熟考する能力がないと彼らは思う。

自らの水差しを正しく置いた他の人たちは幾度も溢れる。わたしに耳を傾ける度、彼らは満たされる。しかし、彼らは扉をくぐる前にすでに空っぽになっている。彼らは一切忘却する。彼らは元の黙阿弥《もくあみ》になる穴だらけの水差しだ。

そうして、他にわずかばかり三番目のタイプの人々がいる。彼らはいっぱいになる。穴も空いていないし、まっすぐ立っている――しかし、彼らに降り注いだものは何であれ、もはやわたしのものではない。それはすでに彼らのマインドによって歪んでいる。彼らは自分自身の解釈をつけ加え、自分の意味を含ませる。彼らがここで何かを得ても、それはわたしが与えたものではない。ここに彼らが来たときに一緒に携えてきた洞察がある。それをわずかばかり飾り立て、整理し直したものを彼らは持ち帰る。わたしは、彼らのゴミの中に降り注いだことになる。

すべてはあなた次第だ。サニヤスとは単に、自分の器を掃除する用意があること、自分の器をわたしの色で染め上げる用意があること、自分の器の穴を塞ぐ用意があること、自分の器をまっすぐに保ち、すべての恐れを捨て去る用意があるという事だ。

サニヤスとは再生、新しい生だ。これまであなたは、ある生き方をしてきたが、そこから何かを得たことはなかった。何かを得ていれば、わたしのもとへ来る必要はなかったろうし、どこか他の場所に行っていただろう。あなたがこれまでの人生において何も見いださなかったのは、あなたの質問からして明らかだ。あなたはここに何かを探しに来たが、代償を支払わずにそれを見いだしたいと思っている。何かを受け取ったことが誰にもばれないように見いだしたいと、あなたは思っている。あなたは自分自身のダイヤモンドを欲しがっているが、その勇気がない。そのようなものを持つには大胆さが必要だ。

生まれ変わらねば、内なる住処は永遠に暗い
どれほどあなたの使う紙が上質でも
生という本は書き込まれない

上質な紙を持っていても、真実があなたに降臨するまで何も得ることはない。そして、あなたの実存が生まれ変わらないかぎり……〝生まれ変わる〟ということでわたしが意味するのは、両親があなたに

最初の誕生を与えたが、二度目の誕生は師《マスター》から与えられるということだ。だからこそ、両親を凌いで師が崇められる――なぜなら、両親から授かった肉体、授かった誕生は死を免れず、物質的で粗雑なものだからだ。師から授かる生の動向は微妙で、意識に関係する。肉体は両親から生じるが、魂は師から授かる。最初の誕生は両親から授かり、次の誕生は師から生ずる。

サニヤスとは、他者の足下に頭を垂れるために必要とされる勇気の名前だ。そしてこの世界には、この頭を垂れる勇気ほど偉大な勇気はない。誇らしげに立つことが偉大な達成だと思ってはいけない。愚か者はみな誇らしげに立つ。ふんぞり返っていることには何の栄光もない。頭を垂れることができる、その中にこそ芸術がある。

大木が堅いことを老子は指摘した。暴風が吹き荒れると、大木は倒壊する。暴風が吹き荒れても、小さい草の葉や植物や低木は頭を垂れ、後で再び起き上がる。草は柔軟なので台風に根こぎにされることはない。だが、大木は非常に自己中心的なので根こぎにされる。

ここには嵐が吹き荒れている。わたしがあなたにしている話などまったく存在しない。これはまさに、あなたを根っこから揺さぶる嵐だ。それは旋風だ。あなたが硬直して立てば、利益を得ることもなく損失に苦しむだけだ。あなたは倒壊するかもしれない。頭を垂れるなら、何も失うことなく利益を得るばかりだ。そのとき、旋風はあなたを活気づけ若返らせる。それはあなたの生からゴミや埃を吹き飛ばす。あなたは再び高まり、栄える。この嵐は生気を与える神話的な香草《ハーブ》となり、それが祝福となるだろう。

サニヤスとは、あなたが神聖なるものにこう言うことだ……しかし今のところ、神聖なるものはまだ遥か彼方だ。だから代わりに、それを師に言う。師《マスター》、導師《グル》とは、グルドゥワラ、師という扉にすぎない。この媒体を通して、あなたは神聖なるものに懇願し、こう言う。「あなたにはお目にかかったことがない。あなたには馴染みがない。あなたの所在も消息もわたしは知らない。しかし、あなたの所在と消息を知る人がここにいる。だから、わたしはわたしのメッセージを彼に託す。彼を通し、わたしの祈りをあなたに捧げる」

師とは、あなたのような人であって、なおかつあなたのようではない人だ。ある意味においてあなたのような人であり、別の意味においてあなたを超えている人だ。師とは、片手であなたと手を取り合い、もう一方の手で目に見えぬものと手を取り合っている人だ。

愛をもって見れば、目には見えない師の手を理解し始め、師から神聖なるものがあちこちを覗き見ているのがわかる。愛をもって見なければ、明け渡しの目で見なければ、あなたの目には師の粗雑な姿しか映らない。ゆえに、弟子にならずには師を見るすべはない。なぜなら、あなたがこのヴィジョンに値するのは弟子になるとき、頭を垂れるとき、繊細さをもって、愛をもって、親愛の情をもって見つめるときだけからだ。一方で、目に見えない世界もまた、師を通してあなたの目に映るようになり始める。師は窓にすぎない。

おお演奏家よ、我は汝がフルート
我を通して呼吸したまえ、我を奏でたまえ

旋律は我が肉体に眠る
その旋律は、ひとりでには覚めない
そこがそれの弱点
生気を与える汝が唇で触れ
蜜で我がハートを満たしたまえ

アヒリヤ（＊）に触れ
彼女の無知、彼女の無気力さを取り去り
彼女の意識をふたたび覚醒させたまえ

（＊インドの女性の名前）

おお演奏家よ、我は汝がフルート
我を通して呼吸したまえ、我を奏でたまえ

自分の中に眠るフルートという思いは、あなたにはまったくない。だから、あなたは音楽家のもとへ行って懇願する。「わたしというフルートを奏でてください。そうすれば、わたしの中に眠っている者に耳を傾けられます。そうすれば、わたしの潜在性を意識的に知ることができます」。あなたは師の現前で自らの潜在性の最初の一瞥を得る。

我が苦悩に、それ自身の声を見いだきせ
荒廃した我が喜びの庭にふたたび反響させたまえ
我の内に旋律を流したまえ
三界は、あまりにも苦痛に満ち
それを聞き、一切の意識を失う
我が傷にその指を渡らせ
新たなる音楽を我の内に創造したまえ

おお演奏家よ、我は汝がフルート
我を通して呼吸したまえ、我を奏でたまえ

沈黙すれば息苦しい
音楽なしには生きられぬ
我が音はひたすらにあなたのもの
あなたが奏でなければ、誰がわたしを奏でるだろう
わたしは懇願する、邪険にせぬよう
これは耐えられぬ
これ以上、苦しませぬよう

おお演奏家よ、我は汝がフルート
我を通して呼吸せよ、我を奏でよ

どれほど寺院の中で声を失くしていたことか
退くことなく、我が尊厳を支えたまえ
この一縷の望みに、我が人生は安らいでいる——
ある日ふたたび、あなたが我を拾い上げてくれるという望みに
せめてもう一度、あなたの唇に我を押し当てたまえ
我が肉体が死骸になる前に

おお演奏家よ、我は汝がフルート
我を通して呼吸せよ、我を奏でよ

サニヤスとは、師《マスター》への懇願だ。「自分が誰かわからない、どうかわたしに意識を、気づきをもたらしてください。わたしの内側で、誰が眠り込んでいるか自分ではわからない、どうぞわたしを揺さぶってください。あなたは知っている。どこに自分の宝があるのか自分ではわからない、だが、あなたはご存知だ。だからどうか、わたしの宝への道を示してください」

サニヤスとは、自分の手を師の手中に置いているということだ。それは独自の革命であり、命知らずだけに可能なことだ——なぜなら、自分自身を完全に他人の手の内に委ねることは非常に難しいことだからだ。そして、それは完全に自分自身を委ねるときでしかない。もしもほんの一部分しか委ねなければ、もしも打算的に委ねるのであれば——何かが起こるかもしれないと構えながら、何も起こらなければ後戻りしようと考えているうちは——それでは、本当のところは自分自身を委ねていないということだ。もしそうなら、サニヤシンになっても隔たりは存在し続ける。そしてその隔たり、その相違はあなたの側から生じる。

どうなるか見てやろうという心持ちで、自分自身を捧げたサニヤシンたちがいる。何かが起これば、彼らはサニヤシンのままでいる。だが、何も起きなければ——誰に彼らが引き止められるだろう。彼らは家に戻る列車の中で服を着替え、マラやその他のものを隠す。そうして出てきたときとそっくり同じ格好で、家に到着する。そういう人たちがいる。さあ、わたしはあなたを監視しながらついて回るつもりはない！　そもそも、あなたがアムリッツァー（地名）で何をするか、わたしの知ったことだろうか？

このようにしてサニヤシンになるなら、隔たり、相違はそのままだ。なぜなら、あなたが狡猾でいるからだ。欺いているあなたは何者だろう。せめて、狡猾になることのない一所へ、完璧な信頼と愛において頭を垂れる一所へ、あなたが不正直でない、欺かない一所へ在りなさい。

サニヤシンにならねばならないと言っているのではない。サニヤシンになるなら、完全な理解をもって、慎重かつ決然としてなることだ。全一な勇気がある場合にのみ、なることだ。もしあなたがサニヤシンになったら、引き返すという考えを保持してはならない——なぜなら、引き返すという考えがマインドに残っていると、わたしと共に歩めなくなるからだ。引き返したいと思っている人間が、どうやって先に進めるだろう。そのような人は言う、「二、三歩足を踏み入れてしまったら、後で同じくらい歩いて戻ることになるとも限らない——だから、今いるところにいよう。ただ続けておくことに関して——自分は歩く、確実に歩みを進めるつもりだ——と話すだけにしておこう。ともかく、自分が今いるこの場所にとどまるというのが本音だ。結局は戻って来るかもしれないのだから」

だが、自分は戻ることもあるという感覚をハートに持ち運ぶなら、旅を始めることもできない。サニヤスとは、二度と引き返すことのできない旅だ。いったん出発してしまったら、永遠に進んでしまっている。そのとき、確実にそれは起こる。そのとき、あなたは神聖なるものと確実にひとつになる。そのとき、あなたはわたしの祝福の光を即座にとらえることができる。

第二の質問

二番目の質問は最初の質問に似ている。似ているからこそ、この質問も理解する必要がある。

愛するOSHO、オレンジ色のローブ、マラや師《マスター》は、神聖なるものという究極の住処に到達することに、どの程度役立つのでしょう。

そして、その境地に到達した後でも、それらは必要なのでしょうか？

あなたは、神聖なるものという究極の住処にまだ到達してもいないうちから、もうオレンジ色のローブや、マラや師に恐れをなし、こういった考えすら自分のハートの慰めにしている。わずかな間、それらを一切合切身につけていればいい、神聖なるものという究極の住処に達してしまえば、すべて外してもいいと思っている。あなたが、神聖なるものという究極の住処に辿り着くことはない――なぜなら、こういうタイプのマインドは、その状態には到達しないからだ。このタイプのマインドは旅を始めたこともない！　始まる前からやめることを考える。到着しないうちから、目的地について計算する。それは非常に計算高いマインドだ、それはあなたを彼方まで連れては行けない。

そもそも『神聖なるものという究極の住処へ到達すること』とは！　そもそも、神聖なるものという究極の住処云々へ到達するという、この言葉全体が欲深いマインドの徴《しるし》だ。こういったことは、サニヤシンの考えることではない。『神聖なるものという究極の住処へ到達すること』！　世間において高い地位を獲得できないので、『神聖なるものという究極の住処へ到達しようではないか』となる。選挙では勝てる見込みがないので、『神聖なるものという究極の住処へ到達しようではないか』となる。デリーがあまりにも遥か遠くに思えるので、『神聖なるものという究極の住処へ到達しようではないか』となる。あなたが必要としているのは、究極の地位だ。

エゴの欲望を見ることがあるだろうか？　あなたのエゴは何度も新しい形をとる。世界においては富、名声や地位を欲する。なんとかそこから移動できても、依然としてその基本的な傾向は変化しない。

あなたは宗教に何を求めているのだろう。そこでもエゴを探しているのだろうか？　そうであれば、あなたの旅はまさに始まりからまちがっている。真の宗教の意味とは、どんな地位にも実体がないということだ——『神聖なるものという究極の住処』ですらだ。まさに、その地位に対する競争こそ無益だ。地位に対する競争はエゴ・トリップだ。そしてエゴにもまったく実体がない。ここであなたは横柄に歩き回り、機会さえあれば、究極の解放の空間《スペース》でも横柄に歩き回る。

ときおり座って、これについて考えてみることだ。もしもあなたが解脱《モクシャ》を達成したとしたら、どうだろう。そこでもまたあなたは威張りくさり、他の誰よりも少しばかり高いところに座る。そこでもまた、同じゲームをする。

宗教の探求とは、あなたがエゴに疲れたということ、もはやあなたがエゴに興味がないということだ。エゴが落ちるとき——それがサニヤスだ。もし、あなたのエゴが次々に新しい形をとり続けるなら……サニヤスとは、ただどんな地位にも実体がないことを真に悟ったということだ。どんな地位にも実体がなければ、『神聖なるものという究極の住処』に、いったい何があるだろう。神聖なるものという究極の住処とは、世間における〝地位〟が拡大したものにほかならない。富に何もなければ、究極の富に何があるのだ。ここに何もなければ、そこにも何もない。

あなたの天国は、この世界が拡大したものだ。何であれ、この世界で求めているものと同じものをあなたは天国でも求め続ける。あなたは自分の要求を磨き上げ、飾り立てるが、依然として同じ物事を求める。依然として、あなたの中に要求、貪欲、欲望やエゴがあるとき、いったいどんな類の究極の神聖なる状態があるのだろう。あなたは『神聖なるものという究極の住処』の意味を理解していない。

光明を得た人の言葉を、まったく誤解をしてしまうのはよくあることだ。神聖なるものという究極の住処はエゴのない、貪欲のない、幻想のない、執着のない境地だと光明を得た人は言う。その状態の名がパラムパッド、神聖なるものという究極の住処だ。そして、これをあなたの貪欲が聞きつけ、あなたは言う。「すばらしい！　ならば、神聖なるものという究極の住処へ到達しようではないか。どうして、ちっぽけで取るに足らない地位にかまけて時間を無駄にすることがあるだろう」。だが、これを覚えておきなさい。こう言っているのはあなたの貪欲だということを。あなたはすべてを正反対に理解した。要点をまるごと取り逃がしている。

だからまず、神聖なるものという究極の住処については、口にすらしないことだ。達成の話はやめなさい。達成の陶酔がある限り、神聖なるものを見いだすことはない。神聖なるものは、すでにあなたの中に現存している。到達する必要はない。だが、目標達成を追求することで頭がいっぱいになっていては取り逃がしている。探し求めてきたからこそ、あなたは取り逃がしたのだ。すでに自分が持っているものを獲得する必要はない。すべての探求が落ち、すべての疾走が止み、どんな欲望もなく、あなたは平和に満ちて腰を下ろす。風は吹かず、雲はもはや形を取らず……その瞬間、即座にあなたは見いだす。『ああ！　探し求めていた人がここにいる』

ブッダは光明を得た。ある人が彼に尋ねた。「何をあなたは達成したのですか？」

彼は言った。「わたしは達成してなどいない、すでに自分が持っていたものを理解しただけだ。ただ理解しただけで、わたしは何も達成していない」

神聖なるものという究極の境地は、あなたの場合もすでにあるのだ。どこにいようと、神聖なるものという究極の住処はそこにある。どこにあなたの魂が現存しようと、神聖なるものという究極の住処もまた、そこにある。ただちょっと内側を見てみれば、なんと偉大な君主の座にあなたは座っていることだろう！　だが、あなたは乞食のように辺りをさまよっている。あなたはけっして家に戻らず、自分自身に立ち戻らない。ときには富を追い求め、ときには地位を追い求める。そして、こういったものにうんざりするか、あるいは失望してしまうと、即座に新しい競争を始める――さあ、天国へ到達しなければ、さあ、光明を達成しなくては、さあ、神聖なるものという究極の住処へ到達しなくては。

神聖なるものという究極の住処や、サニヤスを取ることを欲望してはならない。なぜなら、何かを達成したいと思っているからだ。そうであれば、それはサニヤスではない。サニヤスとは単に、自分の貪欲さが無益であることが確信されたということ、それが落ちたということ、今、在るものを楽しめるということだ。達成とは、明日それが起こるということ、未来に起こるということだ――だが、神聖なるものは今であり、明日は起こらない。神聖なるものは今、ここだ。モクシャは本来あなたに備わっている境地であり、それは今だ、それはここだ。もし、あなたが静穏になり、あなたを取り巻く欲望の雲が消え去るなら、今すぐ光が現れる。光は常に現在に在った。太陽はただ雲に隠れている。

だから、そもそも『オレンジ色のローブや、マラや師は、神聖なるものという究極の住処に到達することに、どの程度役立つのでしょう』という言葉からして、あなたは師を、オレンジ色のローブやマラを手段として利用したいようだ。これが、そもそもの間違いだ。手段として師を利用することは、ある種の搾取だ。あなたが支配者であり、師が召使いになる。神聖なるものという究極の住処へ到達するために、あなたは師を利用したいのだ。そこへ上がるために、師の梯子《はしご》に足をかける。だが、その後で師に感謝するつもりもない、というのも質問の最後にこう言っているからだ……。「そして、その境地に到達した後でも、それらは必要なのでしょうか?」――わたしの梯子に昇るあなたは、いったい何様だろう。その梯子は、あなたの現存の恩寵を賜って祝福されているという! あなたが登らなければ、梯子はいったいどうなっていただろう。あなたは蓮の御足で現れ、梯子を登った――梯子はあなたが来てくれた栄誉に預かったことをずっと歌い続けるだろう!

師との関係性は搾取ではなく、ひとつの恋愛だ。もし、あなたが手段として師を利用する関係性を作るなら、あなたは君主のまま、頂上にいるままだ――単に師を利用しながら。これは不道徳で、醜い。

あなたが持つことのできる師との唯一の関係性がある、それが愛だ。それはある日、あなたが師を去る時がやってくる関係性だ――その時は必ずやって来る。なぜなら、師がそうなることを望んでいるからだ。ちょうど彼があなたに彼を登ることを望んだように、彼を手放すことをあなたに望む時が来る。なぜなら、あなたはもうひとりでやっていけるからだ。

母親が息子に歩き方を教えている間、母親は息子の手をとる。だが、その手を永遠につかんでいるつもりはない。もしそうしてしまえば、息子にとって害になるからだ。たとえ息子が望まなくとも、ある日、母親は彼の手を離す。息子は、母親のサリーをつかんで、台所や家中の後をついて歩く。母親はこう言うだろう。「どうか離してちょうだい。もう、あなたはひとりで歩けるのよ、どうしてママにつかまっているの?」

ある日、師はあなたが彼を手放すことを望む。だが、その頃には弟子は手放したいとは思わない。弟子は言う。「なぜ、わたしがあなたを離れることができるでしょう。多大なものを授けてくれた人を、どうしてわたしが離れることができるでしょう」。神と師の両方が弟子の前に立ったとしても、多大なものを授けてくれた人のもとを、どうして離れられるだろうと弟子は思う。神をも見捨てることができると感じる瞬間が弟子に訪れる。だが、師を見捨てることはけっしてできない。なぜなら、その瞬間まで神とは何の面識もないからだ。それまで神聖なるものとの接触、関わりは一切なかった。創造したのは、この関係を可能にしたのは師、その人だ。「もしも、どちらかを放棄せねばならないなら、わたしは神を放棄する。師がいるかぎり、神とのこの関係を何度でもとりもってくれる。師がいてくれる方がいい、なぜなら、師は扉で、わたしたちが望めばいつでも寺院に入れるのだから」

だから、この困難な終局の時は、弟子の側からは始まらない——弟子が去ることを望んでも、それを師が妨げるということはない。この困難な終局の時は、師が弟子に彼を離れるように求める。だが、弟子がそれを望まない。弟子の意味とは、師にすっかり惚れ込んでしまっているということだ。今になって、どうやって師を手放せるだろう。まさに、こういった思いが弟子の非常な痛みの原因となる。たとえ解脱《モクシャ》を放棄することになっても弟子はかまわない。「師の御足のもとにとどまれるなら、それで充分だ」。師の御足のもとで多大なものを授かったので、解脱がそれ以上をもたらすということさえ、弟子には考えられない。そしてもし、そう考えられたとしても、すぐに手放すような非常な恩知らずには弟子はなれない。最初に弟子の手を取る段階においても、師は相当苦労する。なぜなら、弟子は逃げ出したいからだ……。

さあ、この紳士は逃げ出そうとしていて、わたしは彼の手をつかまえたい。彼の名前はとても惚れ惚れするものだ、シャヤム・カンハイヤ——〝最愛なる、黒いクリシュナ〟——だが、それは名前だけのようだ。今のところ、彼にはシャヤムへ向かう欲望も勇気もない。わたしは彼の手を取りたいのだが、彼はすでにわたしを離れる用意をしていて、こう尋ねる。「済んでしまえば、それらをすべて離れることができるでしょうか？　いったん、神聖なるものという究極の住処へ到達してしまえば、もう他の一切はすぐに落してもいいのではないでしょうか？」

そんなマインドの状態であれば、あなたはあまりにも自分自身を解放することに忙しすぎて、わたしの手をつかもうにもつかめない。あなたは可能なかぎり早く自由になりたい。だが、神聖なるものという究極の住処へは到達できない。慌てていては、そういう物事は起こらないからだ。こういった物事には測りしれない忍耐、卓越した内なる平安、無限の静穏が要求される。

まずひとつ、わたしの手にシャヤム・カンハイヤの手を取ることは非常に難しいということ。これが、最初の難局だ。そして、なんとかその難局を切り抜けても、次なる難関はもっと大変だ。次なる難関とは、わたしを手放し、最終の飛躍《ジャンプ》をする時が、彼に到来したことがわたしにわかったときに生ずる。この難局はさらに困難を極める。今のところ彼の問題は、彼のエゴに帰因している。利己主義《エゴイズム》はそれほど大した問題ではない。実際、利己主義がどれほど強力になるだろう。利己主義は無のようなものだ、否定的な実体、ひとつの影のようだ。それには現実性がなく、闇のようだ。今のところは、闇を離れるという考えが困難を生みだしている。わたしはあなたたちに、闇を離れるようにと言う、光とともにあなたたちの前に立って、わたしはこう言っている。「ここにランプがある、わたしの手につかまりなさい」。今のところ、あなたは闇をつかんでいる、光をつかむのは困難だと知りつつ。

ちょっと想像してごらん、あなたにわたしがこれを求める日のことを。あなたが光を持っている、そしてその光を手放して、神聖なるものという広漠たる無限に入っていくようにと。その瞬間、あなたは再び『いやだ』と言う。闇を離れることがこんなに困難だというのに、光を離れるのはなおさら困難だ。どうやってあなたに光を、そのお祭り気分を、その音楽と祝祭、その至福を放棄できるだろう。いずれにしろ、師がそれをやめさせる。

これはとてもおもしろい。ある日、師があなたの手をつかむ、そしてある日、彼があなたを彼から自由にする。そして、その第二の奮闘はさらに困難だ。とはいえ、最終的に師があなたの手から彼の手を離そうとするとき、弟子の感謝は尽きない。本当のところ、師の手にすがっているとき弟子は感謝に満ちている。だが、師が手をほどく日、弟子はどれほど苦しむにせよ、さらに限りない感謝に満ちる――なぜなら、師の手はランプを携えているにすぎないからだ。しかし、そのランプを弟子が手放すとき、太陽の光すべてが彼の手中にある。師の手にあったのはネクターの一滴だ。弟子がその一滴を手放すとき、大海のすべてが彼の手中にある。

そのとき、弟子はさらに感謝に満ちる――なぜなら、師が彼の手をつかんでいたのは、師の慈悲ゆえだったからだ。しかし、今になって彼がその手を放すとき、それはさらに大いなる慈悲ゆえになされる。そしてあなたは尋ねる。「神聖なるものという究極の住処へ到達した後でも、それらは必要なのですか？」。その必要は微塵もない。けれども、師に対する弟子の感謝から――師に対する感謝の気持ちから――弟子はそれらを大切にし続ける。

仏陀の弟子、シャーリプトラは光明を得た。すると、仏陀は彼を追放した。「さあ、出て行きなさい。もう、おまえは行くことができる。もう、一緒にいる必要はない。他の人のために部屋を空けなさい。行って、村々へメッセージを広めなさい。わたしがおまえに与えたものを、他の人たちに与えなさい」

シャーリプトラは痛烈に泣き叫び始めた。彼は言った。「どうか、そんな仕打ちをなさらないでください」

仏陀は答えた。「おまえは恥ずかしくはないのか？　ブッダだというのに泣き叫ぶとは！　もう、おまえは光明を得ている――何を泣き叫ぶことがあろう」

だが、シャーリプトラは幼い子供のように泣き続けた。彼は乞い願った。「どうか追放しないで下さい。光明を得ていない方を受け入れたいほどです。どうか追放しないでください。いっそ光明を得ない方がよかった」

仏陀は言った。「いくら光明を得ていないと言い張っても、わたしを欺くことはできない。そういうやり方は通用しない。おまえは光明を得ている。さあ、泣き叫ぼうが、胸を打って悲しもうが何にもならない。おまえは行かねばならない。選択の余地はない。行って他の人々を目覚めさせるのだ。どこまでわたしにすがっているつもりなのだ」

シャーリプトラは出て行かねばならなかった。彼は泣きむせびながら出ていった。彼は素晴らしい人だったに違いない。なぜなら、光明を得た後で泣き叫ぶことは通常ではあり得ないからだ。何という感謝の念を持っていたのだろう！　彼は去った。しかし、どこにいても毎朝夕、仏陀の方角に向かって頭を垂れた。彼の弟子達は、言ったものだ。「あなたは光明を得た方です。仏陀ご自身が、あなたは光明を得ていると言われました。それなのに、誰に向かって頭を垂れているのですか。何をなさっているのでしょう。毎朝、毎夕、仏陀がいると思われる方向に……ガヤに仏陀がいればその方角に、別のところにいればその方角に」

シャーリプトラは常に答えた。「わたしが光明を得たのは、仏陀の慈悲ゆえであった。起こったことはすべて仏陀の恩寵から起こった。わたしは彼の慈悲をけっして忘れることができない」


あなたなら、こう言う。「今さら、何の必要があるのか？」。あなたにはわからない。なぜなら、あなたは大した商売人だからだ。あなたなら、こう言う。「必要とあればあなたの足に屈しよう。だが、もうその必要はない――だから、どうしてあなたの足に屈することがあるのか」。自分が言っていることについて考えてみたことがあるだろうか？　こういった関係性は必要に基づくものだろうか？　もしそうなら、愛がどういうものか、あなたは知らないのだ。愛とは、必要からの関係ではない。そして、神聖なるものという究極の住処の、その花々は愛において開花する。花は、愛にしか咲かない。これは商売上の取引ではない——利害関係があるとき、あなたは『ジェイ・ラム・ジー (*Jai Ram ji.*)』——汝の内なる自己に勝利あれ——と言って挨拶する。だが、利害関係がなくなれば、利益がないので挨拶も忘れる。

これこそがあなたの在り方だ、そうではないかね？　町で誰かと行き会えば、利害関係から挨拶する。あなた方の挨拶でさえ偽りだ。何らかの利害関係なしには、こう言うこともできない。『内側の神聖なるものに勝利あれ』。あなたはこう言っている。『わたしは、この人間と取引する』——彼は銀行の頭取、副収税官、行政長官だ。『彼とは取引がある。目的を達成したら、彼に見せつけてやろう！　だが、今のところは、彼には挨拶しておかなくては』

あなたは、師にこんなふうに挨拶するのだろうか？　もしそうなら、あなたは弟子ではないし、自分が師と呼んでいる人を師と思ってはいない。

『オレンジのローブやマラ、そして師……』、『助け』と呼ぶのは正しい言葉遣いではない、それらが助けになると言うのは、正しくはない。これらは純粋に、あなたの明け渡しの象徴にすぎない。オレンジのローブを着なくとも、人々は光明を得た。しかして、それらが助けになるというのは正しくない。キリストは光明を得たし、衣服をまったく着けなくとも、マハヴィーラは光明を得た。仏陀は黄色い服を着た。だから、助けになるならないが衣服の要点ではない。それらは純粋に、あなたが明け渡しているという象徴にすぎない。あなたは言う。『さあ、わたしは師に言われた通りに生きて行く。今、師の色がわたしの色になる。今、師がオレンジと言えば、オレンジがわたしの色だ』。これは純粋な暗示、ヒント、あなたの側からの、『わたしには自分自身を染める用意がある——内側でさえも。外側の色は、染まる用意があるという意志表示にすぎない。どうすれば、内側の色を表せるのか。その代わりに、わたしは外側の色で示す』という意志の表れにすぎない。

誰かと抱き合う際、実のところ、あなたは何を主張しているのだろう。骨と骨を会わせようと言っているのではないだろうか？　つまるところ、出会っているらしきは骨だ。二人の人間が抱擁するとき、胸が会い、骨と皮膚が出会う。だが、あなたが意図したのはこれだろうか？　いいや、あなたは言っている。『骨が出会うのはどうでもいい、それは外側のことだ。しかし、わたしたちはハートが出会うことを、魂が出会うことを望んでいる』。外側で起こることは、単に内側で起こることの暗示にすぎない。

他人と手をつなぎ、片手が他人の手の中にあるという物理的状態によって、愛は誕生しない。発汗作用は生じるかもしれないが――しかし、あなたはあるメッセージをばらまいている。この外側のふるまいが象徴にすぎないということ、外側で手が出会っているように、内側でも出会いたいということを。外側は象徴にすぎない。

これらのオレンジのローブやマラは、あなたが頭を垂れたという徴《しるし》、自分の空の鞄を差し出して立って――もしも祝福が降り注いだら、満たせるようにそれを開けて、それらを歓迎する用意があることをわたしと世界に宣言した徴だ。あなたは自分の扉を開いた。だから、お客がやってきても引き返すことはない。あなたはホストとなり、お客が来るのを待っている。これこそ、それらが示しているすべてだ。

この徴が成果をもたらす、深い成果を。わずかばかりの形態で、わたしたちは内側を表現しなくてはならない。なぜなら、内側を表現するための独立した言語がないからだ。

誰かに明け渡す感覚を覚え、頭を垂れてその足下に額ずいたことがあるだろうか？　さぁ、頭も足も外面上のものだ。そこで、あなたは何をしているだろう。しかし、この外側の象徴は、内側についての情報を伝える。自分自身の内側で、この人物に頭を垂れているということだ。人に怒っているとき、あなたはその反対のことをしたいと思う。その人の頭に足を押しつけたい。これは逆のことだ。なぜなら、今度は飛びかかって、その人の頭を踏みにじり、平伏させたいからだ。せめて靴を脱ぎ取り、それでその頭を殴りたい！　これもまた象徴だ――逆の象徴だ。あなたは言っている。『この男の名を貶《おとし》めてやった』。さあ、あなたの靴を誰かの頭に乗せることと、それでその人を叩くことにどんな違いがあるだろう。靴にどうやって人が侮辱できるだろう。だが、これらは象徴であり、あなたの内側の状態の情報を伝えている。オレンジ色のローブもまた象徴だ。それらは、あなたの内面の情報をもたらす。それらに科学的根拠はない。それを着たからといって光明を得るわけでも、着なければ光明を得ないということでもない。それらには帰因しない。それらは単なる詩的な象徴だ。そしてわたしがあなたに教えているのは、科学ではなく生という詩だ。

おお不滅なるもの、おお不死よ
おお、我が目とハートを供し
いつ、あなたにお目にかかれましょう
おお、呼吸と一体となる甘やかなそよぎ……
存在もなく、あなたは在り
わたしはちっぽけな手を伸ばしている
あなたは究極のエネルギーであり
わたしは切望し、祈願するエネルギー
あなたは不死なるもの
何度もあなたに捧げられる瞬間こそがわたしであり
あなたはまさにその行為の法則
そして、永遠に清新なる明け渡しがわたし

それらは、単にあなたが明け渡したという徴にすぎない。

三番目の質問

愛するＯＳＨＯ、この方法あの方法と、同じことをいろんなふうにあなたは言い続けます。真実にはそんなにたくさん言葉が必要なのですか？

真実には、ただの一語も必要ない。真実は、言葉ではけっして表現できない。真実は言葉を超えている。だからこそ、いろいろな言い方で伝えようとするこの努力がなされている。こう言っても理解しないかもしれないが、ああ言えば理解するかもしれない。こちらの角度からはわからないかもしれないが、別の角度からならわかるかもしれない。このように言ってもわからないかもしれない、それなら別の表現をすれば助けになるかもしれない。おそらくサハジョの表現なら、おそらくダヤの表現なら、あるいはマハヴィーラ、あるいは仏陀の……おそらくキリストの表現なら――あなたの理解を助けるために、わたしはどんな手段も利用する。もし、あなたがこの時を逃せば、わたしは再びあなたを助ける他の方法を見つける。しかし、わたしが話さねばならないものは、常に口では伝えられぬものだ。わたしはいつも言葉にすることの不可能なものについて、あなたたちに話さなくてはならない。しかし、わたしが沈黙したままでは、あなたが理解する可能性は皆無だ。

真実は言葉に包含できない。だが、言葉の衝撃《ショック》を与え続ければ、あなたの内側の誰かが目覚め始め、気づくようになり、理解する。言葉は衝撃だ。

それをこのように見てごらん。眠りにつく前に、あなたは目覚まし時計をセットする。朝になって目覚ましが鳴る。ベッドからあなたを出すには、それだけでは充分ではない。巧妙な人々は、目覚ましが鳴っているのが聞こえても、起きることを拒絶する。彼らは常に逃れる手段を見いだす。寺院にいて、寺院の鐘が鳴っている夢を見るかもしれない。そうすれば、ベルが鳴っても何とか知らないふりができる。そして九時に起き、目覚まし時計はどうしてしまったのかと思う。目覚ましが鳴っていると、彼らは夢を作り出し、それで目覚ましの音を偽る。目覚まし時計それ自体が、ベッドからあなたを出すことはできない。だが、本当に目覚めたければ、それは大いに役立つ。まるで、誰かがあなたをこづいているようなものだ。

新型の目覚まし時計を見たことがあるだろうか？　それらは一風変わっている。旧型の目覚まし時計は五分から十分間、鳴り続ける。しかし、それでは役に立たない。心理学者たちは、人間が目覚めるのはベルの鳴り始めだけだと言う。それでただちに目覚めなければ、続く十分間は何も起こらない。最初の一分間に、それを聞きつけて夢にすり替えてしまうと、その夢が十分間続く。新型の目覚まし時計は鳴っては止まり、鳴っては止まり……、最初に聞き逃しても、二回目は目が覚めるかもしれない、二回目でだめなら、三回目で。十分間時計は鳴るが、それは二分おきだ。その方がもっと効果的だ。

心理学の実験が行なわれたとき、こちらの方法でより多くの人々が目覚めることがわかった――なぜなら、夢で自分自身を欺くとなると、アラームが鳴る度に、別の夢を探さねばならなくなるからだ。あなたはいっとき自分自身を欺いたものの、いったいこれを何回繰り返せるものだろう。しばらくすれば、あなたの夢を見る力も尽きる。そうそう何度も寺院へ行けるものではない。次にアラームが鳴るときには、その思いつきにうんざりしてしまう。どうして自分はこんなに何度も寺院へ行っているのかと、不思議に思う――なぜ何度も鐘が鳴っているのだろうと疑わしくなってくる。

わたしが献身についてずっと話し続けないのは、そういうわけだ。さもないと、あなたたちはぐうぐう寝てしまう。わたしが瞑想とか観照の話を続けてすることはない。最近、わたしは老子について語った。それはある人々に効を奏し、彼らは目覚めた。目覚めなかった人たちはそれで終わってしまった――彼らに引き続いて老子の話をしても意味はなかった。だから今度は、わたしはダヤやアシュタバクラ、クリシュナについて話す。

わたしはいろいろと話す……あなたの質問は的を得ている。いろいろとわたしが話すこと、それは同じことだ、まったくもって同じことだ――わたしには他に話すことがない。けれども、あなたたちの眠りがあまりにも深いので、何度も何度も呼び起こさないといけない。黙っていることもできるが、わたしが話していてもあなたが理解しないのであれば、どうやってわたしの沈黙を理解するのだろう。

真実は言葉にできない。だが、もし理解したいと願う人がいれば、たとえ言葉を通しても真実は彼を貫く。真実は沈黙にのみ顕現する。だが、理解したいと願わなければ、沈黙は完璧に空虚に思え、どんなメッセージも沈黙から訪れはしない。たくさんの光明を得た人たちが沈黙にとどまったが、彼らの沈黙を理解した者がいただろうか？　光明を得た人のうち、語ったのは少数だった。彼らが百人に話しかけても、九十九人は理解しない。しかし、たとえたったひとりでも理解すれば、それで充分だ。たとえたったひとりでも目覚めれば、こと足りる。そのとき連鎖が生じたのだ。ひとりが目覚めれば、そのひとりが他の誰かを目覚めさせる。

あなたが目覚めたとき、言葉には価値がないと思いながら座っていてはいけない。それではいけない、これほどの慈悲を持ちなさい――百人に強く働きかけて、たったひとりでも目覚めれば、それで充分だと。ひとりの人間の目覚めでさえも、この地上では稀な出来事だ――なぜなら、もしひとり目覚めれば、そのひとりが神聖なるものの寺院になるからだ。その人を取り巻く雰囲気が拡大し、波紋が生じ、光が降りそそぎ、香気が放射される。その人の音楽が遠きに広きに渡ってこだまし、そしてその音楽で他の誰かが目覚めるかもしれない。連鎖が生じたのだ。

しかもその言葉もまた神性だ、他のあらゆるものと等しく。真実は神性だ……言葉も……無も。

ヘンナの機織り模様や額を結婚の印で飾るように
あなたは言葉を創造した
〝プレ・ム〟――あ・い（愛）――
あなたが意味を与えた無意味な二音節
〝メィ〟――わたし――真っ暗な洞窟のような曖昧な音
清新な生をあなたに与えられ、あなたで満たされた
神秘の結婚の焚き火を囲む環のような愛の言葉
夜明けにこだまする秘教のマントラのように
あなたは言葉を創造した
朽ちることのないバニヤンの木の一葉のように
うねる波を飛びこえて、あなたは言葉を創造した

言葉は、沈黙と同じほど神聖なるものに属す。だから、あなたが目覚めたければ、言葉はそれを果たす。あなたが目覚めたければ、沈黙はそれを果たす。だが、目覚めたくなければ、目覚めることを拒絶するなら、あなたを助けてくれるものは何もない。きっと、あなたは目覚めることを切望している。そうでなければ、なぜこんなにはるばるやってきたのだろう。なぜこんなにも長旅をしてきたのだろう。あなたの中のどこかに渇望がある、あなたの内なる実存に虚しさがある、誰かがあなたを前方に呼び出している。

あなたが沈黙を理解し始める日、わたしは沈黙して座る。今、わたしが言葉で語っているのと同じことを、わたしの沈黙を通して語る。わたしが語るのは同じことだ、伝えるべきことは他にない。だが、今のところ、あなたにはわたしの言葉すら理解できない。言葉は粗大で、沈黙は捉えがたい。言葉には形があり、沈黙には形がない。今のところ、あなたには形あるものでさえ理解できない。あなたの目は形あるものにさえ安らげない。もしも形なきものと一緒に取り残されれば、あなたは完全に迷子になってしまう。

わたしには、この質問をした人物の困難がわかる。わたしの話す言葉を目覚めるために活用するのではなく、蓄積し始めたためにこういった疑問が生ずる。これは、あなたの頭にかかる負担を増大するだけだ。あなたの学習量が増し、あなたの情報量が増大する。あなたの情報量は増大しても、それはあなたの英知ではない。次第に、あなたは言葉でいっぱいになって、他人に説教し始める——自分自身が理解していないにも関わらず。次第にあなたは大理論家、研究家となるが、依然として真実を知らずにいる。これがあなたの問題だ。

これを覚えておきなさい。わたしの言葉から聖典を作らないこと、わたしの言葉を学問にしないことだ。もしそうするなら、自分が目覚めないばかりではなく、逆に眠るための手はずを整えてしまうことになる。それはまるで目覚まし時計が、あなたを目覚めさせるのではなく、もっと眠りこけさせてしまうようなものだ。そのような目覚まし時計を作ることは可能だし、そういったものは存在する。

ある友人が、わたしにラジオを持ってきてくれた。それには目覚ましもついていた。六時にセットすると、ヴィーナの音でふさわしい音楽が鳴る。耳障りな騒音にすらあなたは目が覚めないのに、ヴィーナが鳴ったら、お母さんが子守歌を歌っていると思うだろう。寝返りを打って、毛布をかぶり直してさらに心地良くなる。『これはすごい!』と、あなたは言うだろう。中断されるところを、眠りはここで再び召喚される。

ここで、わたしはあなたに子守歌を歌っているのではない。わたしのここでの努力のすべては、あなたを目覚めさせることだ。だからこそ、ときどきわたしはあなたたちを打ちのめしたりする。ときおり、あなたを突いたりもする。ときには、あなたは傷ついたと感じ、ときには、押さえきれない憤怒で沸騰し、ときには怒り散らす。それは自然なことだ。誰かが目覚めなくてはならないとき、その人の不快さもろとも、他者ががまんしなくてはいけない。

誰かを起こそうとしたことがあるかね? 寝る前に五時に起こしてくれと言っていたのに、あなたが起こすと、その人はまるで敵《かたき》のように反応する。彼が起こしてくれるようにと頼んだのだが、誰も眠りを妨害されたくはない。そして、あなたが存在するのは眠りの中、霊《スピリチュアル》的な眠りの中だ。

わたしの言葉に耳を傾けなさい。それらの打撃を感じなさい。目覚めるためにそれらを利用しなさい。あなたが目覚めなければ、せめてわたしの言葉を貯め込まないようにしなさい、それらで学者にならないように——それらについては忘れてしまいなさい。それらは無駄になった。わたしは再び話す——その言葉の打撃に耳を傾けなさい。学者になろうとして、わたしのもとへ来てはいけない——なぜなら、罪人でさえ彼岸へ到達することはあっても、学者はけっして到達しないからだ。

一匙《ひとさじ》の太陽の光か、ひとつまみの芳香
できるなら、拳《こぶし》に握りしめてごらん
それらは声を持たぬかもしれない
けれども、片言なら伝えられる
適切な時に隠された意味なら伝えられる
一掬《ひとすく》いの月光、ひと啜《すす》りの韻律
できることなら、拳《こぶし》に握りしめてごらん
草が伸びれば、上に伸びねばならない
下に向かうだけの炎は消えねばならない
パンチャム・ラーガ、春、マンゴーの花の開花
できることなら、拳《こぶし》に握りしめてごらん

わたしはあなたに焼け炭を与える。もし握りしめることができたなら、それらがあなたを目覚めさせ、眠ってなどいられない。

一匙《ひとさじ》の太陽の光か、ひとつまみの芳香
できるなら、拳《こぶし》に握りしめてごらん

だが、それらから知識を作り出してはいけない。さもないと、焼け炭は灰と化す。知識とは灰であり、気づきは焼け炭だ。わたしがあなたに何かを話しているとき、それはわたしの側からの炭なのだ。それはすべてあなたにかかっている——それを焼け炭として自分のハートに受けとめるか、その打撃を作用させるか、それらに自分を傷つけさせるか、ショックで目覚めるか、その重荷、その負担をかついでもう少し物知りになって、すべてを灰にしてまで自分の金庫にしまっておくか。すべてはあなたにかかっている。何であれ、わたしの話すことは、わたしが言い放った瞬間から、わたしの手のうちにはない。そのときから、それをあなたがどう活用するかは、あなたが主人《マスター》だ。

この質問をした人は、学識をため込んできたに違いない。——だからこそ突然、このように神経質になる。知識を集めてはならない。わたしに耳を傾けて目覚めるか、目覚めなければ、わたしが言ったことなど忘れてしまいなさい。記憶という重荷として、それらを結び留めてはならない。記憶という重荷を持ち運んではならない。重荷としてわたしの言葉を持ち運び始めるなら、とても困ったことになるだろう。わたしは明日再び、あなたに話しかけるが、あなたの重荷があまりにも重くなったために、わたしが話すことはあなたに届かない。あなたとわたしが話していることの間に、万里の長城が立ちはだかるようなものだ。多くの知識をかり集めてきたらしい者たちは、わたしに耳を傾けることができない。耳を傾けるという受容性は、彼らにはなくなっている。耳を傾ける段になると、彼らは常にこう言う。「これは知っている、これは聞いたことがある。もう、これは知っている。それはウパニシャッドに書かれている、コーランに書かれている。これは聖書の通りだ」。わたしが話している間も、どこそこにこれが書いてある、どこそこで読んだ、どこそこで聞いた……と、始終割り出している。

わたしが話している間、何かを割り出そうとしてあなたの時間を浪費してはならない。この内側のおしゃべりのせいで、あなたは取り逃がしてしまう。

四番目の質問

愛するＯＳＨＯ、人格と個性の違いは何でしょうか。

人格とは外側から押しつけられたものだ。あなたはそれを外側から拾い上げて自分に付け加える。個性とは、内側からの開花であり、自分で付加したものでも、拾い上げたのでもない。ただあなたは、それが現れるのを許しただけだ。

人格は造化のようなもので、個性はバラの茂みのバラのようだ。個性は生きているが、人格は死んでいる。どれほどそれが清浄で神聖に見えても――それはそう見えたりもするが――人格は常に死んでいて、常に表面的であり、外側から付加されたもので、常に偽りだ。個性には真実味がある――それはあなたの個人的な感触だ。それはあなた自身の実存から現れ、その根はあなたの内側にある。

わたしの教えのすべては、個性を支持している――人格などまったく顧みていない。わたしの強調はすべて瞑想にあり、道徳にはない――なぜなら、あなたの内側に眠っているものは、ひとりでに瞑想によって覚醒するからだ。その覚醒で、あなたの人格も変わるが、この変化は表面的なものにとどまらず、あなたの内側から生ずる。何かが落ちるなら、理解という光があなたに降臨したために落ちる。普通、わたしたちは単にその逆のことをする。何かを落とす必要に迫られると、それを訓練する。

ある友人がわたしを訪れた。彼は長い間、タバコをやめるにやめられずにいた。彼は誰かにこう言われた。タバコがやめられなければ、この一番やみつきになっているものを落とすために、代用品を使えばいいと。それで嗅ぎタバコに変え始めた。タバコはやめたものの、今度は始終、嗅ぎタバコの箱を持って座っていた。

わたしは彼に尋ねた。「いったい、こうして何の意味があるのだ。初めは自分の口を汚染し、今度は自分の鼻を汚染している。汚染は続いている、何も変わってない」

彼は答えた。「どうすればやめられるだろう」

わたしは答えた。「他のものにすればいい！　タバコをくちゃくちゃ噛み始めれば、嗅ぎタバコをやめられるよ」

しかし、本当にこれでやめていることになるだろうか？　これでは、何の意味もない。人々は有害だから禁煙すべきだと言うが、なぜ喫煙がそんなにもあなたをとらえて離さないのか、わかっていない。どんなときタバコを吸うか、気づいたことがあるだろうか。それは決まって悲しいとき、落ち着かないとき、内側に平安のないとき、どうしていいかわからないとき……そこで、あなたはタバコに火をつけ、煙を吸い込んでは吐き出す。それは、することをあなたに与える。不安になっているともっとタバコを吸う。不安でなければ、タバコの量は減る。だから、真の問題はタバコにあるのではない。真の問題は、いかにしてすべての心配事から自由になるか、いかにして不安を取り除くかだ。不安になることをやめれば、百万回タバコを勧められても、百ルピーやるから一服してくれと言われても、こう言うだろう。「わたしが馬鹿だと思っているのか？　どうしてタバコを吸わなくちゃならない。この毒気をなぜ呼吸する必要があるのだ」

だが、タバコを吸う人を理解するように努めてごらん。あるいは、自分がタバコを吸うなら、不安なときほどタバコを吸うことに注意しなさい。不安でない日には、あまり吸わない。あなたのハートが喜んでいる日は、タバコのことなどすっかり忘れている。ハートが喜んでいない日は、奥さんと言い争ったり、仕事場で上司に腹を立てたり、人混みの中で誰かに押されたり、あるいは何かがまったくうまく行かず——あなたはたくさんタバコを吸い、タバコを吸うまでは居心地が悪い。これは、単に喫煙があなたの不安を覆い隠す方法だということだ。たとえタバコをやめても、あなたが悩み続けるなら、鼻に嗅ぎタバコを押し込み始めるか、または別のことをし始める。何をしても違いはない。

幼い子供さえ同じことをする。違いは微々たるものだ。母親に叱られると、子供はすばやく親指を口にくわえる。なんと彼はすでにタバコを吸っている！　誰からもまだタバコをもらったことがないし、まだ幼時期なので彼には買えない。にも関わらず、彼はすでにタバコを吸い始めている。この若者が明日の喫煙者だ。彼は自分の親指を吸っている。実際、これはどういうことだろう。母親が気分を害しているので、もう二度と母親の胸に抱っこしてもらえないのではないかと、心配している。だから、彼は偽のおっぱいを創造する。彼は彼自身の親指を吸っている。彼は言っている。「心配はいらない、ぼくには親指がある。それを飲めばいい」。彼は親指をしゃぶり始め、しゃぶりながら寝てしまう。しばしば子供たちは親指をしゃぶり始めると、簡単に眠り込んでしまう。だから、子供は眠れないとき親指をしゃぶる。

ときどき幼い子供は毛布の端を口に入れたり、おもちゃを懐《ふところ》に入れたりして眠る。こういった習癖はすでに形に出始めている——危険な習癖だ！　それから後に、こういった習癖は新しい形を取る。子供が成長するにつれ、それらは新しい形で現れる。しかし、それらの背後にある根因は、いずれにしろ不安だ。母親が本当に子供を愛すれば、子供にこういった習癖は現れない。普通、子供が親指を口に入れるとき、母親がそれを口から引っぱり出す――すると、彼はそれでさらに不安になってしまい、さらに神経質になる。だから、彼はまた親指を口に入れる。母親は怒り狂う。母親が猛烈に咎めるので、もはや子供には自分の親指を吸う自由もない。そうして、子供に罪悪感が生まれる。彼は辺りを見回し続ける。母親が来ると、すばやく口から親指を出し、手を隠す。母親がいなくなるやいなや、またもや親指をしゃぶり始める。もう罪が彼の人生に入り込んでしまった。自分は悪いことをしてしまったと彼は思い始める。同じようにタバコを吸うとき、人々は罪悪感を感じる。彼らは、自分のしていることが両親にばれることを恐れる。

あなたたちは不安の何たるかを理解し、それを捨て去らねばならない。このようにして自分の不安を捨て去るとき、あなたの人格にある純化が生じ、別のものもまた、ひとりでに離れていく。

人格とは単に、ある習癖が別の習癖にすり替えられているものだ。人格とは、ある嘘が別の嘘にすり替えられているものだ。人格の意味とは、あなたが自分の外側を色づけ続けているが、自分自身の内側には入っていないということ、あなた自身の内なる実存の一瞥をとらえていないということだ。

個性とは、あなたの内側にすでにあるものを探し求めることだ。もし不安なら、それに深く入っていきなさい。もし怒っていれば、それに深く入っていきなさい。性的欲望を感じるなら、それを認識しなさい、自分自身に禁欲の誓いを立てることを強制してはならない。禁欲の誓願を立てても達成されるものではない。あなたの性的欲望は変化しないし、内側の混乱は増すばかりだ。性的欲望はその場に存続し、禁欲がそれに付される。あなたはさらに分裂し、さらにばらばらになる。さらなる葛藤があり、混乱の波動と不安が内側に生じる。それではいけない、あなたは性的欲望の本質を理解しなくてはならない。

違いを理解しようとしてみることだ。寺院へ行って、禁欲の誓いを立てる、これが人格を形作る――

というのも、性的欲望が無益だとわかっていれば誓いを立てる必要もなく、問題は終わっているからだ。だが、それが無益だとわかっていれば誓いを立てることを理解しなければ――それが無益であるという体験をしなければ――セックスに実体がないことをある日突然見いだせば――マハヴィーラがそう言ったからではなく、仏陀がそう言ったからではなく、自分自身でそれを知るに到ったからであれば――その日、あなたの生に禁欲が生ずる。この禁欲は真の花だ。それが個性であり、茂みに咲いている薔薇だ。

寺院へ誓いを立てに行くこと――聖者やら、グループの人々の前で、これから自分は禁欲に生きるという誓いを立てること、それは造花にすぎない。内部では、性欲の棘があなたをつつき続ける。

生はひとつの川、ひとつの流れ
大海ではない
でも、生には二通りある
ひとつの旅は長い道のり
氷と交わり、氷に変わる
そしてもう動かない
それは高徳かもしれない、神聖かもしれない
だが、生の本質ではない
形作られた人格にすぎない

かたや火の流れる方では
喜びがうねり、盛大に鳴り渡る

愛の嵐がそれを吹き飛ばし
両岸の木々の小枝を渡る
すすで汚れた者たちも
この火の流麗さに浴して洗われる
この流れは生の本質

人格、それはうつろで、無意味で、おしきせで、あなたの皮膚ほどの深みもない。人格をひっかいてみれば隠れた混乱、まったくの錯乱状態が見いだされる。個性の味わい、人の本質の味わいは常に変わらない――どれほどそれをひっかいてみたところで変わりはない。皮膚から魂まで、個性の味わいはひとつしかない。非二元的なひとつなるものだ。それにはたったひとつの味わいしかない。個性のある人を、どれほど深く掘り下げてみたところで変わりはなく、あなたは愛を見つけるばかりだ――どれほど深く掘り下げたとしてもだ。だが、人格しか持っていない人にそんなことをしようとしてはならない。彼の愛は表面的なものにすぎない。少しでも彼の皮をひっかいただけで怒りや、憎しみ、敵意を見ることになる。

人格からなる人とは離れていなさい。人格が中心になっている人は信用できない。そういう人は偽物の人間だ。彼はまるで色褪せる服のようだ。それを着ると、いつも水や日光で台無しになるのを恐れることになる。人格とは、色落ちする染料だ。けれども、個性は色褪《あ》せない。しかし、この色を持てるのは、それがあなたの内側から、まさにあなたの実存から生じるときだ。

わたしの努力のすべてはあなたに個性を、人格ではないあなたの真の性質を与えることだ。個性は魂だ。

五番目の質問

愛するOSHO、わたしは疑り深いタイプです。

信頼を持ちたいのですが、信頼はわき起こりません。マインドにはしきりに疑念につぐ疑念が生ずるばかりです。どうすればいいか、どうぞ教えてください。

心配してはいけない。疑り深いタイプであることは自然なことだ。疑いは人間の本質だ。それを咎《とが》めてはいけない。神聖なるものがあなたに与えたものは何であれ、何か目的があってのことだ。その目的を見いだし、その咎めを手放しなさい。わたしとともにある旅を選択した者たちは、咎めることをやめねばならない。わたしとともにあれば、何に対しても咎めることはない。あなたに疑いがあるなら、わたしたちはその疑いを活用する。あなたに毒があるなら、わたしたちはその毒から薬を作る。毒は薬として利用できる、それを飲むのが知性的な人間というものだ。

疑いの意味とは何だろう。疑いとは、単にあなたが盲目ではなく、思慮深いということだ。なんでもかんでも受け入れるわけではないということだ。それはまったく当たり前のことだ。それのどこが悪いだろう。なぜ、それで問題になることがあるだろう。すべてを完全に受け入れる必要はない。

神聖なるものを受け入れるようにとは、わたしはあなたに頼んでもいない。わたしがあなたに話すことは、心して生を見るということだけだ。それが空虚だということがわかるだろう。本当に生をのぞき込めば、灰以外には何もないことがわかる。すると、あなたのマインドに、他の種類の生もあり得るのではないかという疑問が生じる。あなたが真に疑り深い人間なら、自分自身の生を疑念という吟味のもとに置くことだ。これまでに感じた愛を疑いなさい、これは愛なのかどうかと。これまで、あなたはお金を稼ぐだけだった。これまでに感じた愛を疑いなさい。それが真の富かどうか調べてみなさい。ただ単に土くれを寄せ集めているだけで、明日死が訪れればあなたの手元には何もなくなるのかどうかと。これまでどのように生を生きてきたかという方向に、あなたの疑い、いぶかりを振り向けてみるといい。愕然とするだろう。疑いを自分自身の世界に振り向ければ、そうそう長く世間の家長におさまっていられるものではない。

とはいえ、あなたのしてきたことは何だろう。あなたはまったく正反対のことをしてきた。世間に信を置き、神聖なるものに疑念を抱いてきた。その辺りを変化させてみることだ。世間に疑念を抱けば、世間に向いていたあなたの信頼が、突然新しい焦点を探し求め始めるのがわかる。信頼はどこかに焦点を当てずにはおれない。

これまでわたしは、まったく信頼を抱いていない人に会ったことはないし、まったく疑念を抱いていない人にも会ったことがない。どちらも一緒に見受けられる。また、そうであってしかるべきだ。どちらもひとつの硬貨《コイン》の側面を成す。疑念と信頼は夜と昼のようなものだ。その違いは何だろう。宗教的な人は疑いを世間に向け、神聖なるものに信頼を置く。非宗教的な人は、疑念の焦点を神聖なるものに、信頼の焦点を世間に当てる。違いはたったこれだけだ。この他に違いはない。こういった質が双方にある。選択はあなたにかかっている!

今のところは、信頼についてあなたに話すつもりはわたしにはない。なぜなら、信頼は生じていないとあなたが言うからだ。それから離れなさい。あなたの中には疑念が簡単に生じ、疑うことを楽しむ。

それならば世界を疑うことだ。全人生を疑いで満たしなさい。びっくりするだろう、世界を疑うやいなや、すべてが虚偽になるのがわかり始める。地位、名誉と世間体はすべて意味のないものだとわかってくる。突然、目の前に信頼へ向かって開いている新たな方向を見いだす。

疑いは窓
彼女の限界を越えて
知性が透かしてじっと見つめる窓
彼女にはまだ正しく伝えることのできぬ真理
それは彼女のもつれる舌から現れる
疑いは階段
そして信頼はもっとも高い階
かつて、疑いが罪と思われた
でも今、われらはそれを愛しこそすれ
憎みはしない
幾度も幾度も
宗教は闇に落ち
疑いをかいくぐり
われらは再発見する
幾度も幾度も

疑いは階段、信頼はもっとも高い階。あなたの疑いを階段にしなさい。富を疑ってごらん、すると、あなたは瞑想に信頼を持ち始める。

ある若者が昨日サニヤスを取った。彼の名はダネッシュ、富の支配者といった。わたしは彼をディヤネッシュ、瞑想の支配者と改名した。ふむ！　さて、これですべておしまいだ！　もう彼は金銭から離れて瞑想に向かえる。

あなたは肉体をとても信じている――それを疑うことを始めなさい。肉体を疑うやいなや、どうやって魂を信じることを避けていられるだろう。だから、わたしはかのマハトマたちのようには言わない。一切疑うべきではない、絶対に邪推してはならないとは言わない。彼らは何も知らない。わたしはあなたに言おう。あなたの疑いを正しく利用しなさいと。人生には、疑いを持たねばならない場面が多々ある。全人生が疑うに値する。それぞれの層を剥がす度に見つめなさい。これらの疑いの段階という助力をもって、自分が信頼に、神聖なるものを信じるまでに到ったことがわかるようになる。

「ノー」を言うことを覚えなさい。「イエス」もまたやってくる。あなたの「ノー」に力があるとき、「イエス」も生じることがわかるだろう。

だから、恐れてはいけない、自分の不安に苛《さいな》まれてはならない。無神論者にすら、サニヤスを与える用意がわたしにはある。なぜなら、わたしにはわかるからだ。往々にして、無神論者の方が信者よりも真摯だ。信者は往々にして偽善者だ。無神論者も偽善者であることがある――少なくともインドではちがうが、ロシアではそうだ。インドで無神論者でいるのは大変だ。無神論者でさえも、ここでは信者を装わねばならない、なぜなら、その方が都合がいいからだ。ここではそこら中、信者が犇《ひし》めいているものだから、無神論者でいると実に厄介なことになる！　インドで無神論者でいられるのは、実に勇気のある人だけだ。

もしあなたが疑い深い人で、無神論者で、疑惑に満ちていれば、わたしのサニヤスの扉はあなたに開かれている。あなたに快くサニヤスを与えるような者は、世界中探しても他には見つからないと言っておこう——なぜなら、無神論者さえ包含できるほど勇敢な信ずる者たちは、この世から消えてしまったからだ。だが、この寺院はすべてに開かれていて、あなたは入って来れる。わたしたちはあなたの疑念から階段を作る。あなたはその階段を利用して寺院に到達する。ひとつ常に覚えておくことだ。何であれ、神聖なるものが与えたものは無益なものではあり得ない。たとえあなたがその有用性を知らなくともだ。その有用性を探し出しなさい。だが、在るものは何であれ、何らかの用途がある。

聞いた話だ。とある家に、ある特殊な楽器が何代にもわたって保存されていた。それはシタールに似ていたが、とてもたくさん弦がついていて、非常に大きかった——だが、その弾き方を知っている者はその家にはいなかった。それは家の中で場所を取っていた——居間の半分を占めていた——そして、埃まみれで汚れていた。子供たちが触ると家中の者が迷惑した。夜中、鼠がそれに飛び乗ると睡眠が妨害された。とうとう、家人はそれを棄てることに決めた。そこに置いてあっても無意味に感じられたからだ。それで、彼らはそれを抱えて、ゴミと一緒に放り出した。

すると家に戻りもしないうちに、飛びきりすばらしい音楽が彼らの耳に入ってきた。彼らは立ち止まり、まったく魅了されてしまった。彼らは駆け戻った。すでに大きな人だかりになっていた。通りすがりの乞食がその楽器を拾って演奏し始めたのだった。一時間、誰もがうっとりとして立ち止まっていた。乞食が演奏し終えると、楽器の元の持ち主たちが、それは自分たちのものだと言って、乞食から取り戻そうとした。自分たちが持っていた楽器が、いかにかけがえのないものであったか、彼らは初めて理解した。これまで、誰もそのような音楽を聞いたことはなかった。

しかし、乞食は言った。「楽器は、その弾き方を知る人のものだ。あなた方はそれを捨てたのだ。それについて、もう何も主張できるわけがない。それを持っていても、どうするつもりなのだ。また、あなた方の家で場所を取るだけだ。楽器は、弾き方を知っている人のものだ」

生もまた、その奏で方を知る人のものだということを、わたしはあなたに言っておこう。ここに役に立たないものはない。疑いでさえ無益ではない。それを放り捨ててはいけない、わたしたちはそれで階段を作る。そしてある日、この階段があなたを真実へと導く。

最後の質問

愛するOSHO、あなたの集いに、自分のハートを置き去りにしてしまうとは思いもしませんでした。少し見たら帰る心づもりでいました。

あなたのハートがここに置き去りにされたというのはよいことだ——少し見ただけで帰っていれば、その意味はただひとつ、あなたは何も見ていなかったということになる。たとえ一瞬でもわたしを見れば、あなたのハートはここに置き去りにされる。たとえ一呼吸でも、わたしの呼吸に同調すれば、わたしの元にあなたのハートを置いていかないわけにはいかない。一度でもわたしたちの目が合えば、あなたのハートはここにとどまる——そうならざるを得ない。ここでの準備はすべて、あなたのハートが置き去りにされるためのものだ。

この新参者は誰なのか
わたしの夢の世界に入って
わたしの瞼の裏で一夜を過ごすのは誰なのか
わたしの切望の焼けつく大地で過ぎゆく年月を祝って
わたしのハートの寂しい砂漠に寺院を建立《こんりゅう》し
わたしの虚しい欠落感に
惜しみなく感受性という富を与えるのは誰なのか
わたしの空に、どんな豪雨期の雲が集まったのか
わたしの中庭に、驚くべき愛の歌を歌うのは誰なのか
渦巻き、たちこめる暗雲の中
抗しがたい狂おしいほどの呼び声は誰なのか
その誘惑者は何者か
わたしに負けることでわたしに勝っているのは誰なのか
まさにこの先手を打たれ、
わたしはハートのダイヤモンドをなくしてしまった
あたかも、わたしのハートの鈍さを
その呪いから解き放ったたかのように、
わたしの孤独をはっと目覚めさせたのは誰の歩みなのか
足下に、この祝福の接触《タッチ》が隠されている

このラーマは誰なのか
この新参者は誰なのか
わたしの夢の世界へ入って
わたしの瞼の裏で一夜を過ごすのは誰なのか

あなたのハートは長い間、ぐっすりと眠って荒廃してきた。あなたのハートのヴィーナは、長い間音楽を知らずにいた。あなたが来たのは良いことだ。少し見たら去ろうとあなたは思った――これはよい試みだ……。

生において、奇跡は起こる。ときおり、あなたの生に思いがけず光が射し込む。ときおり、神聖なるものが招かれもせずに、あなたの扉を叩く。あなたの知らないうちに、あなたが待つこともなく、ときおりあなたの手は神聖なるものの手中に落っこちる。その瞬間、勇気を持ちなさい。怯えてはならない。この未知の見知らぬものとともに、即座に旅を始めなさい。あなたのハートを抱えて逃げ出してはならない。あなたの知能は走り去るようにと言う。知能はたいそうな臆病者だ。「なぜ、おまえが巻き込まれることがあるのか。逃げろ！」と言う。走り去ってはならない、なぜなら、走り去ってしまったら、あなたは自分の運の黎明の瞬間を逃してしまうからだ。あなたのハートはここでつかまったので、あなたは幸運だ。

あなたが来てから、我が最愛なるものよ
この生が生に感じられる

もしあなたが少し勇敢でいれば、そのとき新たな光、新たな洞察《ヴィジョン》、新たな歌があなたの生に誕生する。

あなたが来てから、我が最愛なるものよ
この生が生に感じられる
あなたの慈悲がわたしに注がれた時から
あらゆる季節がシュラヴァン(＊)の月の優しい雨のように愛らしい(＊7月後半から8月前半の間の豪雨季)
以前は、何とか生きて行く口実というほかは
何がわたしの生だったのか
生は重荷、呼吸は負債
すべてはどうにか返済すべきものだった
だが、今あなたに出会い
すべてが神聖な祝祭のように感じられる

居なさい。走り去ってはいけない。生は祝祭にもなる。生は神秘にもなる。

あなたなしには、生というこのお祭りは
わたしにとって荒涼とした火葬場のよう
苦のそれぞれが永遠に幾重にも増大する
だが、今あなたに出会い
すべてが神聖な祝祭のように感じられる

これこそが、わたしの望むところだ。あなたが世間から逃げ出さないこと、あなたが市場を後にしないこと、世間の大衆があなたのハートにとって、悦びとなること、あなたが大衆の中に神聖なるものを見れるようになること、あなたの生のもっともささやかなことさえも礼拝、崇敬となることだ。

以前は、わたしの生は蛇のようだった
石に面した哀れなアヒリヤと同じほどに哀しいわたしのハート
神聖なるものに達したことがない生は、放埒な旅のようだった
それがあなたに触れられるのを感じたとき
わたしの竦《すく》んだハートは息づいた
わたしの生は哀しみだった
だが、あなたが現れてお祭りになった
わたしの生は深い闇だった
だが、あなたが来て、光も来た
ラーダのために
クリシュナがゴクールから戻って来たように

あなたのハートがここに取り残されるなら、そうさせなさい。それをここに居させなさい。あなたの知能は一緒に持っていきなさい —— なぜなら、わたしはあなたの知能とは何の関わりもないからだ。もしもあなたの愛がここに残されれば、まさにあなたの実存の緒はわたしの手元にあって、わたしがあな

たを変容できる――それはまったく難しいことではない。変容は確実だ。変容は起こると確信していい。なぜなら、すべての変容はあなたのハートから生じ、すべての障壁はあなたの知能から生じるからだ。だから、あなたの知能は一緒に持って行くことだ。そして戻ってくるときに、一緒に持ってきてはいけない。家に置いていきなさい。そしてあなたのハートはここに残して行きなさい。

わたしはあなたの服を染めた。今あなたのハートを染めるつもりだ。わたしは染めもの師だ。あなたに用意があれば、わたしはあなたのハートを神聖なるものの色に染める。そして、あなたのハートが染められるとき、初めてあなたの石のような生が生き生きと息づいたことが、あなたの意識が目覚めたことが、これまで寂《さび》れた土くれのランプだったものに光が射し込んだことがわかる。

この生は可能性だ――究極の寺院となる可能性だ。それ以下で満足してはいけない。それ以下に落ち着いてはならない。あなたの不満足を呼び起こし続けなさい。あなたの中に神聖なるものが完璧に入るまでは、不満でいることだ。世界には満足し、神聖なるものについては不満でいなさい。この渇きがあなたを焼き焦がし、あなたを目覚めさせ、あなたを変容する。

今日は、もう充分かね？

第七章

無数の太陽の輝き

The Shine of Countless Suns

師《マスター》はダヤに言った
亀の誓いを立てなさい
あなたの感覚を引っ込めて、呼吸に気づきをもたらしなさい

発声することなく、手に数珠を持たず
内側で想起は続く
類稀《たぐいまれ》な人だけがこれを体験する
それは師《マスター》の恩寵、とダヤは言う

唱えることが不可能なマントラを弟子が唱えるとき
蓮のハートに気づきを保ち
そこに純粋な知識が顕現し、闇の汚れをすべて取り去る

死も烈火も、冷熱もなきところ
おお、我が兄弟よ
我が家、我が究極の住処を見つめ
測りしれぬ生の神秘が明かされる、とダヤは言う

最愛なるものの無双の美を見て
千万の太陽が輝く
生の苦しみのすべてが消され
幸福の真髄が顕現する、とダヤは言う

無数の太陽の輝き
奇跡の光が顕現する
それは目も眩むよう
だが、マインドは冷静で清新になる

そこには光ってはいないおびただしい光があり
雲ひとつなく降り注いでいる
やむこともなくこれを見て
わたしのハートは歓喜に震える、とダヤは言う

世界は虚偽
肉体の形をとった惑いの井戸
あなたは意識
驚くべき至福の住処《すみか》

この人がわたしを傷つけ、あの人がわたしを傷つける
でも、わたしのハートの痛みを和らげる人は見つからない
優しい気持ちという油が切れてランプは消え
芯は灯されぬまま
光の妖精は、闇夜という寂しい牢獄に幽閉されている
あらゆる家庭で闇が統治し
光の放射はどこにも微笑まない
どこから奉納の火は焚きつけられるのか
誰が光の冠でわたしを飾るのか
誰が光り輝く巡礼を捧げ
わたしの新月の夜を満月の夜にするのだろう

あなたの新月の夜を、満月の夜に変える人こそ師《マスター》だ。あなたの闇を光で満たす人こそ師だ。あなたの正体への手がかりを与える人こそ師だ。

今日のスートラでは、ダヤは彼女の師の恩寵と彼の恩寵ゆえに自分に起ったことについて語る。これらの金言は唯一無二だ、なぜなら、それらは瞑想の本質だからだ。それらが理解できれば、なお余りある光輝があなたの生に光を放つ。それらが理解できれば、あなたもまた究極の至福に浸ることができる。ダヤの言うように。

そこには光りを発することなくおびただしい光があり
雲ひとつなく降り注いでいる
これを絶えず眺めて
わたしのハートは喜びに震える、とダヤは言う

あなたは、ダヤと同じ種から旅を始めた。あなたには彼女と同じ素質がある。あなたの種は適切な土壌に落ちなかったのかもしれない、あるいは適切な庭師がいなかったのかもしれない、自分でその種を適切な時期に蒔かなかったのかもしれない。あるいは、まだ適切な量の日光を浴びていないのかもしれない……だから、それはまだ種のままだ。だが、それが芽を出すとき、あなたの内側にも同じ無数の太陽の輝きがある。それが芽吹く時、あなたのハートも喜びに震える。〝これを絶えず眺める〟そのとき、それはあなた自身の洞察《ヴィジョン》となり、あなた自身の体験となり、この甘露《ネクター》があなたに降るとき、そのとき初めてあなたは、これまでの生において苦しんできたすべての苦しみに覚醒する。〝この人がわたしを傷つけ、あの人がわたしを傷つける〟……。

どこへ行っても、あなたが受け取ったのは苦しみだけだ。一度もハートが喜びに震えたことなどなく、愛した人たちからさえ受け取ったのは棘《とげ》だけだ。そして、あなたのハートは喜びに震えたことがない。ときには富があなたを傷つけ、ときには地位、ときには身内 ―― あなたの愛する人や、まさにあなた自身が ―― ときには見知らぬ人が……この人あの人、彼らはみなあなたを傷つけた。胸に傷を持ってあなたは歩き回る。だからこそ、自分自身の内側を見ようともしない。なぜなら、内側には傷の他には何もないからだ。覚醒した人は、自分自身を見るようにと幾度も言うが、そこには光がまったくないことを

自分で知っているので、それを見ようとはしない。月も星々もなく、無数の太陽の光明もない……そこには深い闇があるだけだ。自分の傷の膿とそのしたたり、何生にもわたって溜め込んできた苦痛の爛《ただ》れた跡が。他人から幸福を受け取ろうと思っている限り、こうしたことは何度でも起こる。

この人がわたしを傷つけ、あの人がわたしを傷つける
でも、わたしのハートの痛みを和らげる人は見つからない

他人から幸福がもらえると思っている限り、あなたが受け取るのは痛みだけだ。幸福はあなたの自己の本質だ。他人から幸福が手に入るなら、これまでにあなたは幸福を見いだしている。他人に乞食椀を差し出して、いったいあなたは何生、物乞いしてきたことだろう。――そして、彼らもあなたから恵んでもらおうとしていることを、あなたは見ようとしない。あなたは彼らから恵んでもらおうとしていた――乞食の前の乞食だ。あなたは妻から幸福を恵んでもらおうとしている。彼女は、あなたから幸福を恵んでもらおうとしている。この盲目性は非常に深く進む。もし、あなたにあげられるような幸福を、妻が自分で持っていれば、それをあなたに求めるだろうか？　もし、彼女にあげられるような幸福をあなたが自分で持っていたら、彼女にそれを求めるだろうか？　自分が持っていないものだけを、わたしたちは他人に求める。わたしたちは持っているものを他人に与え、持っていないものは求める。

目を開けて注意深く見れば、世界中誰もが幸福を求め、世界中誰もが愛を恵んでもらおうとしていることがわかる。しかし、人々は愛も幸福も持っていない。まさに恵んでもらおうとするために失敗している。自分自身の外側から恵んでもらおうとするために、自分が恵んでもらおうとしているものが、まさに自己の本質だということを思い出しすらしない。

この革命が宗教と呼ばれる。『恵んでもらおうとすることをやめねばならない。自分自身の内側を、今度こそ見つめなくてはならない。自分が何者か完全に探求しなくてはならない。外側に見つからなかったものが内側にあるかもしれない……』。このようにあなたが思い起こす日、それはあなたの内側にあるはずだ。それがもともとそこになければ、あなたは探しもしなかっただろう。なぜなら、求めることができるのは、体験としてすでに内側深くにあるものだけだからだ。

全宇宙が至福を探し求めている。至福をまったく知らなければ、一度も味わったことがなければ、もし、至福と一度も関係を持ったことがなければ、まったくなければ……完璧に未知なるもの、その探求に進める者はいない——どうすればできるだろう。まったく知らない人をどうやって捜せるだろう。住所も、行方もわからないというのに。あなたの内側深くのどこかで、こだまが響いているはずだ。どこかで、あなたのハートの暗黒の奥深く、ランプが灯っている。ときおり知ってか知らずか、あなたの目はその一瞥をとらえる。ときおり、今度ばかりは他者から幸福が来ていると思うだけで、それが起こる——しかし、それもまたこの同じ一瞥で、あなたは単に思い違いをしているだけだ。

ときおり音楽を聞きながら、あなたは幸福を感じたことがある。しかし、どうして音楽があなたに幸福を与えられるだろう。その音楽を聞いていた間に、他のことが起きていたのだ。その音楽に耳を傾けて、あなたは自分自身の精髄《ジュース》に浸った——その音楽は口実になっただけだ。その音楽ゆえにあなたは自分の関心事、自分の家族、世間の気狂いじみた競争、自分の日常の問題を忘れた。その音楽は、あなたに世界を忘れる機会を与えた。世界を忘れるやいなや、人は自分自身を思い出し始める。そして、この想起のおかげで人は幸福感を感じる。

これまで、音楽から幸福感を得た人はいない。幸福感は内側から来る。音楽は口実のひとつにすぎない。同様に、ときおり人はセックスに幸福を見いだす。この幸福感もまた内側から生じる。愛を交わすことも口実のひとつにすぎない。幸福感を見いだしたとき、たとえ一筋でもあなたの人生に幸福の光線が射し込んだときはいつであれ――わずかに一瞥しただけでも――それは常にあなたの内側から来たのだ。しかし、あなたの目の焦点が外側に当たっているので、その光が射し込むと決まって自分の外側からきたのだと思い込む。あなたは誤解している。

古ぼけた骨をしゃぶっている犬を見たことがあるだろうか？　ひらからびた骨には、味も素っ気もないが犬は夢中でしゃぶりつく。その骨を取り上げようものなら犬は怒る。飛びかかって攻撃してくる。ひからびた骨には何の旨味もないというのに、いったいどういう悦びを得ようとしているのだろう。その骨をしゃぶって、犬は口の中を切ってしまったのだ。内側の柔らかな粘膜が引っかかれて出血する。そうして犬はその血を吸い、骨からその血が出ていると信じ込む。骨を口にくわえるまで血は出なかったのだから、それは当然だ。その状況の論理は明快だ。犬の論理は、あなたの場合とそっくり同じだ。犬に自分の状況が説明できれば、こう言うだろう。「骨を口にくわえるまでは、その悦びはなかったのさ。その後でこの悦びを知ったのだ。だから、その悦びは骨から来ているはずだ」。そうして彼は、骨をなかなか放さない。その骨は、ただ自分の口を傷つけているだけだというのに。彼自身の血が流れ、それを飲んでいる。

これは、まさにあなたの状況だ。音楽から幸福感を得るとき、実際それはあなたの内側から来ている。あなたが飲んでいるのは、あなた自身の精髄《ジュース》だ。愛を交わしながら快感を得るとき、この快感はあなたの内側から来ている。あなたは自分自身の精髄を味わっている。

幸福を見いだしたときはいつであれ……おそらく、こういうこともあったろう。ヒマラヤの雪に覆われた雄大な山頂を目にして圧倒され、絶句し、突如として喜びに満ちた感嘆の声がハートに湧いてくる……この瞬間流れた幸福は、あなたの内側から来た。山はまったく口実だ。ヒマラヤという空前の美の平安、沈黙、その現存が一瞬、あなたの自己満足のための狂った競争から、あなたを解放した。いったん、その欲望が破壊されれば、いったん、たとえ一瞬でもマインドがその活動を停止させれば、精髄は内側から流れる。

マインドは、あなたの精髄の流れを止める。マインドは常に他人に興味を持つ。いつであれマインドが止むとき、他人への興味は失せ、自分自身の源泉へとただちに後退する。するとその精髄の流れがそこにある。ラソ・バイ・サア（*Raso vai sah*：*juicy*）――神の中に在ること、それがラサ（*rasa*）、精髄だ。

ウパニシャッドにはこうある。神聖なるものとはラサだ。あなたはこれと同じもの、精髄からできている。全宇宙が神聖なるものからなる。地上の小石や岩から、空の月や星、肉体から魂まで――あらゆるものが神聖なるものでできている。ウパニシャッド曰く。神聖なるものとはラサ、精髄だ。だから、わたしたちはみなラサでできている。ラサとは、わたしたちの自己の本質だ。自分自身をいったん認識し始めれば、幸福以外には何もない。

宗教とは、自分自身を知るという意味だ。世界とは、他者における幸福の探求であり、宗教とは自分自身における幸福の探求だ。これまで世界に幸福を見いだした者はいない。幸福を見いだした人たち――仏陀、カビール、クリシュナ、キリストは、自分自身の内側に向かった人々だ。この世界において幸福を見いだした人がいるときは、例外なく理由はひとつしかない。その人が、その人自身の中に入ったということだ。これを遂行したその技法は一様ではなかったろう。ある者は踊り、ある者は音楽、ある者はマントラを活用し、ある者はタントラ、ある者は献身、ある者は瞑想を通して進んだ。しかし、利用された手段がどんなものであったにしろ、それは手段にすぎない。

あなたたちはここに来た。ある者は汽車で、ある者は飛行機で、ある者は自動車で、ある者は歩いて来た。馬に乗って来た者もいれば、牛車で来た者もいる。どうやってここに来たかはどうでもいい――あなたは到着した。到着した瞬間、どうやって来たかはどうでもよくなる。ある者たちは、献身に乗ってやって来た、愛を通して旅して来た。ある者は自らの知識に乗って来た、瞑想を通して旅して来た――だが、違いはない。それらはみな手段だ。内側の、あなたの自己想起を目覚めさせる手段だ。

ひからびた小枝、ひからびた葉
これはいったいどういう木なのか
愛の微風《そよかぜ》の遊びに満ちた感触も見いださぬまま
ハートは慕う

あなたの生はこのようなものだ。

ひからびた小枝、ひからびた葉
これはいったいどういう木なのか

あなたのすべてがひからびている。なぜなら、その精髄《ジュース》をどこかよそに、自分自身の外側に探しているからだ。精髄は、まさにあなたの根源から出る、それはあなたの源泉から流れる。だが、あなたは完全に自分の源泉を忘れてしまっている――だからこそ干上がっている。あなたは世界に何かを探し求め続ける。だが、何も見つからないだろう。あなたは、そのひとつなるもの、あなたの源泉に到達してすべてを見いだす。

師《マスター》はダヤに言った
亀の誓いを立てなさい
あなたの感覚を引っ込めて、呼吸に気づきをもたらしなさい

これは瞑想のための比類なきマントラだ！　それを理解しなさい。

師《マスター》はダヤに言った
亀の誓いを立てなさい

「ダヤ、亀のようになりなさい」と、師は言った。亀には全感覚を引っ込める特質がある。感覚は外に向かう扉だ。目を開けば外側が見える。耳を使えば、外側の音が聞こえる。手を伸ばせば、何かに触れる。感覚が外に向かう。手はあなたの内側に進めないし、目は内側を見ることができない。内側を見る目は、別の目だ。それは、あなたの二つの目とはまったく関連がない。だからこそ、賢者は第三の目について語る。彼らは、これら二つの目とはまったく何の関係もない、異なる目の話をしている。

そして、これを覚えておきなさい。外側を見る二つの目と、内側を見るひとつの目があると賢者は言う。これもまた非常に象徴的だ。二元性が外側にあり、非二元性が内側にある。内側を見るには、二つの目は必要ない。二つの目を使うなら、それは二元性、矛盾の因をなす。世界があなたの内側に生まれてしまう。外側を見る二つの目と内側を見るひとつの目、外側を聞く二つの耳と内側を聞くひとつの耳が必要だ。

第三の耳については、第三の目について語られているようには語られてはこなかったが、同じように語られてしかるべきだ。外側に手を伸ばす二つの手があるように、内側に届くひとつの手がある。禅の師たちは、そのひとつの手について語ってきた。彼らは言う。「片手で手拍子を打て」。片手で打つ音を座って聞くようにと、彼らは弟子たちに言う。さあ、どうすれば片手で手拍子が打てるだろう。叩くためには両手を使う。しかし、彼らは弟子たちに片手で打つ音を探究するようにと言う。その手は内なる手だ。

内に向かうためのひとつの扉と、外に向かうための二つの扉がある。外側に向かう感覚はたくさんある――目、耳、鼻、手……全部で五感だ。内側に向かうとき二つの目はひとつになり、耳もまたこのひとつに溶け込む。手も鼻も、このひとつに溶け込む――すべてがひとつになる。

どこかでカビールが言っているが、彼自身の内側に入るとき、彼はすっかり混乱してしまうという。彼は目で聞きはじめた！　彼の耳は見ることができ、手は臭いを嗅ぐことができ、鼻でものに触れることができた！　そういったことは、神秘家の逆説的な物言いだと人々は思い込む――だが、それらは逆説的な物言いではなく、これこそがその実体だ。なぜなら、あなたの内側では、そのひとつだけがとどまり、感覚はすべてひとつに解け合うからだ。このスートラはすばらしい――そのひとつなるものを指している。

師はダヤに言った。亀の誓いを立てなさい……これは象徴的であったに違いない。チャランダス、ダヤの師は、亀の誓いを立てるようにと彼女に告げたとき、それを象徴とした。彼女の感覚を内側に引き込むようにと伝えるために、彼は簡潔な表現を使った。「あなたの感覚を完璧に収縮させなさい、外側に向かっているあなたの感覚の向きを内側に変えなさい、あなたの真の家の方向に」。なぜなら、感覚が外に向かう限り、あなたのエネルギーも外側に流れ続けるからだ。どうやって内側の統合が起こるだろう。

東に向かっていて、どうやって南に住んでいる人に出会えるだろう。西に向かっていて、どうやって東に住んでいる人に出会えるだろう。だが、次第にあなたは自分自身の外側に向かうことにあまりにも慣れ切ってしまい、内側にひとつの世界が存在することを完全に忘れてしまう。

知っているように、方向は十あると言われている。実際には、方向は十一あるが、十一番目を数えようとする者はいない。その十というのは、わたしたちの周囲の八方向と上方と下方だ。内側の方向である、その十一番目を誰も数えようとしない。この実在する方向は忘れられている。

亀の誓いを立てなさい……とは、十一番目の方向に進みなさいということだ。今、あなたのエネルギーを十方向に進むことで浪費してはならない。あなたのエネルギーを内側に集めなさい。

その点において、亀は独創的だ。他のどんな動物にもこの能力はない。亀がヒンドゥー教の神話において非常に重要になったのはこのためだ。神は亀に化身されたということだ。そして、非常に素敵な物語がそれについて描かれてきた。神話には、全世界が亀の背中で休息するとある。これらの物語を表面的に見るなら幼稚に見える。どうすれば、亀の背中で地球が休息できるだろう。だが、もしその物語の深い意味に注目すれば、新たな理解が生じる。実際には、地球は亀のようになったわずかな人々の上で休息すると言っている——さもなくば、とうの昔に地球は破壊されていただろう。ときには仏陀、ときにはマハヴィーラがいて……世界は、彼らの上で休息する。彼らのおかげであなたも生きている。たとえ、仏陀やマハヴィーラに出会ったことや、彼らの足下に頭《こうべ》を垂れたことがなくとも。地球はそういった個人たちの現存のおかげで生き生きとしている。あなたもどうにか生きてはいるものの、自分自身を引きずっている。

考えてもみてごらん。仏陀、マハヴィーラ、クリシュナ、カビール、といった人たちがいるが、そのわずかばかりの人たちの名を取り去ったなら、どこにあなたがいるだろう、どんなものにあなたはなっていただろう。あなたの条件付けは、どんなものだったろう。あなたは何者でもなかったろう。あなたの中に見られるわずかばかりの人間性は何であれ、彼らの贈り物だ。あなたの内側に見られるわずかばかりの光輝は何であれ、彼らの恩寵だ。こういったごくわずかな人々のおかげで、人類は人類たるのだ。さもなくば、みな動物だったことだろう。

だから、地球は亀の背中で休息するとヒンドゥー教徒が言うとき、それはひとつの象徴にすぎない。この世界には、二種類の愚かな人々がいる。まず、そのような亀が存在すると立証しようとする者だ。それから、そうだ、こんな亀は実際存在すると賛同して巻き込まれる者たちだ。どちらも愚かだ。それは亀とは何の関係もない。地球は、亀のようになったそれらのわずかな人々の上で休息する。そういったわずかな人々が、自分の背中にあなたの人生の重荷をすべてしょってくれた。あなたの生に花々が咲く可能性があるとすれば、それは自分の感覚を引っ込めて、自分の感覚が知覚したものを超越したそれらのわずかな人々のおかげだ。

だから、師はダヤに言った。「さあ、おまえも亀のようになりなさい、ダヤ」

……あなたの感覚を引っ込めて、呼吸に気づきをもたらしなさい

あなたの感覚をすべて引っ込めなさい。感覚を引っ込めるとは、目を閉じて座るという意味ではない。手を切り落とすとか、目を潰すという意味ではない。それはこういうことだ。たとえ目が何かを見ていても、その見ることに欲望が一切残っていないということだ。目は、目の本質から見る。その結果、ダヤは依然として歩いていて扉と壁を識別する。何を食べるべきか、何を食べるべきでないか識別する。

茶碗や皿を食べ始めたりはしない！　彼女の目は、見るという働きをするが、見る欲望は彼女に残っていない。形への関心が消え去るとき、目は内側に向きを変える。なぜなら、目とは形への関心そのものだからだ。

わたしたちの目に見える目の用途はひとつしかなく、まったくこのように利用されるべきだ。起きて、座って、歩いて、食べて、飲んで――その場に適った目的にそれを利用しなさい。だが、目の背後に隠されている欲望がある。見る欲望だ。人は、見る欲望から自由にならねばならない。

幾度となく見ては、あなたは何を得てきただろう。美しい人を見ても、実際何を得たのだろう。想像したこともないような美人を見ても、実際に何を得たのだろう。それは夢以上のものではなかった。夢で美しい人を見ても、実際にそういった人たちを見てもいずれにせよ、違いはない。いずれも内側に形取られた単なる画像にすぎない。至極美しい女性や、至極ハンサムな男性があなたの前に立つとき、あなたの内側では何が起こっているのだろう。目はカメラのように機能し、内側に対象の画像を映し出す。あなたが実際に、その美しい女性に会っているのではない。彼女は外側にいる。どうすれば、あなたが外側に出られるだろう。あなたは内側にいて、美しい女性は外側にいる。そして、その二つの間で目は美しい女性の小さな画像をあなたの内側にもたらし、あなたの脳のスクリーン上に拡大する――ちょうど映画館のフィルムのようだ。あなたはその画像に心を奪われるが、その画像は空っぽだ。

それは映画に対する狂気と同じ類いのものだ。それらの画像を見て、あなたは実に幸福になる――だが、そこには何もない。映画ばかりではない。人々は、雑誌で裸の写真を見て極めて興奮する。このように尋ねた人がいる。「何をしているのですか。気は確かですか？　このページには何もありませんよ、特定の形にインクが載っているだけです――何もありません」。映画のスクリーン上にも何もない――単なる光と影にすぎない。スクリーンは空っぽで、そこには誰もいない。だが、それを見ているときのあなたは、なんと熱心なのだろう！

この熱心さの背後に秘密がある。これまで、あなたはこのようなゲームを自分のマインドのスクリーン上に見てきた。他に何を見たことがあるだろう。映画とは、人間のマインドによって創作された単なるトリックだ、人間のマインドに続いている同じ行程《プロセス》が単に展開したものにすぎない。だからこそ、映画は人間に強く影響する。映画にはマインドに対する深い親和性がある。

映画館であなたが観ている存在しないものは、あなたの身にはけっして起きないかというと、そうではない。夢中になって、あなたは非常に感情をかきたてられる。ときには泣き、ときには笑い、ときには悲しくなり、ときには幸福になる。画像はあなたを操り人形のように踊らせる。だが、これは映画のスクリーン上のことだ――こうして、あなたは巻き込まれてしまう。なぜなら、これこそまさに全人生、自らの内なるスクリーンに巻き込まれている様《さま》だからだ。映画は、同じ現象の単なる一展開にすぎない。

内側に目を向けるという意味はこうだ、もはや目は見るための道具にすぎず、形を見たいという欲望はなく、美はそのままとどまる。美とは、単に一枚の写真にすぎない。耳は聞いても、聞きたいという欲望がなくなる。手は触れても、触れたいという狂気の部分はない。これらのすべての狂気が消散すると、感覚を通して消耗されていたエネルギーが、ゆっくりと内側のマン・サローバー湖を満たし始めているのがわかるようになる。

今のところ、あなたの内側は空っぽだ。あなたの条件付けはこんなものだ。

悲痛という表紙で綴《と》じられた、一巻の不平の本をたずさえ
わたしたちは日々を木綿糸のように紡いでいる
周囲から切り離され、わたしたちは紡錘のように踊る

タンバリンのように響く、悲しげな笑い声を立てながら
サボテンのような愛をくれて、友人はみな親切にしてくれた
わたしたちはみな、空びんやコップのよう

あなたの内側には何もない、『空びんやコップのようだ』。あなたの内側の大海の精髄《ジュース》が流れているべきところは、まったくの砂漠と化している――なぜなら、大海の精髄を生み出すエネルギーが、絶えず感覚を通して雲散しているからだ。光明を得た人たちは、感覚は穴のようなものだと言った。そして、その穴のせいで、あなたの瓶はいっぱいになることがない。エネルギーは絶えず、それらの穴から雲散している。このままあなたのエネルギーが雲散し続ければ、常に今のあなたと変わらず空っぽのままだ。

……あなたの感覚を引っ込めて、呼吸に気づきをもたらしなさい

全感覚を、それらの外側に向かう旅から解放できれば、あなたの瞑想は解き放たれる。なぜなら、あなたの瞑想がこれらの感覚にとらわれているからだ。

それを理解しなさい。瞑想しようと座っているところへ、美しい女性が通りかかり、あなたの注意は逸れる。あるいは、そばで誰かがちゃりんちゃりんとお金の音を立てる。すると、あなたの注意は逸れる。そばで誰かが歌を歌う、またもやあなたの気は逸れる。誰かがあなたに向かって、あなたに関連のある話をする――あなたの仕事、店や取り引きなど。これこれの値段の、これこれの品目は今にも急騰しそうだと話す――それを聞いて、すぐさまあなたは気が逸れる。どうして気が逸れるのだろう。なぜ

なら、すでに内側にその欲望があるからだ。それが触発されて動き出したのだ。

あなたにはエネルギーはただひとつしかない、それを瞑想に注ぐか欲望にそそぐか、いずれか一方しか可能ではないということを理解しなくてはならない。欲望にそれを注げば、あなたの瞑想は中断される。瞑想にそれを注げば、あなたの欲望が中断される。エネルギーは同じひとつのものであり、二つはない。あなたが持っているエネルギーの元手は、たったひとつしかない。それをどこに投資するかは、あなた次第だ。

世俗的な人とは、エネルギーが全面的に欲望に向かっている人だ。宗教的な人とは、そのエネルギーが欲望とは正反対の方向に旅を始めた人だ――ガンジス川はガンゴートリ、その源流に向かって逆流し始めた。これこそが瞑想の意味だ。

瞑想とは、欲望へ向かっていたエネルギーが、その家に向かって戻り始めたということだ。だから、全感覚がくつろいで引っ込むとき、ちょうど亀がその身体に引き隠《こも》って待つように、あなたが亀のようになるとき……瞑想者は亀のようになる。

仏陀の座像を見るといい。どのように座っているだろう。彼は石像のようだ。片手をもう一方の手に、片足をもう一方の足にのせ、あらゆる方向に対して、すべての扉が閉ざされている。目は閉ざされ――彼は彼自身の内側に完全に吸収されている。そこで彼はいったい何をしているのだろう。

あなた方の問題になるのは、大体こんなところだ。わたしのもとへ人々がやって来る。わたしがときどき静かに座るように提言すると、彼らはこう応える。「静かに座っているときに、何をすればいいでしょう。どうぞ、マントラを詠唱するとか、何かすることを指示してください」。やかましくしていられるように、彼らはマントラを欲しがる。「ラーマラーマ、ラーマラーマ、ラーマラーマ……」何かをしていないと……まだ彼らには、何もせずに座るということができない。「ラーマラーマ」と唱えることは、

「自分は何かをしている」ということだ――それでも尚、彼らの内側のたわごとは新たな方法で続く。けれども、何もせずにただくつろいで、少しの間〝する〟ということをすべて脇に寄せるように彼らに言えば……。瞑想とは、くつろいで何もしないという意味だ。

瞑想の意味とはまさにこういうことだ。しばしの間、わたしは何もしない、わたしの全エネルギーをただ静かにじっと湛えておく。その方向への第一段階は、呼吸に気づきをもたらすことだ。仏陀はこれを、ヴィパサナ、アナパンサティ・ヨガと呼んだ。これは、人類の歴史上の発見の中でも、もっとも偉大な錬金術だ。エネルギーである欲望――それが感覚から引っ込んで内側に入るとき――目は見ることに関心がなく、耳は聞くことに関心がなく、手は触れることに関心がなく――すべての関心が内側に向きを変えたとき、あなたは亀のようになっている――そのとき、このエネルギーをあなたの呼吸に振り向けなさい。

ダヤは言う、呼吸に気づきを、スラーティ（*surati*）をもたらしなさい――スラーティとは、想起、瞑想、気づきという意味だ。この気づきを、この意識をあなたの呼吸に振り向けなさい。吐いて、息を吸って――これをあなたの呼吸の循環に振り向けなさい。数珠を手にして座る必要はない。あなたが続ける呼吸というそんなにもすばらしい数珠があるのに、どうして手に持った隔たりのある数珠が必要なのだろう。あなたの呼吸の仕方はすばらしい、天然の数珠だ――出ては入り、出ては入り、出ては入り。それが出ては入るままに呼吸を観察しなさい。何もしてはならない。息を吐くとき、その息があなたを去ることを意識しなさい。息を吸うとき、その息が入ってくるのを意識しなさい。それを見逃してはならない。それを忘れてはならない。最初のうちは、何度も忘れてしまうだろう。あなたの意識を何度でももとらえて、呼吸に振り向けなさい。

覚えておきなさい、頑張って呼吸する必要はない。呼吸を和らげる必要はない。けっして呼吸を変えてはならない。自然に続いて行くのにまかせ、呼吸に全意識を向けなさい。これはプラーナヤマではない。この行程《プロセス》では、呼吸を速めたり深くしたり、あるいは、できるだけ肺いっぱいにしては空っぽにするといったようなことはしない——なぜなら、これに取り組んでしまうと、あなたは働き始め、再び活動的になる。くつろいだ状態を失い、新しい混迷に入ってしまうからだ。プラーナヤマ……さあ、あなたは計算し、数える。息を吐くのにどのくらいかかり、吸い込んだままどのくらい保てるか！　吐いて持ちこたえて——これでは取引だ、会計だ。マインドは忙しくなり、従事する仕事を見いだしている。

マインドは常に働きたがる。それに用心しなさい！　マインドは働きたがる。マインドはこう言う。「何か仕事をください。わたしにはその用意がある」——何もすることがなくなると、マインドは死ぬ。マインドが死ぬとき、あなたは生き始める。マインドが消されたとき、あなたは生まれる。

マインドは言う。「何か仕事をください。仕事をしていれば、わたしは生き延びる」。何をするかは、マインドは気にしない。何でもいい、何かすることが必要だ。なぜなら、マインドは〝行為者という感覚〟を意味するからだ。「プラーナヤマはいい！　店を出すことが許されなくとも、映画に行けなくても、そんなことはどうでもいい。プラーナヤマを実践することが許されれば——それは重大な事だ！　パタンジャリが勧め、ヨギたちは始終それをやっている。さあ始めよう……マントラはいいものだ。わたしには汚れた言葉は使えない、価値のない考えは持てない……ラーマラーマ——これは美しい名前だ。この名前を繰り返そう」

マインドは言う。「何か仕事をください、そうすれば、わたしは何とかそれを通して生きて行く。そうすれば、行為者であり続けられるからだ」。マインドとは行為者だ。あなたは観照者だ。観照する状態は、行為する状態が完全に消え去って初めて生まれる。だから、たとえこれほどのことでもしてはならない

――呼吸を速めたり、遅くしたり、あれこれしたり、特定の方法でやってはならない。何もしてはならない！　技法はすべて狂気だ。しかし、伝統という支えがあれば狂気には見えない。数珠を繰って座っていても、気ちがい扱いはされない。だが、ロシアにいれば即刻精神病院に送られる。「頭がおかしいのか？　何をしているのだ」。と彼らは尋ねるだろう。

　ムラ・ナスルディンとともに、ある女性がバスで旅をしていた。彼らは知り合いではなく、偶然隣り合わせて座っていた。女性は少々落ち着かなくなってきた。というのも、ムラが始終首を左右に振っていたからだ。バスが山道を登っていたので、それだけですでに彼女はくらくらしていた。そのうえ隣には、この頭を振る男が座っている。頭を振るムラを見ないようにするのは至難の技だった。ムラはすぐ隣にいたからだ。彼女はムラから逃れようがなかった。

　彼女は性格の良いおとなしい女性で、けっして他人に干渉しなかった。長時間、彼女は好奇心を抑えていたが、とうとう抑えきれなくなった。「あのう、」彼女は言った。「何をなさってるんです。それは宗教の修行ですか――そうやって首を左右に振っているのは？」

　ムラは答えた。「いえ、宗教の修行なんかじゃあ、ありません」。彼は話している間も首を振り続けた。

　女性は尋ねた。「それでは、何をなさってるのかしら」

　ムラは答えた。「これがわたし流の時間の計り方です。こちらに一秒、あちらに一秒。こうすれば、時計を買う必要がない」。彼は頭を振り続けた。「安あがりで便利ですよ」。と言った。「人に時間を聞く必要がありません」。女性は興味を持った。彼女は尋ねた。「それなら今、何時か教えていただけるかしら？」

　首を振り続けながら、ムラは答えた。「四時半です」

女性は、自分の時計を見て報告した。「違いますよ、五時十五分前です」
ムラは、首を振るのを少し速めて言った。「どうも、わたしの時計は遅れがちだ」

この男は頭がおかしいと、あなたたちは言うだろう。だが、ムラならこう答える。「わたしはラーマの名を繰り返しているのです——こちらにラーマ、あちらにラーマ」。その場合は、頭がおかしいと思われたことがない。宗教の名のもとに様々な狂気が正当化された。だからこそ、宗教的な国々では他のどこよりも発狂する人が少ない。なぜなら、宗教という逃げ道があるからだ。狂う必要がない——どうして、そんな手痛いことを選択するだろう。非宗教的な国々で多くの人々が発狂するのは、ここや他の宗教的な国々において、宗教の名のもとに行なえることができないからだ。いったん宗教的らしく思われる行程《プロセス》を採用すれば、狂っているとは言われない。

このスートラは非常に尊い。呼吸に対して何もせず、あるがままにさせ、気づきをもたらしなさい。呼吸に気づきをもたらすことは、とても役立つ。肉体に第一に連結しているのは呼吸だ。呼吸は橋だ。呼吸は、あなたをあなたの肉体に縫い付ける糸だ。だから、呼吸を意識すればすぐに自分が肉体ではない、自分は分離しているとわかる。それがまず一点だ。

第二に通常、呼吸は生命とみなされる。呼吸が止まっていれば死んでいると思われる。医者ですら、他に結論はあり得ない。これだけが医者の判断基準だ。呼吸が止まっていれば、その人間は死んでいる。死を確定する場合の、あなたの判断基準は何だろう。まさにこれではないだろうか？——呼吸が止まっているから命は尽きている。呼吸が始まると生命が始まる。呼吸がなくなると生命がなくなる。つまり、呼吸と生命は同義語になっている。通常、それらは同義だ。だが、呼吸を意識すると「自分は呼吸ではない」とわかる。それに気づく者は、自分の呼吸とすっかり分離している——完全に分離している。

呼吸は、彼の前に移動する。観照している場面のようだ。そして見る者は、常にその場面から離れている。この短いスートラはとても尊い。

……あなたの感覚を引っ込めて、呼吸に気づきをもたらしなさい

しかし、呼吸に意識を振り向ける前に、まず亀にならねばならない。そうしなければ、あなたの気づきは自ずと呼吸に結びつくことができない——なぜなら、あなたにはまだ気づきがないからだ。気づきとは、非常に微妙なエネルギーだ。それは感覚を通して外に流れ続け、実際には、あなたのコントロール下にない……感覚は、あなたの気づきがどこに、どんな場所に向かうか見当もつかないまま彷徨《さま》よう根因となっている。気づきの鳥たちは感覚を通して流れ、あなたの統御下にはなく、遠く彷徨よっている。それは、それぞれの感覚に従い、様々な方向へ行ってちりぢりばらばらになっている。そうしてあなたは鵜呑みにする。それぞれの感覚が世界について伝えることを何でもかんでも、これこそ生だ、これこそ真実だと。だが、その感覚には真実を知るすべはまったくない。感覚は盲目だ。唯一、内側の観照者だけに真実を知る可能性がある。他に可能性はない。感覚に耳を傾けるなら亀になることもない、感覚に惑わされ続けるばかりだ。

闇夜に、道に落ちている縄を見て、蛇だと思ったことはないだろうか？　走って逃げたこともあるかもしれない。心臓は猛烈にドキドキと弾み、恐怖に陥る。目はそれを見た。あなたはこう言う。「この目で見たぞ！　あそこに蛇がいた」。だが、明かりを当ててみるとただの縄だったとわかる。目は簡単に騙される。少し暗くなっても目は容易く欺かれる。

家の中でも夜、掛かっている自分のシャツを見て、そこに賊が立っていると思うこともあるだろう。

明かりをつけてみると、ただの自分のシャツだったとわかる。目はそれほど信用できない。目には明かりが必要だ。外側においてすら目は信用できない――そこでも明かりが必要だ――それなら、内側ではどれほど目が信用できるだろう。そこでも同じように明かりが必要になる。内側の明かりは観照から、想起から生ずる。内なる灯火は想起で灯される。

感覚からもたらされる情報は、習慣上のものにすぎない。あなたは、見るように習慣づいてしまったものを見る。

こういったことに気づいたことはないかもしれない。この庭園に樵《きこり》が来ても、彼の眼中に花はない。彼の目に入るのは木ばかりだ。どの木を伐採して市場に売ろうかと彼は考える。庭師、花の玄人が来ると、木ではなく花ばかりがその目には入る。「何と美しい花々だろう」、このように彼は思う。詩人が来れば、直接花が目に入るのではなく、花の美しさが目に入る。彼の焦点は美にある。画家が来れば、その目に映るのは色彩だ――あなたの見ない独創的な色彩だ。友人と庭に入ると、彼と自分は大体同じものを見ていると思う――こんな勘違いをしてはいけない――なぜなら、友だちが別の目的で目を鍛錬していれば、その目に映るものとあなたの目に映るものは異なるからだ。

感覚は、鍛錬の賜《たまもの》以外の何ものでもない。それらを通して見るように、自分自身に課したものをわたしたちは見る。耳も同じだ。聞くように課したものを徐々に聞くようになる。味覚も鍛錬による。気づいたことがあるだろうか？　――初めてコーヒーを飲んだとき、それは美味しくなかった。あなたはコーヒーを飲むように自分自身に課した。初めてアルコールを飲んだとき、おそらくまったく好きではなかったろう。

常日頃、ムラ・ナスルディンの妻は、彼が酒を飲んでくることにガミガミと小言をついていた。ムラは耳を貸さずにいた。ある日、彼女が居酒屋に現れた。ムラは少々慌ててしまった。というのも、これまで彼女が居酒屋に来たことはなかったし、きちんとした家庭の主婦が来るにはふさわしい場所ではなかったからだ。だが、こうなってしまってはどうしようもなかった。彼女はムラの隣に座って言った。「今日はわたしも飲むわよ。わたしの言うことを聞かないからには、お酒にはどこかいいところがあるに違いないと思ったの。飲んでみるわね」

〝酒を飲むのはいいことではないから、飲まない方がいい〟とは、ムラは言えなかった――これは常日頃、妻に言われていたことだった。弱ったことになってしまった。「大丈夫かぁ？」と言うより他になかった。

彼はコップにワインを注いで言った。「さ、飲んで！」

一口飲むと、彼女は一気に吐き出した。それはとても苦く、とても酸っぱかった。「どうしてこんな腐ったまずいものが飲めるのよ」と、彼女は訊いた。

「そうだろう！」ムラは答えた。「なのに、おまえはあたしがいつもここで楽しんでいると思ってたんだ！」

人は鍛錬しなくてはならない。自分を鍛錬すれば苦いものでも甘くなる。それは単なる鍛錬の問題だ。ある日、わたしにムラ・ナスルディンがこう言った。「昔、列車に乗ってて、ラジオのアナウンサーをしている女の子が向かいに座ったことがある」

わたしは彼に訊いた。「どうやってわかったんだい。その子に訊いたのかい？」

「いや、」彼は言った。「彼女からは聞いていない」

「それなら、どうやってラジオのアナウンサーだとわかったんだい」

ムラは答えた。「時間を尋ねたら、『九時十五分です。いつもゴッドレッジ・ロックスをお使いになって、安心してお休みください』と答えたんだ。それでラジオのアナウンサーだとわかった」

習慣になる。よくよく自分の人生を吟味してみれば、見るもの、聞くもの、理解するものすべてが真実とは一切関係なく、鍛錬の賜物であることがわかる。感覚が特定の方向に鍛錬されると、他の道を辿りづらくなる。

子供は、子供なりに世界を見る。知っているだろう、あなたもかつて子供だった、それに今、家に子供がいるかもしれない。子供は子供なりの見方で物事を見る。大人には、大人なりの見方がある。年寄りにもそれなりの見方がある。年を取っていればわかることだ。あなたが誠実であれば、子供の見方で世界を見たこと、そして成熟するにつれ、その見方が変わってきたことを思い出すだろう。世界は変わっていない。あなたは今、年を取り、世界を老年期の見方で見る。

だから、感覚は信用ならない。あなたの知覚は、あなたの熱情に通じている。子供のときは美しい男性や女性、またお金には興味がなかった。あなたは、おもちゃやゲームに夢中だった。それがあなたの世界だった。大人になっておもちゃやゲームを放り出し、あなたは美しさ、肉体、富や地位に興味を持つようになった。そうして年を取り、そういったおもちゃさえ放り出した。だからこそ、年寄りと若者は互いに通じ合わない。父と子でさえ、話し合うのは困難だと知る。彼らは通じ合えない。なぜなら、違う言語を話しているからだ。彼らの人生の見方は異なる。母親と息子が通じ合うと思うだろうか？非常に難しい。息子は父親を理解せず、父親も息子を理解しない——まったく理解しない——なぜなら、息子は父親の立場から物事を見れないからだ。そして父親は、今息子が立っているところから物事を見てきて、それらがすべて無意味だと知っている。再び物事をそのように見るのは、彼にとってはもはや困難だ。

注意深く見れば、体験が毎日変化することがわかる。体験が変化するとき、目は異なった見方をしている。若い頃は肉体を見る。年を取って肉体が衰えてよぼよぼになると、それぞれの肉体に死を見始める。若さ溢れる肉体にすら、死をちらちらとかいま見る。なぜなら、死が訪れていることを知っているからだ。至極美しい肉体を見ても、あなたは墓石や葬儀の薪の炎を見る。


ある女性が、二人の息子を連れて女友達を訪ねた。下の子供を見て、彼女は言った。「この子の目はお母さん似ね。あなたに似てるわ」

母親が答えた。「でも、額は父親似よ」

上の子供が言った。「でも、弟は僕のパジャマを着てるんだよ」


あらゆるものが誰かのものであるとき――彼の目は母親のもので、額は父親のもので――上の子供が黙っていられるだろうか？　弟は自分のパジャマを着てる！　誰もが、自分の見方こそ正しいと思う。少年は、弟の額や目には興味がない。単に彼は、弟が自分のパジャマを着ていることを不快に思っている。これを毎日少しずつ思い出すようにすれば、この習慣から逃れられるとわかる。あなたの魂は、子供時代にも青春時代にも老年期にも属さない。魂は純粋な覚醒だ。

亀のように感覚を引っ込めるとは、自分の古い習慣をすべて脇に寄せて見るということだ。古い習慣に従って見るとすべてを誤って見てしまう。見るようにしたものだけを見てしまう。あなたの洞察は純粋ではなくなる。そこには硝子《ガラス》がある、色のついた硝子《ガラス》があなたの洞察を覆う。生が着色されて見える。

……あなたの感覚を引っ込めて、呼吸に気づきをもたらしなさい

次第に、感覚からあなたのエネルギーを取り去りなさい。一日二十四時間できなければ、せめて毎日二時間やってみることだ。提案しよう。ときおり、亀のように座るだけでもあなたは利益を得る――まさしく亀のように。マットレスを敷き、そこに手足を内側に引っ込めて亀のように座る。母親の子宮にいる胎児のように、ガルバ・アーサナ(*garbhasana*)、子宮のポーズをとって座ってごらん。亀として自分をイメージして、全感覚を収縮させ、頭も同様に引っ込める。そうしたければシーツで身体を覆ってもいい。完全に自分自身に隠《こも》りなさい。そこで呼吸を意識しなさい。大いなる至福を見いだし、あなたの覚醒は途方もなく増大する。とても深い意識があなたの中に誕生する。始めたその日から、これが起こることだけを期待しないように。少々辛抱強くありなさい。

わたしはこれをカルマ・アーサナ(*kurmasana*)、亀のポーズと呼ぶ。このポーズを取りなさい。肉体の姿勢も内側の状態を補佐するからだ。シーツで覆われ、まさしく亀のように縮んで座る――あなたのまわりに堅い殻、鎧ができ、自分自身の内側に引っ込んで目を閉じる。息が入っては、出て行く様をゆっくりと見つめ始めなさい。息が出る、それが出て行くのを見つめなさい。息が入ってくる、それが入ってくるのを見つめなさい。息が出るとか、息が入ると言ってもいけない。ただ見つめ続けなさい。ときおり、あなたは失敗するだろう。古い習慣からたまに忘れてしまう。再び思い出すとき、「マインドがはぐれてしまったから、わたしは価値のない罪人だ」と怒って泣き叫んではいけない。思い出すとき、どんな後悔もせずに呼吸を念頭に置きなさい。悔やむ必要はまったくない。マインドが彷徨《さまよ》うなら、それは彷徨うのだ。それもまた受け入れなさい。再び静かにあなたの瞑想へ戻って来なさい。さもないと、どういうことになってしまうだろう。初めにマインドが彷徨い、それから後悔し始め――そうやって、

後悔の中にマインドが逸れて行く。これは二重に厄介だ。始めのうちは間違いなくマインドが彷徨う。すぐにはうまくいかない。あなたは何生もの習慣に刃向かっているのだから、ある程度時間がかかる。心が散漫になるのを自然なこととして受け入れ、マインドが彷徨うなら、そうさせておくがいい。再び思い出すとき、呼吸に意識を当てなさい ―― 後悔の感覚を一切持たず、罪悪感を一切持たず、やり損なったとか、大罪を犯したとか思わずに。何も起こらなかった。それは当然だ。

発声することなく、手に数珠を持たず
内側で想起は続く
類稀《たぐいまれ》な人だけがこれを体験する
それは師《マスター》の恩寵、とダヤは言う

発声することなく、手に数珠を持たず……手に数珠を握る必要はない、舌で言葉を発する必要はない、とダヤは言う。

発声することなく、手に数珠を持たず
内側で想起は続く

ただ内側に意識をあらしめなさい。そして、ダヤの想起という言葉遣いに惑わされないようにしなさい。想起とは座って、「ラーマ、ラーマ、ラーマラーマ、ラーマラーマ」と唱えることだとあなたは思っているが、それは舌先の事だ。わたしたちは、ナナクがアジャパ・ジャプ（*ajapa, jap*）と呼んだ詠唱なき詠唱について話している。

発声することなく、手に数珠を持たず
内側で想起は続く

想起にとどまらせなさい、意識にとどまらせなさい。言葉には、少々厄介な面がある。「そこで想起にとどまらせなさい」と言えば、「誰を想起するのか」という疑問が、常にわたしたちのマインドに湧いてくる。自分自身の想起、自分自身の意識だ。

もし他人の回想が続くなら、あなたのマインドは続いている。そこで〝在る〟という意識を現在にあらしめなさい。これこそ自分だという意識がとどまるべきだ。それを失うことを許すべきではない。どんな幕もそれを覆うべきではない、どんな言葉もそれを覆いに出てくるべきではない。

類稀《たぐいまれ》な人だけがこれを体験する
それは師《マスター》の恩寵、とダヤは言う

そして、ダヤは言う。この状況において体験され得ることは、非常に類稀《たぐいまれ》な人々によってのみ体験されてきたと。彼女は正しい。この体験はとても近くにある、非常に真近に。わずかでも手を伸ばせば、それはあなたのものだ。だが、あなたが手を伸ばさない。この富はあなたのものだが、あなたがそれを求めない。

……それは師《マスター》の恩寵、とダヤは言う

加えてダヤは言う。「自分一人でこれを成し遂げることはできなかった。これは師の祝福から、師の恩寵から起こった」。これもまた理解する必要がある。自分が行為者だという感覚を、可能な限り絶たねばならない。瞑想しているのは自分だという考えを温存するなら、自分が行為者だという感覚がすでに裏口から入っている。亀の姿勢で座ることはできる。だが、依然としてあなたは傲慢だ。なぜなら、自分が瞑想しているからだ。自分が瞑想しているのを誰かが見ているのではないかと、あなたはいぶかる。自分が終わったとき、誰かが自分を見ているかどうか、自分がしていたことを知っているのではないかと、辺りを見回す。

自分が行為者であるという感覚をわずかでも瞑想に持ち込めば、あなたは取り逃がす。エゴが入っている、マインドが入っている。だからこそ、弟子が言う。「何であれ起こることは、師の恩寵から起こる。自分の行為からは何も達成できない。わたしの行ないからは何も起こらない。わたしの行ないから起こるのは、世界だけだ。わたしの行為は生の苦しみの網を放っただけだ。わたしの行ないからは、この幸福の光は起こらない」。そして弟子は言う。「これこそ師の行なわれたことだ、師の恩寵だ」

……それは師《マスター》の恩寵、とダヤは言う

これが読んで字のごとく、師があなたに授けるものではないことを理解しなくてはならない。これは、弟子が感じとり、彼にとって非常に役立つ方便にすぎない。師の恩寵は――何かが起こっている人、何もまだ起こっていない人——あらゆる人に向けられている同じものだ。これが師の恩寵ゆえに起こったなら、弟子たち全員に起こってしかるべきだ。師の恩寵というこの感覚は、弟子の道のひとつの方便だ。彼の中にどんなエゴも生じさせない。そして、このエゴが生じないとき、どんな障害も一切道に立ちはだからず、それは起こる。師の恩寵からそれが起こるという意味はただひとつ、「それは自分の力ではない、わたしがしたことから起こるのではない。わたしの行為からは、ただエゴだけが生じる。エゴは破壊されねばならない、エゴは追い散らされねばならない」

さあ、ここが難しいところだ。師なしで働きかけて、何かが起こり始めれば当然、「自分がそれを成し遂げた」と感じる。そこには他に誰もいない。それによって、あなたの中に傲慢さが生じる……師の御足に明け渡した状態で働きかけるとき、何かが起これば、常にあなたは師を思い出す——それは彼の恩寵から起こったと。エゴは強化されない。エゴは何の餌も与えられず、渇いて消散してしまう。

唱えることが不可能なマントラを弟子が唱えるとき
蓮のハートに気づきを保ち
そこに純粋な知識が顕現し、闇の汚れをすべて取り去る

蓮のハートに気づきを保ち……そこで、初めに呼吸を意識しなさい。呼吸への気づきが完成し、観照の姿勢で呼吸の出入りを見始め、呼吸という数珠があなたの前で巡るとき、呼吸から意識を離し、それをあなたの蓮のハートへ振り向けなさい。

時には、蓮の花のつぼみを見かけることがあるだろうか？　花びらを開くと、中が小さな空洞になっている。蓮のハートもそれと同じようになっている。その内側に空間がある。バラにも蓮の花のような

空間がある。夜になって蓮の花が閉じると、ときおりその空間に黒蜂がかかる。蜂は日中ずっとそこに座り込んで占領し、すっかり蜜に酔いしれて飛び去ろうともしない。夜、蓮の花が閉じるときになっても依然として黒蜂は座り込み、そこに捕らわれてしまう。

蓮の中に空間があるように、あなたのハートにも空間がある。あなたは、あなたのハートの空間に気づきという黒蜂を閉じ込めねばならない。

まず初めに、呼吸を意識しなさい。二つのことを体験するだろう。「自分は肉体ではない」ということ、そして「自分は呼吸ではない」ということだ。これは否定的な体験だ。あなたは自分ではないものを見いだした。次なる仕事は「わたしとは誰か」を見いだすことだ。あなたは「自分は肉体ではない」ということを見いだした。これは大発見だ。あなたは「自分は呼吸ではない」ということを発見した。これはさらに大きな見解だ。否定的な働きかけは終わった。だが、自分とは誰かを見いださねばならない。だから、あなたのハートを蓮と見なしなさい。それは事の全体をよりよく理解するための象徴だ。今、あなたの脈打つハートにあなたの意識を当てなさい。呼吸が入るとハートが躍動するところへ、呼吸の道筋が続くところへ。あなたは息を見た。さあ、その息を越えて深く、ハートの鼓動へと入って行きなさい。

あなたのハートを蓮と見なしなさい。ときおり黒蜂がかかるその蓮の中の空間に……その空間に瞑想的な姿勢で座りなさい。まさに、そこにあなたの気づきを投じなさい。あなたの意識、あなたの想起を。

唱えることが不可能なマントラを弟子が唱えるとき
蓮のハートに気づきを保ち……

これこそ、ナナクが詠唱不可能なる詠唱と呼んだものだ。詠唱は一切起こってはいないし、詠唱する者もいない。そのとき、真の詠唱が始まる。ここで初めて、あなたは存在の音を耳にする——それはオームカールと呼ばれる。ここであなたは、オームの音を耳にする。ここであなたは、それをしていない。この音はあなたの外側から来ているのではない。亀の姿勢で座り、あなたは自分の耳を離れ、その他の一切の感覚を彼方へ置き去りにする。あなたが自分自身の内側で聴いているその音は常にそこにあったのだが、外側の騒音のせいで、それを聴くことができなかった……。

それは、家の中でとても穏やかに奏でられているヴィーナのようだ。外がやかましければ、そのヴィーナは聞こえない。あるいは、誰かが笛を穏やかに演奏していても、市場の騒音で聞こえないようなものだ。これこそ、この内なる音の状況だ。ヨギたちはそれをアナハット・ナッド、打ち鳴らされていない音と呼ぶ。この音は、すでにあなたの内側に鳴り渡っている——それはあなたのハートの音楽だ。初めて、あなたはそれを耳にし始める。これこそ詠唱なき詠唱だ。あなたはその行為者ではなく、単なる観照者だ。あなたはただそれを聴き、ただ体験する。

益体《やくたい》もない彼らの数珠のために
世捨て人は無駄にこの責めを招いてきた
この名はとても尊い
数えられぬほど唱えるべきだ
数えながらそれを唱えるなら、何の喜びがあるだろう

わたしは、ある家に招かれていた。主人が帳簿を引っぱり出してきて、わたしに見せた。なぜかとわ

たしが尋ねると、彼はこう言った。「あなたに見てもらいたかったのです。それは帳簿なんかじゃありません。これまでわたしは、この中に少なくとも一千万回〝ラーマラーマ〟と記帳してきました」

この男は危ない。もし彼が神に出会ったなら……それは無理な話だが。なぜなら神でさえ恐れをなすからだ。「この男は帳簿を手にしてやって来る」と思って。そこで、ひとつわたしは彼に話をしてやった。

ある日、敬虔な信者が亡くなったそうだ。そして同じ日に、その信者の向かいに住んでいた不信心な者も亡くなった。天使たちが信心深い男を地獄へ、そして不信心な男を天国へ連行しにやって来た。敬虔な信者は非常に怒った。彼は何かの間違いだと決め込んだ。それで彼は言った。「どうか戻ってお調べください。何かの間違いだ。地上の役所では、こんなことはしょっちゅうだ――でも今、同じことがここでも起こっている！　あなた方は混同している。わしは聖なる御名を一生涯唱えてきた。朝も夜も献身歌のバジャンを歌って何でもやった――八方手をつくした。昼も夜もラーマの御名を唱えた。わしが身につけているショールが目に入らないのか？　ラーマの名入りだ、それも全体的に入っている！　わしを地獄へ連行するなんて、よくもそんなことができたものだ！　不信心者がラーマの名前を唱えているのは見たこともない」

天使たちは答えた。「間違いはありません。しかし、お望みとあれば、わたしたちと一緒に来て、苦情を申し立てることができます」。そこで、男は天使たちに同行した。

傲慢にも、彼は神に向かってこう言った。「いったい、ここはどうなっているのだ。これはいったいどういうお裁きだ。実に不当だ。わしは、それはそれは詠唱に励み、実に多くの献身歌を歌ったものだ――それを歌うために、いつも朝の三時に起きた。拡声機を使ったので村の者全員が証人だ。口だけではない。村中の者が聴いていた。あなたもご存知のはずだ。わしを地獄に送ったのは不当だ。あいつが献身歌を歌ったことはない。それどころか奴はわしのところへ来て、こう言ったものだ。『おいおい、眠らせてくれよ。朝の三時からやかましくせんでくれ。せめて拡声機は使わんでくれ。自分の家の中だけで詠唱するなら文句はない』。こいつは、いつもわしの邪魔ばかりしていた。だのに天国に連れていかれるとは！」

神はお答えになった。「そういうことだ。彼はわたしの側だった。おまえは、わたしを始終拷問にかけた。だから、天国に住まわせることはできない。おまえが天国に住むなら、わたしは地獄に引っ越す。おまえは無分別にわたしをうんざりさせるだろう。おまえはわたしに一時《いっとき》の平安も許さなかった。朝の三時は、わたしだって眠っているのに、おまえはマイクと拡声機でやかましくしたのだ」

この、一千万回神の名前を書き連ねた男は危険だ。彼は神さえも勘定する。

益体《やくたい》もない彼らの数珠のために
世捨て人は無駄にこの責めを招いてきた
この名はとても尊い
数えられぬほど唱えるべきだ
数えながらそれを唱えるなら、何の喜びがあるだろう

実のところ、この御名は、発すればあなたはしくじっている。発しようとしてはならない。自ずと内側でその流れが流れるときにのみ、絶え間なく内側で、昼も夜もオームカールの音が生じるとき——そのとき、真の詠唱が始まっている。真の詠唱は詠唱なきものだ。

唱えることが不可能なマントラを弟子が唱えるとき

蓮のハートに気づきを保ち
そこに純粋な知識が顕現し、闇の汚れをすべて取り去る

そこに純粋な知識が顕現する……聖典や学ぶことからは純粋な知識は現れない。それはあなたの肉体、あなたの呼吸——すべて——から解放され、蓮のハートに中心が定まった意識をもって座るときに現れる。**そこに純粋な知識が顕現する……**純粋な知識がそこに誕生する。理解、体験、サマーディや悟り、何でも好きなように呼んでいい。そこに純粋な知識が誕生し、その知識をもって、すべての束縛が断たれ、あなたの罪のすべてが消える……。

……闇の汚れをすべて取り去る

すべての汚れが洗い清められる。だからこそ、これが純粋な知識と呼ばれる。すべての汚れが消えてしまうからだ。

過去生の行為の汚れをどうやって浄化するのかと、人々はわたしに訊いてくる。これは難しい。あなたにはその汚れは浄化できない。なぜなら、清めようとすれば、さらに汚してしまうだけだからだ。この汚れは、あなた自身の行ないゆえに蓄積された。それはあなたの行ないによっては消えない。あなたが洗っても消えない。あなたの過去生のこの汚れは、第一にあなたの行為ゆえに蓄積された。ここでさらに行為したいと欲するのは、他の行為を欲することだ。それらは、あなたが非行為者になって初めて浄化される。過去の行為の汚れは、非行為の中にあなたがすっかり浸るとき、あなたが非行為者になって初めてなくなる。そのとき、それらを洗い清めるのは神聖なるものであって、あなたではない。あな

たは自分自身の破壊のし方を知っていて、それを存分にやってきた。さあ、物事をかき集めて、さらにいっそう物事を破壊してはならない。

どうか、あなたの過去の行為のこの網を一掃しようとしないでほしい。あなたの気づきの中へ降りなさい。すると、あなたの不純さすべてが気づきの雨に洗い流される。このようにして瞬く間に、あなたはあるべきままに純粋になる——何生努力しても、あなたの側の努力ではなれないほどに。あなたの努力はあなたより偉大にはならない、あなたと同じになるだけだ。何であれあなたの行ないには、あなたの痕跡、あなたの署名がある。だからこそ、わたしはあなたに非行為と非習慣——瞑想を教える。瞑想に溺れなさい。

瞑想とは、あるがままの姿で神聖なるものの前に立つということだ。下劣で汚らしく、欠陥だらけで——ちょうど埃と泥にまみれて外で遊んできた子供が、泥だらけで母親の前に立つように。神聖なるものの御前に、親の前に立つ子供のように立ちなさい。そうするやいなや、あなたは洗い清められる。止まるやいなや、あなたに降り注がれる。

……そこに純粋な知識が顕現し、闇の汚れをすべて取り去る

だから、他の多くの人々がとらわれているように、計算にとらわれないようにしなさい。自分たちは過去の行為の汚れを何生にもわたって蓄積してきた、それゆえ光明は一日では、一瞬では起こり得ないと彼らは言う。何生にもわたって過去の行為の汚れを蓄積してきたので、それらを洗い流し、消し去るにも幾多の生がかかるという。そのようでいては自由にはなれない。解放はけっして起こり得ない。なぜなら、それらを洗い流すために実に多くの生をかけるからだ。そして、もちろんこの間中、あなたは

ぶらぶらしてはいない。何かをし続け、そうして自らの行為ゆえの汚れもまた増大し続ける。

そうではない、あなたの行ないは、あなたの解放とは何のつながりもない。そのつながりは、あなたの明け渡しにある。頭を垂れて神聖なるものに言いなさい。「わたしを洗い清めたければそうしてください。汚れたままでいさせたければ、汚れたままにしておいてください。あなたの望むままに」。だが、これが言えるのは、蓮のハートにあなたが到達したときだ、それ以前ではない。それ以前は、あなたには辿るような神聖なるものの輪郭がない。そのときが到来するまでは、自分で作った偶像の前でこれを言う。それらはあなたの行ない、あなたが作ったものだ。それらのどこに神聖なるものが見つかるだろう。神聖なるものは、蓮のハートに君臨している。その御座はその空間にある。

死も烈火も、冷熱もなきところ
おお、我が兄弟よ……

ダヤは言う。「我が兄弟、この現象は蓮のハート、死も火もなきところで起こる」。死も苦痛も、時間もそこには存在しない……冷熱もなきところ、おお、我が兄弟よ。そこには冷たいも熱いもない。すべての二元性は休息し、落ちている。そこで、二つの目はひとつになる。

……我が家、我が究極の住処を見つめ
測りしれぬ生の神秘が明かされる、とダヤは言う究極の状態を見つめ、生の神秘が明快になる――わたしたちが必要もなく嘆いたり、心配してきたことが。悪に身をまかせようか、善人、サドゥーになろうかどうしようか、これをしようかあれをしようか、この寺に行こうかあの寺にしようか、この聖典に従おうか、あの聖典にしようか、この宗教にしようか違う宗教にしようか……そうやって、わたしたちはあてもなくさすらってきた。

……我が家、我が究極の住処を見つめ
測りしれぬ生の神秘が明かされる、とダヤは言う

聖典の中の聖典、ヴェーダの中のヴェーダ、最奥の秘密、神秘の中の神秘が見つかった。その神秘とは何か。その神秘とは、人間は自らの行為によって束縛され、自由になれないということだ、自らの余計な行為ゆえに。人が非行為者、観照者になれば、彼は自由になる。彼は今ここに自由になる。

最愛なるものの無双の美を見て
千万の太陽が輝く

そして、蓮のハートの無の中に最愛なるものの美を見て……最愛なるものの無双の美を見て……最愛なるもの、もっとも崇めるべきものの無比の美を見て……千万の太陽が輝く――まるで千万の太陽が昇ったかのごとく。

生の苦しみのすべてが消され

幸福の真髄が顕現する、とダヤは言う

あなたの苦しみは消され、幸福の真髄、あなたの幸福の鍵が顕現する。その幸福の鍵は、わたしたちに本来備わっている自己の本質だ。それを他人に求めるために、わたしたちは貧しく惨めなままだった。乞食になってしまったので、乞食のままでいた。しかし、わたしたちの本質は皇帝になることだ。自分自身の内側を見ることがなかったために、わたしたちは永遠に彷徨《さまよ》ってきた。

生の苦しみのすべてが消され
幸福の真髄が顕現する、とダヤは言う

無数の太陽の輝き、
奇跡の光が顕現する
それは目も眩むよう
だが、マインドは冷静で清新になる

無数の太陽の輝き……同時に昇る、実にたくさんの太陽！　誕生に次ぐ誕生、あなたの生には暗闇しかなかった。あなたは幾百万ものランプを灯してきたが、それらはすべて死んだ。あなたはそれらのランプを信じたが、どれも役に立たなかった。大切な人になるとばかり思っていた人々は結局見知らぬ人になった。あなたの舟は、紙の舟であることが証された。

無数の太陽の輝き……そして今、無数の太陽の光が突然射し込み、奇跡の光が顕現する――そして、その光は奇跡的だ。
この光の奇跡とは何だろう。

……それは目も眩むよう
だが、マインドは冷静で清新になる

奇跡的なのは、それが光であると同時に炎だということだ――目が眩む一方、マインドは冷静になり清新になる。涼しい炎ゆえの奇跡！　神聖なるものとは、涼しい炎だ。

ユダヤに、これについて実に甘美な話がある。モーゼがシナイ山で神を見たとき、何が起こったか彼には理解できなかった――なぜなら、神は茂みの中の炎として現れたからだ。そして、その茂みは燃えていなかった。炎が現れ、その火炎は空に向かって燃え上がり始めたが、茂みは鮮やかに緑のままだった。葉は緑のままで、花々はしおれずにいた。燃えているものなどなかった。モーゼは何が起こっていたか理解できなかった。涼しい炎？　そんなものは見たことがない。

ユダヤでは、この話の解釈はされていない。その話はモーゼに起こったということが前提であって、その意義深さを研究することを、ユダヤ人はあまり気にかけなかった。だが、このシナイ山はどこにもない……それは人間の意識の究極の高みの名だ。だからこそ、すべての宗教が高山に巡礼の場所を選んだ。それらは象徴だ。バドリナートとケダリナートは、ヒマラヤの高所にある巡礼地だ。そして、カイラスについての概念は、シヴァが住む神の住処ということだ。それらは象徴だ、それらは魂の高みの象徴だ。あなたの意識が究極の高みに、その最頂点に達するとき、それがカイラスだ――それこそシヴァの居るところだ。ヒマラヤにそれを探しても、どこにも見つかりはしない。それはあなたの内側にある。

シナイ山もまた内なる山の頂点であり、モーゼの語っていた茂みはあなただ。神聖なる炎が内側に現れ、あなたは仰天する。無数の太陽の輝き……あたかも内側に何千もの太陽が同時に登ったかのように……。

奇跡の光が顕現する
それは目も眩むよう
だが、マインドは冷静で清新になる

そして、その奇跡とは、このまばゆい光があなたの目を閉ざしても、マインドは冷静になることだ。

そこには光ってはいないおびただしい光があり……

そしてその奇跡とは、光ってはいないが、その空は光に溢れているということだ。そこには太陽は一切ないが、あたかも無数の太陽が昇ったように感じられる。

そこには光ってはいないおびただしい光があり……源泉がどこにも見あたらないが光が氾濫する、だからそれは源泉のない光だ。第一に、その光は涼しい。第二に、その光には源泉がない。光には、それが流れ出る源泉というものがある。この光はけっして流れ出ない。ランプに油を満たして灯せば、油は流れ出てまもなく枯渇する。一晩灯すに充分な油があれば、ランプは一晩中灯っている。一カ月分あれば一カ月の間燃える。

科学者たちによると、太陽は何十億年と燃えてきたが、それは永遠ではないという――おそらくあと四、五百万年といったところだと。それは日毎に冷たくなっている。その光は流れ出て、その油は流れ出て、そのエネルギーは減衰している。ある日、太陽も冷たくなる。

神聖なるものは、けっして燃え尽きない唯一の光だ、それは永遠だ――なぜなら、それには源泉がなく、燃料も、油も、それ自体を凌《しの》ぐ何の因果もないからだ。

そこには光ってはいないおびただしい光があり
雲ひとつなく降り注いでいる

そして、これこそが起こっているとダヤは言う。そこには雲ひとつないというのに、それは降り注いでいる。この至福の雨はどこから来るのか、雲ひとつないというのに。どこにも光っているものはないというのに、空は実に晴朗だ！　それは、とても象徴的な言明だ。

やむこともなくこれを見て
わたしのハートは歓喜に震える、とダヤは言う

そしてここで、ダヤは全一に心を奪われているとわたしたちに告げる。彼女のハートは踊り、やむこともなく彼女は見つめる。自分自身の内側に彼女が見るもの、この体験こそ、この了解《りょうげ》こそ、この対峙こそ、永遠なるものそれ自体を見つめ続けるに充分だ。その至福はけっして終わることなく、その歓喜はけっして終わらない。

そこには光ってはいないおびただしい光があり

雲ひとつなく降り注いでいる
やむこともなくこれを見て
わたしのハートは歓喜に震える、とダヤは言う

世界は虚偽
肉体の形をとった惑いの井戸
あなたは意識
驚くべき至福の住処

世界は虚偽、肉体の形をとった惑いの井戸……わたしたちがこの世界に見るものは、何であれすべてうつろいやすく、極めて儚《はかな》い。今ここにあるかと思えばもうない──ちょうど露の雫《しずく》のように。世界は虚偽……砂漠で喉がからからに渇いている人が、泉の幻想を見るようなものだ。それは投影だ。そこには泉はないのだが、渇きのためにそれが見えるようになる。それは、この渇きゆえに投影される。あまりにも喉が渇いているので、そこに水があると思い込む。とても渇いているとき、あなたは想像し始める。あなたのもっとも深い熱情、欲望、切望が何であれ、外側にそれを探し始め、それはそこにある、そこにあるべきだとと決め込んでしまう。なぜなら、切実にそれを欲しているからだ。それは外側のスクリーンに形成されたあなたの切望だ。

だから、ダヤは言う。世界は虚偽……この世界において、すべては変化するために続く。あなたの手につかめるものはない。実際、見るものは何であろうとあなたの夢だ──現実において、それは実在し

ない。それらは嘘だ――砂漠の中の庭園のように。

……肉体の形をとった惑いの井戸

肉体というこの井戸に、自分が見ていると想像する水は、あなた自身の間違った思い込みだ。それは実際は、そこにはない。この肉体には、あなたに充足を与えられる水はない。この肉体に、あなたの渇きを癒せる水はない。

イエスの生涯にこんな事がある。あるとき、彼は道端の井戸の方へ向かって行った。彼は疲れ切っていた。ひとりの女性が、そこで水を汲みあげていた。彼女は浮浪者だったに違いない。彼はその女性に言った。「わたしは喉が渇いている。水をもらえないだろうか」

女性は答えた。「お許し下さい、あなたは高貴なお生まれとお見受けいたしました。わたしは貧しい不可触賤民です。わたしの汲んだ水を飲む人はいません。どうぞしばらくお待ちください。きっと他の人が来て、あなたに水を汲んでくれるでしょう。その人から水がもらえます」

イエスは言った。「案じることはない。いいかね。わたしに水を与えてくれたら、飲めば永遠に癒される水をあなたにあげよう。あなたがくれる水は、ほんの一時渇きを癒すだけだ。永遠には癒せない。だが、わたしは他の類の水を持っている。それをあなたにあげよう。それを飲めば忽《たちま》ち、あなたの内なる渇きは癒される」

世界は虚偽
肉体の形をとった惑いの井戸

あなたの肉体という井戸は空っぽだ。完全に渇いていて不毛だ。そこに水はない。渇いているので、あなたは肉体に水を見る。渇いている者は、どこにでも水を見る。渇いている者は、目をやればどこにでも水があると思い込む。

気づいたことがあるだろうか？　ひどく欲するものがあると、そこにそれがあるとあなたは思い込む。手紙を待っていると、郵便配達人が通りかかっただけで、すでに手紙が来ていると決め込み、戸口まで駆けつける。人を心待ちしていると、風が扉に少し吹きつけただけで、お客が来たと思って駆け寄る。

ひどく見たくなってしまったものを、あなたは見る。途中に火葬場があると聞かされれば、その場所を通る度におばけや亡霊を見る――しかし、同じ道を以前から何度も通っていたが、おばけや亡霊を見たことはなかった。火葬場のことは知らなかったので何も投影しなかった。いったん、火葬場があると知ると厄介な事になる。二度と以前と同じ様にその道を通ることができない。そこに厄介事がある。自分で厄介事を招いてしまう。あなたの思い込みや恐れこそが亡霊になる。

世界は虚偽
肉体の形をとった惑いの井戸
あなたは意識
驚くべき至福の住処

ダヤは言う。あなたは意識、驚くべき至福の住処。意識は、あなたの自己の本質だ、神聖なるものは、あなたの自己の本質だ。あなたは驚くべき至福の住処だ！　ラソ・バイ・サア（*Raso vai sah*）、まさに精髄《ジュース》だ！　サッチダナンダ――真実、意識、至福だ。

しかし、自分自身の内側に向かうときにのみ、これを知る。行くに値する巡礼の場所はひとつしかない。入るに値する寺院はただひとつ、到達するに値する頂上はただひとつ、達するに値する深みはただひとつ、それがあなただ。ウパニシャッド曰く、タットゥヴァマシ、スヴェトゥケトゥ！（*Tattvamasi, Svetketu!*）、この意味はこうだ。『汝それなり、スヴェトゥケトゥ（人名）』。

だが、わたしにはあなたの困難がわかる。それはあらゆる人の困難だ。この体験を経るまで、これはありそうもないように感じられる。これまであなたには、生の体験はたったひとつしかなかった。苦しみ、痛み、地獄だ。あなたは、天国の言語そのものを忘れている――どうやって祝うかさえ覚えていない。そして、宗教の名のもとに続いていることはまったくもって偽善だ。それは聖職者や学者によって仕掛けられた網だ。世界には何も見つからないし、寺院はすべて偽善者の手に落ちている。世界や寺院には何も見つからない。人間は罠にかかっている。

ここでわたしは、あなたに外側の寺院を示すつもりはない。外側の寺院は良いものをもたらさなかった。そして、ここでわたしは、あなたに外側の聖典を語るつもりもない。外側の聖典もまた良いものをもたらさなかった。

ここで行なうに値することはただひとつ、自分自身の内側を掘り下げることだ。ここで学ぶに値することはただひとつ、自分自身を知ること、これを学ぶことだ。

すべてのがらくたを脇に寄せて、あなた自身の内側に進みなさい。障害や邪魔は入るだろう、何生にも渡る習慣が途上に立ちはだかる。だが、それらはすべて克服できる。なぜなら、それらはみな相容れず、あなたの自己の本質に適わないからだ。あなたの自己の本質に適うものを見つけることは、難しいかもしれないが不可能ではない。そして、自己の本質に相容れないものをくつがえすことは、難しいかもしれない――だが、不可能ではない。あなたが望めば、あなたは確実に得る。あなたの巡礼の地は遠くない。もっとも近いところにある――それは、あなたのハートに息づいている。

唱えることが不可能なマントラを弟子が唱えるとき
蓮のハートに気づきを保ち
そこに純粋な知識が顕現し、闇の汚れをすべて取り去る

あなたがよく覚えるように、これらの三つのことを繰り返させてほしい。ひとつ、亀になることを学びなさい。亀になることには、大いなる秘密が隠されている。一日二十四時間のうち、少なくとも一時間は亀になりなさい。亀になるにつれ、自分に神聖なるものが降臨し始めたことがわかる。それこそ神聖なるものの、亀としての神話的権化の意味だ。

第二に、いったん亀になったら、あなたの全一な意識を呼吸に向けなさい。そしてゆっくりと自分が肉体ではないこと、自分が呼吸ではないことを体験し始めるとき……いいかね、『自分は肉体ではない、自分は呼吸ではない』と繰り返すという意味ではない――さもなくば、どんな理解も誤りだ。ただ待ちなさい、それ自体でそれに起こらせなさい。何にせよ急ぐことはない……危険なのは、オウムのように繰り返すことが身についてしまうことだ。三十分、あるいはそれ以下かもしれないが、意識を呼吸に向けて亀のように座ると、あなたはオウムになり始めてしまう。『わたしは肉体ではない、わたしは呼吸ではない』と。それがすべてを変造してしまう。何も繰り返してはならない。ただ座りなさい。それが起こるに任せなさい。それがあなたの体験に入るに任せなさい。ある日、それはやってくる。そしてその

日、あなたのすべての扉が開く。『わたしは肉体ではない、わたしは呼吸ではない』が、あなたの体験となるその日──この気づきを、あなたの蓮のハートの空間に君臨させなさい。
その日、自分自身に伝えなさい、『わたしは蓮だ』と。あなたの想起、あなたの知覚、あなたの気づきを黒い蜂にして、それをその蓮の中心に起きなさい。そのとき、他のあらゆることがひとりでに生ずる。

最愛なるものの無双の美を見て
千万の太陽が輝く
生の苦しみのすべてが消され
幸福の真髄が顕現する、とダヤは言う

そこには光ってはいないおびただしい光があり
雲ひとつなく降り注いでいる
やむこともなくこれを見て
わたしのハートは歓喜に震える、とダヤは言う

今日はもう充分かね?

第八章

全霊を傾けて

Running with Your Whole Heart

最初の質問

愛するOSHO、昨日、あなたは探求する者は取り逃がすとおっしゃいました。あなたの有名な本のひとつに『探求者は見いだす』という題名の本があります。実のところはどうなのでしょうか。どうぞ御説明ください。

友人と一緒に旅をしていたムラ・ナスルディンは帰路についていた。突然、友人がナスルディンの腕をつかんで言った。「急げ！　走れ！　逃げろ！」。そして近くのホテルにムラを引きずり込んだ。苛立ちながらも、激しく息をはずませてムラは友人の後に続き、それからこう尋ねた。「どういうことだ。虚勢でもされそうになったか？　どうしてそんなに慌ててる」

友人は言った。「虚勢どころじゃない。おれのかみさんとおれの彼女が、話しながらこっちに向かって歩いて来たのが目に入らなかったのか？」。用心深く外を見張って、ムラは言った。「アラー、こんなにうまくわたくしめをお救いにくださり感謝いたします」

友人はムラに訊いた。「どうしてアラーが、おまえをうまく救ったなんて言うのだ」

ムラは答えた。「おまえはひとつ間違っている。おまえの奥さんがおまえの彼女に話しかけてたんじゃなくて、あたしのかみさんがあたしの彼女に話しかけてたんだ」

だが、どちらも同時に真実となり得る。この点に矛盾はない。「探求者は見いだす」と「探求する者は見失う」はどちらも同時に真実となり得る。矛盾はない。これを理解するようにしなさい。探求しない者は何も見つけないが、探求をし続けているばかりの者も何も見つけない。探さねばならない日々が到来し、この探すことをやめて、ただ腰を下ろす日が来る。「探求する者は見いだす」は第一段階だ。探求することは旅の半分だ。もう半分は、あなたが探求をやめるときに起こる。

仏陀は六年間探求した。彼は休みなく根気よく働きかけた。できることはすべて行ない、師たちに指導されたことはすべて実践した。ヨガを実践し、マントラを唱え、苦行に徹し断食し、献身し、瞑想した……あらゆることを実践した。これらの行為すべてに完全に没頭しても、何の結果も得られなかった。

あらゆることを試みて彼は疲れ、ある日結論を下した。どれをやっても無意味に思えた。なぜなら、何かをしているときは、その行為者が残存するからだ。探求においては、探求する者が残る。ヨガ、苦行、瞑想、何をしようと――それらはすべて、あるエゴを生じさせる。あなたはこう思う、「わたしが瞑想している。わたしこそ瞑想者だ。わたしは献身を実践している。わたしこそ献身者だ」。あなたは微妙なエゴを構築し続ける。だが、エゴあるかぎり、神聖なるものを見いだすことはない。それがすべての宗教の本質だ――エゴ自体が障害になる。あなたが居る限り、神聖なるものを見いだすことはない。その到来は、あなたが消え去って初めて可能だ。あなたが、神聖なるものと自分自身の間に立つことをやめるとき、そのとき初めて出会いが起こる。あなたがそこにいるのだ、岩のように頑固に。あるとき、お金を稼いだのであなたは金持ちだった。今、献身を稼いでいるのであなたは献身者だ。しかし、その〝あなた〟がいる。実のところ、それは以前よりは少しましだ。このエゴの方が金《ゴールド》だ。古いエゴは棒きれや石ころ、ゴミにすぎない。新しいエゴは高潔だ。古いエゴは月並みだ。この新しいエゴは非凡だ。

初めのエゴは世俗の人のエゴだった。今度のエゴは宗教的な人のものだ。だが、エゴはエゴだ。

だから、六年の絶え間ない探求の後、彼は全面的に疲れ果てていたが、エゴだけは疲れていなかった。エゴは何かを行なうことにおいては疲れを知らない。エゴが進行し続けることには疲れない。だが、ある日、容赦ない六年間の探求の後、仏陀はすべてが無意味だと悟った。世間にもこのサニヤスにも、この放棄にも何も見いださなかった。その晩、サニヤスさえも彼の頭から落ちた。彼は木の下に座った。彼は瞑想も、献身も苦行もせず、どんなマントラも唱えなかった。その晩、彼はただ眠った。

それはすばらしい眠りだった。そのように眠ったことはかつてなかった。なぜなら、彼のマインドには常に何らかの欲望があったからだ――ときには富を手にする欲望、ときには神聖なるものに達する欲望、ときには世界を所有する欲望、ときには真理を手に入れる欲望……欲望があるとき、そこに夢がある。夢があるとき、緊張がある。そして緊張があれば、いったいどうやって眠れるものだろう。いったいどうやって休息があり得るだろう。


その晩、彼は初めて休息した。そして、その休息の中、真理が彼に降臨した。翌朝、目が開いたとき……仏教の聖典にすばらしい表現がされている。「朝に目が開いた」。それには、彼が朝、目を開けたとは書かれていない。なぜなら、彼の中にはもはや目を開く人はいないからだ。眠りが完了し、目が開いた。目は朝、花が開くように開いた。そして仏陀の開いた目は最後の星が没するのを見た。世界は夜明けの最後の星――最後の星が没しようとしていた。きらきらとゆらめく星が消えかかっていた。彼の自己の最後の輪郭、最後のエゴの感触もゆらめいて溶解した。その刹那、光明が生じた。

後に、どうやって光明を達したかと人々に訊かれると、彼はこう言った。「それに答えるのは難しい。なぜなら、自らの行為を通して光明を達成したのではないからだ。わたしが何もしなかった日、その日に光明は達せられた。しかし、わたしが行なったことをしなければ、この無為の状態は生じてはいなかったということも真実だ」

これを理解しなさい。六年間に及ぶ苦行中の彼の熱情からは、直接には真理は達成されなかった。だが、仏陀がその六年の苦行の実践もせずにその木の下に座っても、その瞬間のくつろぎは可能ではなかった。そこへ行って座ってみるといい――その木はまだブッダガヤにある――あなたはその六年間の骨折り仕事をしないだろう。なぜなら、用をなさなかったからだ。それからは何も達成されなかった……仏陀は座っていて光明を達成した。彼は腰を下ろした。あなたもまた座れる。表面だけは仏陀のようでいられる。だが、内側はどうだろう――あなたにはわからない、何も達成されずに六年間の苦行を実践した日々が。あなたにはわからない、行為からは何も達成されないことが。そして行為が無益だということが。あなたはその体験を欠いている。たとえその菩提樹の木の下に横たわっても、その木が仏陀にとって光明の木だったように、あなたにとっても同じ光明の木とはならない。

だから、どのように言えるだろう。仏陀が光明を得たのは行為からか、それとも無為からか？　わたしたちは答えねばならない、両方だ。彼は行為と無為――その両方から達成した。行為から無為の状態を達成し、無為から真理に達した。ゆえに「探求者は見いだす」は第一段階だ。それは仏陀の六年間だ。ときおり「探し求めてはならない、さもないと見失う」とわたしがあなたたちに言うとき、この最終段階について語っている――だから、六年間を六十年、六生にして、ただ探求し続けているばかりではいけない――なぜなら、探求し続けるばかりでは、けっして到着しないからだ。

自らの目的地に到達するために、あなたは突進しなくてはならない。だが、そうした後には止まらねばならない。走ることに夢中になっていれば、目的地に近づいても通り過ぎてしまう。それに達してもあなたは止まらない！　目的地に到達するのは止まるときだけだ。あなたが熟練した走者なら、すばらしい走り手で、そして止まり方を忘れていれば――何生もひたすら走り続けていれば、自分の目的地に到達してもその止まり方がわからない。あなたはそこを通過して走り続ける。止まって初めて、あなたは目的地に遭遇する。だが、全一に、全身全霊をかけて走った者だけが、止まり方を知る。あますところなく全霊を傾けて走った者だけが。

だから、両方の言葉が同時に真実となる。わたしの言葉は幾度も矛盾するように思えるだろう。だが、そんなときはいつであれ、自分がどこかで間違っていると知りなさい。わたしの言葉がどのように矛盾した表現であっても実のところ、それらは矛盾し得ない。それらが繋《つな》がっている一本の糸がどこかにあるはずだ。あなたが見ていない橋がどこかにあるはずだ。あなたには見えていない結合部がある。わたしの二つの言明に矛盾を見いだすときはいつであれ――あなたには、わたしの言葉の中に数え切れぬほどの矛盾点を見つける――実際には何もない、注意深く掘り下げてみれば、常にそれらは矛盾のように思われるだけだとわかる。両方が同時にあり得る。そして、こうも言っておこう。どちらも同時にあり得るときにのみ何かが起こると。

二番目の質問

愛するＯＳＨＯ、マインドを支持することなく、生に対して自然でありなさいとあなたはおっしゃいます。それは同時に可能でしょうか？　それとも、それらは別々の行為なのでしょうか？　どうかお慈悲をもってこれをご説明ください。

あなたは尋ねている、「それが同時に可能でしょうか？」。それらが共にあるときにのみ同時に可能だ。それらが分離していれば可能ではない。なぜなら、実のところそれらは二つではなく、ひとつだからだ。同じ通貨《コイン》の二つの側面だ。わたしは一度片側について話し、そして別の時に、もう一方の側面について話した。

これを理解しなさい。「マインドを支持せず、生に対して自然でありなさいとあなたはおっしゃいます」。これらは、ひとつの通貨《コイン》の二つの側面だ。マインドは不自然だ。マインドとは何だろう。それは自らの本性に逆らうときに生じる。マインドは努力ゆえに生じる。だからこそ、動物にはマインドがない――なぜなら、彼らは本性に逆らえないからだ。彼らはけっして堕落しない。彼らは自然が創造したそのまんまだ。ゆえに、彼らにはマインドの必要がない。人類にはマインドがある。それが人間の栄光であり、なおかつ困難だ――その両方だ。マインドがあるということが人間の栄光であり、これこそ人間の唯一の問題、唯一の混迷だ。マインドの意味、それは人間が望みさえすれば本性に逆らえるということだ。これが人間の自由だ。

シルシアーサナ、頭で立つ動物を見たことがあるかね？　サーカスではなく。サーカスの動物は人間に悪用されているから、この場合、彼らのことは置いておこう。森の中で、頭で倒立して芸をする動物を見たことがあるだろうか？　動物には頭で立つことは想像もできない。頭で立って芸をするあなたを見れば、彼らは笑うに違いない。「この人間はいったいどうしたのだ。足で充分立っていたのに、頭で立っている！」

人間は自然を越えて行く方法、自然を超越する方法、自然と異なろうとする方法を探求する。性欲が湧けば、自分に禁欲を強いる。怒りが湧けば、抑制して微笑もうとする。これもまた人間の栄光だ。これが人間の美だ。だが、いつであれ本性に逆らえば苦しみや緊張が生じ、落ち着かなくなる。いつであれ本性と和解していれば、くつろぎ、やすらぎがある。

だから、マインドはあなたが創造した何かだ。だからこそ幼い子供にはマインドがない。マインドが創造されるには時間を要する。マインドは、社会、家庭、教育など集約された条件づけを通して、文化や文明を通して創造された。

これまでに、ごく幼い頃の記憶を呼び戻そうとしたことがあるだろうか。もしあれば、三、四歳頃までは思い出せても、それ以前のことは思い出せないだろう。なぜだろう――なぜなら、そのときマインドがなかったからだ。だから、それより前が思い出せない。記憶がそこまで戻ると行き詰まる。思い出すにはマインドを持っている必要がある。だから、マインドが生じ始めた後のことしか思い出さない。ふり返れば四、五歳の時分は思い出せる。それ以前はすべてが暗く、そのページは空白だ。マインドはまだ創造されておらず、まだその機能《メカニズム》が用意されていなかった。

そしてマインドが相応に活動的になるのは四、五歳あたりからだ。それから後は、その働きはどんどん熟練してくる。老人は古いマインドを持っている。子供は過ちを犯しても許される。「まだ子供だから」と言われる。なぜだろう。「まあ、かわいそうにこの子はまだ考えられないのだ。まだ子供だもの。子供の知能はまだ発達していないから、そこまで慣れていない。もうしばらくかかる。子供ならこれくらいのことは許される」。狂人も許される。狂っているからだ。酔っぱらいがもめ事を起こしても許される。酔っぱらっているからだ。どうして許されるのだろう。酔っているとき、彼のマインドは無意識だということだ。そのとき、制御し続けるメカニズムが無意識なので、彼は子供のようなものだ。

あるとき、酔っぱらいがアクバルに向かって暴言を吐いた。アクバルはよく象に乗って出歩いた。酔っぱらいは自分の家の屋根に登って皇帝に向かって思う存分、口汚くののしった。実に大胆にわめきちらす、この弱々しい、痩せこけた男を見て、アクバルは唖然とした。アクバルは男を捕らえ、裁きの庭に連行した。男は一晩、刑務所に拘留された後、翌朝出頭を命ぜられ、そこでなぜ罵ったのかと尋ねられた。

皇帝の足元にふれ伏して彼は言った。「わたしが罵ったのではございません。あなたを罵ったのはわたしではありません」

アクバルは言った。「わたしが嘘をついていると言うのか？　この目でおまえを見たのだぞ。他に証人はいらない。おまえだった。おまえがわたしを罵ったのだ」

男は答えた。「その者がわたしではなかったとは申しません。わたしは酔っていたのです。あなたを罵ったのは酒だったのです。どうぞお許しを。わたしの落ち度ではありません。落ち度があれば、わたしが酒を飲んだことです。あなたを罵ったことではなく、そのことを罰してください」

男の言葉はアクバルの関心を惹いた。酔っぱらいを罰して何になるだろう。彼は許されるべきだった。狂人は許される。人を殺しても、狂っていることが立証されればそれで済んでしまう——というのも、責任ある行動を取るマインドのない者には、何も期待できないからだ。だから、子供、狂人、そして酔っぱらいはみな許される。なぜなら、いずれもマインドがないか、あるいは一時的に停止しているか、そのとき無意識だったか、またはマインドが歪んでいたからだ。

人間の文明と文化のすべてがマインドに基礎を置いている。マインドは、わたしたち人類の根本原理だ。これを理解することだ。動物にはマインドがなく、光明を得た人にもマインドはない。二者には何らかの相似点がある——何らかの。その違いは甚だしいが、何らかの相似点もある。光明を得た人はマインドを超越し、動物にはまだマインドがない。光明を得た人はマインドを脇に寄せている。子供にはマインドがまだ生じていない。光明を得た人はマインドを脇に寄せている。これは偉大な革命だ——マインドを脇に寄せること——というのも、もしあなたの長所がその端をマインドに発しているとしたら、いったいそれはどういう類の長所なのだろう。それは少々酒を飲んだくらいで、またたくまに消えてしまう。あなたの徳がマインドに端を発するものなら、それはあまり深いものではあり得ない。真の徳は自然なものでなくてはならない。そこが、いわゆる善人と光明を得た神秘家の違いだ。善人はたゆまぬ努力ゆえの善き人だ。光明を得た神秘家は何の努力もしない、ありのままの善き人だ、ごく自然な。善人は悪人に変貌することもある。だが、光明を得た人はけっして邪悪にならない——なりようがない。しかし、善人は一定の線を越えれば悪人に変貌し得る。

このようにそれを理解しなさい。何も盗んだことがないと、公言してはばからない善人がいる。彼にこう尋ねてみる。「道端に十万ルピー落ちていたらどうします。拾いますか? 恐れることはありません。誰も見ている人はいません。まわりには警察もいません。あなたはそのお金を拾いますか?」

その人はこう言うかもしれない。「自分は絶対に拾わない。わたしは泥棒ではない」

だが、それからこう言ってみる。「一千万ルピーだったらどうでしょう」。その人は考え始めるかもしれない。常に限界というものがある。十万ルピーまでは自分を押さえられるかもしれない。彼のマインドが十万ルピーあるより、泥棒にならない方がましだと言うからだ。だが、一千万、一億ルピーとなると、その信念は揺らぎ始める。

ある日、ムラ・ナスルディンはエレベーターに乗った。するとそこには、ひとりしか人がいなかった。美しい女性だった。取り逃がすにはあまりにも惜しい絶好の機会だった。彼は言った。「もし千ルピーあげたら、今晩一緒に寝ますか？」

女性は怒った。彼女は言った。「わたしを何だと思ってるの」

ナスルディンは答えた。「一万ルピーではどうですかな？」

女性はムラの手を取って言った。「いいわよ」

再び、ナスルディンが訊いた。「十ルピーなら？」

彼女は言い返した。「わたしを何だと思ってるの」

彼は答えた。「やった！　もう交渉だ。あなたが一万で手を打つなら、あとは値段の問題だ。あなたの操《みさお》がどのくらいかは承知した。さてと、あとは交渉次第……あたしが都合しなきゃならないものもあるしね。どこで一万工面したものだろう？」

善人には限界があるが、光明を得た人には限界がない——なぜなら、マインドは境界線を引くからだ。しかし、瞑想はそうではない。善人はマインドを通して善き人たるのであり、光明を得た人は瞑想を通して善き人たる——自然に、自発的に。これこそがふるまいと意識の違いだ。ふるまいはマインドに依存するが、意識は自由、究極の自由だ。自らの最奥の意識を通して生きる人が宗教的な人であり、行動規範から生きる人は道徳的な人だ。

さあ、あなたの質問を理解してみることだ。「あなたはマインドを支持することなく、生に対して自然でありなさいとおっしゃいます」。自然であること、それは自分のマインドを通して行なっていることをすべて理解しているということだ。たとえば、あなたが怒っていたとしよう。そしてマインドを使って怒りを抑圧していたとする。ここで、この憐れみは本物ではない ―― それは強いられたもの、表面的で塗りたくられたものだ。外側では憐れみを見せかけ、内側では怒っている。さあ、この状態があなたの生に革命をもたらすことはない。あなたは、今の虚ろなあなたのまま、常に偽善的なあなたのままだ。わたしは怒りを理解するようにと言っているのであって、抑圧するようにとは言っていない。なぜなら、怒りを理解することによって、ある瞬間が到来するからだ。ある時が訪れる、怒りから解放されて、自分自身に憐れみを強いる必要のないときが。怒りから自由になって、内側から憐れみがひとりでに生じること、これをわたしは自然であることと呼ぶ。

あなたたちは、わたしのこの〝自然であること〟という言葉に、何度でも自分なりの解釈を押しつける。わたしもまたそれに気がついている。それは危険なことだ。わたしがあなたに自然であることを求めるとき、あなたはそれを動物になることだと思う。わたしにはあなたの困難がわかる。他に自然な在り方をあなたは知らない。「自然」は、あなたにとってひとつの意味しかない。あなたがマインドを取り払って、もっとも低いレベルに堕ちる瞬間、厄介なことになる。あなたは何とか自分自身をコントロールし続けている ―― さもなくば、あなたはずいぶん前に隣りの奥さんと逃げていただろう。「なんだ、今度彼は自然になれと言う!」

この話を聞いたことがあるだろうか。

ある大金持ちが心理学者に相談した。彼は言った。「わしのオフィスは大変困ったことになっとります。誰も働きたがらんのです。みんな一日中デスクに足をかけて座っとる。新聞を読んでる者もいれば、たいてい雑談しとります。わしが行くと働くふりをするが、実際は何もやらない。ある日、彼らに問いだしました。『諸君、わしがここに来るといつも君たちはぎょっとして仕事を始めるが、わしがいなくなるとまたやめる。どういうことだ。一日中わしにつきまとわれたいのか？　いったい一度に何人につきまとえるだろう。そうするにしても、オフィスは広すぎる』。いったいどうしたらいいと思われますかな」

心理学者は言った。「ひとつ、こうしてみてはどうでしょう。オフィス中に標語を貼るのです。すばらしい結果が得られますよ。標語はこうです。『今日できることを明日に延ばすな、明日はけっして来ない。今こそ行動を！』」

男は標語を貼った。翌日、標語の効果を確かめに心理学者がそのオフィスを訪れた。大金持ちは自分の頭を叩いていた。彼は言った。「結果？　すごいもんだよ！　会計係は有り金を全部持ち逃げし、事務員はタイピストの女の子と駆け落ちした。そしてオフィスからわしが出るなり、給仕のボーイがわしを靴で殴って恐喝した。奴は常日頃そうしたかったんだが、『明日にしよう』と思って実行せずにいた。もう自分の場所から離れるのが恐ろしくてたまらん。すごい標語をあんたは提案してくれたもんだ！　見事に結果が出たよ！」


わたしは承知している。わたしが自然になりなさいと言い、あなたたちがそれを聞くと、常にあなたたちの中に疑問が生じる。それならどうすればいいのだ。自分は会社で会計係をしているから、金を持ち逃げすべきだろうか？　あるいは、自分はときおり人殺しを計画している、それは実に悪いことだと思って実行せずにいた。さて、自分は自然にならねばならない――殺人を犯すべきなのか？　何かを盗むべきなのか。騙すべきなのか？　どうすればいいのか。

わたしがあなたに自然であることを求めるやいなや、自分のマインドに何が生じるか理解するように努めることだ。これらは、あなたのマインドが抑圧してきたことだ。

わたしがあなたに自然であることを求めたら、一時間座って、もしも自然であったら自分が何をしていたか、それに瞑想すべきだ。リストを作りなさい。それらをすべて書き出して見なさい。やってみると、あなたはマインドについて多くの奇妙な点を理解する。あなたが自然であったらやりたかったこと、それはすべて内側で抑圧されていることだ。それらは膿のようだ、それらはあなたの傷のようだ。


わたしは動物になることをあなたに求めてはいない。わたしがあなたに自然であるように求めるとき、わたしは抑圧を意味してはいない、むしろ理解を求めている。内側で怒りが抑圧されているなら、あなたの怒りを理解しなさい、怒りに瞑想しなさい。それを、自分の内側の奥深くに隠していてはいけない。それを地下室に閉じ込めてはならない、明るみに出しなさい――というのも、あなたの怒りに明かりが射し込めば、怒りは消えてしまうからだ。そして怒りが消えるとき、その怒りに固執していたエネルギーは憐れみに変わる。そしてこの憐れみは自然で、自発的だ。

残忍性は動物にとって自然であり、高徳であることは聖者にとって自然だ。だが、高徳であることは瞑想から生じるのであって、けっして抑圧からではない。抑圧して善人になることもできるが、あなたは内側で爛《ただ》れる自らの病とともに座っていることになる。あなたの内側は地獄そのものだ。表面では微笑んでいても、内側は涙でいっぱいだ。抑圧は何も変えない。善き市民となって、社会は多くの名誉を授けてくれるかもしれない――だが、それらはみな外界の物事だ。内側では、自分自身の栄誉を讃える意味はなく、自分自身に対する敬意はまったく払われていない。あなたは自分自身を咎め、憎しみ、攻め苛む。というのも、世界中を欺くことはできても、自分を欺くことはできないからだ。わたしにはわかっている。あなたには自分なりの意味づけしかできないことを。

洗濯屋のロバがトラックの下に倒れ、轢《ひ》かれて死んだ。トラックの運転手が主を慰めようとした。彼は言った。「気を落とさないように。おやじさん——おれを信じて。こいつの代わりはおれがやってやる」

「いいや、」目に涙を浮かべて洗濯屋は言った。「こいつの代わりはあんたには無理だ」

運転手は尋ねた。「どうしてこいつの代わりがおれに務まらないんだい」

洗濯屋は答えた。「あんたはこいつのように強靭じゃない。こいつはわしの家から洗濯場の川岸の階段まで、重い洗濯物の荷をあちこち運んでいた。おまえさんは川っぷちからわしの家まで行って、また戻ってくるほど強くないだろう」

洗濯屋のロバが死んだとき、主人はロバのこと以外考えられなかった。彼はロバなしでは何もできなかった。トラックの運転手はロバの代わりを申し出た。洗濯屋は運転手をじっくり検証したに違いない。しかし、まったく役に立たないと踏んだ。彼はそのロバほど強くなかった。洗濯屋には彼なりの展望があった。死んだロバが完全に彼を支えていた。

時計を買った村人の話だ。ある日、その時計が止まった。男がそれを開けてみると、中で一匹の蚊が死んでいた。彼は大声をあげて泣きだした。他の男が尋ねた。「おい、どうしてそんなに泣いているのさ。それはなんだい。誰か死んじまったのかい。すごい大声で嘆き悲しんでいるな」

彼は答えた。「そうさ、死んじまっただ。おいらの時計の運転手が死んじまっただ」

村人には時計の仕組みを知る由もない。哀れな男が時計を開けると中で死んでいる蚊が目に入った。彼は言った。「それでか。それで時計が止まったのか」

あらゆる個人に、その人なりの理解の水準がある。もし、その水準を越えることが話されると、それを自分なりに理解した言葉に変換する。ここで、あなたは同じことをする。ここで、わたしがあることを話すと、あなたはそれを別の言葉に訳す。わたしが「自然でありなさい」と話す。すると、これは難しいと思い始める。「わたしは悪人、罪人、犯罪者になるべきなのか？」。あなたは自分の愚かしくもよこしまな感覚を抑圧してきた。その上にあなたはあぐらをかいている。わずかでも動けば、それらは蛇のように頭をもたげてくる。罪の可能性ゆえに、あなたはあえて動けない。だが、これはいったいどういう類の生だろう。それは苦しみの生だ。あなたが抑圧するものは何であれ、毎日抑圧されねばならない。そしてあなたが抑圧するものは何であれ、復讐を待ちわびている。それは抑圧の手が緩んだ瞬間に爆発するだろう。

だから、到底犯罪を犯すとは思えないような善人でも人殺しをする。彼が人殺しをするなど、誰も思いも寄らない。彼は正直で善い人のように見える。だが、その外観は、実際のその人ではない。彼の内側には別の何かがある。

何度もあなたは友人に欺かれた。彼らに欺かれたり、彼らが誠意に欠けているとは思いもしなかった。人間は、内側と外側では別ものだ。外面では、マインドゆえにあなたはある様相を呈している。しかし、内側では別の者だ。わたしがあなたに自然であれと告げるとき、わたしはこう言っている。自分が抑圧してきたものを再びふり返ってみることだ。それを抑圧しているために、それからの自由も、変容も、革命もない。自分の生を改革したければ、あなたが抑圧してきたものをひとつひとつ目撃することだ。この絶え間ない目撃、この不断の観察を通し、怒りの再認識がそれからの解放となり、強欲の再認識がそれからの解放となり、性欲の再認識がそれからの解放となる。

わたしはあなたに、禁欲の誓いをほのめかしているわけでもない。それは偽りになってしまう。あなたがかの聖者や僧侶のもとへ行けば、何らかの誓い、殊に禁欲の誓いを立てるように勧められる。わたしは禁欲の誓いについては言わない。わたしはあなたに言う。あなたの性欲を鋭い目で見つめなさい、自らの性欲に十全な気づきの焦点を当てなさい。それを十全に再認識しなさい。その再認識において、あなたはそれから自由になる。知ることは解放であり、無知は束縛だ。自らの性欲を全一な鋭い目で見つめれば、それから自由になる。そして、禁欲はその自由の果実だ。

禁欲は誓うものではない。誓いに基づいた禁欲は偽りで無意味であり、強制されたものだ。そして誓いを立てた禁欲者は、常に恐れていて神経質になっている。「わたしは女性を見たくない!」。さあ、いったいどこに逃げるのだ――女性はいたるところにいる! それに、どうすれば逃げ仰せるのだ――女性はあなたの内側にもいる。あなたの半分は女性から生じた――どこへ逃げ仰せるのか。母親があなたの半分を創造し、父親がもう半分を創造した。あなたは半分女性で半分男性だ。女性はあなたの中に生きている。どうやって彼女から逃げられるだろう。森に逃げても、洞窟に隠っても、その女性はあなたの内側にいる。彼女はあなたの半身だ。彼女はあなたの夢にも出てくる。

あなたも読んだことがあるだろう。インドラ神の宮廷から現れて、見者やかの聖者たちを取り囲むアプサラという舞い踊る乙女たちの話を。そういった話はたくさんある。どこにこれらのアプサラがいるのだろう。どうして彼女たちが彼らを気にかけるのだろう。見者や聖者たちのどこがいいのか。それについて考えてごらん――このアプサラたちは、生きのいい若者を見つけられなかったのか? このほとんど死んでいるような、死を待つばかりのひからびた見者や聖者たち――彼らにできるのは、何とか数珠を信心深く繰ることだけだ――他に何もいいところがない! いったいどんなアプサラが、洞窟に座っているこの哀れな創造物に注目するのか。あなたも行ってやってみたらどうだ。ヒマラヤの洞窟に行って座れば、ヘマ・マリニ（インドの美人女優）が尋ねて来ると思うだろうか？　誰も来ない！　そこに居座り続けて、アプサラが来ることを期待して待っても……誰も来ない。たとえ見者や聖者たちが赴《おもむ》いて行って、アプサラの部屋の扉を叩いても、その扉は開かないと言っておこう。警官が来て、その聖なる人たちを連行するだろう。

だが、これらの話は嘘ではない、真実を物語っている。なぜなら、それらは何世紀にもわたる体験によって伝えられるようになったからだ。このアプサラたちは外側から来るのではない――彼女たちは、あなたの強烈な想像《イメージ》の中に姿を現す内なる女性だ。彼女はあなたの外側から来るのではない。彼女はあなたの想像だ。人間が何日も食べずにいれば、想像力によって見る物すべてが食べ物に見える。

聞いた話だ。

ドイツの有名な詩人ヘンリッチ・ハイネは、森で道に迷ったときのことをこう記している。三日間、食べる物もなく彷徨《さまよ》い続けた。そうして満月の夜のことだ。彼の日記によれば「突然、わたしは驚いた。一個のパンが空を泳いでいたように見えたのだ。以前、そんな感覚を覚えたことはまったくなかった。わたしは詩を書いて人生を過ごしてきた。月には、いつも美しい顔、美しい女性の顔を見てきた。しかし、その晩はそれが一個のパンに見えた。何が起こったのかと、わたしは両手で目をこすった……」

だが、飢えているときは月でさえもパンになる。あなたの胃が空っぽなら、あなたはいたるところに食べ物を見る。これまであなたは性欲を抑圧してきた……さあ、どれくらい洞窟に座っていられるだろう――なぜなら、それがその蛇の頭をもたげてくるからだ。そして、この性欲が実に強力に生じてくるために、あなたは女性がそこに、目の前に立っていると感じることすらある。彼女があまりにも現実的なので、触れて撫でることもできそうに見えることもある。いわゆる見者や聖者たちが嘘をついていたわけではない。そこには女性がいた。しかしそれは彼ら自身の投影であり、強烈な想像力の賜物だった。

だから、ただ禁欲を誓っただけで禁欲者になるわけではない。そして慈悲深くなろうと誓っただけで、慈悲深い人間になるわけでもない。怒らないという誓いを立てただけで平和に満ちるわけではない。それでも、こういったことはあなたのマインドに影響する。

だから、自分のマインドから自由であれとわたしが告げるとき、その意味はこういうことだ。性欲、貪欲、執着、嫉妬など、あなたを揺るがすもの、それぞれのあらゆる行程《プロセス》にあなたの気づきをもたらしなさい。それらを理解しなさい、それらを再認識しなさい、それらに深く向かって行きなさい。それらを深く体験できれば、それらはあなたにかけた脅威の手を放す。そして、あなたもまたそれらに固執していた手を離す――なぜなら、気づきをもってそれらを見つめれば、それらは無意味で、無益だとわかるからだ。無益さの再認識が解放の鍵となる。

あなたは幾度となく怒ってきた。だが、怒りの内容とはどういうものだろう。怒りから、あなたは何を得ただろう。怒りについてのわたしの話は、あなたの問題を解決しない。あなたは、自分自身の怒りの全行程《プロセス》に全一に入って行き、そこで怒りに実質的なものがあるかどうかを見極めねばならない。わたしがそういっているからというだけで、これを受け入れるなら、それはまた別の抑圧となる。あなたは、あなた自身の行程《プロセス》を通過せねばならない。

自分より以前に生まれた人がいないかのごとく、あたかも自分が最初の人間であるかのごとく、自分をアダムであるかのごとく思うべきだ。アダムには何の聖典も、聖者もいなかった。彼は実に運がよかった。何の慣習もなかった。彼には誰もいなかった。見いだしたものはすべて、彼自身のために見いだした。怒りが湧いてくるとき、彼は怒りを知ったに違いない、じかに認識したはずだ。止めたり制したりして、怒りが悪いものだと彼に告げる者はいなかった。彼に何かを伝える者はいなかった。自分を地上初の人間だと想像してみることだ。あなた以前に聖者はいない、あなたに説教するような聖人も見者もいない。さあ、自分を最初の人間だと想像すれば、自分の人生の全行程《プロセス》が認識できる。先入観から始めるなら、真の認識は起こらない——性欲が悪いという前提から始めているなら、すでにあなたはそれを受け入れているのだ。

わたしのもとを訪れる人々に、わたしはこう尋ねる。「自分にとって性欲がどういうものかわからないというのに、なぜあなたは性欲を悪いものとして受け入れているのだろう」。彼らは、聖者や見者たちにそう言われたと言う。聖者や見者たちには言わせておくことだ——何の違いがあるだろう。間違っているのは彼らの方かもしれない！　つまるところ、いったい聖者や見者が何人いるというのだ。聖者でも見者でもない人の方が大勢いる。

あなたは民主主義を信じているのではないだろうか。それなら投票でそれを試してみることだ。ほとんどの票は性欲を支持する。百のうち九十九は性欲を支持するだろう。あとのひとりは惑っている——なぜ彼の言うことを受け入れて、自暴自棄になることがあるのか。九十九パーセントの人々が、セックスこそが生だ、性欲には深みがある、何か強い威力、何か抑えきれない力があると言うときに。ただ誓いを立てたり、規則を守るだけでは、この押さえきれない力からの放免の目途は立たない。あなたはその測りがたい深みまで深く進まねばならない。あなたは、瞑想のエネルギーをそれに向けねばならない。先入観なくその中に進まねばならない。良いとか悪いとか、どんな評価もしてはならない。それを知るのだ。それを認識するのだ。そして、この知って認識するという行程《プロセス》から、あなたの決定が下されるようにしなさい。そのとき、その決定があなたの放免となる。

わたしがあなたに自然になるようにと求めるとき、その意味はこれだけだ。あなたは、あなたの生の行程《プロセス》を抑圧すべきではない、それらに反目しているべきではない。それらはすべて、あなたが登らねばならない踏み石にすぎない。これらの踏み石を登ることによって、人類は神聖なるものに到達する。これらの踏み石に、あなたは躓《つまづ》くこともできるし、それらを梯子《はしご》として使うこともできる。それはあなた次第だ。

それはしばしば、このようにして起きてきた。これを理解するように。あらゆる人の病は相似していない。ある人は、その人生において性的熱情を多大に持っているが、あまり欲ばりではないとしよう。彼は欲ばりにはなれない。というのも、彼の全エネルギーが性欲において使い果たされてしまうからだ。だから、この男はたいして難儀もせずに早々と貪欲を克服する。貪欲は無意味だと他人に説教さえし始めるかもしれない！「わたしはそれをこうして断った！誓いを立ててそれで終わった」。この話を信じてはならない。なぜなら、彼の人生の状況はあなたのものとは違うからだ。それぞれの人生の状況が指紋同様に異なっている。

グルジェフのもとを訪れる人に、いつも彼はこう言った。「初めに自分の人生において、もっとも混沌としているものを探し出しなさい。あなたのもっとも大きな病だ。他のあらゆるものごとがそれに依る」――なぜなら、人がごくつまらぬ病と闘って、それらを克服する快感を楽しみ続けることはよくあるからだ。だが、それは真の問題ではない。真の問題を明らかにすること、それこそが必須だ。性欲がもっとも抑えられないもの、人生においてもっとも強力な熱情である可能性がある。そんな者には富や地位を手放すのはたやすい。怒りを断つことは簡単にできる。しかし、だからといって、誰もが怒りを簡単に断てると推移すべきではない。あなたの生における根本的な問題が怒りであれば、あなたは性欲をたやすく絶つことができる。あらゆる人が、自分自身の生の状況において、根本的な問題を見いださねばならない。

聞いた話だ。

おもちゃ屋で、ある女性がおもちゃを買っていた。店員は若い女性だった。彼女はお客に人形を手渡して言った。

「このお人形をごらんください。ベッドに置くと、たちまち本物の子供のように目を閉じて眠ってしまいます」

女性は笑って言った。「まあ、あなたは本物の子供を寝かしつけたことがないようね」

実際の子供はなかなか眠らない。寝かしつけようとすれば、目を開けてすっかり活気づく。厳しく寝かしつけようとするほど、子供は激しく泣き声をあげる。「まあ、あなたは本物の子供を寝かしつけたことがないようね」。その女性の言葉は正しい。

人形を寝かしつけた者たちは他人に助言しがちだ。そういったことは、よくある。「あなたにも寝かしつけられます。どうってことはない。簡単ですよ」。だが、他の者にとって簡単だったことが、自分にとっても簡単だという妄想、他の者にとって難しかったことが自分にとっても難しいという妄想に陥ってはならない。他人の助言は滅多に役に立たない。それはしばしば有害ともなり、何の益ももたらさない。

あなたがわたしの発言に多くの矛盾を見いだすのは、そういうわけだ——わたしは各人ごとに異なる助言をしている。わたしの焦点は、助言にではなく、当人に当てられている。わたしはある者に対してあることを言い、他の者に対して他のことを言う。ときおり、明かに矛盾していることをわたしは言う。わたしの視点は、自分の発言ではなく、あなたに当たっている。わたしは根本原理は気にしない。それらは重要ではない。人は根本原理のために作られていない。根本原理が人のために作られた。人は聖典のために作られてはいない。聖典が人のために作られてきたのだ。

わたしの注意はあなたにある。あなたを見つめるとき、わたしはあなたにとって意味のあることを告げる。それが必ずしも他の人にも適っているとは限らない。

それに固執してはならないし、それを他人に当てはめてもいけない。わたしがあなたに何かを言ったとしても、「これでもう自分は真理を悟った」と思ってはならない。真理は人様々に実現される。

ムラ・ナスルディンは居間から、妻が家事をしている台所に向かって大声で叫んだ。「おい、台所で何か燃えてるぞ。何だ」

「わたしの頭よ」彼の妻は怒って答えた。

ムラは答えた。「それならばよしと。おれは野菜かなんか食い物だと思った」

それぞれに自分なりの価値観がある。ムラにすれば、野菜の方が妻より価値がある。燃えているのが妻の頭なら心配はない。

これを心に留めておきなさい。何であれ、自分にとってもっとも価値あるものに瞑想すること。初めに聖典に挙げられている六つの敵を探し当てなさい——性欲、怒り、貪欲、執着、自尊心、嫉妬——そのうちのどれが、自分にとって主なる敵なのかを探し当てなさい。それから始めなさい。いったんそれが解決すれば残りの五つは簡単に取り除ける。いったん根因となっている病から解放されてしまえば——一番の敵を打ち負かすことができれば——休息は後に続く。あなたの主だった敵に焦点を当てなさい。

だが、急いではならない。それに日々瞑想しなさい。それから逃れようとしてはならない。自然であるよう心がけなさい。外側で自然でいることが危険なように感じたら、成り行きがあまりにも大事《おおごと》になりそうだと感じたら……。

たとえば、あなたの主だった敵が怒りだったとしよう。怒りが生じたとき、自然に任せてそれを表現し始めれば、あなたは仕事を失い、妻と離婚し、両親に家から追い出され、あらゆる問題が生じるかもしれない……だから、自分の部屋か、あるいはひとりきりになれる場所に座って、そこで怒りなさい。扉や窓をすべて締め切って。完全に怒りなさい。ちょうど神や、仏像の象徴を携えるように、怒りの対象を象徴するイメージを保ちなさい。上司に怒りを抱いていたら、紙に彼の姿を描き、心ゆくまで靴で叩きなさい。初めのうちは、あなたは困惑するだろう。自分は何をしているのだと。これはいったいどういう狂気の沙汰だろうと。だが、二、三分も経てば、自分が熱狂的になり始め、楽しみ始めているのがわかる。

これにおける実験が日本で大規模に行なわれたことがある。心理学者の助言に従って、日本のある大企業がオーナーの像を社屋に設置した。労働者が上司に怒りを感じるのは当たり前だ。そこで社員が腹を立てたとき、上司の像がある離れた部屋に行くことができる。そこには現場主任やマネージャーやオーナーの像があり、それを叩くことができる。その部屋から戻って来たとき、彼は幸福で軽くなっている。彼はやる気になり、仕事の効率は上がる。次第に彼は、上司が気の毒に思えるようにさえなる。「ああ、わたしはあの哀れな男を必要もなく殴っている!」。そうして彼は、上司に好感を持ったりもする。

あなたも試してみることだ。西洋ではこの種の実験が多く行なわれ、非常な成果が上げられている。妻を叩く代わりに彼女の名前を枕に書く。彼女の写真でもいい、それを叩きなさい。このようにすれば暴力は発生しないし、余すところなくあなたの怒りが放出される。そのうちに、怒りに震えている自分の姿を見るだろう。手足は震え、目は充血し、歯をくいしばっている。怒りがこの段階に達すると、あなたは怒りの炎で燃え上がり始める。目を閉じて座り、この炎を見つめなさい――なぜなら、このときをおいて自分の怒りを見る機会は他にないからだ。物事は種の形では見ることができない、見ることができるのは、それらが完全に開花したときだけだ。この段階で、あなたの怒りに瞑想しなさい。

マハヴィーラは瞑想の四つの型に、ラウドゥラ（*raudra*）、激怒すること、アアトゥ（*aart*）、苦しんでいることを含めた最初のインド人神秘家だ。マハヴィーラは現在、西洋で起こっていることに名前をつけた。怒りに瞑想することをラウドゥラと呼び、苦しみに瞑想することをアアトゥと呼んだ。哀しければ、哀しみを抑圧してはならない。自分の部屋へ行って、胸を叩き転げ回って、あなたの哀しみを存分に生き抜きなさい。哀しみの雲があらゆる方向からあなたの中に引き出されたら、その真ん中に平和に満ちて座り、観照者になりなさい。驚くだろう。その鍵は、あなたの手の内にあったのだ。このようにしてある日、自分が自然になっていることが次第にわかってくる――動物のようではなく、聖者のごとく。あなたはマインドを越える。

三番目の質問

愛するＯＳＨＯ、快楽、愛、瞑想、理解、明け渡し――そのうちのどれもが、わたしの助けにはならないようです。それでも、あなたはわたしを受け入れてくださいました。

すでにこれはあなたの偉大な慈悲です。わたしはあなたにすべてを委ねます。

これほどのことができるなら、すべてが起こり得る。ただ任せられるなら、手放すなら、すべてが起こり得る。これほど信頼できるなら、これほどの信用がおけるなら、あらゆることが起こりうる。なぜなら、信頼とは偉大な錬金術であり、偉大な革命だからだ。

愛を達成しながら話を終わらせないように
流れに引き入れ、海図を広げなさい
愛の舟を進水させ、今溺れなさい
想起の生を拡張して溺れなさい
初航海で到着地を見いだしても何になる
ふらついて彷徨《さまよ》わなければ、歩いたと言えるだろうか
こんなふうに歩くことだ
到着地があなたを誇りに思えるように
あなたの足跡が灯された明かりのように崇《あが》められるように
嵐に立ち向かい、波に叩きつけられ
傷つくのはもう充分だ
流れを鈴のついた足輪で飾って溺れなさい
最後の暴風を創造して溺れなさい
どう言えばいいのだろう、溺れることこそが航海（*crossing over*）

他者の利益《りやく》のために、この道を失速することこそが
あなたの勝利
他者のハートの安寧を護《まも》るため、あなたのハートを葬り去りなさい
あなたの生を捧げなさい
他者の神聖なる炎の儀式が完結するように

いいかね！　もう一度聞きなさい。

どう言えばいいのだろう、溺れることこそが航海（*crossing over*）

わたしの中に溺れる力、その力をあなたが結集できるなら、たったこれだけのこと――手放すこと、完璧に手放すこと、全一な手放しに入って行くこと――それが可能なら、まさにこの明け渡しにおいて、すでに革命が起こっていることを見いだすだろう。まさにこの明け渡しにおいて、あなたは統合し、全体となる――なぜなら、あなたが持つすべて、その各々の最後のかけらを手放したからだ。あなたは自分自身を完全に十全に結晶化した。こうすることにおいて、あなたの各部分が、すべてひとつの目に見えぬ全体となって結合した。そしてこの分割のないこと、この不可分性において、あなたは自らの魂の最初の味わいを知る。それゆえ明け渡しこそが鍵だ。だから信頼は比類なき鍵なのだ。

波の神は生け贄を要求する
あなたの夢の富を添え

あなたの涙の神酒を捧げ——溺れなさい
あなたの欲望を沈め、そうしてあなた自身を溺れさせなさい
岸を忘れ、まずあらゆる渦に飛び込むのだ
波を抱擁する度に接吻しなさい
あなたが溺死する場所が、光の聖なる場所となる
地に帰する場所が寺院となる
涙ではなく痛みをあらしめよ、おお我が友よ
このようにしてあなたの生を生きるのだ
あなたのハートの男性を喚起して溺れ死になさい
新しい夜明けを助けて溺れ死になさい
あがいてはいけない、ある日すべてが去る
あなたが望もうと望むまいと、いつかは溺れることになる
生は長く滞在しないお客のようなもの
ある日、歌いながら、あなたは生に別れを告げねばならない
呼吸は負けの決まったチェスゲーム
毒を飲めば不死性を見いだすだろう——試してみるといい！
時間を踏みつけにして溺れなさい
歌の王冠を添えて溺れなさい
あなたのハートの男性を喚起して溺れ死になさい
新しい夜明けを助けて溺れ死になさい

明け渡しとは、あなたが可能な限りあらゆることを試し、可能な限りあらゆる方法でしくじったということだ……これこそ、わたしが仏陀の話の中であなたたちに語ったことだ。六年間、彼はあらゆる方法を試した。そして何も起こらず、彼はあきらめてただ座った。これこそ信頼の意味、明け渡しの意味だ。「自分にはどうしようもない。それではどうすればいいのか。わたしは手を尽くした。もうお仕舞いだ」。しかし、それを繰り返していてはならない。いったんやめたら、そうしていなさい。それから存在の手にそれを預け、存在の意志にそって生きなさい。存在があなたを動かすままに動きなさい。そして、こうしていることが心地よければ、そうありなさい。また悪くても、そうありなさい。それがあなたを良い人間に、善人にするならそうなりなさい。それがあなたを悪人にするなら、悪人になりなさい。そうして無条件に、それをすべて手放しなさい。そこから判断してはならない、考えてはならない。「それがわたしを良くするなら、それはいいことだ。でも、それがわたしを悪くするなら、わたしはそれを妨げる」。そういった姿勢では何にもならない。

明け渡すということは、何が起ころうと、良かれ悪しかれ、そうさせておくということだ。

あなたのハートの男性を喚起して溺れ死になさい
新しい夜明けを助けて溺れ死になさい

そして、この溺れることによって失うものはない
あがいてはいけない、ある日すべてが去る
あなたが望もうと望むまいと、いつかは溺れることになる

遅かれ早かれ死が訪れ、あなたは溺死する。弟子になることとは、死が訪れる前に師《マスター》の中に溺死するということだ。古代の聖典にこうある。「師とは死だ」。ときとして古代の聖典には非常に驚嘆すべき言明がある――「師とは死だ」！ まさに師というその言葉の意味こそ、あなたが師において死ぬ、あなたが師の中に溺死するということだ。それから何であれ、起こることは起こる。あなたはもはや存在しない。もはや帳簿はあなたの手の内にはない。

質問はスワミ・モハン・バルティからのものだ。だから、わたしはこう言うだけだ。溺れなさい、モハン。

四番目の質問

愛するOSHO、わたしはひとりぼっち
道連れを探し、昼も夜もあなたを探し求める
わたしのハートに入って、わたしの目に住んでください
わたしの鮮やかな愛の夜に入ってきてください
なんとすばらしい、この心地よい夜
でも、あなたはわたしの隣にはいない
わたしはひとりぼっち
道連れを探し、昼も夜もあなたを探し求める

これは重要なことだ。理解する価値がある。自分がひとりきりだと思う限り、あなたは探し続ける――しかし、あなたは見いだ さない。なぜなら、その探求が孤独によるものだからだ。あなたは間違った物事を探し求める。あなたには神聖なるものへの興味はない、ただ孤独を紛《まぎ》らわそうとしているだけだ。あなたは神聖なるものの探求には興味がない。あなたはひとりなので、単に仲間が、道連れが欲しい。〝自分〟が大切なのだ。あなたは神聖なるものの道連れにはなりたくない、あなたは神聖なるものを自分の道連れにしたいのだ。

常々わたしは、世間には二種類の人間がいると言っている。まず、真実とともに進む用意のある人々の類、そして真実が自分に付属してくれることを欲する人々の類だ。両者には相当の違いがある。あなたは神聖なるものの仲間になりたいのだろうか、それとも単に神聖なるものを自分の仲間にしたいだけなのだろうか？　違いは甚だしい。それは単に言葉の置き換えただけで、他に違いはないなどと思わないことだ。もしも神聖なるものを自分の仲間にしたいと思っているなら、あなたは神聖なるものを利用したいだけなのだ。

あなたはひとりだ。あなたはときおり妻でハートを満たそうとした。だが何も起こらなかった。別のとき、あなたは友人でハートを満たそうとしたが、またもや何も起こらなかった。ときどき地位や名声でそれを満たそうとしたが、何も起こらなかった。会館で、人混みで、市場で、店で、数え切れぬほど様々な方法であなたは自分のハートを満たそうとした。だが、その度挫折し、あなたのハートは満たされなかった。それで今度は、神聖なる者でそれを満たしたいと言う。「わたしはひとりぼっち、道連れを探し……」

だが、これは帰依者のふるまいではない。帰依者のふるまいはかなり異なっている。そして〝孤独〟と〝ひとり在ること〟にも相当の違いがある。至福に満ちているときに生じる、〝ひとり在ること〟がある。〝ひとり在ること〟とは、あなたが自分自身の現存で満たされているということだ。あなたは自分自身の覚醒に占められ、ひとりきりだ。わたしたちはこれを独居と呼ぶ。そして、あなたが他人の不在に打ちのめされ、自分の現存にまったく覚醒がないときに生じる〝孤独〟がある。他人が不在で、その不在が棘のようにあなたを刺してくる。孤独と独居、ひとり在ることの間には、甚大な違いがある。〝孤独〟において人は泣き叫ぶ。ひとり在って座ることは、至福に溢れ、歓喜に満ちている。

あなたが書いた歌は孤独の歌だ。「わたしはひとりぼっち、道連れを探す」。泣くことがそこにある。涙が、虚しさがある。

「昼も夜もあなたを探し求める
わたしのハートに入って、わたしの目に住んでください
わたしの鮮やかな愛の夜に入ってきてください」

依然としてあなたは、妻や恋人を思うのと同じように神聖なるものを思う。ほとんど変わらない。同じ古い切望、同じ古い執着、同じ古い欲望を、あなたは神聖なるものに押しつける。

「なんとすばらしい、この心地よい夜
でも、あなたはわたしの隣にはいない」

あなたは哀しい――夜はとても心地よく、生はとても幸福だというのに……あなたは哀しい、最愛の人があなたの隣りにいないから。

「わたしはひとりぼっち
　道連れを探し、昼も夜もあなたを探し求める」

探し求め続けることはできるが、それは見つからない。間違いなく言えることがある。永遠に探し求めたとしても、それを得ることはないということだ。朝から晩まで一日中探していられる。探し求め続けることはできる。これこそ、あなたが何生もの間してきたことだ。あなたはこの習慣、この古い耽溺をあきらめたことがなかった。あなたは探し求め続ける。しかし、その探求には何か根本的に間違ったところがある。

わたしは言いたい。あなたは自らのひとり在ることにおいて至福に満ちるべきであり、自らの独居を楽しむべきだ。あなたの独居をサマーディに、超意識にしなさい。泣いてはいけない。乞食になってはいけない。神聖なるものに何かをねだってはならない。乞う者は誰であれ取り逃がす。乞食をすれば、忽《たちま》ちにしてあなたの祈りは損なわれ、台無しになる。

わたしはあなたに言いたい。蓮のように花開いて、芳しくあなたが至福の中に座る日、神聖なるものがあなたを探しに来る。その日、神聖なるものがあなたを訪れ、あなたの至福の扉から入ってくる――涙でいっぱいのあなたの目からではなく、あなたの歌、このうえないあなたの芳香にのって。

あなたは神を探しているが、探しているからこそ神が見つからない。神の方からあなたを探しに来るように、何かをしてみることだ。そうして初めて彼は見つかる。彼を本当に探せるのはどこだろう。それを考えてごらん！　彼がどこにいるか知っているだろうか。朝から晩まで探すこともできる。だが、いったいどこを探すのだろう。あなたが探す場所は、すべて見事に見当はずれだ。なぜなら、彼の正確な住所を知らないのだから。彼がどんな顔をしているかもあなたは知らない。

彼に出会っても、どうやって彼だとわかるのだろう。ちょっと考えてみることだ。たとえ今日神聖なるものがやってきて、あなたの扉の前に立ったとしても、あなたに彼がわかるだろうか？　いや、あなたにはわからない。以前に出会ったことがないのだから、あなたにはわからない。だから、今どうやって彼だとわかるだろう。これまで、あなたに彼を紹介した人はいなかったし、彼には面識がない。もしも突然、あなたの戸口の前に彼が現れたら、あなたは再び扉を閉ざすだろう。あなたはこう言う。「あっちに行け、ここで何をしている。何か用があるのか。ここにどうして立っているのだ」

あなたには神がわからない。それに、あなたに神は探求できない。いったいどこを探すつもりなのだろう。いったいどうやって神だと認識するのだろう。そうではなく、あなたは神にあなたを探させるようなことをすべきだ。

そこが違いだ。知識の道の人は神聖なるものを探求している。しかし、帰依者を探し求めているのは神聖なるものの方だ。帰依者は、彼自身の至福に夢中になっている。彼は踊り、自らの法悦的な喜びの内に幸せでいる。そしてこれを心に留めておきなさい。たとえ帰依者がときおり涙を流して泣いていても、それは苦しみの涙でも哀しみや苦痛の涙でも、不平の涙でもない。それは喜びの涙だ。それらは彼の感謝の涙であり、彼の豊潤さから溢れだす。自分が涙を通して流れる以外、他に何もできないと彼は知っている。彼には他に流れようがない。彼は彼の声を通して流れ、彼の踊りを通して流れ、彼の涙を通して流れる。ときには笑い、ときには泣き叫び……覚えているだろうか――ダヤはこう言った。彼は笑い……彼は泣き叫び、彼は波打つ……これはとても矛盾している……彼がひとところに下ろしたはずのその足は、どこかよその場所に着地する……これはとても矛盾している。

帰依者は酔っぱらった法悦の境地にあり、歓喜の中に生きる。彼は、彼自身の至福の葡萄酒《ワイン》に酔った。神聖なるものが彼を捜しに来る。帰依者の感覚は「自分はひとりぼっち」というものではない。帰依者の感覚は何かが違う。

夜明けの最初の光線から、夜の最後の感触まで
柔らかな、染み出す香りはわたしとともにある
わたしはけっしてひとりぼっちじゃない

この違いを理解しなさい。そこによく映し出してみることだ。あなたの質問はこうだ。「わたしはひとりぼっち、道連れを探し、昼も夜もあなたを探し求める」。これは恋人の語り口調だ、帰依者ではない。帰依者はこのように語る。

夜明けの最初の光線から、夜の最後の感触まで
柔らかな、染み出す香りはわたしとともにある――
わたしはけっしてひとりぼっちじゃない
わたしの目は全部で三つの時の尺度
星々は堂々たるわたしの額の宝石

わたしの成長という駕篭《かご》を
時の皇帝自ら肩に運ぶ
わたしは闇の瀬戸際、わたしの光を受け
あなたの幼い手でわたしを抱きしめなさい
わたしは不動で立つ真実
そしてすべての論争を超越する
わたしを受け入れなさい――単純に、自然に
考慮を重ねた末の問いかけから
控えめな挨拶と愛を捧げることまで
あなたの最終的な約束は、わたしと共に歩みを進める
そして、わたしはけっしてひとりぼっちじゃない
あらゆる方向と超越の中
わたしの足は限界に触れた
生と死は、わたしの呼吸の中で永遠なる均衡《バランス》をとった
夢は地上の花々として咲く
わたしの心象はまさに地平線の覆い
その道にそよぐ柔らかな芳しい微風
戻っては斯様《かよう》に失《う》せ
嵐にも関わらずわたしが安らかに眠るほど
潮によって洗い清められたその芳香は、わたしの肉体に染みついた

繰り返し刺すような痛みから、滴《したた》る涙の土砂降りまで
ある想起、あらゆる障害を突き崩し、わたしとともに歩む――
　わたしはけっしてひとりぼっちじゃない

帰依者は感じる。「わたしはけっしてひとりぼっちじゃない」。帰依者は感じる。「わたしはあらゆる方向から、神聖なるもので覆われている」

　夜明けの最初の光線から、夜の最後の感触まで
柔らかな、染み出す香りはわたしとともにある……

「わたしはけっしてひとりぼっちじゃない」というこの実感は、どこからやってくるのだろう。それは自分自身の内側に溺れること、自分自身に深く入っていくことから生じる。

　ハズラット・モハメッドの生涯に、こんな話がある。友人アブ・バクルとモハメッドは敵に追われていた。敵は大勢いた。しかし、アブ・バクルとモハメッドは二人きりだった。追手が捜し回る中、二人は山の洞窟に逃げ隠れた。いたるところ馬が疾駆していた。モハメッドはまったく頓着していない様子で腰を下ろしたが、アブ・バクルは恐怖に震えていた。とうとうこんな言葉が彼の口をついて出た。「あなたはあまりにも落ち着き払っている。緊急事態にも関わらず。敵勢は数しれない。どれほど敵の目を逃れていられるものか。生きているのもそう長いことではない。馬のひずめの音がどんどん近づいて来る。敵は千人余り、わたしたちはたった二人だ」

モハメッドは笑った。「おまえは馬鹿だ！」。彼は言った。「二人だと？　我々は三人だ。敵は一千かもしれないが、我々は三人だ」

アブ・バクルは辺りを見回して言った。「どういう意味だ。からかっているのか？　わたしたちは二人きりだ。他には誰も見えない」

モハメッドは言った。「もう一度見て見ろ、注意して見るのだ。我々は三人だ。おまえは神を勘定に入れるのを忘れている」

夜明けの最初の光線から、夜の最後の感触まで……
わたしはけっしてひとりぼっちじゃない

聖テレサにも同じ様な出来事がある。彼女は教会を建てたいと思った —— 大きな教会を。そこである日、村中の人々を集めた。彼女は貧しい修道女で一文無しだった。彼女はこう言った。「わたしたちは大きな教会を建てねばなりません。地上最大の教会です」。だが、人々は言った。「あなたは頭がおかしいのだ！　どうすればそんなことが我々にできるだろう。いったいあなたがいくらお金を持っているというのだ」

彼女が持っていたのは、その国の通貨で一パイサくらいだった。彼女はそれを取り出して言った。「これがわたしの持っているお金です。教会は建ちます。絶対に建ちます。自分が持っている一切をわたしは投じます」

人々は笑いだした。彼らは言った。「頭がどうかしてる！　一パイサしかないのに、それで教会が建つと思っているのか？」

彼女は答えた。「あなたたちが見ているのは、わたしの手の中にある一パイサだけです。わたしの隣りに立っている神が目に入らないのです。テレサからの一パイサと、神の無限の富……この教会の大きさに限界はありません」

夜明けの最初の光線から、夜の最後の感触まで……
わたしはけっしてひとりぼっちじゃない

そして、その教会は建った——それは現在もある。そして、地上には、他にそのような教会はないと人々に語り継がれている。それはこの一帰依者の信頼から建った。それは「わたしはひとりぼっちじゃない」という感覚から建てられた。

孤独について話すことを止《よ》しなさい。さもないと、あなたは永遠に彷徨《さまよ》い続ける。泣くことを楽しむなら、それはまた別の話だ。このようにふらふらすることを楽しみ始めるなら、それはまた別の話だ——だが、こうしていても神聖なるものを見いだすことはない。

神聖なるものを見いだす最初の一歩は、どこであれ自分がいるところにあるがままに落ち着き、至福に満ち、喜びに満ち、歓喜することだ。あなたの香が彼を連れて来る。彼は来る、あなたの香りという微《かす》かな糸をたぐって。あなたのたわごとは彼のもとへ到達しない。だが、あなたの生の香は届く。神は来る、花に寄ってくる蜂のように。ただ自分らしさに働きかけなさい。

五番目の質問

愛するOSHO、瞑想の中で踊るのはわたしですか？
それとも、踊らねばならないわたしの肉体ですか？

今のところ、あなたはいない。だから、踊れるのはあなたの肉体だけだ。いつかあなたが到達するとき、そのときあなたも踊ることができる。目下のところあなたはいない、あるのはあなたの肉体だけだ。なぜ、あなたはここでそんな質問をするのだろう。魂について聞いたことはあっても、あなたはまだそれを知らない。魂について読んだことはあっても、あなたはまだそれを体験したことがない。今のところ、あなたは肉体にすぎない。今のところ、魂は夢にすぎない。夢に踊りを踊らせることはできない。どうやって、存在しないものを踊らせることができるだろう。今のところ、肉体を踊らせることができる、それで充分だ。自分が持っているものを踊らせなさい。肉体から始めなさい。

人々はわたしのもとへ来てサニヤスを取りたいと言う。けれども彼らが欲するのは、〝内なるサニヤス〟だ。彼らの言い分はこうだ。「外側のサニヤスにどんな意味があるのでしょう」。わたしは彼らに答える。「どこにあなたの内側があるのだろう。わたしの方には用意がある。あなたに内なるサニヤスを授けよう。しかし、どこにあなたの内側があるのだ。今のところ、外側の他にあなたには何もない。あなたの内側はどこにあるのか。わたしがあなたの内側を染めることはできる――もしそれがあるならば！ だが今のところ内側はない。だから、わたしはあなたの衣服を染めることから始める。それがせめてもの象徴であり、始まりだ」

外側が染まるとき、内側も同様にゆっくりゆっくりと色づく。わたしたちは、どこかから始めねばならない。そして、それはあなたがいるところから始めねばならない。あなたがいないところからは始められない。あなたは内側の話をするが、あなたの内側とは何だろう。自分の内側にあるものを見るために目を閉じたことがあるだろうか？ 目を閉じても、その目が見るのは依然として外側にあるものにすぎない。目を閉じても、あなたは依然として店を、市場を、友人を、家族を見る――しかし、それらはみな外側のものであり、あなたはまだ内側を見ていない。目を閉じれば、あなたの思考が動き始める。これはみな外界だ。

思考は、あなたにとって対象同様に外界のものだ。内側にどんな対象の想起もないとき、どんな思考の流れもないとき、あなたは内側を知る。それは、あなただけ、意識だけが残るときだ。そのときあなたは、あなたの内側を知る。それを知れば、あなたはすでにサニヤシンだ。今のところ、内側の印象はあなたにはない。けれども、人間は非常に不正直だ。彼は変化にはまったく興味がない。そこで彼は自分がいないところについて語り始める。彼は言う――〝内なるサニヤス〟。

さあ、あなたは尋ねている。「瞑想の中で踊るのはわたしですか？ それとも、踊らねばならないわたしの肉体ですか？」。あなたはすでに、自分が肉体と分離していると思い込んでいる。もし、これを知っていれば、自分が踊るか踊らないかには頓着しない。けれども、どうだろう。あなたは本当にこれがわかっているのだろうか？ あなたがここで踊る目的は、まさにそのためだ。どうにかしてあなたは自分の内側を知ることができる。踊りはそのスタート地点にすぎない。いったん内側を見いだせば、後はあなた次第だ。ある者は踊り、ある者は踊らなかった。いずれにせよそれは起こってきた。ミーラは踊った、ダヤは踊った、サハジョは踊った、チャイタニヤは踊った。仏陀は踊らなかった。マハヴィーラも踊らなかった。いったんそれがあなたの内側で起こったら、あなたは訊く必要もない。そのとき何であれ内側から自然に生じることは……もしそれが踊ることなら、踊ればいい。そうでなければ踊らないことだ。しかし、こういった質問は、あなたが自分自身の内側に達して初めて生じるものだ。あなたは仮定的で、学究的な質問をしている。

ある日、ムラ・ナスルディンは病院にスクーターで乗りつけ、中に入って行った。彼は、妻のお産のためにベッドに空きがあるかどうか医者に確かめた。医者は言った。「そうやってただ入って来られても困ります。事前に教えてもらわないと。幸いベッドの空きがひとつあります。奥さんをどうぞお連れください。どこにいらっしゃいます」

ムラ・ナスルディンは言った。「心配ご無用。おれはただ段取りを確かめたかったのだ。時期が来たらベッドが手配できることを」

そこで医者は尋ねた。「奥さんの出産のご予定はいつです」

ムラ・ナスルディンは言った。「何を言ってるのだ。おれにはまだ嫁はいない。結婚を考えているのだ」

如才ない人は、事前にすべての準備を整えておく。まだ結婚していなくとも、すでに子供が生まれる前提で準備をする。

急いではならない。まずは結婚だ。あなたの魂のための時期は到来する。しかし今のところ、まずは肉体で踊りなさい。あなたの言うことはわかる。あなたは踊るために自分の肉体を利用したくないのだ。あなたは口実を探し、考えている。「肉体を座らせておきながら、わたしの魂は踊ることができる」。どこであなたの魂が踊るのだろう。あなたに魂があれば、その質問は湧いてこない。あなたに魂がないということではない。だが、あなたはまだそれを知らない。

常に覚えておきなさい、自分がいるところから旅を始めるということ。そういった類の口実をつけて旅をやめてはならない。

花になれ
そうすれば香を得る
それを放ち、色彩に溢れるのだ
歌って世界を染めるのだ
恋人の髪を飾れ——
実に美しく身支度をして
あなたのもとへ彼女は来てくれたのだから
花になれ
おお、花になれ
花になれ
そうすればあなたは美を得る
微笑みを得る
それを振りまいて、見るのだ

天と地の双方に美は生じる
不毛のハートは歓喜に溢れ
そして、あなたはたくさんの詩の家となる
この大地における神聖なる光輝の太陽となる
花になれ
するとあなたは天福を得る
神聖なるものがあなたに会いに来る
帰依者たちをさしおいても

だが、人がどうやって花になれるだろう。通常の意味においては人は花にはなれない。人間は植物ではない。だが、歓喜に満ちているとき、人は花になる。彼は開いている花のように喜びを放つ。至福に満ちているとき、あなたは花になる。哀しいとき、あなたの花びらは閉じる。だからこそ、わたしの強調が踊りにある――なぜなら、全身全霊で踊るとき、あなたの花びらは全開になるからだ。

花になれ
そうすれば香を得る
それを放ち、色彩に溢れるのだ
歌って世界を染めるのだ……
花になれ
そうすれば、あなたは美を得る

微笑みを得る
それを振りまいて、見るのだ
天と地の双方に美は生じる……
そして、あなたはたくさんの詩の家となる
この大地における神聖なる光輝の太陽となる
花になれ
するとあなたは天福を得る
神聖なるものがあなたに会いに来る
帰依者たちをさしおいても

踊りなさい、恥ずかしがらずに。たわいもない羞恥心に道を譲ってはならない。肉体に喜びを与えるなら、あなたの至福の影は肉体の背後に横たわるハートに落ちる。次第次第に、ハートもまた至福に満ち、揺れ始める。ハートが揺れるとき、その影はハートの背後に潜む魂に落ちる。そして魂が揺れ、魂もまた踊る。

六番目の質問

愛するOSHO、ここで、あなたは弟子達のためにいるのでしょうか？
わたしがあなたに面会を許されないのはなぜですか。

弟子とは、学びに来た者という意味だ。そして学びに来た者だけが教わることができる。学びに来ていない者は、自分はもちろん、わたしの時間を浪費する。わたしたちが出会う必要はない。学びに来たのであれば、あなたのために扉は開いている。

しかし、教えたがる人々が来訪することはよくある。この質問をした紳士の名は、ブラフマチャリ・サグン・チャイタニヤだ。わたしは彼の手紙と写真を見た。彼は博学者《パンディット》で、すこぶる物知りと見た。彼はブラフマチャリ、禁欲を実践する宗教的な人だ。彼は聖典に精通していると思われる。

わたしに会うことを禁じたラクシュミに怒らないでもらいたい。それを止めたのはわたしだ。わたしは教育には興味がない。益体《やくたい》もない理論やら無駄話には興味がない。あなたが知っているなら、あなたは知っている。なぜ、わたしと自分の時間を無駄にするのだろう。知らなければ来なさい。だが、自分は知らないのだと実感して来ることだ。

知ったかぶりをしている人を指摘するのは非常に難しい。タヌキ寝入りをしている人を目覚めさせるのは非常に難しい。この世でもっとも巧妙なエゴは、物知りのエゴ、博識のエゴ、聖典重視の知識のエゴだ。わたしはこういった巧妙な利己主義者《エゴイスト》には興味がない。知っているなら、あなたは実に祝福されている。そこで、どうして不都合があるのだろう。ここで何を見いだすつもりなのだろう。あなたはすでに知っている、問題は終わっている。しかし、知らなければ、ここに来るとき扉の外にあなたのゴミをすべて置いて来ることだ。学ぶ覚悟ができているということ、それは、自分は知らない、自分は無知だというその受容性をもち会わせて来ることだ。そのとき、わたしの扉はあなたに開いている。

P・D・ウスペンスキーという著名なロシアの数学者が、ジョージ・グルジェフに会いに行った。ウスペンスキーは世界的に名を馳せた数学者だった。彼の著書、ターシャム・オルガヌムは世に知られていた。しかし、その頃グルジェフのことを知る者はいなかった。彼は、名もない単なる一神秘家だった。

ウスペンスキーがグルジェフに会いに行ったとき、それは著名人が無名の者に会いにきているといった様子だった。ウスペンスキーは傲慢さに満ち満ちていた。グルジェフはウスペンスキーを頭のてっぺんからつま先までじろじろと眺め、白紙を一枚拾い上げて、それを彼に手渡した。グルジェフはウスペンスキーに、隣の部屋に行って自分が知っていることを片面に、知らないことをその裏面にすべて書き上げてくるようにと告げた。ウスペンスキーにはグルジェフの意図が読めなかった。グルジェフは答えた。「すでにあなたが知っていることに関して話し合うことはない。それは時間の無駄だ。我々はあなたの知らないことを扱うつもりでいる。だから、隣の部屋へ行きたまえ——そして、それを明快にすることだ。なぜなら、あなたは物知り顔をしているからだ」

凍てつく夜で、雪が降っていた——ロシアの夜だ！　その隣室にウスペンスキーが入ると、彼はひや汗をかき始めた。手にした紙は震えていた。彼は知っていることを懸命に記そうとした。しかし、彼は非常に正直な人間だったに違いない。自分が知っていると言えることは、ひとつも思いつかなかった。「魂、普遍の魂、解脱……自分は何を知っているのだ」。彼は本を著したが、それらは受け売りの情報に基づいて書かれていた。本を書くために何かを知っている必要はない。ほとんどの本は知ることからは著《あらわ》されていない。それらは知ったかぶりから著されていた。彼は動揺した。

一時間後に彼は戻り、こう言ってグルジェフに白紙のままその紙を差し出した。「わたしは何も知りません。どうか言うことを言ってください」

グルジェフは答えた。「申し分ない、わたしたちは始められる」

人々は毎日ここを訪れる――いわゆるサニヤシンという者たち、博学者《パンディット》や聖典の研究者たちが。わたしは彼らには興味がない。彼らのための時間は、わたしには一瞬もない。彼らはこれをよく理解すべきだ。彼らが知っているのなら問題は終わっている。彼らはわたしに祝福されている。あなたが知っているなら問題は終わっている――あなたは神聖なるものに祝福される。だが、知らないなら、一枚の白紙のように来なさい。そのときにのみ、なされることがある。

間違いなく言えるのは、知っている者がどうしてここに来ることにかまけるのかということだ。その意義は何だろう。わたしはどこへも行かない。あなたはわたしのもとへ来た。だから、あなたが知らないということ、それは明白だ。あなたは自分が知っているという偽りの幻想に陥っている。だが、それは単なる幻想だ。あなたには何も起こっていない。あなたに至福のシャワーは降り注いでいない。あなたにはどんな歌も生じていないし、どんな月も昇っていない。あなたが探求してきた光はまだ昇っていない。それはまだ闇に覆われている。だからこそ、あなたは探し求めている。だが、あなたはたいそうな利己主義者《エゴイスト》だ。だから、それが自分に起こっていないことを受け入れられない。

人々は、何度もわたしのもとを訪れる。あるとき、三十年間サニヤシンを名のってきた人が訪れてきた。わたしは長い間彼に会うことを避けていた。彼がわたしに会っても意味がなかったからだ。しかし、あまりにも彼が執拗に言い張ったので、「いいだろう、会うとしよう」とわたしは言った。

わたしは彼にのっけからあからさまに、それを見いだしたかと訊いた。彼は答えた。「何という質問だ！　初っぱなからそれを見いだしたかと訊くとは」

わたしは言った。「初めからはっきりさせたい。あなたがそれを見いだしていれば問題は終わっている。

そうでなければ一緒に何かを始められるかもしれない」

彼はこう言い始めた。実のところまだそれを見いだしてはいないのだが、おそらくほんの少し見いだしている……と。

わたしは答えた。「神を少しだけ見いだすということはない。それはまるで外科手術のような響きだ。あなたは彼の手とか足とか、そうでなければ彼のおまけでも持っていると言うのだろうか。神聖なるものは目に見えない。真理は目には見えない。それをばらばらにするのは無理だ。少しだけなら見たとは……何を言っているのだろう。神のパンツか何かを持ち出したのだろうか。どういうことだ」

「いや、そうではない」。と彼は言った。「わたしはまだ彼を見いだしてはいない。二、三回ちらっと見ただけだ」

わたしは言った。「正直になりなさい。一瞥したことがあるなら、その線で進めればいい。どうしてここで時間を無駄にすることがあるのか。一瞥したことがあれば問題は終わっている。その方向で行きなさい。わたしと一緒にいることもない。どこにいようと自分の時間を無駄にしてはならない。あなたは一瞥を得たのだ――そのまま行けばいい」

とうとう彼は断言した。「なぜ、あなたは強要するのですか。わたしは一瞥を得たことは全然ない。あなたの話に耳を傾ける用意がある」

わたしは言った。「さあ、これでやっとわたしたちは語り合える。これではっきりした――さもなくば、ただ言い争っているだけだ」

人々はわたしのもとへ来て言う。「あなたはこう言っていた。しかし、これこれの聖典には違うことが書かれている」。彼らには何と言ったものだろう。彼らの聖典に記されていることに、わたしが責任を負わねばならないとでも言うのだろうか？　わたしの言うことが正しいと感じたら、あなたの聖典を訂正することだ。わたしの言っていることが間違っているように思えたら、それはあなたとあなたの聖典に従っているということだ。これに関して、わたしの方では一切問題はない、これっぽっちもない。あなたとあなたの聖典！——それらはそのままにしておいていい！　それらから何かを得ていたのなら、なぜあなたはわたしのもとへ来たのだろう。あなたはそれらからは何も得てはいない。だが、その事実を受け入れようとしない。わたしの言うことが、あなたの聖典と異なっているにも関わらず、あなたがわたしの言葉に惹かれるなら、それらを改めることだ。世界には実に多くの聖典がある。わたしはどこに何が書かれているか答弁するために、ここにいるのではない。

この質問をした友人の顔には、博学と、常に論争に巻き込まれるマインドを持っていることが現れている。「聖典にはこうある。聖典にはそんなことは書かれていない」と。彼はスワミ・チンマヤナンダの弟子だ。彼は学者の弟子だ。当然のことながら、彼は彼の師《マスター》が達しているのと同じ高みに達する！　だから、わたしの扉は彼には閉ざされている。軽やかなハートでここへ来なさい。あなたの博学を脇に寄せてからここへ来なさい。そのとき、わたしの扉が開いているのがわかるだろう。

当然、あなたの質問自体にこうある。「あなたは、ここにあなたの弟子達のためだけにいるのですか？」水は渇きのためにここにあり、師は弟子達のためにここにいる。あなたが弟子なら、わたしはあなたのためにここにいる。あなたが弟子でなければ、わたしのためにあなたがここにいるのでも、あなたのためにわたしがここにいるのでもない。問題は終わっている。どんなつながりも不可能だ——そして、つながりなくしては何も起こらない。

わたしは、これをあなたに言いたい。

鷲のようにあなたの大志が空を舞うところ
大いなる高みを越えるさらなる高地がある
それをすべて知っていると公言するエゴがある
けれども、その知覚範囲を越える真理がある
正真正銘、あなたは何らかの深みに差しかかった
だが、これは終わりではない
それらを越える深みがある
あなたが目的地と思ったのは、いつもその晩を休む場所だった
たまねぎの皮のように層に次ぐ層がある
最初があって次がある
最初があって次がある

人は第一のものを第二への踏み石として利用しつつ進まねばならない。もちろん、初めに出会うのは学者だ。なぜなら、知っている人にいきなり接触することは不可能だからだ。第一は第二に向かうための必須条件だ。初め、人は聖典と出会い、それから真の師に出会う。第一は第二の前提条件だ。だが、これを心に留めておきなさい。

鷲のようにあなたの大志が空を舞うところ
大いなる高みを越えるさらなる高地がある

あなたがそういった高みの探求にあるなら、それがあなたの欲望なら、わたしの扉はあなたに開いている。そしてわたしの扉は、真にその探求にある者たちにのみ開いている。あなたの内側に渇きがあるなら、呼び声があるなら、そのときにのみ、わたしはあなたに降り注ぐ用意がある。さもなくば、あなたの服は何の理由もなく濡れてしまうだけだ。あなたはわたしに怒って言うだろう。「必要もなく降ってきた。もう、家に戻って服を乾かさないといけない」。こんなふうに、あなたに迷惑をかけたくはない。

何度も何度も雲は開いて
大地のハートを潤した
一羽の鳥が森から森を呼びまわり続けた
「おお愛しい方、おお愛しい方よ」
このようにして、愛は尽きることなく開いたハートに降り注いでいた
言葉もなく、依然として渇きは切望だった、
大地は静かに、ゆったりと吸収し続けた
ヘナの香りが道に溢れながら
「おお愛しい方、おお愛しい方よ」――
一羽の鳥が森から森を呼びまわり続けた
それらは流れている――
山頂の水を頭上に湛えながら
シャワーと芳香を一瞬にしてとらえ
時はびしょぬれになっている

地平の鎌がそれらをとらえるたび稲穂は踊る
「おお愛しい方、おお愛しい方よ！」——
一羽の鳥が森から森を呼びまわり続けた

あなたが「おお愛しい方、おお愛しい方よ！」と呼び回りながら、森から森を彷徨《さまよ》う鳥のようになるとき——そのときにのみ、あなたは弟子となる。

弟子の意味とは何だろう。弟子とは、学ぶことを切望する者だ。だから切望のあまり、彼は敢えてすべてを失おうとする——彼の博識、彼のエゴ……これまで行なってきた一切を。あなたが重荷を降ろすなら、わたしはあなたの手を取ろう。さもなくば、わたしには時間がわずかしかない、そしてそのわずかな時間が許すのは、喉の渇いている者たちに降り注ぐことだ。わたしの時間を必要もなく無駄にしに来てならない。わたしは受け取る用意のある者たちにしか興味がない。

最後の質問

愛するＯＳＨＯ、わたしは自分がどういうものだったか、そこから自分がどうなったかも気がつきませんでした……。わたしの目にあなたの目が入り込んで、あなたはわたしの人生を盗んでしまいました。

わたしのハートの弦はホーリー祭の歌を歌い、あなたはわたしをすっかり染めてしまいました。

質問はアナンド・シータからのものだ。このようになったのなら、何かが発生し得る、何かが起こりうる。このようになりなさい ―― 抹消される用意をしなさい。溺死する用意をしなさい。死ぬ用意ができれば、あなたは新たな生を受け取る。

わたしは知識を授けることには興味はない。だが、新しい生をあなたに授けることには興味がある。それこそが価値のあることだ。しかし、再誕のために、まずあなたは磔《はりつけ》を経ねばならない。

湖水は小舟に帆を張らせ
不老不死の霊薬を飲んで
春は歓喜に満ちた足どりでやって来る
風は青く、花々は赤や黄
半分眠ったままの夢は、翼を広げて空高く舞い上がり
テスの木々は手に手に煌めく松明《たいまつ》をかかげ
湖水は小舟に帆を張らせ
いたるところ黄金の花粉が降る
蜜月《ハネムーン》の気配が蝶の羽と手足すべてを愛撫し
山頂から銀幕のショールが滑り落ち
湖水は小舟に帆を張らせる

ここで、わたしはボートの帆を張っている。あなたが旅したければ、そのボートに乗ることだ。わたしは討論や論争には興味がない。ここで、わたしたちは彼岸へ行く準備をしている。もしもあなたにそ

ういう勇気があれば……だが、あなたにはここからは彼岸は見えない。そこで、あなたはわたしを信頼しなくてはならない。けれども、わたしはただの気ちがいかもしれない――わかったものではない。彼岸などなく、あなたはこの岸に置き去りにされるかもしれないし、大海のど真ん中でわたしと一緒に溺れるかもしれない。こういった危険がすべて伴う。

だからこそ、わたしとともに歩むには狡猾でいることは不可能だ。計算高い人間として来てはならない、無垢でいなさい。あなたがギャンブラーであれば、そのときにのみわたしと一緒に進める。あなたは熟知したこの岸を手放さねばならない。あなたのヒンドゥー教の岸、あなたのイスラム教の岸、あなたのジャイナ教の岸、あなたのキリスト教の岸――あなたはそれを熟知し、慣れ親しんでいる。ヴェーダ、コーラン、聖書、等々といった聖典、そういったあなたの岸を熟知している。主義、社会というあなたの岸に慣れ親しんでいる。あなたは自分の根を充分にはりめぐらし、地中深く自分の楔《くさび》を埋め込んでしまった。そしてわたしは、わたしの小舟を出したとあなたに告げている――その帆は張られ、旅は始まっているとあなたに語りかけている。来て、わたしとともに座りなさい。

わたしは彼岸が存在することや、それを立証しようと討論することには興味がない。なぜなら、それは立証不可能だからだ。わたしとともに来るなら、あなたにそれを見せてあげよう。わたしはそれを見た、そこにあなたを連れて行こう。彼岸が存在するかどうか、もし存在するならそれがどんな色なのか――黄色、緑、赤、あるいは黒……そういったことを討論することにあなたは興味がある。わたしはこういったことすべてに興味がない。彼岸の色は、あなたが知っているどんな色でもない。色というものはこちらの岸に属するものだ。あなたの知っている形はこちらの岸に属するものであり、彼岸とは何の関係もない。わたしたちが話している言葉は、こちらの岸の言語であり、あちらには言語などない。沈黙が彼方の岸の言語だ。もしも行く用意があるなら、即刻出発しよう。

それは危険なことだが、危険を通過する用意のある者がわたしの言うサニヤシンだ。その危険とは、自分が彼岸に到達するかどうかもわからないまま、こちらの岸を後にすることだ。あなたは気ちがいを信頼したのだ。

これは大いなる愛においてのみ可能だ。そのような信頼は稀有な愛においてのみ起こり得る。

弟子とは、わたしに恋してしまった者、わたしとともに溺死する用意のある者――ただ水に入るのではなく、わたしとともに溺死する用意のある者だ。わたしが地獄へ向かっていると言えば、弟子はそこへ向かうことを欲する。天国へ行くことが可能でも、わたしなしでは弟子は行かない。わたしと一緒なら彼は幸せだ――たとえ地獄へ向かっても。弟子であるには大変な勇気、空前絶後の勇気がいる。

シータは尋ねている。「わたしは自分がどういうものだったか、そこから自分がどうなったかも気がつきませんでした……」。あなたは気がつかない、人は気づかない。この革命は実に静かに起こる。それが生じるとき、足音すら耳にされないほどだ。もしあなたが自分自身を開くつもりなら、それは沈黙において生ずる。音はまったくしない。

「OSHO、わたしは自分がどういうものだったか、そこから自分がどうなったかも気がつきませんでした……。わたしの目にあなたの目が入り込んで、あなたはわたしの人生を盗んでしまいました。わたしのハートの弦はホーリー祭の歌を歌い、あなたはわたしをすっかり染めてしまいました」

弟子はわたしの目に見入ることを切望する者だ。「あなた自身をわたしに注ぎ込んでください。わたしは空っぽです。これで精一杯空っぽです。わたしを満たしてください」。このように言う者が弟子だ。これほどの心づもりのあること、それが弟子であることだ。
さあ、率直な問題、わたしはそのような空の器に興味がある。わたしは弟子に興味がある。もしシータのようになりたければ来なさい。さもなくば、どこにいてもあなたに神の加護あらんことを、あなたがどんな状態だったとしても、神の加護のあらんことを。

今日はもう充分かね？

第九章
錬金術

The Golden Alchemy

主よ、どうすれば喜んでもらえるでしょう
どんな名前であなたをお呼びすればいいでしょう
あなたの御慈悲の波動がわたしの心をよぎるとき
わたしは隠れ家を見つけている

この驚異的な存在の河は恐ろしいほどです
どうやって渡ればよいのでしょう
おお、我が主よ、何度も御耳を傾けられますよう
これはわたしの永遠なる願い

あなたは三界の統治者
そしてわたしの肉体はそれらの賊の虜《とりこ》
あなたの召使い、あなたのつつましい家来
ダヤの懇願にどうか御耳を傾けられますよう

禁欲の修行も、霊的実践も
巡礼も、誓いも、施しも一切したことがありません
母をたよる無垢な子供のように、あなたを完全にたよっているのです

何度子供が過ちを犯しても、母親はけっして見放さない
日毎に子供への愛は倍増し、膝に抱えて宥《なだ》めてしつける

太陽の最初の光によって至福に満ちながら滋養を得て
チャクヴィ鳥に平安が訪れる
ダヤはあなたの奴隷、おおクリシュナ、おお、高楼の月
一瞬たりとも彼女の視覚から離れられることのなきよう

じっと見つめるチャコール鳥のために月の光があるように
あなたはわたしの反復句《リフレイン》となった
おお、モハン　おお、至福《ナンダ》の若き息子
あなた以外にわたしが小言をつく人はいない

あなたの御名の栄光は果てしがなく
微かな火花も巨大な森を焼きつくす

わたしがいるところ
朝は赤き闇、そして夜は実《まこと》しやかな色あい
わたしがいるところ
日光の足はよろめき、雨が降っているだけ
わたしがいるところ
香ぐわしい花々はみな幽閉され
鋼《はがね》だけが自由気ままに闊歩《かっぽ》する
わたしがいるところ
底なしの泥沼がある、苔がある
けれどもそこに蓮はない
わたしがいるところ
人々は打ち解けることをためらうので
愛は知られていない
わたしがいるところ
誰もが鏡から目を逸らし、すべては嘘偽り
わたしがいるところ
しわくちゃの唇には何の内なる歌も生じない
わたしのいるところ

これこそが人間の有り様だ。偽りが真実となり、くだらないことが意義深くなる。蓮が咲かんとするところは、泥と苔しかない。それが人間の有り様だ。闇の中に生き、闇を光として受け入れてきた。つまるところ、人間が生きて行くには慰めが必要になる。暗闇を暗闇として受け入れていれば、不安になってしまう。暗闇が光だと思い込めば、暗闇が光になるわけではないが、マインドは何らかの平安を見いだす。

人間は実に多くの嘘をでっち上げてきた。人はほとんどの時間を、自らの嘘を支えにして生きる。真実は困難だ。真実の探求は困難で、真実への道は棘に覆われている。真実が困難である必然性があるわけではない、それはわたしたちが嘘をつくことに、あまりにも慣れきってしまったからだ。何生にもわたって泥しか知らなかった人は、蓮の花が泥から生じるとは思いも寄らない。そして暗闇の中に、夜の闇の中だけに生きてきた人は――彼の目はこの暗闇に慣れてしまっている――明かりがついても目を開けることもできない。その目は眩《くら》み、彼にとって明かりは非常に苦痛に感じられる。

だからこそ、神聖なるものの探求について話されることは多々あっても、探求する者がいない。内側に向かう話は度々話題に上る。だが、実際に内側に向かおうとする者はいない。光明を得たその人が、目覚めるようにと大声で呼びかけても、わたしたちはけっして目覚めない。それどころか、そのうえさらに、そこで虚偽のゲームを始めてしまう。わたしたちはこう言う。「よし目覚めよう。目覚めなくてはならない。しかし、すぐに目覚められるものではない。今日のところは無理だ」。そこに至ってさえ、わたしたちは欺瞞という大哲学を創造してきた。「何生にもわたって、わたしたちは過去の行為の網を編み込んできた。それを打ち破るにも時間がかかるというものだ。わたしたちは霊的修行に励まねばならない、自己抑制を実践せねばならない。宗教的誓いや規律を遵守せねばならない。巡礼をしなくてはならない。断食しなくてはならない。充分に徳をつんで初めて、わたしたちの罪業は消える。そうしてやっとそれが起こる」

こういったことはみな、自分を変えなくてもいいようにするための人間のごまかしだ。だが、実際のところはこうだ。自分が変わりたければ、神聖なるものの祝福はまさにこの瞬間にある。

光が暗闇に射すとき、その暗闇がどうやって不服を唱えられるだろう。それはこう言うようなものだ。「わたしは数千年、数百万年と生きながらえてきた。これしきのことで――光が入ってきたくらいで、どうして消えるものだろう。わたしは新米の暗闇じゃない、子供じゃない、わたしは古い、古代からの暗闇だ、永遠だ！　光に打たせに来させてみるがいい。しかし、わたしを打ち壊すには何生もかかるだろう」。そうではない、暗闇はそんなことは言わない。そんなことは暗闇にはまったくできない。いったい暗闇に何の力があるのか。これこそが帰依者の芸術《アート》だ。これが鍵、帰依者の真髄だ。「わたしは暗闇です。わたしは多くの過ちを犯してきました。それは間違いありません。わたしは幾度も躓《つまづ》いてきました。そうです、わたしは暗闇です。これこそまさにわたしの正体、わたしのエゴです。あなたの光がわたしに降臨すれば、この暗闇は今すぐ消えることでしょう。あなたの恩寵をもって、それは即座に起こるでしょう」

帰依者は、自らの行為を変えることは探求しない。むしろ彼は、神聖なるものの恩寵を切願する。

本日のスートラは、神聖なるものの恩寵に呼びかけることに関している。それらは無比のものだ。しかし、まずあなたはその根本原理を、帰依者の土台は恩寵でこそあれ努力ではないことをマインドにとどめておかねばならない。努力とは人間のものだ、そして恩寵は神聖なるものに属する。努力はあなたの行ないであり、恩寵はあなたの待機だ——あなたの行為ではない。努力とは、あなたが行なうことであり、あなたが成功したり、しくじったりするところにある。恩寵はあなたが存在しないところ、神聖なるものだけが在るところにある。そしてそこでは、あなたが不成功に終わるすべはない。

それをこのように見ることだ。わたしから見れば、あなたの世界はあなたの努力、まさに努力そのものだ。あなたは家や店を建て、地位や名声を築き上げる——これはみなあなたの努力、あなたの尽力だ。あなたが何かをしない限り生じることはなかった——そして、あなたは努力した。

世界とは人間の努力だ。なぜなら、それは人間のエゴが展開したものだからだ。宗教についてはどう言えるだろう。宗教は人間の努力ではない。宗教の意味するところ、それは人の努力に疲れてしまった、うんざりしてしまったということ、それらに苛《さいな》まれているということだ。たとえあなたが成功したとしても、その成功はただの塵《ちり》にすぎない。家を建てたとしても、それは単なる宿にすぎない。家を建てても自分の家を見いだしたわけではない。それは単なる一夜の宿にすぎず、朝が来ればあなたは出発することになる。ここでは成功でさえ失敗だ。富はあなたを貧しくするだけだ。ここでは、名声も評判も地位もあなたの内なるハートを満たさず、歓喜であなたを圧倒することはない。ここでは、すべてが惑わしだ。

何であれ人間が努力を通じて行なうことは、マーヤと呼ばれる錯覚だ。人間の努力を通じて為されていないもの、それが神聖なるものと呼ばれる。だから、これこそが帰依者の根本的な概念だ。それは呼びかけから、切望から、祈りから、礼拝から起こる。しかしながら、祈りや礼拝を努力として理解するには及ばない。人々はそれらを努力にしてしまった。彼らは言う。「わたしたちは祈りを行なっている」。これは間違っている。どうすれば祈りを行なえるだろう。人は祈りの中に在ることは可能だが、祈りを行なうことはできない。それを行なえば、あなたはそれを取り逃がす。行ないの中に〝あなた〟が入り込んでいる。ただ生じるものであれば、それは違うものだ。

だから、祈りには形式ばった決まりや言葉はない。祈りは非形式的なものだ。それは感覚の特定の状態において起こる。それはときおり涙を介して生じ、言葉は出ない。ときおりそれは踊りを介して生じ、そこに涙の軌跡はない。ときには微笑みから、ときには歌をハミングすることによってそれは生じる。それは定まっていない。その歌は毎日同じではない。毎日同じ歌をくちづさむなら、それは偽りになる。何であれ浮かび上がるもの、何であれ生じるものを、何であれ自ずとわき上がるものを……ときどき座って、何であれ起こることを起こらせなさい。時には泣き、時には歌い、時には笑い、時には踊り、そうでないときは何もせず、平安に満ちて座ってみるといい。これこそ、まさにダヤが言っていることだ。帰依者は時に笑い、時に泣き叫び、時に歌う──何という矛盾！　時には立ち上がり、時に座り、時に倒れ伏す──何度も繰り返し彼は倒れる。何という矛盾だ！

モーゼがシナイ山で神を見たとき、彼は七回倒れ伏した。その光景は実に推《お》し量《はか》り難く、実に空前絶後のものだった。震え慄《おのの》く以外に彼に何ができただろう。まさに人は根源まで震撼する。彼は七回倒れ伏し、倒れては起きあがり、倒れては起き上がった。やっとのことで八回立ち上がった。それでも足は震えていた。

神聖なるものとは、気が狂ってしまうほどに、実に量《はか》りがたい体験だ。あなたは酔っぱらいのようになる。そしてこの葡萄酒《ワイン》は、しばらくすれば酔いが醒めてしまう、普通の葡萄酒のようなものではない。葡萄から作られた葡萄酒は偽りの葡萄酒だ。なぜなら、しばらくすればその酔いは醒めてしまうからだ。すぐに褪《あ》せる色は耐性ではない。絶対に色褪《あ》せない色が、「耐性」と呼ばれるのではないかね。神聖なるものは本物の葡萄酒だ。葡萄から葡萄酒を作るとき、わたしたちは自分自身を欺いている。

葡萄酒を発見した人が非常に高徳な人であったことを知って、あなたたちは驚くだろう。その名はディオニソスといった。彼はギリシャ人だった。彼は葡萄酒を発見した。葡萄酒を発見したのが聖者だったというのは奇異だ。現在も、葡萄酒はディオニソスと名づけられたギリシャの僧院で作られている。西洋の思想家たちは、これについて言及しようとはしない。なぜなら、彼らにとって聖者が葡萄酒を発見したということは、実に奇妙に思われるからだ。しかし、わたしにとっては興味深い。聖者にしか葡萄酒は発見できない。本物を知っている人間にしか複製は作れない。本物を知らない限り、複製を作ることはできない。本物のお金を知らなければ、偽金は作れない。さもなくば、それがどのようなものかどうやって知るのだろう。わたしは興味を覚える。聖者が葡萄酒を発見したにちがいない。彼は本物を見たはずだ。そして不運にも、それを知る由もない人々を哀れに思い、彼らのためにディオニソスはその複製を作った。これに関して疑う由は一切ない。わたしには、それはきわめて合理的に思われる。

葡萄酒を発見できるのは、光明を得た神秘家だけだ。それを味わったことのある神秘家が、他の人たちもまた何らかの形でそれを味わうべきだと思ったにちがいない。そしてそれは真実だ。今日、ただの偽物を知って、明日、本物の探求を始めるかもしれない。いったいいつまで、偽りの葡萄酒を飲んでいられるものだろう。ある日、彼は永遠に陶酔する葡萄酒を探そうと思い始める。そしてその日、彼の神聖なるものへの旅は始まる。この人生において、神聖なるものという葡萄酒を発見することなくして、至福は不可能だ。

この暗闇のどこか、不安が潜み
わたしのように夜は眠れない
切実にどうしようもなく、切実に哀しく

この世界中でわたしのような者はいない
わたしのように人生を取り逃がしている者は
たぶんこれまでいまい
わたしのように尽きぬ涙で笑いの足どりを洗い流した者は
たぶんこれまでいまい

しかし、これこそがあらゆる人の状況だ。ときおり、あなたもまた自分ほど哀しい者はいない、自分ほどみじめで落ち込んでいる者はいない、と感じるかもしれない。それはあなただけではない。あらゆる人が苦しんでいる。そして、あらゆる人が自分ほど惨めな者はいないと思う。しかし、わたしたちには他人の苦しみがわからない。彼の苦しみの傷は、彼の最奥の実存に隠されている。内なる傷、内なる腫れ物ではなく、飾り立てられた外観だけが、わたしたちの目に映る。しかし、自分自身の腫れ物は見える。

人々は笑うために、理由がなくとも笑ったりする。人々は微笑む。他に何ができるだろう。そうしなければ、四六時中泣いていなければならない。だから、彼らは何とか偽りの微笑みを自分自身に強いる。

一九二十年頃、ロシアの大思想家マキシム・ゴーリキーはアメリカへ行った。アメリカ中、彼は行った先々で、どのようにしてアメリカが発見されたかという下りを、とうとうと聞かされて案内された――どこに行っても、それは面白おかしく脚色されていた。これほどまでに色々な方法で発見された国は、世界中でアメリカをおいて他にない。ゴーリキーを案内した人には、彼が大いに感銘を受けているように思われた。そして実際、彼はそのように見えた。案内を終え、案内人《ガイド》はゴーリキーが何かを言ってくれるのを心待ちにした。けれども、ゴーリキーの目には涙が溢れていた。案内人《ガイド》は尋ねた。「どうされました。どうして哀しいのですか」

ゴーリキーは答えた。「生きてゆくのに、色々なことを面白おかしくする必要がある人々は、切実に哀しいにちがいない。そうでないはずがない」


哀しい人は映画を見に行く。哀しい人はパブに行く。哀しい人はサーカスを見に行く。哀しい人はクリケットの試合を観戦する。彼らはみな哀しい人々だ。哀しい人は、どうにかして気分転換をする必要がある。彼はそれを娯楽《エンターテイメント》と呼ぶ。彼のマインドはくたびれ、常に走路にある。哀しい人は少々の間、笑うために無数の方法を発見する。

幸福な人は自分自身に溺れる。哀しい人々だけが娯楽が必要になる。幸福な人はマインドを越えている。マインドを楽しませる必要はない。あなたにマインドがないとき、楽しむことがあるだろうか。幸福な人は自分自身に夢中になり、実にうっとりとし、自分自身の実存に没頭し、あまりにも充足しているので他に何もいらない。彼はこのうえない満足感と安心立命の中に生きる。

神聖なるものの探求の意味とは、たったこれだけだ。「もはや自分自身の外側に幸福を探し求める必要がなくなるような何かを、自分自身の内側に幸福を見出すための何かを、幸福の水源がわたしの内側で吹き出すための何かを、わたしは欲する」

この瞬間が訪れるとき、滴《しずく》は即座に大海となり、すべての境界線はただちに溶解する。その日、あなたは肉体でもマインドでもなく、その日、あなたは普遍的自己となる。神聖なるものが帰依者に降臨するとき、帰依者は神聖なるものとなる。

帰依者において、もっとも根本となるものを常に覚えておきなさい。それは、帰依者はけっしてこう言わないということだ。「わたしはこれをした。誓いを立てた。宗教の戒律を遵守した。断食した。ゆえに、あなたはわたしのもとへ来なくてはならない」。違う、これは帰依者の言葉ではない。これは商売人の言葉だ。「あなたのためにこれをしてあげたのだから、あなたはわたしのもとへ来なくてはならない」。これは愛する者の言葉ではない。これは協定の言葉だ。それはあたかも、こう言うようなものだ。「来なければ、おまえを訴える。わたしが何日も断食したというのに、まだ何も起こっていないじゃないか」

俗にいう禁欲者は、彼ら自身の強さを利用して、神聖なるものを見いだそうとしている。彼らの強さは、彼らのエゴの布告にすぎない。だから、かのヨギたち、マハトマたちや僧侶たちの面構えには、大いなるエゴが揚々と現れている。それは誰にでも見て取れる――大いなる自尊心が。エゴの灯火がそこで燃え盛っている。

帰依者は謙虚だ。彼はこう言う。「わたしの行為からは何も起こらない。何であれ、一切は神聖なるもののゆえに起こる」。そこにどんな自尊心や傲慢の余地があるだろう、この中に？　帰依者は言う。「自分がふさわしいとはわたしには申せません」。彼はただこう言う。「自分がふさわしくないことをわたしは承知しています」。日々神聖なるものの御前に自分の不相応さを捧げて、彼はこう言う。「わたしはあなたにふさわしくありません。けれども、どうかおいでください。あなたに相応たることを求められれば、一切はわたしを超越してしまいます。それに、あなたがそれをわたしに要求されるなら、あなたの御慈悲はいったいどうなってしまわれたのでしょう。これがわたしというものです。良くも悪くも、これがわたしの在り方です。わたしを受け入れてください、あなた自身のものにしてください」

帰依者の祈りは、彼の謙遜から生じる。一方、エゴは傲慢にこう言う。「わたしは実にたいそうなことをやってのけた。あれをしてこれをした」。帰依者は言う。「わたしの支えはたったひとつしかありません――それはあなたがわたしをお作りになったということ。わたしの支えはたったひとつ、それは、あなたがわたしをお忘れになったことはないということ、わたしがどんなにあなたを忘れやすくとも。わたしの支えはたったひとつです――それは、あなたがわたしの源泉だということ。わたしはあなたから生じた。だから、あなたに呼びかけられるのです。あなたがわたしをお作りになった――わたしがどのようであれ」
もし、この帰依者の思いが理解できれば、あなたにとってこれらのダヤの詩句はまったく無比のものとなるだろう。

あなたがわたしとともにあるとき
無数に、様々に
わたしは世界とつながっている
あなたがいないとき
わたしにとって世界は何でしょう

帰依者は言う。

あなたがわたしとともにあるとき
無数に、様々に、わたしは世界とつながっている
あなたがいないとき、わたしにとって世界は何でしょう
千の暴風と嵐が集まり
わたしの小舟は手も足も出せずに揺さぶられるかもしれない

そして、わたしは信頼という支えで舟を漕いでいるでしょう
けれど、あなたがその小舟にいなければ
わたしが小舟を岸につけて陸に着いても
いったいそれが何になるのでしょう

帰依者は言う。「たとえわたしが解脱《モクシャ》に、救済に達したとしても、あなたがそこにいなければ、この救済に何の益があるだろう。たとえわたしが彼岸を見いだしても、あなたがいなければ、わたしにとってその彼岸は何の益があるだろう。わたしがこの小舟を漕いでも、その中にあなたがいなければ、どうして漕ぐことがあるだろう、何の意味があるだろう」

けれど、あなたがその小舟にいなければ
わたしが小舟を岸につけて陸に着いても
いったいそれが何になるのでしょう

あなたはわたしの太陽、わたしの月
わたしの朝と夕べ、わたしの北極星
あなたがそこにいないなら、誰がわたしの人生の暗闇を打ち壊すのでしょう
あなたがいるとき、すべては輝く
あなたがいなければ、輝きはわたしにとって意味がありません

だから帰依者は、クンダリーニが目覚めることも、サハスラーラへ向かうことも、七つのチャクラが開くことも待とうとはしない。彼は内部を照らす明かりを待たない。ひたすら彼はこう言う。「おいでください、おお、主よ、何であれ、あなたの御目覚めになられている状態についてくるものに申し分はありません。わたしはあなた以外には欲しません。あなたと一緒なら、たとえ暗闇に住まねばならなくとも耐えられます。あなたなしでは、光の中でも生きられません」

春はあなたゆえに開花し
月光はあなたゆえに輝き
美はあなたゆえに息づき
あなたが語るゆえに音楽は奏でられ
あなたが飾られるゆえに、大地はきらびやかに飾られる
あなたが飾られていなければ
装飾品のどこがよいのやら
あなたの錬金術的なタッチで
わたしの鋼鉄のハートは金《きん》に変わった
あなたの扉に躓《つまづ》いて
わたしの罪は徳に変わった
あなたの扉はわたしの巡礼の場所
カーシーやハリドゥワールのどこがいいのやら

帰依者は言う。「自分の罪を変容することや徳を積むような厄介事は、どちらもわたしを越えています。わたしにはどうしようもないことです。わたしはひたすら、あなたの扉に明け渡すだけです」

あなたの錬金術的なタッチで
わたしの鋼鉄のハートは金《きん》に変わった

帰依者は神に言う。「あなたは錬金術です。あなたがわたしに触れれば、わたしは金に変わります。わたしの努力では金にはなれません。自らの努力のために、わたしは迷ってしまいました。自分の行為は自らを邪道に追い込むばかりでした。自分は行為者だと考えているので、道に迷ってしまったのです」

あなたの扉に躓《つまづ》いて、わたしの罪は徳に変わった
あなたの扉はわたしの巡礼の場所
カーシーやハリドゥワールのどこがいいのやら
あなたはリッディとシッディ、繁栄と成就
まったくもってめでたい兆し
あなたが落ち着くところ、どこであれ神の都となり
そして毎瞬毎瞬、祈願成就の木陰となる
でも、あなたが一緒にいないなら
たとえ天のすべての力を手にしても、それが何だというのやら

帰依者は天国、救済、楽園、至福、不滅の美酒《ネクター》、真理といったものにはまったく欲がない。帰依者の欲望は、最愛なるものが彼のハートの王座につくことだ。そして、帰依者は賢明なことをしている。なぜなら、すべてはその後に続くからだ。

イエスの有名な発言がある。「汝ら初めに神の王国を求めよ、されば他の一切は授からん」。初めに神聖なるものを探すことだ。すると自動的に一切のものがつき従う。何であれ他のものを探し求め続けるなら、あなたはそれを得ないどころか、神聖なるものをも取り逃がす。

かの学んだ人たち、博学者《バンディット》や聖職者、ヨギやマハトマが、彼らのいわゆる知恵において完全に愚かしい一方、帰依者は彼の愚かさにおいて実に賢い。彼らは軽薄なこと、くだらないことを探し回る。帰依者は根源に向かう。彼は皇帝を家に招く。すると大臣やその他の召使い全員がつき従う。彼はあらゆる人――総理大臣、首相、召使い、門番、軍隊長を招いて時間を無駄にはしない！　彼はそういった者のことは気にせず、直接神を招く。彼はもっとも重要な人を招く、すると残りの一切は自動的につき従う。だからこそ、帰依者のいわゆる愚かしさというものに大いなる知性がある、とわたしは言うのだ。

ダヤの言葉を聞きなさい。

主よ、どうすれば喜んでもらえるでしょう
どんな名前であなたをお呼びすればいいでしょう
あなたの御慈悲の波動がわたしの心をよぎるとき
わたしは隠れ家を見つけている

主よ、どうすれば喜んでもらえるでしょう……帰依者は言う。「わたしはあなたに喜んでもらいたい。

でも、どうすればあなたはお喜びになるのやら。わたしにその芸術《アート》を教えて下さい。なぜなら、わたしにはまったくわからないからです。あなたをどうお呼びすればいいのか、どうか教えてください。あなたの名前を、あなたの住むところを。なぜなら、わたしがあなたの御名と所在を探せば間違うに決まっているからです。わたしの行ないは間違いです。わたしには間違いしかできません。あなたを喜ばせようとしても、不快にさせるだけです。わたしには正しく行なえません、わたしは間違うようにしかなっていないのです。わたしは間違いの専門家です。何生にもわたって、わたしは 間違いやらくだらないことを大切に培ってきました。このわたしがどうやってあなたのことを大切にできるでしょう。あなたのことをどうお呼びすればいいのでしょう」。ダヤは言う。「あなたのハートをどうやって勝ち取るか、どうぞ教えてください」。これは何と美しい言葉だろう！

主よ、どうすれば喜んでもらえるでしょう
どんな名前であなたをお呼びすればいいでしょう

「それにあなたの御名も住処もわかりません。わたしの知っている名前は学問上のものです —— 聖典にあった言葉にすぎません。あなたの本当の所在を教えてください。そうすれば、あなたに呼びかけることができます」

あなたの御慈悲の波動がわたしの心をよぎるとき
わたしは隠れ家を見つけている

「あなたが優しさを示してくれるとき、あなたの御慈悲の波動がわたしの心をよぎるとき……その波に飲まれてしまうほど、あなたの御慈悲の波動がわたしの方へと押し寄せてくるとき、あなたの恩寵、あなたの御慈悲がわたしを飲み込むとき、そのときにのみ……わたしは隠れ家を見つけている。あなたなしにはわたしは孤児《みなしご》、行く宛もない、道も知らない、長い長い間、間違いにしか馴染みのなかったさすらい人」

ここに注目しなさい。それに瞑想しなさい。何であれ、あなたがこれまで行なったことはすべて間違いだった。これを理解しなさい。富を集めるとき間違いが生じる。そして今、この富を放棄しても、それもまた間違いだ。

なぜなら、あなたが間違いそのものだからだ。あなたが何かに触れるやいなや、それもまた間違いになってしまう。錬金術の石に触れるだけで、鉄が黄金になるように、あなたが触れるやいなや、すべては黄金から鉄屑になってしまう。あなたが触れるものはみなゴミになる。

あなたは自らのエゴゆえに富をかり集めてきた。あなたは世界に対して自分が何者であるかを、いかに自分が裕福であるかを示したかった。今、富の無益さが明らかになった。富を貯め込んだ今に至って、それには何の実体もないことがわかる。そこで今度は、世間に他のものを示したい。あなたの病気は変わっていない。今度はこう言っている。「すべてを放棄し、わたしが実際はどういうものかを世間に示そう」。あなたは富を手放し、一切を放棄して素裸で町に立つこともできる。しかし、あなたの古い病気は依然として存続する。病気の名前は変わった。だが、その病気が変わったのではない。見かけは変わったように見えても、その症状に変化はない。そして、この第二の病は最初の病よりもっと危険だ。なぜなら、それはもっと微妙だからだ。

金持ちの病気は誰の目にも歴然としている。盲人にさえ彼がおかしいとわかる。だが、放棄という病は非常に深い洞察力のある人にしかわからない。さもなくば、まったくわからずじまいだ。同じ狂気が新たな進路を辿ったにすぎない。

何であれ、これまであなたが行なったこと……これまであなたは性欲に悩まされていたので、禁欲の誓いを立て、自分自身を四方八方から抑圧し始めた。これでは何にも変わらないだろう。あなたの現在の理解をもってすることは、何であれ間違いになるだけだ。

聞いた話だ。

ある晩、ムラ・ナスルディンと友人がぐでんぐでんに酔っぱらってパブから出てきた。深夜だったので路上に人気《ひとけ》はなかった。しかし、交差点まで来ると、突然、彼らは立ち止まった。信号を指して、ムラの友人が言った。「おい見ろよ、何て美人だ！」

ムラが近寄って見つめるとこう言った。「ほんとにいかしてる。ゴージャスだ。並みの女じゃない、天女様だ。何て光輝いている顔なんだ。見ろよ。びっくりしたね。どうやって今までこんな美人がずっとプーナに身を潜めてたのかねえ。おまえはここにいろ。おれは行って彼女をものにしてくる」

十分間ほど、ムラはその美人にあらゆる類のことについて語りかけた。ムラが戻ってくると、もう一人の酔っぱらいが尋ねた。「どうだった。うまく行ったか？」

ムラは答えた。「悪くないね。うまくいってるよ、彼女は実に驚くほど美しい。だが、耳が聞こえないようだ。一言もしゃべらん。だが、心配はいらない、おれたちについてくるってさ。あの娘がウインクしたのがわかったよ」

酔っぱらっていて正体を失っていると、彼が引き出す意味は何であれ無意識から生じる。彼の解釈はすべて無意識から生じる。あなたが無意識であれば、富を貯えても放棄をしたとしても、所帯を構えても森に逃げ込んでも違いはない。あなたの無意識は、そんなにたやすく打ち壊されるものではない。それゆえ帰依者は言う。「それはわたしを越えている。わたしは無力だ」

主よ、どうすれば喜んでもらえるでしょう
どんな名前であなたをお呼びすればいいでしょう
あなたの御慈悲の波動がわたしの心をよぎるとき
わたしは隠れ家を見つけている

「わたしには何もできません。わたしは孤児《みなしご》で、この先もずっと孤児でいるでしょう。あなたがどうにかしなくてはなりません」。

だから帰依者はひたすら懇願し、ひたすら明け渡す。彼は自らのエゴを神聖なるものの御足に供する。これにには大いに勇敢な態度、思い切った勇気がいる。なぜなら、概して人間のマインドは自分に向かってこう言うからだ。おそらく適切なことをすれば、あれこれやってみて、色々な算段を重ね、やり方を変えて行けば達成される。何かが起こると言う。この違いをはっきり見きわめることだ。あなたのやり方は変えられるし、あなたの計算は変えられる。しかし、それでいったいどうやってあなたが変わるのだろう。あなたがその変化すべき者だ。けれども、そこであなたは変化させようとしている当人でもある。どうやって自分自身を変えられるのだろう。それはあたかも、自分の靴紐で自分を吊り上げようとするようなものだ。

帰依者の言葉には大いなる力がある。帰依者は言う。「あなたが引き上げてくれなければ、わたしが上がるのは無理です。あなたの御慈悲の波動がわたしの心をよぎるとき……自分の靴紐をつかんで、自分で自分を吊り上げようとしても何も起こりません。自分を吊り上げながら、それに吊られることは不可能です。それは無理です。そんなことは起こらない。あなたがわたしを引き上げねばなりません」

そして、一切を完璧に神聖なるものに委ねるなら、神聖なるものがあなたを引き上げてくれる。これは何世紀もの間、帰依者たちの体験となってきた。しかし、その委ねは完璧でなければならない。わずかでもこんな考えがあるべきではない。「存在が自分を引き上げてくれればいい。だが、そうでなければ自分で自分の靴紐を引っ張るとしよう。それが助けてくれなければ、ただ永遠に待ってここで座っているわけにはいかない。自分でどうにか引き上げよう」


このように考えるなら、あなたは絶えず見張っている。片目の端で存在が自分を支えているかどうか、自分で自分のために何かをする必要があるかどうか、自分で自分の救世主になるべきかどうかを。そのときもし存在があなたを護っていなければ、あなたは自分自身を護らなくてはいけない。わずかでもこの欲望が残っていれば、神聖なるものとの関係性はあり得ない。神聖なるものを取り逃がしているのは、神聖なるもののせいではない、あなた自身の不誠実なハートのせいだ。もしもどうにもならなかったら……という感覚が、常にあなたの内側のどこかに潜んでいる。それなら、〝わたし〟が依然としてそこにある。あなたは自分自身に信を置いている。しかし、神聖なるものへの信頼は、あなたが完全に自分自身への信頼を手放したときに初めて生じる――そのときだけだ。だが、あなたはまだ自分を信頼している。何生と苦しんできたにも関わらず、まだあなたは自分に対する信頼を失っていない。

人々はわたしのもとへやって来る。彼らは、献身を実践するだけの充分な自信が持てないと言う。そこでわたしは彼らに伝える。もはや自分に自信の持てない者だけが、献身を実践できると。自信とは、〝わたしは自分で充分やっていける。誰も必要ない〟という意味だ。あなたが本当に、自分には自信がないということを発見しているなら、あなたは素晴らしい扉に行き着いている。今その扉を開け、こう言って地に伏しなさい。「わたしはまったく自分に自信がない。わたしは自分を信頼しない。自分を何度も引き上げようとしてきたが、その度にしくじってきた――しくじってはしくじり、しくじりに次ぐしくじりばかり！　どうやって自信が持てるものか。進めば壁にぶち当たってばかりいる。これまでに、あなたへの扉を見いだしたことはない。だから、どうやって自分が信じられるだろう」

ここに注目しなさい。禁欲者は自信を拠り所にして進み、ヨガ行者もまた自信を拠り所に進む。学んだ人は自信を拠り所にする。彼らはサンカルパ（*sankalpa*）、自信と決意を頼みにする。帰依者は一切を明け渡す。彼は言う。「もしもわたしが存在しないなら、わたしがいないならどうやって自信が持てるだろう。わたしとはシュンニャ、零、無にすぎない。あなたがわたしの横に居《お》られるときにのみ、わたしには一形態、一個の数字としての価値がある。あなたなくしてわたしに価値はない」

あなたの御慈悲の波動がわたしの心をよぎるとき
わたしは隠れ家を見つけている

「あなたがいなければ、わたしとは何の価値もない零にすぎない」。壱《いち》に零を付けると十になる。十に零を付けると百になり、そうやって千になる。わかるだろうか。壱《いち》の横に零を置いたり、零の横に壱《いち》を置くとその値は十倍になる。だから、零は九にも等しい！　壱《いち》は壱《いち》だ。しかし、それに零を付けると十になる。だから、零は九と同じようなものだ。神聖なるものにあなたの零を付けると、あなたは値《あたい》の付けようもない、かけがえのないものになる。あなたの価値は、計算というものをすべて超越する。会計簿も帳簿も一切、あなたを掌握するには小さすぎる。なぜなら、あなたの値が見込みを超越しているからだ。人が神聖なるものとつながれば、自らの雫を神聖なるものの背後に据えるなら、問題は終わりだ。今、あなたの価値は無限となり、あなたは錬金術の石と接触している。

この驚異的な存在の河は恐ろしいほどです
どうやって渡ればよいのでしょう
おお、我が主よ、何度も御耳を傾けられますよう
これはわたしの永遠なる願い

帰依者は言う。「わたしは嘆願します。あなたに願い求めます。わたしは呼び求めます。あなたに呼びかけます。わたしの目は涙が溢れ、何も見えません。わたしにあるのは涙だけです。それをすべてあなたの御足に捧げます。あなたの御足をわたしの涙で洗います」

この驚異的な存在の河は恐ろしいほどです

この世界は脅かす。なぜなら、いかに自分がひどく取り逃がしてきたか、いかに取り逃がし続け、滑り続け、落ち続けてきたか、それより他にわたしたちが知らないからだ。わたしたちはさすらい、滑り落ちてきた。自分を引き上げることがまったくできなかった。あちこち吹き飛ばされ、苦しんで苦しんで――それでも、わたしたちは自分の夢を落とそうとしない。

聞いた話だ。あるときムラ・ナスルディンが、かかりつけの精神科医にこんなことを言った。「先生、おれは毎晩同じ夢を見る。魚を釣っているのだが。小さいのやら大きいのやら、色も形も様々だ――と

にかくいっつも魚だらけだ。毎晩毎晩、一晩中だ。もう、まいっちゃったよ」

医者は言った。「そうですか。それは大変ですね。しかしナスルディン、それはあなたが一日中、魚のことを考えているということです。日中、考えることは全部、夜、夢に現れるのです。ひとつ試してみてください。寝る前に、美しい女性について考え始めるのです。大勢の美しい女性に囲まれることもできるのに、どうして魚のことを思って時間を無駄にすることがあるでしょう。夢を変化させて、魚ではなく美しいアプサラの夢を見たらいい」

ナスルディンはこれを聞いて腹を立てた。「何だと」。彼は叫んだ。「あの魚を全部手放すのか？」

それらの魚は夢だ。それなのに彼は、それを失うことを恐れている。「あの魚を全部手放すのか？」。自分の夢以外、あなたには何もない。人々はわたしに尋ねる。「なぜ、あなたは、あなたのサニヤシン達に世界を放棄するようにと指示しないのか」

わたしは彼らに言う。「あなたの持っているそれらの魚は、すべて夢だ。手放すにしても、そもそもどこで手に入れるのだろう。手放すに値するものが世界にあるのだろうか？　手放すに値する物があるなら、同様に達成する価値のある物も存在するということだ。これを理解しなさい。放棄するに値するものが世界にあったとしたら、もしも世の中に放棄すべき現実のものがあったとしたら、それ自体が、世界には達成する価値のある物が存在するという証だ。わたしはあなたに尋ねる。放棄するようなものがあるだろうか？　実際にこの世界に存在するものとは何だろう――思考だ。思考とあなた自身の想像の所産だ」

さあ、ムラは何と怒っていることだろう！　彼は即刻、診察室を立ち去ろうとした。そこで医者は言った。「まあまあ、出ていく前にせめて診察料ぐらいは払ってください」

ムラは答えた。「誰があんたに診てもらったというのだ。あんたの診断結果を間に受けたんなら、金を払わねばならないが」

わたしたちはあまりにも意固地なので、自分の夢見をやめようともしない。自分自身の内側を注意深く見なさい。あなたの世界一切が夢にほかならない。あなたは、誰かが自分の妻、あるいは自分の夫だと思っている。それは単なる思い込みだ。いったんあなたがそう思い込むと、それはそこにある。

妻のことで散々苦労している紳士がここにいる。実際、苦労していない者などいるだろうか？　しかし、この紳士はどちらかといえば無邪気なほうだ。だからこそ、彼はそんなことを言う。わたしに会いにくるときは、決まってあることについて嘆いてばかりいる――奥さんだ！　そこで、わたしは彼に告げる。「さあ、あなたの不平を言う対象を変えてみるといい。奥さんのことで泣くのはやめなさい。さあ、神聖なるものに向かって泣き始めなさい」。彼は大金持ちで何不自由なく暮らしていた。わたしは彼に告げた。「もしもあなたがそう感じるならの話だが、奥さんにあなたの財産の半分をあげて、彼女から自由になってみてはどうだろう」

彼は答えた。「どうすれば彼女から自由になれるのでしょう。何をおっしゃるのですか。離婚を勧めているのですか？　これは幾生にもわたる関係性なのです」

そこでわたしは彼に尋ねた。「あなたは彼女と一緒に生まれたのか？　幾生にもわたる関係性とは？　双子なのか？　どういうことだ」

彼は言った。「いいえ、わたしたちは双子ではありません。でも、結婚式のとき、わたしたちは神聖なる炎の回りを七周巡ったのです」

わたしは彼に伝えた。「ここに奥さんを連れてきなさい。その七度の巡回を、わたしが取り消してあげよう。反対向きに回ればいい。あなたのことは二十年も前から知っているが、いつも泣いて嘆いているだけだ。泣くようなことがあるに違いない。あなたの目はいつも泣きはらしている――『妻が！妻が！』こうして泣いて嘆き悲しんでいても、どうしようもない。神に向かってこれほど泣き叫んでいれば、もうとっくに神を見いだしている」

あなたに世界を放棄して逃げだせとは、わたしは求めない。放棄に何があるだろう。ただ世界に存在する一切は、自分の思い込みにすぎないということを理解しなさい。あなたの妻は思い込みだ。あなたの夫は思い込みだ。兄弟や姉妹という関係性は思い込みだ。父と子という関係性は思い込みだ――すべてが思い込みだ。あなたがそれを信じているなら、それはそれでいい。だが、思い込み以上のものはそこにはない。店、商店街、名誉、地位や名声――一切は、あなたの思い込みだ。それらはすべて夢だ。世界とは、あなたが目を開けて見ているひとつの夢だ。それに何らかの高い価値をつけてはならない。それを本物と思ってはならない。それにはつかみ取る価値も、放棄する価値もない。それが存在しないなら、何がつかめるのか、何が放棄できるのか。世界は、そこから目覚めるに値するだけだ。この声明に注目しなさい。

だが、どうすればあなたは目覚めるのだろう。あなたは眠るようにしかなっていない。生に次ぐ生、あなたは眠りの注ぎ口に自分自身を注ぎ込んできたにすぎない。

そこでダヤは、まさにこう言う。この驚異的な存在の河は恐ろしいほどです。「わたしはひどく苦しみました。どこも恐ろしいばかりです。どこへ行ってもわたしは転落しました。いたるところ網と罠以外ありません」。誰かを憎むなら、それは罠だ、誰かを愛するなら、それは罠だ。あなたが怒るなら、それは罠だ、慈悲を感じるなら、それもまた罠だ。店を出すなら、それは罠だ、修道院で座っても、それは罠だ。罠以外にはない。

この驚異的な存在の河は恐ろしいほどです
どうやって渡ればよいのでしょう

ダヤは言う。「この河を渡る方法はわたしには思いつかない。わたしの力量はひどく損なわれてしまった。わたしには自信がない。これまで、わたしは自信を支えに進み続けてきた、いつか道と扉を見いだそうと思いながら。でも、だめです、わたしにはそれができません」

自分にはそれができない、自分にはそれを行なうことは不可能だと深くあなたが納得する日、この理解があなたの実存を矢のように貫く日、その瞬間、あなたの中に生じる感覚が祈りと呼ばれる。そのとき、アッラーやラーマ、クリシュナ、どんな名前をあなたが発しようと何も違わない。そのとき、すべての名前がそれに属している。そのとき、いかなる名前を発しようと、あるいは発しまいと、どこに頭を垂れようと、あなたは神聖なるものの御足に頭を垂れている。そのとき、どこにあなたが座っていようとも、そこが巡礼の場所だ。

おお、我が主よ、何度も御耳を傾けられますよう……

ダヤは言う。「できることは、あなたに祈ることだけです、それだけです。わたしはあなたに請願します。あなたが耳を傾けてくれるならよし、そうでなくとも、何生でもわたしはそれを繰り返し続けます。わたしの願いがあなたに聞いてもらえるように」

おお、我が主よ、何度も御耳を傾けられますよう……
これはわたしの永遠なる願い

帰依者、光明を得た神秘家は、実に甘美にサヒブ（sahib）、主という言葉を使ってきた。彼らは神聖なるものを〝主〟と呼ぶ。

おお、我が主よ、何度も御耳を傾けられますよう
これはわたしの永遠なる願い

あなたは三界の統治者
そしてわたしの肉体はそれらの賊の虜《とりこ》
あなたの召使い、あなたのつつましい家来
ダヤの懇願にどうか御耳を傾けられますよう

「あなたはわたしの支配者、全宇宙の師《マスター》、あなたは主、そしてわたしは泥棒の住処になっている。そしてわたしの肉体はそれらの賊の虜《とりこ》。わたしの肉体に棲むのは略奪者、ペテン師、敵だけです。わたしが培ってきたのは敵だけです。わたしは、わたしを破壊する者たちだけを養ってきました。これまでわたしは毒だけを飲んできました。わたしは自殺行為をしているのです」

あなたは三界の統治者
そしてわたしの肉体はそれらの賊の虜《とりこ》

「内側にはこれらの賊以外に何もなく、わたしはここにいます。性欲、貪欲、怒り、架空のものに対する幻想と心酔、嫉妬……こういったものすべてが内側に潜みつつ。これがわたしの富です。あなたを招きたくとも、それらがあってはわたしに何ができるでしょう。自分がふさわしいとは言えません。わたしにできるのは、あなたの御慈悲を信じることだけです。わたしは不適切です。すべてにおいてわたしはふさわしくありません。わたしには知識も瞑想も何もありません。わたしの内には、これらの賊がいるだけです。どうぞ、わたしの苦しみをお汲みになって、わたしの真価を問おうとはなさらないでください」

あなたの召使い、あなたのつつましい家来
ダヤの懇願にどうか御耳を傾けられますよう

「わたしにはつまらぬ懇願しかできません。わたしはあなたの奴隷、あなたのつつましい家来。けれども、わたしがどうであったとしても、よかろうと悪かろうと、わたしはあなたのものです。どうぞ、わたしのつまらぬ懇願をお聞き入れ下さい」

禁欲の修行も、霊的実践も
巡礼も、誓いも、施しも一切したことがありません

母をたよる無垢な子供のように、あなたを完全にたよっているのです

この二つの声明に献身の全精髄が含まれている。ナラダのバクティ・スートラには、実に多くの詩句が書かれてある――彼は多くを著した。だが、この二つの声明に、それらのスートラの全精髄が包含されている。

禁欲の修行も、霊的実践も一切したことがありません……

ダヤは言う。「わたしはサニヤム、自己抑制、苦行についてはまったくわかりません。知っているのは自制心の欠如だけです。ヨガのことは何もわかりません。しかし、ボガ、快楽についてならあらゆることを知っています。堕落なら知り尽くしています。でも、達成についてはまったくわかりません。禁欲の修行も、霊的実践も一切したことがありません……霊的実践を試してもどうにもなりません。やってはみるのですがその度、努力は水泡に帰します。何度やっても無理です。禁欲の修行も、霊的実践も一切したことがありません……ですから、霊的実践や苦行をどれほど行なっているかなど、自慢するところではありません」

……巡礼も、誓いも、施しも一切したことがありません……

「大いなる富というものを、わたしが捧げたことはありません。なぜなら、何も持っていないからです。持っているのは端金《はしたがね》ぐらいです。それがいったい何になるでしょう。これらの砂利銭はあまりにたわい

ない。与えるものを持っていて、初めて与えることができるのです」

施しは滅多に起こるものではない――ときおり仏陀が、マハヴィーラが、クリシュナが、キリストが与えるぐらいだ。〃後援者〃と呼ばれる人々は、実際には後援者ではない。だが、あなたの目にはそのように映る。ある人が十万ルピー寄進する。すると、あなたはその人を後援者を呼ぶ。なぜなら、十万ルピーはあなたにとって相当な価値があるからだ。あなたにとってルピーは価値がある。だから、その人が英雄《ヒーロー》に思われる。もしも、そのルピーがただの土くれだったとしたら、それでもあなたはそう思うだろうか？　それはいったいどういう施しだろう。土くれを寄付できるだろうか？　そもそも端《はな》から自分のものではないものを、どうやって与えられるというのだろう。


裕福な男が、禅の師のもとへ一千枚の金貨が入った鞄を持って訪れた。「あなたのために金貨を一千枚ご用意しました」。と彼は言った。

師は答えた。「それはすばらしい」。そして二度とそのことには触れなかった。誰かが金貨を一千枚持ってくるとき、その人はあなたがこう言って感謝してくれることを期待している。「実にありがたい。あなたはとても親切で気前のよい方だ……」。その師は何も言わなかった。もっとも、彼は何も受け取らなかったのだが。彼は、ただの一度もその鞄に関心を示さなかった。

裕福な男は言った。「先生、金貨一千枚にどれほど価値があるかご存知ですか？　大金を集めるのは大変なことです」

師は答えた。「それはどういうことだ。あなたはわたしに感謝してほしいのだろうか。それならこの鞄を持って引き返しなさい。感謝を期待する者は、富が無益だということがまだわかっていない。そんな人間から金をもらうわけには行かない。持ち帰りなさい！」

裕福な男は懸念した。「いやはや、とんでもない」。彼は言った。「そういうことでは決してありません。お金はすでにお渡ししたのですから」

師は言った。「言葉を撤回することだ！　わたしにそれを渡しただと？　自分の物ではないものをどうやって与えられるのだろう。施しには『これは自分のものだ』という主張がある。あなたが生まれる前から金《きん》はあったし、あなたが死んだ後も金はここにある。それを持っては行けないし、取り去ることもできない。どうやって、それがあなたのものになるだろう。鞄は持ち帰るがいい、そしてこのような無意味な事はやめることだ。金はあなたのものにはならない。それは、それを見いだす者が持つのだ」

世界はその真の主《オーナー》のものだ。わたしたちはここに空手《からて》で来て、空手で去っていく。状況はきわめて奇妙だ。わたしたちは拳《こぶし》を握りしめて世界に現れ、拳を開いて去っていくという言葉がある。子供が生まれるとき、その拳を握りしめている。老人が死ぬとき、その手は開いている。だから、わたしたちは一緒に持ち込んできたものをわずかばかり失うのだ。

自分の物とは何か。どうすればそれを施せるのか。帰依者はこういった疑問点を理解する。「いったい何を自分が捧げるべきなのか。どうすれば誓いが立てられるのか」。なぜなら、誓いにはエゴの傲慢な臭いがするからだ。あなたの自尊心《プライド》は自慢する。「わたしは禁欲の誓いを、非暴力の誓いを、嘘をつかないという誓いを立てた」。非常に多くの誓いを立てたために、あなたは傲慢になる。あなたは、自分の誓いが自分を宗教的にすると思い込んでいるが、その傲慢さ自体が、あなたと神聖なるものの間の障壁になる。

禁欲の修行も、霊的実践も
巡礼も、誓いも、施しも一切したことがありません
母をたよる無垢な子供のように、あなたを完全にたよっているのです

ダヤは言う。「母をたよる幼い子供のように、わたしはあなたをたよっているのです。あなたが手を下されたときに初めて何かが起こります。しかし、あなたが手をお下しにならなければ、それもまたあなたの御意志です。わたしは何度もあなたに懇願し続けます。それがわたしにできるすべてです。それがわたしの手の及ぶ限りです。わたしは呼んで呼んで呼びかけ続け、いつかあなたは耳にするはずです。いつか、あなたはわたしに御慈悲をかけられるでしょう。いつか、あなたの御慈悲の波がわたしに押し寄せることでしょう」

帰依者の切望とはこういうものだ。「わたしが死ぬ前に別の生をお授け下さい。この現在の生は真の生ではありません。ですから死ぬ前に別の生をお与えください。あなたはわたしに、壮大な罠をしかけられた。わたしをこの肉体に据えることによって、あなたはわたしを欺かれた」

それは子供におもちゃを与えるようなものだ。子供が車をねだると、わたしたちは小さなおもちゃの車を与えてやる。彼はそれでとても嬉しくなる。彼はネジを巻いて車を走らせる。

この生を本当の生だと思うなら、あなたはおもちゃの車と本物の車を取り違えている。それに乗ってもどこへも行けない。

死ぬ前に別の生をお授けください
これまでこの生は生きる努力に

生きることもなく過ぎ去り
目的を遂げられぬまま
果てしなくあれこれと考えて進むばかり
ときに情況により、ときに自らのマインドの状態により
日々わたしは破壊されてゆく
便宜の都合に応じて、わたしはしばしば声なき真実に顔を背けてきた
わたしの個性はすべて失くなった
わたしのマインドはわたしを創造しなかった
この絹衣、この宝石、この衣類を取り上げて
そしてわたしに鏡をください

聞いているだろうか?

この絹衣、この宝石、この衣類を取り上げて
そしてわたしに鏡をください
死ぬ前に別の生をお授けください
鏡をください、何の覆いもないわたし自身を見られるように
勇気をください、露に洗われた叙事詩で生の史詩を綴るのではなく
見たままを書けるように
研ぎ澄まされた鋼《はがね》が挑んでくるときは常に

背を向けて隠れてはいけない
〝在るもの〟を伝える強さをください
〝在るもの〟を知る強さをください
〝在るもの〟を生き抜く強さをください
偽りはもういらない！
この絹衣、この宝石、この衣類を取り上げて
わたし自身が見られるように鏡をください
それなら、わたしは走り去ることも
我が身をかばって背を向けることもない
それなら、わたしは逃げない
わたしは多くの偽りの詩を書いてきた、けれどももう書かない
露で洗われた叙事詩で生の史詩を綴りはしない

夢はもういらない！　わたしの生の詩を書くときは完全に誠実でいさせてください——。

研ぎ澄まされた鋼《はがね》が挑んでくるときは常に
背を向けて隠れてはいけない
わたしは栄光の恩恵を楽しめない
わたしの成就の願いが実を結ばぬままではいないように
種になる前に枯れることのないように

これこそ、おお、あなたに乞うているのはこの確信です
死ぬ前に別の生を授けてください
この絹衣、この宝石、この衣類を取り上げて
そしてわたしに鏡をください

帰依者はこう言う。「わたし自身を見つめる鏡が必要です。あなたの中に、わたし自身を映して見れるよう、わたしの鏡になってください。あなたが鏡になってくれるまで、わたしは呼びかけ続けます。幼い子供のように……」

……母をたよる無垢な子供のように、あなたを完全にたよっているのです

子供の状態を理解するように。九ヶ月の間、子供は母親の子宮の中で暮らす —— それ自体の知識はなく、飢えや渇きの心配も責任もない。気苦労は一切なく、すべてが計らわれている。これこそが帰依者の始める生き方だ。

帰依者にとっては、存在全体が母親の子宮となる。彼はこう言う。「わたしは存在の中に生きている。今、心配することがあるだろうか？ わたしは全面的に存在に取り囲まれている。なぜ、心配する必要があるだろう。存在はあらゆる方向からわたしを取り巻いている —— 風として、月や星々として、太陽として、木々として、その人々として、その大地として、その空として。存在はいたるところでわたしを取り巻いている」。存在そのものが子宮となり、帰依者は何の心配もなくその中に失われて幸せだ。

……母をたよる無垢な子供のように、あなたを完全にたよっているのです

何度子供が過ちを犯しても、母親はけっして見放さない

子供がどんなに多くの過ちを犯したとしても、自分の子供を見放す母親はいない。

何度子供が過ちを犯しても、母親はけっして見放さない
日毎に子供への愛は倍増し、膝に抱えて宥《なだ》めてしつける

いついかなる時に子供が過ちを犯しても、母親はその子を呼び寄せ、膝に抱えて、宥《なだ》めて愛する。イエスは言った。「神とは、夕べに羊を連れ帰る羊飼いのようだ。牧羊から帰還してまもなく、彼は突然、百頭のうち九十九頭は家に辿り着いているものの、一頭がまだ森の中にさ迷っていることに気づいた。九十九頭の羊を残し、彼は森の奥へと駆けていった。迷子の羊に呼びかけながら、自分の命も顧みずに彼は谷間の奥深くへ入って行き、暗闇の中を探し回る。ついに彼は羊を見つけて家に連れ帰る。だが、羊を見つけたときのその連れて行き方を知っているかね？　彼はそれを肩に担いでいく」。だから、イエスもまた言うのだ。「神は羊飼いだ」と。

何度子供が過ちを犯しても、母親はけっして見放さない

子供が何度過ちを犯そうと、母親はいつも彼を赦《ゆる》す。

日毎に子供への愛は倍増し、膝に抱えて宥《なだ》めてしつける

そして気づいたことがあるだろうか？　殊に問題児、騒動の元となる近所迷惑な子供にほど、母親の愛情が注がれることに。彼の過ちが大きければ大きいほど、母親の愛情は彼の方へ向かう。

スーフィーの行者《ファキール》、バヤズィッドのアシュラムには、数百人もの探求者がいた。あるとき、そこに新参者の探求者が居着くようになった。そうして、まもなく彼は多くの問題事を引き起こすようになった。彼は盗みを働き、酒を飲んだ。他にもいくつか悪癖があり、そのひとつに賭事があった。終いには、弟子たちがこぞって彼への苦情を訴えに来る始末だった。バヤズィッドの所持品さえも見当たらなくなりだした。しかし、それでもバヤズィッドは「そうか、調べてみよう」と言うだけで、後はひたすら、こんこんと続く不平に耳を傾けているばかりだった。

とうとう、もう目に余るという状況になり、弟子たちは一致団結してバヤズィッドに詰め寄った。「もう限界です。どうなっているのでしょうか。どうして彼をここに居させておくのです。なぜ追放しないのですか」

バヤズィッドはこのように答えた。「いいかね、あなたたちはみな善い人たちだ。ここを去っても何とかして神を見いだすだろう。しかし彼の場合はそうではない。わたしという機会を逸し、わたしに追放されてしまったら、どこにも行くところがない。だから、こうするより他にない。そんなに悩まされるなら、あなたたちが去ればいい。今のところ、わたしは彼と一緒にいないわけにはいかないのだ。わたしは彼と共に暮らさねばならない」

「それに、考えてもみてごらん。わたしの他に彼を受けれる者はいない。彼が泥棒で、酔っぱらいで、ばくち打ちなのは承知だ。彼はわたしの持ち物でさえ盗む。彼の師であるわたしにも容赦はしない。しかし、存在が彼に寛大であるなら、彼に対してわたしが寛大でいなければ、存在はけっしてわたしを赦《ゆる》しにならないだろう。存在はまだ彼に呼吸を与えることをやめていない。太陽は常に変わらず彼に光を降り注ぐ。存在は彼から月や星々を取り上げていない。もし、存在が彼に寛大である覚悟でいるなら、妨げようとするわたしは何者だろう。それは神の思し召しだ。神の世界だ。それに実際、自分の物とは何だろう。実のところ、彼がわたしたちから何を盗めるというのだろう」

「だから、あなたたちが望むなら出て行ってもいい。だが、彼を行かせるわけにはいかない。あなたたちを出て行かせることになっても、わたしは神に向かってこのように釈明できる。『彼らはみな善い人ばかりです。いずれは、あなたを見いだすでしょう』。しかし、この男を追放してしまったら、わたしは神に顔向けできない。『どこに彼を追いやった。彼はどこだ。なぜ彼を見捨てた』と、神に尋ねられたらどう答えればいいだろう」

何度子供が過ちを犯しても、母親はけっして見放さない

だから、ダヤはこう言う。「あなたは源泉です。わたしたちは、あなたから生じます。わたしたちはあなたの子供です。多くの過ちをわたしたちが犯してきたのは真実です。過ちの他にはわたしは何もしていません。それを認めます。しかし、だからといって、それがわたしたちをお見捨てになる理由にはなりません。こんなことで、母親が母親でなくなるわけはありません。ですから、あなたに懇願します。どうぞ御耳を傾けてください」。おお、我が主よ、何度も御耳を傾けられますよう、これはわたしの

永遠なる願い。

太陽の最初の光によって至福に満ちながら滋養を得て
チャクヴィ鳥に平安が訪れる
ダヤはあなたの奴隷、おおクリシュナ、おお、高楼の月
一瞬たりとも彼女の視覚から離れられることのなきよう

これは彼女の祈りだ。そして、彼女はたいした要求はしていない。ただチャコール鳥が不断に月を凝視するようにと……、ダヤは大した要求はしていない。ダヤはあなたの奴隷、おおクリシュナ、おお、高楼の月、一瞬たりとも彼女の視覚からお離れにならぬよう——彼女はただ、一瞬たりとも自分の視覚を放っておかないでほしいと要求する。これが、彼女の唯一の望みだ。それは大した事ではない。莫大な財宝を要求しているのでも、救済や天国を要求しているのでもない。

帰依者はけっして何も要求しない。彼はただこう言う。「お願いすることはこれだけです。わたしがあなたを忘れることのありませんように。あなたを忘れがちになることのありませんように。あなたの記憶が途絶えることのありませんように」

この違いを理解することだ。知識の道の者はひたすら何かを欲するために、こういった関心事に心を奪われてしまう。彼は至福を、救済を霊的利益を、永遠の生命を欲する。彼の全人生は、欲することで満ち満ちている。帰依者は言う。「何も欲しくはありません。ただ、あなたを忘れさせないでください。たとえ地獄にあろうと何でもありません。ただ、あなたの想起とともにいさせてください。わたしの祈りに、あなたが開いてくれているだけで充分です」

ダヤはあなたの奴隷、おおクリシュナ
おお、高楼の月
一瞬たりとも彼女の視覚から離れられることのなきよう

あなたはわたしの反復句《リフレイン》となった……わたしの目はあなただけを待ち望む。あなたはわたしの光、あなたはわたしの命、あなたはわたしの救い。

じっと見つめるチャコール鳥のために月の光があるように
あなたはわたしの反復句《リフレイン》となった
おお、モハン　おお、至福《ナンダ》の若き息子
あなた以外にわたしが小言をつく人はいない

実に甘美だ。ダヤは言う。「どうしてわたしが他の人を思い悩むでしょう。どうしてわたしが他の人に小言をつくでしょう」

じっと見つめるチャコール鳥のために月の光があるように
あなたはわたしの反復句《リフレイン》となった
おお、モハン　おお、至福《ナンダ》の若き息子
あなた以外にわたしが小言をつく人はいない

「今、わたしが小言をつくのはあなただけです。存るのはあなただけ、あなた以外には誰もいません。何も起こらなければ、わたしはあなたに小言をつきます。あなたに文句を、不平を言います」

この違いを理解しなさい。あなたは不平を言う。帰依者もまた不平を言う。しかし、あなたの不平にはまったく祈りがない。帰依者の不平には祈りがある。あなたは神のもとへ何かを要求するために行く。物事がこうあって欲しい、ああなって欲しいと不平を言いに行く……。

西洋の偉大な思想家、エマーソンはこのように言った。人間の祈りの本質は、どれを取ってみても二足す二が四であるべきではないと神に訴えに行くことだと。あなたは何かを盗んでしまった。しかし、罰を受けたくはない。あなたは何らかの罪を犯した。しかし、苦しみたくはない。人間の祈りはどれも、起こるはずのものを起こらないようにと要求している。自分が望むことこそ起こるべきだと。自分に対しては秩序《システム》が異なっていてほしいと願い、あなたは秩序に対して変化を望む。

あなたの祈りは、あなたの欲望だ。あなたの不平は怒りに満ちている。帰依者もときおり不平を言うが、その不平は大いなる愛に溢れている。これらの言葉を聞きなさい。

他にわたしが小言をつく人はいない……

「今、誰に小言をつくというのでしょう。他にはいない、わたしにはあなたしかいないのです。小言をつくなら、あなたに向かってつくでしょう。愛するなら、あなたの虜《とりこ》となるのです。魅了されるなら、あなたに魅了されるのです。悩まされるなら、あなたに悩まされるのです」

あなたはわたしの反復句《リフレイン》となった……

「今、すべてがあなたに向かっています。チャコール鳥の目が月に集中するように、わたしの目はあなたに集中しています。わたしに御背をお向けにならないでください」

もう一節ある。それは無比のものだ。どうしてマイトレーヤ氏が、それをこれらの他の節と一緒にしなかったのかわからない。おそらく、あまりにも問題があるように思えたので外したのだろう。マイトレーヤ氏がこれらの詩句を選んでいる。彼には、その一節が随分と問題があるように思われたらしい。しかし、わたしにはこの節は外《はず》せない。わたしは厄介事を楽しむ。

その一節とはこうだ。

あなたが大罪人を——最たる極悪人を済度するのに時間はかからない
至福《ナンダ》が何の富を失うだろう、おお主よ
今度こそわたしの番ではないですか

聞いたかね？　実に面白い！

あなたが大罪人を——最たる極悪人を済度するのに時間はかからない

大罪人でさえ渡りきった、一切時間はかからずに救われた。至福《ナンダ》が何の富を失うだろう……「あなたの神が何を失うだろう、わたしもまた渡りきったとして」。これは大いに勇敢なる言動だ。「あなたの父なる至福《ナンダ》が何を失うというのだろう」

至福《ナンダ》が何の富を失うだろう、おお主よ
今度こそわたしの番ではないですか

「あなたが足止めしているのは、このわたしだけ——わたしを差し置いて、大罪人がすでに彼岸へ辿り着いている！」。帰依者だけが、このように語ることができる。そのハートに愛以外に何もない者、そんな者にだけこんなことが言える。帰依者だけにそのような勇気が持てる。マイトレーヤ氏が外した節がもうひとつある。

あまりにも長きに渡ってあなたを呼び続け
わたしは惨めになってしまった
でもあなたは、おお、主よ、答えてはくださらない

「あまりにも長い間、わたしはあなたに呼びかけてきたというのに、あなたはわたしに耳を傾けない。耳が遠いのですか？　ちゃんと聞こえないのですか？」

御耳が不自由なのでしょうか
それとも昔の栄光をお忘れになっただけですか

「あなたは昔の約束を忘れてしまったのですか？――〝未来永劫、宗教性が衰退しているときはいつであれ、わたしは現れる――幾度でも〟――あなたは、こうおっしゃったことをみな忘れてしまったのですか？　この難局に、わたしがたった一人で直面しているというのに」

御耳が不自由なのでしょうか――「御耳がどうかされたのではないですか、聞こえなくなったのですか？」。帰依者だけがこのように言える。そして、実に甘美な言葉だ……それとも、昔の栄光をお忘れになっただけですか――〝栄光〟と言って、彼女はこれを意味している。「あなたは約束をお守りになることで実に誉れが高い。しかしあなたは今、それをすべてお忘れになっている。御自分の名声を貶《おとし》めることにされたのでしょうか？　かつてあなたは、罪人を助け、彼岸へ渡らせることで評判が高かった。彼らにすら、誕生と再誕の大海を渡らせることができた御人だった。罪人を渡すことで、あなたはその名を轟かせていた。それなら、わたしの場合はどこが問題なのですか。わたしを差し置いて大罪人が彼岸へ渡っている」

至福《ナンダ》は何の富を失うだろう、おお、主よ、今度こそわたしの番ではないですか

じっと見つめるチャコール鳥のために月の光があるように
あなたはわたしの反復句《リフレイン》となった
おお、モハン　おお、至福《ナンダ》の若き息子
あなた以外にわたしが小言をつく人はいない

これは彼女の小言、彼女の扇動、彼女の苦情――愛の苦情だ。

知っているだろうか。恋人たちがどれほど小言をつくか。小言をつけばつくほど、愛における彼らの喜びは増大し、減少することがない。心理学者ですらも、こう言っている。女性と男性、夫と妻、愛し合う者同士が小言をつかなくなると、彼らの愛が終わってしまったことが明らかになると。なぜなら、平安は最後に訪れるからだ。小言をついている間は、彼らは愛し合っている。関心のある者同士だけに喧嘩ができる。関心があるので彼らは小言をつく。関心がなければ、いったいどんな小言がつけるだろう。あなたは誰とでも喧嘩するわけではない。タバコや酒をやめてほしいと妻があなたに小言をついているなら、それは彼女があなたに関心があるということだ。あなたを愛しているからだ。だから、あなたたちは些細なことでも喧嘩している。それでも、あらゆる喧嘩があなたたちの愛を深めるばかりだ。そういった小言は、依然としてその人に願望があるということを示している――あなたにどう在ってほしいかという願望、あなたを洗練したい、あなたを美しくしたいという願望だ。

小言をつくことは、必ずしも敵意の徴《しるし》ではない。味方もまた小言をつく。そして、小言をつくことにはある種の快感がある。このダヤの愛は、究極の愛だ。これより偉大な愛はない。献身は究極の愛だ。だから、帰依者は神聖なるものに小言をつく。帰依者だけがあえて小言をつける。かの知識の道にある者たちは恐れている。なぜなら、彼らの関係性は取引だからだ。こういったいわゆる賢い者たちは、神の怒りを買うのではないかと恐れている。しかし、帰依者はこう言う。「怒りたければ、怒らせておけ！」――なぜなら、帰依者は神がわかってくれることを確信しているからだ。もしも存在自体が理解しなければ、誰が理解するというのだろう。帰依者は、自分の言葉は愛ゆえに発したと知っている。この小言には敵意など毛頭ない、ただ深い友情、深い愛があるだけだ。

じっと見つめるチャコール鳥のために月の光があるように
あなたはわたしの反復句《リフレイン》となった
おお、モハン　おお、至福《ナンダ》の若き息子
あなた以外にわたしが小言をつく人はいない

何度もわたしたちはこの生を引き裂いてきたが
わたしの目に残る面影は塵になってはいない
溶解しながら、わたしのエゴのすべてが
あなたへと流れていく
わたしの知っている幸福はどれも
あなたに関わっている
際限もなく見知らぬ者たちが犇《ひし》めく真只中で
わたしたちが共に抱く夢だけがわたしのもの
すべての騒動が治まるとき
初めて、わたしはあなたの御声を耳にする
わたしは選ぶ、あなたがお好きだった色を
たとえたった一度でも——
あなたの御目が休止された場所ならどこであれ
幾度となく夕暮れにわたしはその道を彷徨《さまよ》った

目にするどんな像にも、どんな場所にも
あなたの面影が降りてくる
耳にするどんな言葉にも
あなたの御名が浮かび上がる
わたしの息にはあなたの御身の芳香
そしてわたしのハートにはその煌《きら》めき
おお、わたしの命、わたしの愛！
わたしの全身の気孔が
あなたへの謝意に満たされている

帰依者は言う。「目に映るどんな像にも、どんな場所にもあなたの面影が降りてくる。耳にするどんな言葉にもあなたの御名が浮かぶ」。すべての名前が彼の御名となり、すべての形が彼の姿となる。存在全体が、彼の現存という大海で満ちる。そうやって帰依者は独特の世界に生き始める。祈りの世界、愛と不平の——小言までもつく世界に。思う存分すねたり丸め込んだり、怒ったり説得しようとする世界に。端《はた》から見れば、帰依者はまさに狂人のようだ。表面しか見ない者たちには、帰依者はけっして理解できない。帰依者を理解するすべは、たったひとつしかない。自分自身が帰依者になることだ。他に方法はない。この味わいは内なるものだ。それがあなたを魅了するなら、あなたは魅了される。だが、それは外側からはまったく理解できない。献身を表面的にしか学んでいない者たちは、自分でそれを体験することがない。何であれ、献身について彼らが口にすることは完全な間違いだ。心理学者にミーラや、ダヤやサハジョについて訊いたところで、彼はこれらの女性たちは正気ではない、病気なのだと答えるだろう。しかし、わたしはあなたたちにこう言っておこう。もしこれらの女性たちが病気なら、彼女たちの病気はあなたの健康よりよっぽどましだ。もしこれらの女性たちが狂っているなら、彼女たちの狂気はあなたの賢さよりも十万倍ましだ。自分の賢さを投げ捨てて、この狂気を買うがいい。なぜなら、彼女たちが狂っていると言うこの心理学者たち……彼らを見てみることだ。彼らの人生には何の潤いも、光も、平安も、音楽もない。彼らの人生は無味乾燥で、ひからびていて不毛だ。オアシスなどどこにもない。だが、これらの帰依者たちの生にあるのは、花々、緑と泉ばかりだ。だから、帰依者になることが狂うことならば、結構なことではないか——狂いなさい！

献身は、ゆっくりと世界から姿を消してしまった。なぜなら、人々が物事について外側から言われたことを、ほとんど鵜呑みにするようになってしまったからだ。愛もまた世界から姿を消してしまった。世界において崇高であったものは何であれ、うわべだけのものがとどまる間に消え去っているように思われる。そしてもし、その間にあなたの生が一切の意味を失ったとしても、何を驚くことがあるだろう。人々は、あなたから一切合切取り去ることに決めてしまったように思われる。論理の網が、生の豊かさをすべて台無しにしている。

最も大いなる富は献身だ。他のすべての豊かさがそれ以下だ。なぜなら献身とは、あなたと神聖なるものとの関係性、あなたと神聖なるものとの愛の関係だからだ。そして愛の関係性だけが、あなたの生に色彩を与えられる。愛とは色彩だ。愛の関係だけがあなたの生に踊りをもたらし、あなたの生に花々を咲かせることができる。

あなたの御名の栄光は果てしがなく
微かな火花も巨大な森を焼きつくす

ダヤは言う。「あなたの御名の栄光の限りないことを知っています。あなたの御名の栄光は果てしがなく、微かな火花も巨大な森を焼きつくす。ただのちっぽけな火花が巨大な森を——森全体を燃やしてしまうように、ごく小さなあなたの閃光がこれっぽっちでもわたしの内側に落ちれば、わたしの暗闇のすべてが、わたしの森全体が焼き払われます。わたしの一切の罪業、わたしの過去の行為の一切、数限りない生においてわたしが犯した過ちのすべてが焼き払われます。あなたの御慈悲の燃えさしが、わずかでもわたしの中に落ちますように」

だから、帰依者は待つ。献身とは愛だ。献身とは待つことだ。

献身に向けて、いくつか段階を踏みなさい。ただダヤの言葉を理解するだけでは、何も生じない。これらの言葉を聞いて、あなたの生において、かすかな渇きを覚えるかもしれない。しかし、それはせいぜい、それらの言葉に耳を傾けた程度で生じるぐらいのものでしかない。この方向において、少々の段階を踏みなさい。狂人になる勇気をかり集めなさい。神に対してさえ狂えなければ、神を見いだすことはない。狂うという意味は、ただ一切を失う用意があるということ、それだけだ——たとえそれが我々の知恵であったとしても。

わたしがサニヤスと呼ぶものは、まさにこの狂気と歓喜《エクスタシー》の状態だ。わたしのサニヤスは、伝統的なタイプのサニヤスではない。それはあなたを生から分離するものではなく、もっとしっかり、あなたと生をつなぐものだ。それは脱離のサニヤスではなく、愛のサニヤスだ。それは現実逃避を教えるサニヤスではなく、あなたの根が深く生に根ざした、しっかりと自分の足で立つサニヤスだ。生は存在のものだ。だから、どこにあなたが走って行けるだろう。神聖なるもののこの創造から逃げ出しても、間接的にあなたは、ただ神聖なるものそれ自体から逃げ出していることになる。その創造の真価を認めることは、神聖なるものの真価を認めることだ。ある歌の真価を認めることは、その作者の真価を認めることだ。ある彫像の真価を認めることは、その彫刻家の真価を認めることだ。その像を非難することは、その彫刻家を非難することだ。

ゆえにわたしは、これが神の世界であると主張する。彼は世界のありとあらゆる繊維に現存する。ちょっと踊ってみなさい。歓喜に溢れなさい。自分自身を拡げなさい。少しばかり、あなたの知性の限界を超えてみることだ。すると突然、いかに自分がこれまで神聖なるものを取り逃がしてきたか、それを知ってあなたは驚く。実に接近しているもの、そばにあるものをあなたは取り逃がしてきた……これこそ驚くべきことだ。これこそ奇跡だ！　神性を見いだすことに、奇跡的なところは何もない。奇跡なのは、実に長い間あなたがそれを取り逃がしてきたことだ。こうなっているべきではなかった。カビールもこう言っている。「大海の魚が渇いていると知って、わたしは笑わずにいられない」。あなたは笑うだろう。わたしたちが存在という大海の中を泳ぎながら渇いていると知れば。わたしたちはその波だというのに渇いている。魚は海で生まれ、海に暮らし、海に溶けて戻る――それは海のひとつの波だ。どうやってそれが渇くものだろう。まさにその考えこそ滑稽だ。しかし、わたしたちは大海の中のそのような魚であり、渇いている。

ヒンドゥー教の昔話だ。

あるとき一匹の魚が海という言葉を耳にし、とても好奇心をそそられた。そして、海はどこにあったのだろうと不思議に思い始めた。海について尋ね歩いて、彼女は実に遠くまで探し回った。彼女が他の魚に尋ねるといつもこんな答えが返ってきた。「おや、まあ！　海について聞いたことならあるよ。プラーナ、聖典、わたしたちの先生、みんなが海について語っている。でも、わたしたちはごく普通の魚だ。

それが実際にどこにあるかわからない！　もしかすると海は昔はあったが、もうないのかもしれない。どんなものだろう。それはただの詩情かもしれないし、誰かが夢に思い描いたものかもしれないよ。海なんて、わたしたちは見たこともない」

魚はとても不安になった……だが、彼女はこれまでずっと海に生きてきた。そして質問された相手の魚たちも同じ海にいる。しかし、どうやって彼女にわかるものだろう。あまりにも近すぎるものは取り逃がされる。

知るためには、ある程度の距離が必要だ。彼女が海を知る方法はたったひとつしかない。漁師に捕えられ、浜に揚げられなくてはならない。海岸でのたうちまわって初めて、海がどこにあるか彼女は理解する。さあ、漁師は魚を捕まえて浜に揚げることができる。だが、存在には境界線も岸もない。だから、わたしたちは存在から放り出されようがない。わたしたちがどこにいようと、わたしたちは神聖なるものの一部だ。だからこそ、わたしたちはそれを取り逃がし続ける。

論理によって、思考によって、探求によって神聖なるものは見いだされない。あなたが消え去るときにのみそれを見いだす。献身は、消え去る芸術《アート》だ。

わたしが麝香鹿《じゃこうじか》ではありませんように
それにしても、なぜわたしの足は昼も夜もさすらっているのだろう

麝香鹿は腹に芳香を携え、それを追い回し続ける。カビールはこう言っている。「麝香は腹に在る」。麝香はその鹿の体の中にある。だが、鹿にはその芳香がどこか余所《よそ》から来るように思われる。どうすれ

ば鹿に、その香が自分自身の内側から生じるものだとわかるだろう。彼の鼻孔は外側に開き、その香は彼の体から発し、彼の鼻孔に充満する。麝香鹿はこの臭いを猛烈に追いかけ回す。

わたしが麝香鹿《じゃこうじか》ではありませんように
それにしても、なぜわたしの足は昼も夜もさすらっているのだろう
わたしが一輪の花であったなら
このひどい渇きに苦しむこともなく、わたしはどこかで咲いていられた
わたしも内側に香を携える
けれども、悪戯《いたずら》に——
それは風のようにわたしを永遠に落ち着かなくさせる
自己愛《ナルシズム》の真言《マントラ》に心を奪われて、わたしは自分自身を辿る
いったいどれほど転々としたことだろう
それでも、この砂漠はけっして終わらない
見渡す限り水源の痕跡はなく、太陽はけっして沈まず
どうすればこの二重の苦悶に耐えられるだろう
いったいどれほど幻影を避《よ》けて庇護を求めずにいられるものだろう
この時間の尺度——何と不甲斐なく、何とたよりなく
夢に傷つき、わたしの意識はほとんど死んでいる
毒をもった挫折がその蜷局《とぐろ》にわたしをからませて
わたしを咬む、雌蛇のように

自分のエゴの滴を嘗《な》めながら
いったいどれほどわたしはこのようにして生きていられるものだろう
おお、突然わたしに生じているこれは何か
どんな目に見えぬ手がわたしに触れているのか
わたしの息はふたたび離れて行くのか
それともわたしを呼んで追い払うために雲が集まっているのか
できるなら誰かに教えてほしい
これはわたしの新しい生なのだろうか
それともわたしの死なのだろうか

麝香鹿は、彼の内側に隠された芳香の探求にさすらう。彼は走り回り、彼の旅に終わりはない——あり得ない。その果てに、鹿は疲れて倒れる。

おお、突然わたしに生じているこれは何か
どんな目に見えぬ手がわたしに触れているのか
わたしの息はふたたび離れて行くのか
それともわたしを呼んで追い払うために雲が集まっているのか
できるなら誰かに教えてほしい
これはわたしの新しい生なのだろうか
それともわたしの死なのだろうか

この止むことのないさすらいによって、死が間近な状況となっている。だが、死が死となるか、新たな生の始まりとなるか誰にわかるだろう。生を知ることができないのに、どうやって死を知るのだろう。生を取り逃がしていれば、確実に死を取り逃がす。七十年もの間、生は続く。だが、あなたは目覚めることができない。死は忽《たちま》ちにして起こる。どうやってあなたが目覚めるだろう。だからこそ、あなたは何度も何度も生まれ、その度取り逃がしてきた。あなたは生を取り逃がし、死を取り逃がした。しかし、あなたが探し求めているもの——〝わたしが麝香鹿《じゃこうじか》ではありませんように。それにしても、なぜわたしの足は昼も夜もさすらっているのだろう。〟——その麝香はあなたの内側にある。

神聖なるものは、あなたの外側にはあり得ない。神聖なるものは、内なるものと外なるものとの総和だ。神聖なるものは、探求者が探し求める外側同様、その内側に潜んでいる。カイラスやカーバ、ギルナルやエルサレムに行っても何も得られない。なぜなら、あなたが探し求めているもの、その意識の光は、あなたの内側にあるからだ。そこに、それを見いだしなさい。

これが起こるためには、二通りの方法がある。ひとつは過酷な労働《ワーク》、努力の道だ。この道を辿れる者はわずかしかいない。あなたには無理だと言っても過言ではない——努力の道を通して到達する者はごく稀だ。努力によって到達するのは、百人にひとりぐらいだ。努力する芸術《アート》を知る者のみが、努力ゆえのいかなるエゴも形成させることなく、この道において到達する。これは稀に見ることで難しい。たまにマハヴィーラ、仏陀がそれをやってのけたくらいだ。その危険性はほとんどと言ってよいほど、あなたの努力が常にあなたのエゴを強めることにある。非常に巧みな人だけが、自らの努力にエゴが現存することを避けられる。エゴなしの努力……そのときにのみ人は到達する。だが、そもそもこれが厄介だ。まず努力することが困難だ。そのうえ、それをエゴなしに行なうことはいっそう難しい。それは毒を不死の果汁《ネクター》にしようとするようなものだ。エゴに添えられた努力はニームの木に成った苦い瓢箪《ひょうたん》のようなもので、いっそう苦くなるばかりだ。

ほとんどの人は恩寵から真実を認識するに至った。恩寵の道に関しては長所がひとつある。その長所とは、エゴが生じないことだ。そのとき、あなたは行為者ではない。神聖なるものが行為者であり、それゆえ努力は問題とならない。だから、努力の道の危険性は、恩寵の道には存在しない。

ダヤは恩寵の道について語っている。あなた自身を神聖なるものの御手に委ねなさい。それがなされますようにと——あなたはひたすら、それのためのひとつの楽器、ひとつの手段となる。

あなたの御名の栄光は果てしがなく
微かな火花も巨大な森を焼きつくす

「たとえわずかでも火花がわたしに落ちたなら、おお、主よ、わたしは森のように燃えて灰と化すでしょう」。帰依者が燃えて灰と化し、無と化す瞬間、彼が消えてしまっている瞬間、彼は神聖なるものになる。帰依者の死は、彼の内側の神聖なるものの誕生だ。帰依者の死とは、神性の現れだ。献身とは、死の手習いのひとつだ。なぜなら愛は、死におけるひとつの手習いだからだ。死ぬことのできる者たちのみが愛を知り、偉大なる死を決意している者たちのみが献身を知る。

決意しなさい、それは起こる。そして、それが為されないかぎり、あなたは、今のあなたと変わらず孤児《みなしご》のままだ。それは起こる、それはあなたの間近にある。あなたの扉と窓を少しでも開ければ、神聖なるものは内側に現れる。ちょうど家の扉を開けるやいなや、太陽の光や新鮮な空気が入ってくるようなものだ。扉を閉めたまま座っていてはいけない。揺れて、踊って、歌って、生に感謝を捧げなさい。

生に感謝できれば、何であれすでに受け取っているものをあなたは知る、たとえそれがもう充分であったとしても。あなたが持っているものは、もうそれだけで充分だ。それに感謝することができれば、あなたはもっともっと受け取るだろう。あなたの感謝の念が、さらにさらにともたらす。あなたの謝意が偉大であればあるほど、それはいっそうあなたの方へとやってくる。感謝すればするほど、いっそうあなたはそれにふさわしくなり、神聖なるものの祝福に満たされる。

献身の道はハートの道だ。そこでは狂人だけが成功する。心の底から笑って泣ける者たち、神聖なるものの葡萄酒《ワイン》を飲むことを恐れぬ者たちだけが。なぜなら、その葡萄酒を飲むとき、あなたは自分の感覚を一切失い、自分の生の抑制をすべて失うからだ。そのときあなたは、彼があなたを歩かせるときに歩き、彼があなたを立ち上がらせるときに立つ。あなたを歩かせているのは彼であり、あなたを立ち上がらせているのは彼だ。けれども、あなたの生は非常に美しいものとなって行き、非常に至福に満ち溢れるばかりになる。今のところ、あなたの生は苦しみ以外の何物でもない。そのとき、あなたの生は至福にほかならない。しかし、これはあなたの生があなたの抑制下にないときにのみ起こる。そして、それこそが恐れとなる。

献身へ向かうことを阻んでいるのはただひとつ、あなたが抑制を失い、もはや自分の主人ではなくなるというこの恐れだ。神聖なるものに自分の主人になって欲しければ、あなたは自分自身の主人ではいられない。主よ……これはわたしの永遠なる願い……もしも神聖なるものがあなたの主であるべきなら、あなたは自分に対する権力を放棄しなくてはならない。神聖なるものにあなたの師になって欲しければ、あなたは君主の座を降りねばならない。君主の座を降りなさい！　そうするやいなや、常に彼がそこに座っていたと知るだろう。自分がそこに座っていたために、あなたには彼が見えなかったのだ。降りて君主の前に額ずきなさい。すると、彼の果てしない光輝、彼の無限の光、あなたを全面から満たしている彼の恩寵を見いだすだろう。

ラーマクリシュナはこう言っていた。「あなたは必要もなく漕いでいる。帆を揚げて、あなたの櫂《かい》を手離しなさい。彼の風が吹いている。彼が彼岸へとあなたの舟を連れて行く」

献身は、風で航海している。知識の道は櫂で漕いでいる。漕いでいるのなら当然、働きかけているのはあなただ。しかし、神の風を帆いっぱいに孕《はら》んで舟が動きだすとき、あなたは何もする必要がない。明け渡しなさい、あなたの帆を広げて！　これまで、あなたひとりでうまく行ったことはなかった。自分を当てにするのはやめることだ。彼の御足で歩き、彼の目で見、彼に和合して生きなさい。あなたのハートを彼のハートとともに鼓動させなさい。

これらのダヤの詩句は唯一無二のものだ。それらは、あなたの生に革命をもたらすことができる。

……微かな火花も巨大な森を焼きつくす

たとえ微かでも、これらの詩句の火花があなたに落ちれば、あなたの闇は完全に破壊される。

いつであれ、自分を好きになったときは
あなたのことだけを思い出す
いつであれ、鏡の中の自分の姿を嬉しく感じるとき
わくわくしたわたしの目にあなたの姿が映る
いつであれ、幸福を貪《むさぼ》るとき、あなたのことだけを思う
いつであれ、新しい歌がわたしの唇に昇るとき

あなたの声だけが想い起こされる
いつであれ、そっと月を盗み見てしまったとき
あなただけを思い出す
あなたはわたしの夜の目撃者、創造性に休むことがない
あなたは創造するわたしの手の力
いつであれ、時間に打ち負かされてしまったとき
あなただけを思い出す
いつであれ、自分を好きになったとき
あなたのことだけを思い出す

たった一度でもエゴが手放せれば、あなたは驚く。鏡の中の自分を見て、あなたは神だけを見る。他の人たちについては、何と言ったものだろう。あなたが彼らの中に神を見るのは間違いない。しかし、鏡の中のあなた自身の姿を見ても、あなたは神だけを見る。目を閉じて自分自身の内側を見るとき、あなたは神を見る。歩くとき、あなたの足音は神の足音になる。歌うとき、歌っているのは神だ。踊るとき、踊っているのは神だ。いったんエゴが無くなれば、神のエネルギーがあなたのエネルギーとなる。いったんあなたのエゴが消えてなくなれば、神の生があなたの生となる。

今日は、もう充分かね？

第十章

環の完結

Completing the Circle

最初の質問

愛するOSHO、なぜ、愛には嫉妬がつきものなのですか。

愛に嫉妬があるとすれば、あなたの愛は愛ではない。この場合、何らかの病気が愛を装っている。嫉妬は愛の不在を示すものだ。

それはランプが灯っているのに、その回りが真っ暗だと言っているようなものだ。ランプが燃えているなら闇があるのはおかしい。闇の不在こそ、ランプの灯っている証拠だ。愛の証《あかし》は嫉妬がないということだ。嫉妬は闇のようなもの、愛は光のようなものだ。これをあなたの試金石として使いなさい。嫉妬がある限り、あなたの愛は愛ではない。愛の名において、他のゲームが行なわれている。あなたのエゴは新しい幻覚《トリップ》に陥っている。愛の名のもとに相手を所有する喜び、愛の名のもとにおける相手の搾取、相手を手段として利用すること……だが、人を手段として利用することは、世の中でもっとも不道徳な行為だ。なぜなら、あらゆる人が神聖なるものなのだから。すべての人が、その人自身にとっての目的であり――手段ではない。だから、誰であろうと手段として利用してはならない――間違っても。あなたが他人の役に立てるなら、それはいい。しかし、けっして他人を、あなたの目的のために利用してはならない。人を手段として利用することほど、酷《ひど》い侮辱はない。それは、神聖なるものを自分の召使いにしたということだ。できるなら、あなたが召使いになりなさい、だが、けっして他人を召使いにしてはならない。

真の愛は、いたるところに神聖なるものが現存することを理解するときにのみ兆《きざ》す。そのとき、あなたの行ないは奉仕のほかにない。愛は奉仕であって嫉妬ではない。愛は明け渡しであって、所有者でいることではない。


あなたは訊いている。「なぜ、愛には嫉妬がつきものなのですか」。わたしには、質問者の困難がわかる。わたしたちの知っている愛は、百のうち九十九が嫉妬の別名にすぎない。わたしたちはとても如才ない。汚物に芳香剤を吹きつけて、非常に巧みに揉み消してしまう。わたしたちは、自らの傷の上に花を置く達人だ。わたしたちは、偽りを真実にみせかける偉大な芸術家だ。そこにあるのは嫉妬なのだが、わたしたちはそれを愛と呼ぶ。このようにして、愛の名のもとに嫉妬が横行する。実際にそこにあるのは憎悪なのだが、わたしたちはそれを愛と呼ぶ。そこにあるのは、何か完全に異なるものだ。

ある〝女神〟がもうひとつ質問をしている。彼女はこう言っている。「わたしにはスーフィー瞑想はできません。それに、夫がそれをするのも許せません。というのもスーフィー瞑想では、相手の目を見つめなくてはならないからです。ここには女性がたくさんいます。夫が他の女性の目を見つめ、それがまったく違う方向に進んでしまったら、わたしはどうすればいいでしょう。実のところ、現在わたしと夫はうまくいっていません」

うまくいっていない仲でも、わたしたちは愛しているふりをし続ける。まったく好ましくない関係でも、愛しているふりをする。わたしたちの愛は、愛というよりもむしろ、自分たちの他の何かのための申し合わせだ――自分たちの身の安全、自分たちの経済的安寧、自分たちの暮らしをもっと便利にするための申し合わせだ。夫を失うかもしれないので、あなたは気を揉んでいる。あなたは夫をつかまえたことによって、家を獲得したのかもしれない、富を獲得したのかもしれない……あなたの人生設計は、そこで何らかの構造基盤を見いだした。この構造基盤に満足しているなら、大いに結構だ。それはあなた次第だ。しかし、この構造基盤ゆえに、あなたは神聖なるものを取り逃がしている。なぜなら、神聖なるものが達成されるのは愛を通してのみだからだ。神聖なるものに出会えるのは、愛の扉をおいて他にない。愛を取り逃がす者は、誰であれ神聖なるものを取り逃がす。

愛と恐れがどうして一緒に存在するだろう。夫が他の女性の目を見つめることを非常に恐れているなら、あなたたちの間に愛は起こっていないのだ。夫があなたの目を見つめたことはないし、あなたが彼の目を見つめたこともない。あなたが夫の中に神聖なるものを見たことはない、彼があなたの中に神聖なるものを見たこともない。これを、あなたは愛の関係と呼ぶのだろうか？

愛が起こるとき、恐れが消える。そのとき、たとえ夫が世界中のあらゆる女性の目を見つめたとしても何でもない。彼は、全女性の目にあなただけを見いだす。彼は、全女性の目にあなたの目を見いだす。全女性があなたを映し出すからだ。どんな女性に見られても、彼はあなたのことを思い出す。

しかし、愛はけっして起こらない。わたしたちはやっとのことで、離れないように何とか持ちこたえている。

聞いた話だ。

ムラ・ナスルディンはエレベーターに乗っていた。そのビルは二十七階建てだった。エレベーターはムラと彼の妻が二階から乗り込んだときからすでに混み合っていて、もの凄い美人が四階から乗り込んで来たときには、ほとんど隙間もないほどになっていた。

その女性は、ムラと彼の妻の間に自分の身体を無理矢理押し込んできた。二十七階に向かってエレベーターがのろのろと昇って行くに従い、ムラの妻はどんどん不安になってきた。ムラはその女性に押され、その女性はムラに押された。エレベーターがひどく混んでいたので、彼らはお互いに弁明の仕様もなかった。

ムラの喜びようといったら！　それはことさら妻の心配を誘うだけだった。ムラの喜びは天国にいるとでもいった様子だった。その女性を見つめる度、何度も涎《よだれ》を垂らした。そのとき突然、その女性は絶叫し、ムラの顔面をひっぱたいた。「この老い耄れ爺《じじい》！　どういうこと。よくもまあ、わたしをつねったわね」

エレベーターの中は、針が落ちてもわかるほど静まり返った。頬をさすりながら、ムラは妻と次の階で降りた。彼はやっと口がきけるようになった。「いったいどういうことだろう」。彼は言った。「おれは彼女をつねってなどいない」

「わたしは知っているわ」。楽しげに妻が答えた。「わたしがやったのよ」

あなたの愛の関係性はそんなところだ。あなたたちはお互いに見張り続けている。それは敵のすることだ。そのどこに愛があるのだろう。愛の中で、どうやってお互いに監視できるだろう。愛には真実があり、確信があり、これまでにない信頼がある。これらは愛の花だ――信頼、真実、確信。もし恋人にこれがなければ、愛は花開いていない。嫉妬、羨望、敵意、恨み、怒り――これらは憎悪の花だ。愛の木を育てていると思いながら、あなたは憎悪の花を抱えている。マンゴーの木を育てていると思いながら、あなたは苦いニームの実を抱えている。この錯覚から脱しなさい。

だから、愛は神聖なるものに至る道ともなり得る――わたしがこう言っても、あなたは信用しない。なぜなら、あなたは自分の愛を知っているからだ。その愛ゆえに、あなたの生は地獄だ。わたしがその愛について語っているなら、確かにわたしは間違ったことを言っていることになる。しかし、わたしは別の類の愛について語っている。それはあなたが探し求め、まだ見いだしていない愛だ。あなたはそれを見いだせる。それはあなたの可能性だ。しかし、それを見いださぬ限り、あなたは泣き叫び、苦悩し、嘆き悲しむばかりだ。あなたの生の花が咲くまで、その生の花から愛の芳香が解き放たれるまで、あなたは落ち着かず不満を抱いたままだ。そのときまで何をしても、あなたは依然として不満なままで落ち着きがない。あなたが花開くまであなたは満たされない。

愛は花だ。

愛は大いに宗教的な現象だ。それは嫉妬の逆の現象だ。愛は祈りに非常に近い。いったん愛が始まったら、次の段階は祈りだ。いったん祈りが始まったら、その次の段階は神聖なるものだ。愛、祈り、神聖なるもの……これらは、ひとつの寺院にある三段の階段だ。

第二の質問

愛するＯＳＨＯ、わたしは誰でしょうか、そしてわたしの人生の目的は何でしょうか。

あなたは、わたしに訊いているのだろうか？　親愛なる人よ、あなたは自分が誰かもわからないのだろうか。それで、他人の答えが役に立つとでも思っているのだろうか？　それは借り物だ。たとえわたしがどんな答えをあなたに与えても、あなた自身の回答にはならない。あなたは、自分自身の回答を見いださねばならない。その疑問はあなたのものだ。だから、あなたの回答だけがその疑問を解決する。タットヴァマシ・スヴェトゥケトゥ（*Tattvamasi Svetketu*：おまえもそれだ。スヴェトゥケトゥ（人名））──あなた、スヴェトゥケトゥはブラフマンの化身だ──わたしがあなたにこう言っても、それが何になるのだろう。あなたは魂、永遠なるもの、まさに不死性の化身だと、あなたに告げることはできる──それが何になるのだろう。この手の答えなら、何度も耳にしてきたはずだ。あなたはそれらを暗記している。あなた自身、他人にそのように答える。息子に聞かれれば、おまえは魂、観照者、サッチダナンダ、究極の至福だとあなたは説明する。

他人の答えは助けにならない。少なくとも、〝わたしは誰でしょうか〟という問いに関する限り、自分自身へと降りて行くことが要求される。自己の井戸は実に深い。自分で底まで降りて行って、初めて水源が見いだされる。それは深い井戸だ。そしてたったひとりで進まねばならない。他の誰もあなたと一緒には進めない。誰があなたの内側に旅することができるだろう──誰にもできない。この旅は、あなたひとりでかからねばならない。これはひとり在ることに向かう、たったひとりの飛行だ。

すべての宗教が言う、ひとり在ることを楽しめと。ひとり在ることを楽しまない限り、どうやって自分自身の中へ進めるのだろう。そこへはあなたひとりで進まねばならない。だからこそ、すべての宗教が瞑想というランプを灯せと告げる。そのランプだけがあなたに随行できる。他でもない──富でも、地位でも、名声でもない。瞑想というランプだけが、あなたと共にそこへ進める。あなたとその瞑想のランプだけだ。そうして、あなたは井戸の底へと降りて行ける。もちろん、この井戸は実に深い。あなたの深みは底知れない。存在そのものと同じほどあなたは深い。だから、その井戸はわずかでも浅くなるわけがない。わずかでも小さくなるわけがない。その井戸をただ覗き込んでも、水はちらりとも見れない──それは奥底にある。その旅は長い。自分自身への旅は最も長い旅だ。

これは矛盾しているように思われる。というのも、常にわたしたちはこう考えるからだ。「わたし？わたしはここにいる。すべきことは、目を閉じて自分自身を見いだすだけだ」。もしそれだけなら、事は容易い。確かに人は目を閉じて到達する。しかし、ただ瞼を閉じても本当のところ、あなたの目は閉じない。瞼を閉じても外側の世界への夢見は続き、外側の行ないが続行する。目を閉じても、他人が次々と姿を現す――友人、愛した人、家族や親類。目を閉じてもひとりになるわけではない。ひとりになれるなら、たとえ目を開けていても、自分自身へ向かっているはずだ。

要点は、群衆を取り去ることにある。あなたは、あなたの全聖典を、あなたの全教義を脇に寄せねばならない。そのような重荷があっては、自分自身の内側へは進めないからだ。そんな重荷は、それを不可能にしてしまう。あなたに重力がなくなって初めて、この旅は可能だ。

そして覚えておきなさい。あなたと一緒に進める者はいない。あなたに答えを与えられる者はいない。しばしば回答は障害となる。なぜなら、これらの借り物の答えを受け入れるなら、あなたは自分自身の内側へ進まず、探求しないからだ。すでに魂が自分の内側にあることを受け入れていれば、どうしてことさらそれを探しに行こうとするだろう。こういった借り物の答え、こういった思い込みは、自分の人生を実際に体験することを妨げる。

だから、あなたに第一に云うことはこれだ。「わたしは誰でしょうか」と尋ねるとき、あなたは存在している。あなたが存在しなければ、どうやってこの質問が問えたのだろう。あなたは誰かであるに違いない。そしてあなたが誰であろうと、ＡＢＣやら何やら、あなたの名前が何であろうと、あなたは意識だ――さもなくば、どうやってこの質問が生じたのだね。岩はそんなことを尋ねない。あなたは意識だ。わたしはあなたの質問からこの結論を得た。わたしはあなたの質問に答えているのではない。単にそれを明白にし、分析しているだけだ。質問が徹底的に調査分析されれば、処置を講じやすい。診断は重要だ。診断が正確であればあるほど、適切な薬が処方される。診断が誤っていれば、どれだけたくさん薬を使ったとしても効用はない。それらは有害になりかねない。誤った薬を摂取すれば、あなたが損なわれかねない。

わたしはあなたの質問を診断し、分析している。わたしはあなたの質問の脈拍を、手にとって測りたい。そもそも、あなたは岩ではない。岩は質問しない。わたしはたくさんの岩に出会ってきた。岩は「わたしは誰でしょうか」などといった質問はけっしてしない。あなたは意識だ。だからこそ疑問が生じる。植物は尋ねない、木々は尋ねない。彼らは岩よりも、もっと生き生きとしている。だが、それでも彼らに疑問は生じない。質問をするには、ただ命を持っているだけでは充分ではない、それ以上のものが必要だ。あなたは生命以上の何かだ。動物たち、鳥たちは質問しない。彼らは、植物よりもさらに進化している。飛ぶことができ、動き回ることができる。攻撃されれば、自分の身を守ることができる。彼らは死を恐れる。だが、生命については何も知らない。

あなたは生について尋ねている。〝わたしは何ですか。わたしは誰ですか。わたしの人生の目的は何ですか〟あなたは鳥や動物以上のものだ。あなたは生き生きとしている、あなたは意識だ。そして意識とは、沈思黙考する能力、内省する力だ。あなたは〝わたしは誰か〟と尋ねるために、自分自身に向き直った。

これは重要な質問だ。しかし、わたしに尋ねてはならない。この質問をあなたの瞑想にしなさい。毎日ひとりになり、目を閉じて〝わたしは誰か〟と、その質問を自分の内側に反響させなさい。くれぐれも回答に、あなたの問いかけの邪魔をさせないようにしなさい。借り物の回答が干渉してくる。使い古しの回答が途中で口を挟むだろう。他人から聞いた答えが、あなたの前に立ちはだかる。そうさせてはならない。そういった回答はあなたのマインドから生じるのであって、あなたではない。それらは知識であって理解ではない。すでに答えを知っているのなら、あなたはその質問をしただろうか？

だから、あなたが知らないということははっきりしている。あなたの知識を取り払い、脇に寄せなさい。それはつまらぬものにすぎない。それには何の価値もないし、〝知ること〟を生みはしない。あなたはウパニシャッドを、ギータを、コーランを、聖書を読んだ。にも関わらず、それらは何も解決しなかった――さもなくば、あなたはすでに答えを見いだしている。他の人々が提示してくれた回答を利用せずに、〝わたしは誰か〟と問いかけねばならない。たとえそれがクリシュナ、モハメッド、あるいはマハヴィーラからの答えであっても――あるいは、わたしが答えたものでも……それらを削除しなさい。すべて削除しなさい。あなたの問いかけを死守しなさい。それを研ぎ澄ませなさい。あなたの生命エネルギーのすべてを、その質問〝わたしは誰か〟に注ぎなさい。

どんな答えも生じないだろう。完璧な沈黙が行き渡る。あなたの質問とともに深く進めば進むほど、さらに深遠な沈黙があるだろう。答えはないのかもしれないと、あなたは心配になってくる。なぜなら、答えを得ようと早急《せっかち》になっているからだ。答えはすぐには現れない。あなたの質問という刃《やいば》を使って、何よりもまず一切の借り物の回答を斬首せねばならない。

禅僧は云う。瞑想の途上で仏陀に出会ったなら、あなたの剣で彼を真っ二つに斬れと。彼らは毎日仏陀を礼拝する。しかし、あらゆる弟子たちにこのように伝えられる。もし瞑想の途上で仏陀に出会ったならば、畏れ入ったり、ためらうことなく即座に自らの刀を抜いて、仏陀を真っ二つにせよと。

瞑想の道においては、他人から自由であることが必要だ。自分自身を見ることができるのは、他者から自由であるときだけだ。さもないと、あなたの目は常に他者に捉われている。この他者が誰であっても違いはない――あなたの兄弟、あなたの姉妹、あなたの妻、あなたの夫、仏陀、マハヴィーラ、クリシュナ。他者は他者だ。

この問いかけにおいて〝わたしは誰か〟という問いだけが残るときが到来する。そして、そのとき静けさが行き渡る。あなたの骨、あなたの肉と髄に、ひとつの問いだけが反響する。〝わたしは誰か――〟一条の矢だけがあなたの実存を貫く……。そして、それは深く、さらに深く進む。〝わたしは誰か――〟あなたのもどかしさ、不安はいっそう増してくる。なぜなら、答えがどこにも見当たらないからだ。見渡す限りの大海原で岸はどこにもない。ここが、あなたの全勇気が必要とされる瞬間だ。もしこの瞬間が通過できれば、あなたは答えに辿り着く。

人はいつ答えに辿り着くのか。それは答えがまったく残っていないとき、あなたが完全に無知になるときだ。「一切の答えが残っていないとき」とは、無垢な子供のように、完全に無知になるときだ。あなたは何も知らない。あなたの学識、あなたの賢明さ、あなたのマインドはすべてなくなる。ただひとつの問いだけが残る。〝わたしは誰か、わたしは誰か〟――最後の強迫観念だ。

最後には、問いはもはや言葉の中にはない。〝わたしは誰か〟という意識だけがある。〝わたしは誰か〟と繰り返しているのは、あなたではない。初めのうちあなたが言葉を繰り返す。初めは口で、それから舌で、それから喉で、それからあなたのハートの奥深くで。そうして繰り返す必要がなくなり〝わたしは誰か〟を、ただ体験する。まさにあなたの実存に、疑問符が在る――在るのは言葉ではない。言葉を越えて行くと、そこには渇きの他に何もない。〝わたしは誰か、わたしは誰か、わたしは誰か――〟その渇きにあなたが耐えられるなら……そのとき、あなたの一切の回答が落ち、問いもまた落ちてしまう。何の回答も生じなければ、いったいどれほど問いかけ続けていられるだろう。

いいかね、急《せ》いてはならない。あなたの側からの問いかけは落としてはならない。さもないとすべてが無駄になる。あなたの役割は落としてはならない。もうたくさんだ、もう終える時間だと自分に言って、それを落とす働きかけをしてはならない。それには何年もかかることもある。問いかけ続けなさい、一日一時間。するとある日突然、すべてが止まっていることを見いだす——答えは去る。だが、質問も去る。あなただけが残る。純然たるあなただ。言葉は一切形を取らない、思考は一切生じない。その瞬間、自分が答えを見いだしているのを知るだろう。答えは、紙切れに書かれた覚え書きのようには現れない。あたかも誰かが、あなたに「いいかね、息子よ。これが答えだ」と告げるようには、答えは現れない。答えは一回答ではない、それはひとつの体験だ。そこに光の煌《きら》めきがあるのがわかるだろう。あなたは見ているだろう。だからこそ、わたしたちはこの瞬間をダルシャン、見ることと呼ぶ。あなたは自分を見たのだ。あなたの目はあなたの方、あなた自身へ向く。あなたは自分自身に出会っている。あなたは自分自身と対峙するに至った。

自分が何者かを知る瞬間、自分の生の目的地をも知る。生を知ることは、その目的を知ることでもある。源泉を知ることは、目的地を知ることでもある。自分自身を知ることは、神聖なるものを知ることでもある。なぜなら、あなたは神聖なるものの一条の光線だからだ。たとえ一光線でも知ってしまえば、太陽全体の神秘が理解できる。たとえ一滴でも大海を知ってしまったなら、あなたは大海全体の神秘を理解するだろう。大海全体がひとつの滴に包含されている。存在全体が一個のあなたに包含されている。

その問いは、在ることの理解ではない
それは阻止せねばならず

わたしたちに選択肢はない
ともかくも新たな基礎を作ること
わたしたちは何者か、どこから来たのか
何にならねばならないのか……
これらの問いの核心を追求することは
時間の浪費
何であれ見つかる答えは
惑いにすぎない
わたしたちの劣勢と無益さゆえの痛みは
けっしてやわらぐことがない
わたしたちはわたしたちのならねばならぬもの

これを理解しなさい。

わたしたちはわたしたちのならねばならぬもの
わたしたちは他人の重荷を担がねばならない
〝わたしの羽はどこから生じた〟と
蝶がいつ問うたことがあったろう
〝わたしのとげとげしさはどこから生じた〟と
棘がいつ問うたことがあったろう

なぜわたしたちは自らの真実の謎を
単独で突きとめねばならないのか
明けても暮れても、もがき足掻《あが》いているこの追求と
いったい何の関わりがあるのか
わたしたちは一個の発現ではない
主人公ではない、単なる媒体
ある物語のただの因果的連鎖のひとつ
こういった人を食うような問いは
わたしたちの肉体を蝕《むしば》む
どの道に進むのか、どこへ行くべきなのか……
考えれば考えるほど荒廃するばかり
これらのジレンマを投げ捨てよ
情け容赦のない人を喰う獣《けもの》があなたを追っている
走るのだ！
手管《てだて》は違っても結果は同じ
結末は、愛する兄弟、そこは始まりがあるところ

あなたは訊いている。〝生の目的とは何ですか〟――「結末は、愛する兄弟、そこは始まりがあるところ……わたしたちとはわたしたちのならねばならぬもの」〝わたしたちはわたしたちのならねばならぬもの〟――これは何だか矛盾しているように思われる。

あなたはすでに現在、あなたのならねばならぬものだ。種は花だ。それは単に、異なる現れだ。今日扉は閉まっていて、明日は開いている。花びらは今眠っていて明日開く。種はすでにそれが成るものだ。

そして、ひとつの種から全種類の花を咲かせることはできない。蓮には蓮の華が咲き、バラの茂みにはバラの花が咲く。あなたがどんなに手入れしても、蓮にバラの花は咲かない。わたしたちはわたしたちの成るものでしかない。

あなたの未来はすでにあなたの中に潜んでいる。あなたの潜在性は、あなたという種の中に休んでいる。「結末は、愛する兄弟、そこは始まりがあるところ」。わたしたちは、わたしたちが始まるところに到着する。これこそ生のまったき真実のひとつだ。

ガンジス川はヒマラヤのガンゴートリに発生し、大海へと流れ込む。「どうして彼女が自らの源泉に達するのだ。彼女はガンゴートリに始まりガンガーサーガル、大海に終わるというのに」。そのような疑問が生じるなら、あなたは全体像を見ていないということだ。あなたは円環を見ていない。ガンジス川は再度蒸気となって空へと昇り、再度雲になり、再度ヒマラヤに降り、再度ガンゴートリに降りる。円環が完結する。ガンジスが再びガンゴートリに降り、環が完結し、旅は完結している。

「結末は、愛する兄弟、そこは始まりがあるところ」。だからこそ、すべての聖者たちが言う。あなたがシッダワスタ（*siddhawastha*）、目覚めの究極の状態に達するとき、再び幼子となると。

「結末は、愛する兄弟、そこは始まりがあるところ」。賢者の境地に達したとき、あなたは純真になる――まるで無知であるかのように。知っているということ、その究極の状態は無知のようだ。

ウパニシャッドにはこうある。曰く、「わたしは知っている」と言うとき、自分が知らないということを彼は知っている。「わたしは知らない」と言うとき、自分が知っているということを彼は知っている。

ソクラテス曰く、「若い時分、わたしはすべてを知り尽くしていると思っていた。年を取るにつれ、自分は何も知らなかったということを識《し》って、仰天した！　わたしは、少し知って満足していた――充分すぎるほどだと。すっかり年を取った今、自分は何も知らないと確信している。わたしは完璧な無知だ」

自分自身の無知の究極の認識は、知っているということの究極の瞬間でもある。なぜだろう。「結末は、愛する兄弟、そこは始まりがあるところ」。しかし、他人の回答を真似てはならない。あなたは、あなた自身のガンゴートリを探求しなくてはならない。

どうしてそんなにあなたは哀しいのだろう
あなたの人生は、単なる使い走りになってしまった
思考に新鮮味がなければ
あなたの生は陳腐だ
朝だ、あなたの窓を開けるがいい
恵み深い光に入って来させるのだ
あなたのハートは御し難く、歌いたがっている
新しい旋律《メロディー》を歌わせてあげることだ

どうして他人の言葉を繰り返すことがあるだろう。なぜ自分自身の歌を歌わないのだ！　どうして他人から借りた物でやりくりするのか。なぜ、あなた自身の個性を表現しないのだ！

自分は何者なのかと、わたしに尋ねてはならない。あなた自身の内側に向かいなさい。あなたは存在する、それは確かだ。たとえあなた自身について他の一切を疑ったとしても、これだけは確かだ――あ

なたが在るということは。

西洋の大思想家デカルトは言った。疑問の余地のないことは世の中にただひとつしかないと。――あなたの存在だ。どうしてそれを疑えるだろう。なぜなら、それを疑うなら、疑うためには存在しなくてはならないからだ。誰が疑っているのか。あなた自身の魂を疑う余地はない。「自分の存在は疑わしい限りだ。わたしはそれを信用しない」。こう言う以前に、少なくともあなたは、自分自身の存在を受け入れねばならない。けれども、信用しないそれはいったい誰なのか？　この疑っている者は誰なのか？

疑いを越える真実は、世界にひとつしかない――あなた自身の存在だ。この疑問の余地のない真実に、少し足を踏み入れてみることだ。この階段を少し辿ってみることだ。

そして〝わたしは誰か〟と問いかけること、それは仰天するほどのものだ。もし、この問いかけを実践するなら、それによってあなたは、あなた自身の実存の井戸の深みに導かれ得る。その井戸は清浄で水晶のように澄んだ水を湛えている。それを飲めば、あなたは永遠に満たされる。

三番目の質問

愛するＯＳＨＯ、なぜ、神聖なるものとわたしたちが直《じか》に結びつくわけにはいかないのでしょう。なぜ、師《マスター》に仲を取り持ってもらわねばならないのでしょうか。

あなたは何という人だろう。師に対して、何と寛大なる思いやりがあるのだろう。その思いつきはすばらしい。そうしてみなさい……しかし、何のためにあなたはここに来たのだろう。そしてなぜ、これくらいのことでも尋ねる必要があるのだろう――なぜかといえば、すでにあなたは師を探し求め始めているからだ。なぜ、わたしに尋ねるのだろう。それは、誰かに尋ねる必要があるということだ。

ひとりの若者がやって来て、自分は結婚すべきかどうかとわたしに訊いてきた。わたしは言った。「この場合は、結婚した方がいいだろう」

彼は言った。「この場合？〝この場合〟とはどういうことですか」

わたしは答えた。「わざわざ尋ねに来るくらいなら、結婚した方がいいだろうということだ」

彼は言った。「しかし、あなたは結婚されたことがないでしょう」

わたしは彼に告げた。「わたしは誰にも訊く必要がなかった」

あなたが尋ねているという、その意味は明快だ。自分でこの問いの答えが見つけられなければ、どうやって神聖なるものを探すのだろう。これほど些細なことでも他人を頼る必要があるなら、どうやってたったひとりでこの果てしなく広大な旅に取りかかれるだろう。ともかく、それは真実だ。その旅はたったひとりで敢行される。あなたひとりで行けるならいい。だが、あなたには無理だ。にも関わらず、あなたは師が、自分の旅に一緒についてきてくれるとでも思っているのだろうか？　他者と一緒には進めない――師でさえも。それでは師の役目とは何だろう。師はあなたを勇気づけるためにいる、ひたすらあなたを勇気づけるためだけに。

幼い頃、わたしは村で水泳を教えていた男のところに連れて行かれた。わたしは泳ぎを学びたかった。

わたしは常々川を愛していた。その頃、わたしはとても幼かったはずだ――六、七歳くらいだ。わたしたちの村で水泳を教えていた男はすばらしい人だった。彼は川をこよなく愛していた。現在は年を取り、おそらく八十歳にはなっているだろうが、今この瞬間も彼は川にいるのではないかと思う。朝の四時から十時まで、夕方五時から夜の九時まで、彼はいつも川にいた……川は彼にとってすべてだった。すべての中心だった。彼の興味はひとつしかなかった。彼のもとへ来た人に、泳ぎを教えることだ。

彼に会ったとき、わたしは尋ねた。「僕は自分で泳ぎ方を学ぶことになるのかな、それともあなたが教えてくれるの？」

彼は答えた。「こんな質問をされたことはなかったな。実のところ、人に泳ぎを教えられる者はいないのだ。わたしはおまえを水に突っ込む。おまえはびっくりして手足をばたつかせるだろう。それが始め方だ。溺れないと知る勇気を与えるために、わたしは土手に立っている。必要とあればおまえを救う。だが、その必要が生じたことはこれまでなかった」

そこでわたしは言った。「こうしよう、ただ土手に立っててちょうだい。僕は自分で飛び込むよ。あなたが僕を水に投げ込む必要はない。そして、僕が溺れ始めても、必要がなければ助けなくていいよ――僕は自分で覚えたいから」

彼は腰を降ろした。わたしは川に飛び込んだ。当然のことながら、二、三度わたしは沈んだ。口いっぱいに水が入ってきた。わたしは手足をばたつかせた。最初のうち、わたしのもがきには何の秩序もなかった。次第に、それもわたしは見いだした。だいたい三日ぐらいかかってわたしは泳ぎを覚えた。しかし、彼の手を借りたことは一度もなかった。

実際、宗教性の中に降りて行くことは、水泳のようなものだ。あなたはすでに泳ぎ方を知っている。

水の中に入る必要があるだけだ。あなたは少々手足をばたつかせる。初め、あなたの動きはでたらめで無秩序で、不規則だ。それから次第に確信が持てるようになる。なぜだろう。その確信は生じざるを得ない。なぜなら、川はけっして誰も溺れさせないからだ。川はあなたを支える。

生きている人間は溺れることもある。だが、死体は常に浮かぶということに、気づいたことがあるだろうか？　これは奇妙だ。生きている人間は何かを知り、きっとこのために彼は溺れる。生きている人間が溺れる一方、死体は浮かぶ。生きている人間は自分で溺れているはずだ。川は人を引き込まないというのも、川は死体すら引き込めないからだ。死んでいるものは常に浮かぶ。水には自然と揚力が備わっている。水はすばらしい。科学者たちが幾度となく探求してはいるものの、未だに発見されていない神秘が水そのものに潜んでいる。この神秘には、宗教の神秘もすべて含めた多くの秘密が隠されている。わたしは、泳ぎという象徴を適当に選んだのではない。泳ぎを象徴に利用したのは、わたしの側の意識的な選択だ。

三百年前の科学者、ニュートンは引力を発見した。ニュートンが庭に座っていたとき、林檎が落ちてきた話を聞いたことがあるだろう。彼は、物体が常に上ではなく下に落ちることを、不思議に思っていた。なぜだ？　なぜ下なのだろう。石を放り上げても落ちてくる。どれも落ちてくる。なぜだろう。その背後にある秘密とは何だろう。彼は考え、探求し、そしてついに引力という説を発見した。地球にはあらゆるものを牽引し、引きつける特別な力があるという説だ。

それからというもの、彼の概念は世に広まっていった。今日の科学は、事実上彼の発見に基づいている。それなくして科学は成り立たない。引力の理論は現代科学の基礎となった。しかし、この理論は不完全だ。生においては、対極なくして存在するものはない。

ニュートンと時を同じくした、ある男がいた――彼は詩人、思想家、賢明な人間、聖者だ。ある日、彼はニュートンに向かってあることを冗談めかして言った。しかし、そのときは彼の言葉に注意を払う者はいなかった。

彼は尋ねた。「ニュートンよ、林檎が木から落ちたそうだな。それはそれはもっともだ。けれども、ひとつ訊きたい。どうか教えてくれ、そもそもどうやって、林檎はそこに上がっていたのだろう」

木々は日々上方に伸びる。林檎の果実はその種に潜んでいた。ある日、それは花開き、そうして木の上で実を結んだ。その男はこう言っていた。そもそも、どうやって林檎がそこに達したかを見いだせと。それがどうやって再び下ったかはその次の問題だ。それはどうやってそこへ上がったのだろう。これはどうでもいい事ではない。

レバノンにあるヒマラヤ杉は五、六百フィートはおろか七百フィートにも達するという！　七百フィートもあっても、水分は木のてっぺんの葉に到達する。水流はそこに達する。何かがその高さまで水を上昇させる。

この詩人の言葉に注意を向ける者はほとんどいなかった。聖者の言うことを誰が気にするだろう。人々は詩人を無視する。なぜなら詩人は詩人にすぎないからだ。言わせておけということになる。しかし、わたしは言おう。このとき彼は、ニュートンより遥かに重要なことを言っていた。そして将来、科学は彼の方に同意するだろう。

これはすでに現実のものとなっている。科学界では新説、揚力が吟味され始めている。引力とは物を下に引っぱる力で、揚力とは物を引き上げる力だ。そして、そうであってしかるべきだ。なぜなら、生には常に均衡《バランス》というものがあるからだ。生と死、昼と夜、冷熱、愛憎。対極なくして存在するものを見たことがあるだろうか？　そんなものはない。男性と女性、幼年期と老年期、知識と無知、善人と悪人……対極なしには何事も存在しない。電気にも同時に陽性《プラス》と陰性《マイナス》が存在する。どちらか一方だけでは存在できない。それらを分離しようとすると双方ともに断たれてしまう。引力だけがどうしてそこで例外になるだろう。いいや例外はない。物を上方に引き上げる原理があるはずだ。

その詩人の言葉の背後に、聖者たちが常に知ってきた原理がある。彼らの言語では、その原理はプラサード、恩寵と呼ばれる。引力と恩寵。引きつける力と恩寵。恩寵は物体を上方に引き上げる。水は物体を引き上げるために恩寵という原理を働かせる。水自体は物を沈めない。

泳ぐことは難しいことではない。ひたすら水を信頼する必要があるだけだ。二、三日手足をばたつかせた後、あなたはこの信頼を獲得し、神経質になる必要のないこと、水があなたを沈めないということを知る。疑念が晴れるやいなや、あなたは泳ぎ始める。信頼が生じ、あなたは泳ぐ。あなたは信頼と泳ぐ能力を同時に獲得する。ここで、あなたに必要なことはもう少し水に慣れ親しむこと、水の持つこの力に、もう少し慣れ親しむことだけだ。

井戸の中に桶をつけると水が入ってきて桶はいっぱいになるが、それはとても軽く感じられる。水から引き上げようとするとそれは重くなる。水中では、自分の体重の二倍ある人間を持ち上げることができる。水は無重力状態を生み出す。

泳ぎに技術《テクニック》というものはない。そしてもうひとつ、泳ぎに関してこの点にも気づいておくといい。いったん泳ぎ方を知ってしまえば、それを忘れることはできない――どんなに忘れようとしても無理だ。けっして忘れられないものを他に知っているだろうか？　水泳を除いた一切の覚えた物事は忘れることができる。水泳は学ぶものではない、むしろそれは生の真実だ。いったん水泳を習得してしまったら、忘れることはできない。それはあなたの記憶から滑り落ちるような、ありふれたものではない。泳ぎを覚えた後で、しばらくぶりに川に入り「助けて！　助けて！　泳ぎ方を知っていたのに忘れてしまった」と叫びだすようなことはない。それは不可能だ。

神聖なるものをいったん知ってしまったら、それを忘れることはできない。いったん瞑想に入ってしまえば、それをせずにはいられない。いったん愛を味わってしまえば、それに背を向けることはできない。いったん祈りの光があなたに射し込めば、それを忘れることはできない。神聖なるものとは学ぶものではない。それは、わたしたちに本来備わっている自己の本質だ。

水泳において、あなたの本質と水の本質が調和するとき、あなたは手足を動かさずにそこにただ横たわることができ、水はあなたを支える。肉体を動かす必要はまったくない。調和が生じ、完璧な同調が起こっている。

あなたが神聖なるものに達することを望むとき、師《マスター》との間にも同じことが起こる。師は何もしない。彼の現存が触媒として働き、彼の現存があなたに勇気を与える。充分な勇気があれば、あなたに師は必要ない。人々は師を持たずに神聖なるものを知ってきた——多くではないが幾人かが。だから、勇気を失ってはならない。師を持たずに知りたければ、それは可能だ。

しかし、用心することだ。あなたのエゴが〝わたしは師を持たずに知るのだ〟と、言い張っているだけではないように。それでは知ることはできない。そのとき、あなたはあさましく溺れ、下手に沈んでしまう。だから、これについて内側を注意深く吟味してみるように。

それをこんなふうに見なさい。師はあなたに対して、あなたのエゴを取り去る以外、あなたのエゴを切り払う以外には何もしていない。現実において、あなたは絶対的な美、絶対的な善、絶対的な真実だ。

シヴァム（*Shivam*）――絶対的な善、あなたはシヴァ、神聖だ。師はあなたを覆っているエゴを引き剥がす。そして、このエゴは惑い、思い込みに他ならない。師との交わりにおいてこの思い込みは落ち、この惑いは洗い流される。いったんこれが起これば、あなたは頭からつま先まで美しくなる。

自分ひとりでそれができるなら、確実に前進することだ。問題はない。しかし、わたしにはわかる、これは無意味な質問ではない。師の名のもとに起こっていること――ありとあらゆる偽善、いかさま、嘘は、分別のある人を煩わせるに充分だ。〝師《マスター》〟という名を要求するタイプの人々の存在が、自然とあなたにそんな質問をさせる。

あらゆる人が患者
患者も患者
医者たちでさえ患者だ
それゆえ互いに助け合えない
無力だ
あらゆる人が病気
ある者は目、ある者は耳
ある者は肉体、ある者は精神を
なんと巨大な病棟
しかし、看護する者はいない――
あらゆる人が患《わずら》っている

ときおり、このようなことがある。自分と同じ様な小舟で旅をしている師を見て、両者には何の違いもないとあなたは感じる。彼自体が到達していないというのに、どうやって彼にあなたの達成が助けられるだろう。そういった人々は、自分の目で神聖なるものを一瞥したことはない、自らの生において、神聖なるものの平安を一瞥したことはない。彼らの実存に神聖なるものの芳香は見いだされてはいないし、彼らの話には何の真正さも生じていない。彼らの歌は気が抜けている。それらは他の誰かによってすでに歌われたものだ。彼らはまだ、彼ら自身の歌を歌ったことがない。それなのに、どうしてあなたの内側に眠っているあなたの歌を目覚めさせられるだろう。

真の師とは、その人自身の生の花が咲いた人だ。それは得難いものであり、稀なことだ。師を見いだすことは簡単なことではない。あなたは師を避けようとしている。だが、探し求めたとしても、彼を見いだすのは簡単ではないと言っておこう。それに、たとえ彼を見いだしたところで、自分が当然受け入れられるとは思わないように！　あなたが真の師を探し求めているのと同様に、師の方でも真の弟子を探している。

弟子とは、学ぶための謙虚さ、学ぶための明け渡し、学ぶために額ずく能力を意味する。あなたが自惚れたままなら、たとえ本物の師を見いだしても、彼はあなたを受け入れない。彼がそうしたくないということではない――彼はそうしたい――しかし、彼に対して開かれていない。あなたは自分の尊大さにふんぞり返り、変容されない。あなたの協力なくして、あなたは変容されない。

それでは師の意味とは何だろう。その唯一の意味はこれだ。神聖なるものは目に見えない。たとえそれを認識するための方法を見いだしたくとも、どこにこれが見つかるものだろう。だから、神聖なるものの小さな反映がどこかにあれば、それが安心感をもたらしてくれるだろう。

空にある本物の月はあまりにも遠すぎる。知っているだろうか。幼子が月を求めて泣きだすと、母親は水を張った盆を家の外に置く。その盆に月が映し出されると、子供は月を見つけて大喜びする。

師も同じだ。彼は盆の中の月のようだ。実際の月は遥かに遠い。おそらく、わたしたちの目はまだそれほど遠くを見ることができない。真実の直接の顕現に、わたしたちが耐えられないのだろう。真理はあまりにも広大で、あまりにも鮮やかだ……ダヤが重ね重ね云っていたのを覚えているだろうか？　それはまるで千の太陽が昇っているようで、その光は目が眩むほどだと。あなたに、そのための用意がなければ狼狽《うろた》えてしまう。神聖なるものは広大だ——それはあなたのちっぽけな庭には収まらない。あらかじめ自分の塀を取り壊しておかないことには、あなたの実存に地震が起こり、あなたは揺さぶられてしまう。

師は有限における無限の反映だ。師はあなたの様であるのと同時に、まったくもってあなたの様ではない。あなたは師の手を握ることができる。だが、神聖なるものの手を握ることはできない。神聖なるものには手がない。いつまで手探りしていても、その手をつかむことはできない。それには形がなく、特質がない。師には形があり、特質がある。

わたしは小さい、取るに足らない竹の切れ端
わたしは自分が誰か知っている
でも、あなたの唇が触れれば
わたしの喉から歌がはじけ出る
あなたの息が旋律《メロディー》でわたしを満たし

わたしはあなたの歌を歌い
あなたの抑揚を鳴り渡らせる

師とは何だろう。竹笛《フルート》となることに応じた竹の切れ端、神聖なるものの声に共振することを切望した竹の切れ端だ。

わたしは小さい、取るに足らない竹の切れ端
自分が誰か知っている
でも、あなたの唇が触れれば
わたしの喉から歌がはじけ出る
あなたの息が旋律《メロディー》でわたしを満たし
わたしはあなたの歌を歌い
あなたの抑揚を鳴り渡らせる

師のそばで、あなたは神聖なるものの言葉を覚えるだろう。師の意味はこれほどのことにすぎない。人間の言語における、人間という枠の中の、神聖なるものの小さな一瞥だ。
師は扉だ。あなたはその扉を使わなくとも入って行ける――それも可能だ。それはあなた次第だ。お客として来る人もいれば、泥棒として侵入する人もいる。お客は玄関から入る。玄関口に立って出迎える主人に中へ入るよう促され、席を勧められる。一方、泥棒は夜半暗い中、家の壁を壊して侵入する。

泥棒でも神に行き着く――それは、そんなに大した問題ではない。それに、神聖なるものを盗むことに悪いところはない。神の他に誰を盗《と》れるというのだ。彼自身が泥棒だ！　だからこそ、ヒンドゥー教徒たちは彼にハリという名前を与えた。ハリとは盗む者、泥棒、人さらいのことだ。彼は泥棒だ。彼は人々のハートを盗む。だから、あなたが彼から盗りたければ、彼のポケットから盗っても害はない。それはあなたの選択だ。もしも彼の家を壊し、穴を開けて入りたければやってみることだ。窓から飛び込みたければ、やってみることだ。塀を乗り越えたければやってみることだ。好きなようにやってみるといい。だが、玄関口から入ることもできる。師は玄関口だ。あなたは単純な方法で、簡単に入ることができる。

ひとつ覚えておきなさい。

物惜しみしない大海ですら、わたしを渇望へと追いやった
このつましい世界のどこに水が見いだせる
かつてわたしは、大海はけっしてけちではないと信じていた
水のあるところはどこであれ大海の贈り物なのだから
でもそれは、わたしを疎《おろそ》かにし
当てにしている川からの水はわたしを不安にさせる
世界は愛すべき場所だと空《そら》から聞いていた
ここで見つけた愛は、一千の生の傷の鎮痛剤
とにかく世界の愛はわたしを酷《ひど》く傷つけ
ここでの優しさは好きじゃない

あなたの困難はわかる。あなたは人生において多くの関係性を築き上げ、常に欺かれてきた。そのために、今あなたは恐れている、師との、この新たな関係性に入って行くべきかどうか。

とにかく世界の愛はわたしを酷《ひど》く傷つけ
ここでの優しさは好きじゃない

あなたは恐れている。しかし、師となら、彼の優しさ、彼の慈悲の関係性以外、他に形はない。しかし、あなたは様々な慈悲を見てきて、その度に欺かれてきた。たくさんの扉をくぐったが、そこには常に壁があるだけだった。あなたはたくさんの愛を味わったが、それらはすべて毒と化し、結末は地獄でしかなかったことをあなたは知っている。今、あなたはびくついている——師の愛さえも。

〃……ここでの優しさは好きじゃない〃——大海は広大だ。あなたはそれに入って行ける。だが、その水を飲めるだろうか？　あなたには無理だ。

物惜しみしない大海ですら、わたしを渇望へと追いやった
このつましい世界のどこに水が見いだせる

人は考え始める。「大海でさえわたしを空手にさせておく。飲むものもないまま、どこへ行けばいいのか」

かつてわたしは、大海は絶対にけちではないと信じていた
水のあるところはどこであれ大海の贈り物なのだから
でもそれは、わたしを疎《おろそ》かにし
当てにしている川からの水はわたしを不安にさせる

何にせよ、これを心に留めておくことだ。飲めるのは川の水だ。川に大海の水があるとはいえ、飲める水は川にしかない。川は大海へ流れつく。しかし、その水は甘い。神聖なるものは大海のようであり、師は川のようだ。師は小さな湖だ。師が受け取ったものは何であれ、神聖なるものからの授かりものだ。神聖なるものからは、あなたは直に飲めない――直接、大海から飲める者はいない。しかし、師を通じて神聖なるものがあなたに顕現したとき、その水は飲めるようになる。

師とは錬金術だ。土は食べられない――できるだろうか？　小さい子供でない限り、食べようとする者はいない。土は食べられない。しかし、食物はすべて土から採れる。小麦、米、葡萄、林檎、梨――すべて土から採れる。だが、直に土を食べることはできない。

木々は偉大な仕事をする。木は、あなたが土を消化できるように変容させる。木は中間の触媒だ。木が土を下ごしらえしてくれるので、土はあなたの胃に適合するようになる。

そして、それは師の場合も同じだ。

あなたは直に神聖なるものを消化できない――それは、師という触媒を通して消化できるようになる。師なしで進もうと決意したなら、嬉々として進むことだ。しかし、いったいどこに行くつもりなのだろ

う。どちらの方向にあなたは進むのだろう。誰を探しているのだろう。あなたが探し始めているのが誰であれ、何であれ、それはどこかの師か、何者かによって名づけられた名前にすぎない。あなたは神を探しているのだろうか？　それなら、あなたはどこかの師が言ったことをすでに受け入れている。ウパニシャッド、ヴェーダ、あるいはコーランにあることを受け入れている。魂を探しているのだろうか？　あなたはすでに、どこかの師の言葉を受け入れている。マハヴィーラやクリシュナが言ったことを受け入れている。解脱《モクシャ》や涅槃《ニルヴァーナ》を探しているのだろうか？　あなたはすでにどこかの師が言ったことを受け入れている。あなたは何を探しているのか。探し求めているものが何であれ、あなたはどこかの師の言葉を受け入れている。そして、どうせどこかの師の言葉を受け入れるつもりなら、生きている師の言葉を受け入れなさい。なぜなら、死んだ師は少々礼拝するためにはいいが、それ以上の役には立たないからだ。

人々は如才ない。彼らはただ、他人を崇《あが》めたいだけで変容を望まない。この場合もそうであれば、いいだろう、死んだ師を探すといい。しかし、もしも生きている師の目を通してあなたが見れば、あなたは真理の直接の認識を持ち始める。もしも生きている師のハートの中であなたが動悸するなら……そして、これこそがサットサングの意味だ――師とともに座り、彼の歌にあなたの歌が加わり、彼の波動にあなたの波動が溺れ、彼のハートとともに少し脈打ち、彼とともに少し歩き、彼の流動に身を任せ、彼という流れに泳ぎ……。

師の意味とは何か。これだ――あなたの求めに応じることのできる望遠鏡だということ。

わたしの目に近づきなさい。わたしの目を通してちょっと見てみるといい。すると、自分の目がどうなるべきかわかり始める。わたしの祝祭《セレブレーション》に少し参加してみれば、あなたの生がどのような類の祝祭となるべきかを学ぶだろう。師を受け入れることに、他にどんな理由があるだろう。

四番目の質問

愛するOSHO、この三年間、わたしはサニヤスを取りたかったのですが、それができませんでした。いったい、どんな理由があったのでしょう。

ちょっとしたジョークを。ある月明かりの晩、極度に恥ずかしがりやの若者が、木の下に恋人と一緒に座っていた。それは秋の満月のことで、あたりには静寂が広がっていた。若者は恥ずかしがりやだった、実に内気なはにかみ屋だった。沈黙が二人を圧倒し始めた。若者は何も言わなかった。ついに彼は勇気を振り絞って口ごもりながらこう言った。「いい、かな……いいかな……キス、してもいいかな?」娘は目を上げて彼を仰ぎ見た。その目には誘《いざな》いが、感謝の祈りがあった。しかし、若者はすでに視線を葬り去っていた。沈黙が舞い戻り、今度はさらに重くのしかかってきた。三十分後、若者は再び尋ねた。「いい、かな……いいかな……キス、してもいいかな?」

娘は再び彼を見上げた。だが、彼は今度は空の月や星をじっと見つめて逃げていた。またもや長い沈黙が続いた。三十分経過し、とうとう事態が実に深刻に重苦しくなってきたとき、若者はこう尋ねた。「あなたは突然、耳が不自由になってしまったのだろうか? それとも口がきけなくなってしまったのかな?」

女性は言った。「どっちでもないわ。あなたの方こそ麻痺したんじゃなくて?」

これこそ、あなたに言えることだ。「この三年間、わたしはサニヤスを取りたかったのですが……」。麻痺していたのではないか? あなたは何を待っていたのだろう。そしてあなたの名前はゴバルダンダス、クリシュナの召使いという意味だ。それは牛の世話をしていた者だ……何と良い名だろう! それを〝ゴバルダス〟——牛の糞の奴隷にしないよう気をつけた方がいい! 三年……何と長い間、これについて考えているつもりなのだろう? あなたの人生が終わってしまう! ゴバルダンダス、とろけるような名前だ。勇気を持ちなさい。さもなくば、あなたの今《いま》わの際《きわ》に言ってあげよう、あなたはゴバルダスになるだけだと。

今、あなたはわたしに訊いている。「この三年間、わたしはサニヤスを取りたかったのですが、そうすることができませんでした。いったい、どんな理由があったのでしょう」。理由はない。それはあなたの勇気の欠如にほかならない。それに相違ない。サニヤスの意味は勇気、勇敢だ。あなたは狂う用意をしなくてはならない。ダヤは繰り返し言っている。帰依者は時に笑い、時に泣き叫び、そして時に歌うと——それこそが帰依者の在り方だ。彼の足はそこに降りるはずであっても、ここに降りる。それは実に矛盾している!

サニヤスとは異なる類の生活様式《ライフスタイル》だ。ひとつのライフスタイルに、世間的なものがある。店やオフィス、妻や子供、富、地位や名声——これが世間の様式だ。この生活様式にサニヤスの光を持ち込むことは、まさにその根底を変化させ始めたということだ。今、瞑想がお金よりも価値あるものとなった。今、神聖なるものが妻や夫よりも価値あるものとなった。解脱《モクシャ》、救済と解放が、地位や名声よりも価値あるものとなった。あなたの生の基盤が変貌してしまった。今やすべてが混沌と化す。無秩序が行き渡り、すべてが整頓し直される必要がある。

だから、サニヤスは小さな出来事ではない、大きな出来事だ。人が恐れるのも無理はない。だから、人は人生をそのまま継続させようと考える。それは可能だ。しかし、ある日死が訪れ、すべてをむしり取って行くだろう。

サニヤスの意味とは、死があなたからけっしてむしり取れないものを稼ぐことを決意した、ということだ。自分自身の死を背景にしながら、何かを稼ぐことがサニヤスだ。輪廻《サンサーラ》とは、死については忘れ、何かを稼ぐことだ。しかし死は、あなたが稼いだ物を一切合切取り去り、あなたが稼いだことのない物と同じレベルにまで、それらすべてを引き下げる。何かを稼いでも何かを失っても何も違わない。それがディワリ、富の祭りであっても、ディワラ、破産であっても同じだ。死にあっては何の違いもない。

死を十全に意識して生を生きる者がサニヤシンだ。そして死を忘れる者、死を忘れて生きる者が世間的な人間だ。死と向き合って生きることは難しい。死ぬ定めを思うことすら、きわめて困難だ。マインドは言う。「わたしが死ぬ？　他の者はみな死ぬが、わたしだけは死なない。他人は死ぬだろう。だが、自分はなんとか生き延びる」。死を無視するのは世間的なやり方だ。だが、絶えず意識に、常に視界に死を保持すること、死に沿ったライフスタイルを形成すること、それがサニヤスだ。あなたの予定に死を持ち込むやいなや、あなたの他の一切の価値観が変化する。

ある若者が、度々エークナートのもとに訪れていた。彼は何度も同じ質問をした。「あんたはいつも平安に満ちている。実に楽しげで、実に至福に溢れている。どうしてそうやっていられるのだろう」。エークナートはただ聞いているだけで、それに答えなかった。

ある日、若者はまたもやその質問をして、さらにこうつけ加えた。「おれには信じ難い。ときどき家でこう思うことがある。他人と一緒のとき、あんたは微笑んでいる。しかし、ひとりになれば違うかもしれない。夜はおれたちと同じかもしれない。知れたものではない、すべてはただの見せかけかもしれない。そうしていられる方が不思議だ。おれの場合はそうじゃないし、知っている人にもそんな人はいない。そんな至福が、どうやってあんたに降り注がれるのだろう。見たところ、そのような至福をもたらす物は、あんたにはない。富も、地位も、威信も、名誉もない。あんたが何を持っているのだ。あんたは裸一貫のただの貧者《ファキール》だ。あんたの持ち物は褌《ふんどし》一枚。それでも、実に幸せそうだ」

その日エークナートは、恰好の時が到来したことを知った。彼は若者に云った。「手を見せなさい」。男の手を取るなり、エークナートの表情は一変し、沈痛な面もちになった。

若者は不安に襲われた。彼は尋ねた。「どうして顔つきが変わったんだ。どうした。おれの手を見て何がわかった」

エークナートは云った。「おまえの生命線が急に途切れている。あと七日……おまえはあと七日の命だ。そうして日曜の夕刻、太陽が沈むとき、おまえの生命も尽きる」

男は立ち上がった。エークナートは言った。「おい、どこへ行く。わたしはまだ、おまえの質問に答えていないのだよ」

「おれの質問なんかどうでもいい！」若者は答えた。「ラーマに栄光あれ、さようなら！　哲学的な議論をしている場合じゃない」

彼の身体からは、冷や汗がどっと出た。彼は、来たときは威厳をもった足どりで段を昇っていたが、去って行くときは壁をつたって行かねばならなかった。彼は突然老け込んでしまった。死に直面したために、彼の生命全体が揺さぶられた。彼には、実に多くの計画があった――やりたかったことや、やりたくなかったことが。今、それがすべて消え失せた。あたかもトランプの家を建てていて、突然、一陣の風に吹き飛ばされたといった具合だった。

家に戻り、そのまま彼は床に伏したきりになった。妻子は泣き叫びだした。その情報は村中に知れ渡り、隣人たちは寄り集まった。エークナートがそう言ったのなら、それは間違いない。エークナートは嘘は言わない。彼の死は確実だった。

三、四日経つと、若者は半分死んだようなものだった。彼は寝床から起き上がることもできなかった。体力はなくなり、食欲がまったくなかった。食事の話を持ち出されると「かまうものか」と言った。彼はそれまで敵対していた者たちにことごとく許しを乞うた。訴訟の相手側の人々にこう告げた。「兄弟、どうかおれを許してくれ。すべては過失だった」。彼は関わりのあったすべての争い事を大目に見てやり、これまでに犯した不正やインチキなどを洗いざらい告白した。死が迫っていた――もはや争ったり欺いたりしても何の意味があるだろう。それを続行する必要があるだろうか？　生の喜びや楽しみとはその程度だ！　つまるところ誰と何が自分の物で、誰と何が他人の物なのか。妻が隣りに座っても、彼女は赤の他人と何ら変わらなかった。息子でさえ見知らぬ者に見えた。親しい仲間と見知らぬ他人はみな等しかった。すべての関係性がもうどうでもよかった。死が迫るにつれ、あらゆる物事が崩壊して行くように思われた。たったひとつのことだけが気がかりだった。七日目が次第に近づき、死はほとんど目前だった。今何かしておくべきこと、してはならないことがあったろうか？

七日目、彼は寝床から起きあがることも話すこともできず、目の下には大きな隈ができていた。そうして、日没まであとどのくらいかと何度も尋ねた。

太陽が今にも没しようとするそのとき、エークナートは若者の家の玄関に到着した。彼の妻はエークナートの足元に泣き伏した。子供たちも泣き叫び始めた。エークナートは言った。「悲しむことはない、心配いらない。わたしを中に入れなさい」。彼は家の中に入り、若者に尋ねた。「我が兄弟よ、おまえはこの七日間に何か罪を犯したか?」

男はやっとのことで目を開けた。「罪とは、どういうことだ?」。彼は訊いた。「あなたはどうかしてる。常に目前に死が立ちはだかっていながら、罪を犯す暇がどこにある?」

エークナートは言った。「おまえの死はまだまだ先だ。これは、おまえが度々わたしに尋ねていた質問の、単なる答えなのだよ。このようにな、常に死がわたしの傍らに、目前にある。いつ罪が犯せるだろう? 罪がなければ苦しみがない。罪がなければ気に病むこともない。罪がなければ不安はない。罪がなければ高潔な行ないの芳香が自然に立ち昇る。起きなさい! まだおまえに死は訪れていない」

男はすっくと起き上がった。彼の目つきは一変した。彼は息子の背中をぽんぽんと軽くはたいた。「まんまといっぱい食わされた」。彼はエークナートに告げた。「おれは生涯争ってきた人たち全員に頭を下げてしまった。また話をつけに行かねば……明日まで待ってもらわないと! 裁判沙汰を全部片づけようとしたんだ。『けりがついた』と口をすべらせた。『好きなだけ土地を取ってそこで暮らせばいい……畑を好きにしていい。おれたちの争いには意味がない』と言ってしまった。あんたにいっぱい食わされた! これがおれの質問に対する答え? おれは率直に訊いただけだった。おかげでみんなは七日間泣きっぱなし、そのうえおれは――御陀仏したも同然だ」

次の日から、男は以前と同じようになった。

あなたの生に死が見舞うとき、それがサニヤスだ。あなたが死を受け入れるなら、それがサニヤスだ。あなたには勇気がないのかもしれないが、勇気をかり集めなさい。あなたが受け入れようと受け入れまいと、死は訪れる。それは来ることになっている。七日後、七年後、七十年後――それに何の違いがあるだろう。死はやって来る、それは確実だ。死の他に確実なものはない。死を目の当たりにできるなら、勇気をかり集めなさい。サニヤスとは、死があなたから取り去ることのできない富の探求だ。

五番目の質問

愛するＯＳＨＯ、献身とは、創造の産物にすぎないのではないですか？
夢のひとつにすぎないのではないですか？

もしもあなたが自分の知力を当てにするなら、献身はひとつの夢にすぎないように思われるだろう。さあ、これをどう言ったものだろう。ダヤがクリシュナに語りかけているとき、彼女は彼にただ語りかけてはいない。彼女は異議を唱え、口論する。彼女は彼を宥《なだ》め、慰める。ときにはすねることもある。世界中いたるところで、ひとつの疑問が思索する人々の頭に浮かぶ。「生の意味とは何か」。しかし、この疑問の回答は見いだされたことがない。なぜなら、何であれ生における意義は知能からではなく、ハートから生じるからだ。そしてハートが解するのは、数学の言語ではなく夢の言語だ。ハートは詩、愛、美を理解する。ハートの道は異なっていて、その世界は別世界だ。
献身はハートの世界の物事だ。もし、あなたが帰依者に尋ねるなら事情は異なっている。帰依者はこう言うだろう。

それは道ではないが、その地平には靄《もや》が立ちこめている
どんなゴールがそこにあったにせよ
すべては無意味になってしまった
一切の意味が無くなったとしても
どうすれば言葉が途方に暮れるだろう
自らの夢がわたしたちを家に連れて行ってくれただろうに
わたしたちを惑わせたものは真理だ

〝自らの夢がわたしたちを家に連れて行ってくれただろうに。わたしたちを惑わせたものは真理だ〟教義、論理、数学……もし帰依者に尋ねたなら、彼はこういった物事一切が人間を惑わせたと言うだろう。それらがなければ、人間は歌に満ちた精髄《ジュース》の滝であった。彼は踊り、喜びに溢れていた。彼の生は祝祭となり、神聖なるものは現前に在った。

一切の騒動が眠った後に
喚起の言葉に耳を傾けよ
もしもあなたが望むなら

静寂を覆って
柔らかな音楽がゆっくりと生じる
汚れなき湖面の鏡の上に

魔法の青さが戦慄《わなな》く様《さま》
一切の真理が消滅した後に
目覚めたる夢を紡《つむ》げ
もしもあなたが望むなら

あらゆる行列は二、三の標語《スローガン》に従う
群衆に個性はない
耳にされるほとんどのことは噂であり
真理は大多数には存在しない
いったん高波が退《ひ》いてから
岸に残るものを選べ
もしもあなたが望むなら

おお彫刻家よ、それほどまでに像を彫ってはならない
自然の美しさが、凝らした工夫で台無しになる
この美のささやかたること、挫《くじ》かれた哀しき不完全性は
久遠の芸術の仕事の中に、その若さを創造する
不完全なものだけに未来があり
そのあらゆる瞬間が新たな感動となる
これを静観せよ

もしもあなたが望むなら
一切の真理が消滅した後に
目覚めたる夢を紡《つむ》げ
もしもあなたが望むなら

知力の言語においては、献身はひとつの夢だ。ハートの言語において、献身は真理、さらなる真理、至高の真理だ。献身よりも偉大な真理はない。

さあ、自分がいったいどんな類の人間であるかを決定するのはあなただ。あなたが知的なタイプなら、献身に興味をそそられることはない。それは放っておきなさい。興味をそそらないものは気にしないことだ。それなら、あなたの道は違う。知識と瞑想の道を歩きなさい。そうすれば知力を磨くことによってあなたは進むだろう。しかし、もし献身の道が好きなら、それに興味がそそられるなら、帰依者たちに耳を傾けてあなたのハートが喜びに震えるなら、献身の言語を聞いてあなたのハートがときめくなら、知能のおしゃべりを気にするのはやめなさい。知能に耳を傾けるのはやめなさい。

一切の真理が消滅した後に
目覚めたる夢を紡《つむ》げ
もしもあなたが望むなら

それなら、この教義やら真理についての話は一切やめることだ。それよりもあなたの焦点を、献身の糸をたぐり寄せることに向けなさい。そうすれば、夢を通じてさえ、個人が神聖なるものに達することを発見する。しかし、まずあなたは学ばねばならない、神聖なるものを夢見ることを。

夢もまたひとつの力だ。ちょうど論理が力であるように、夢もまたそのようなものだ。論理は科学の基礎であり、夢見は献身の基礎だ。論理は精神的《スピリチュアル》な秩序の基礎であり、夢見は愛の基礎だ。これら二つがあるだけだ。神聖なるものが見えるようになる地点まで想像力を広げるか、想像力が完全に尽きて、それ自身があなたの前に顕現するまで、想像力を全一《トータル》に消散させるかだ。

あなたの道が知力を通じるものなら、あなたが体験するのは真理だ。あなたの道が献身を通じるものなら、あなたが体験するのは神聖なるもの、最愛なるものだ。それはまったく同じものだ。知識の道にある者たちはそれを真理と呼び、帰依者たちはそれを神聖なるものと呼ぶ。それはあなた次第だ。だが、わたしには帰依者たちの方が楽しんでいるように感じられる。なぜなら、彼らは真理を美しくし、最愛のものにしてしまうからだ。真理はもはや数学的な計算ではない。「二足す二は四」といったものではない。真理はあなたの息子、最愛の人、恋人のようになる。真理は愛に浸ってしまう。

あなたのハートがときめくなら、神聖なるものを讃える帰依者の歌を聞いてあなたのハートがときめくなら、恐れてはならない。

わたしの目に、ある面影が再び落ち着き
いくつかの失われた地平が再び浮かび上がり
いくつかの没した太陽が再び昇り
その茨《いばら》の道が再び絹で覆われる
その目を見てわたしの肩に翼が生え
再びわたしの夢は見たこともない切望の中を羽ばたく

わたしの中にある空間はすべて触れられ
新たに、わたしは其処となる
神秘的な腕が再びわたしを抱擁し
わたしの目に、ある面影が再び落ち着く

もしも神聖なるものの面影があなたの目に落ち着いて、それにあなたが惹かれるなら、恐れることはない。しかし、ハートを取るか、はたまた知力を取るかその選択を避けては通れない。

岩のような記憶が微かに動き
どうにかこうにか
束の間に
おお、それは生じた
夢は生じた
何日も、何日もたって
月は昇った

……それを昇らせなさい。神聖なるものの夢が生じたら、それをただの夢だと咎めてはならない。夢ですら美しい。

それをこのように受けとめなさい。それにあなたの実存のすべてを注ぐなら、夢でさえ真実になる。

そして、たとえ真実であっても、それが借り物で生気が無ければ、それが他人のものなら、それにあなたの実存のすべてが含まれていなければ、真実は偽りのままであるだけだ。

六番目の質問

愛するOSHO、この講話シリーズにあなたがつけた題名《タイトル》は世俗に超然たること、生に対する否定的な姿勢を促すように思われます。

すべてを包み込む愛の道、豊潤と恍惚《エクスタシー》の道になぜ、このような否定性が存在するのか、どうぞご説明ください。

あなたにはそのように思われたのだろう。しかし、それに否定性はない。世界は夜明けの最後の星、という言葉には、生に対する否定的な姿勢はなく、世界を放棄せよというメッセージはまったく含まれていない。それはただ、世界の事実を言明しているだけだ。それには肯定も否定もない。世界は夜明けの最後の星、この中に非難はない。

どのようにであれ、この美しい言葉は非難の言葉ではあり得ない。これは単に、世界はこのようなものだ、最後の星のようなものだと述べている――ある瞬間ここにあり、そして消える。それは真実であって非難ではない。誰かが泡を泡と呼び、ある瞬間それは存在し、次の瞬間ははじけると述べれば、それが否定していることになるだろうか？　今あなたは存在していても、ある瞬間には死が訪れると誰かが言うなら、それが否定していることになるだろうか？　束の間のものを〝束の間のもの〟と呼んだら、否定していることになるのだろうか？　いいや――単にそれは事実を受け入れているだけだ。これこそが世界というものだ。しかし、人々は物事を自分なりに解釈する……。

質問はヨガ・チンマヤからのものだ。彼は否定性に傾く傾向がある。だから、彼のマインドが否定性に沿うような物をどこかに見つけると、彼はその機会《チャンス》を逃さない。それに頑《かたく》なにしがみついてしまう。彼は古風な働きかけをする。世界を否定することだ。世界は夜明けの最後の星――彼はこれを絶好の機会だと感じたはずだ。「そうだ――ダヤだって物事をこのように見ている！」と。

しかし、違う。ダヤはそんなことを言っているのではまったくない。ダヤは単に、これこそが物事の在り方だと言っている。


ある日、わたしはムラ・ナスルディンにばったり行き会った。彼は川の方から現れ、カゴいっぱいの魚を持っていた。そこでわたしは訊いてみた。「おいおい、どこでそれを捕まえたのだ」

ムラは答えた。「いい場所を見つけたのさ。おれが覚えていられるよう、どこかの旦那が看板を立ててある。川に向かって丘を下って行くと、ヒンディー語と英語の両方で『私有地、侵入不可』という目印が立っている。そうして、別の看板には『侵入者は訴えられます』とある。もう少し離れたところに『禁漁区』とある。ここが、いつもおれが釣りに行っている場所だ」


ムラは、どこかの親切な旦那さんが彼を案内するために、これらの看板を設置したと思い込んでいる……。

わたしたちは、自分の興味に合わせて、自分なりの解釈をする。わたしたちは聞きたいことを聞く。世界は夜明けの最後の星――これに否定的なところはない。それは単に、これが物事の在り方だということを思い出させるものだ。あなたの世界は永遠ではない。だから、それがあると思うべきではない。たとえあなたが、世界が永遠のつもりでいても、そうは行かない。世界は現れ、それから消え去る。それは水に描いた線のようだ。あなたがここで待っていても、世界が永遠だというつもりでいても、あなたが知るのは苦しみに他ならない。もしも永遠に対する欲望があなたにあるなら、世界にはそれを探し求めないことだ。永遠はどこか他の場所にある。世界を越えたどこかに隠されている。永遠なるものに見《まみ》えるのは、あなたが世界を見ることをやめるときだ。

だから〝世界は夜明けの最後の星〟とわたしたちが言うとき、それは単にこういうことだ。永遠なるものの象徴である北極星もあるということ。世界にだけ巻き込まれていてはいけない。さもないと、この北極星を知ることを阻まれたままだ。あなたの目がこの世界に釘付けになっていれば、どうやってそれを越えたものを見れるだろう。あなたのマインドがこの世界が永遠ではないと知っていれば、すでにそれを去り、それから離れ、それを越えて行き始めているだろう。なぜなら、わたしたちの生命エネルギーのすべては永遠なるもの、不変のもの、不朽のものを欲するからだ。わたしたちは永遠に存続するものを探し求めている。今日ここにあっても明日無くなってしまうものを探し求めることは、時間とエネルギーの無駄でしかない。

献身の道は、豊潤と恍惚《エクスタシー》の道だ。そのどこに否定性があるだろう。仮にあなたが、砂から油を搾ろうとしている人を見かけたとする。油は胡麻から搾るものだと彼に助言したとしても、油探しをやめさせたことにはならない。わたしたちは何も否定してはいない。それを覚えておきなさい。「おやおや、油が欲しいのかね。油を搾るのは結構だが、油は胡麻から搾ることだ。砂からは取れないし、そんなことをしたら圧搾機が壊れてしまうかもしれない」。あなたにこう言ったとしても、わたしは何かを打ち消しているわけでも、否定しているわけでもいない。単にわたしは、砂の中に油は見つからないという点を指している。油は存在するが、胡麻の中だ。喜びと恍惚《エクスタシー》は存在する——しかし、世間に在るあなたの実存においてではなく、神聖なるものに在るあなたの実存の中だ。

世界は砂だ。生に次ぐ生を、あなたは自分の圧搾機を回しながら奴隷のように働いてきた。あなたの努力は報われたことがなかった。それでも、あなたはやめようとしない。それは習慣になってしまい、あなたには他にどうしようもない。そうやって、あなたは砂を挽き続けている。

最後の質問

愛するOSHO、あなたの言葉にはひとつの陶酔があります。
これゆえ、怖くなってしまうのです。

そこには陶酔がある。しかし、あなたはわたしの言葉から、そのささやかな味わいをただ受け取っているだけだ。わたしの言葉を恐れるなら、あなたは本物の陶酔を逃してしまう。なぜなら、本物の陶酔は体験にあるからだ。わたしの話に何らかの陶酔があるなら、それはそれらの言葉が内なる葡萄酒《ワイン》に浸ってきているからにすぎない。それらが味わいを少々もたらし、あなたを圧倒する。

わたしは葡萄酒《ワイン》の玄人、業者《トレーダー》だ!

そして、わたしにはあなたの恐れがわかる。あなたは恐れている、この葡萄酒《ワイン》があなたのエゴを溺れさせることを、あなたが消え去ってしまうほどのものであることを。あなたは消え去ることを恐れている。

ある友人が尋ねている。


この驚異的な世界という大海の流れの真っ直中で、わたしは溺れています。

世界においてもう逃げ場はありません。

わたしの罪業という重荷を積んで、わたしの小舟は渦潮に近づきつつあります。

おお主よ、走って、わたしが沈む前に急いでわたしをお救いください。


あなたは間違った人間のもとへ来てしまった。わたしの仕事のすべては、あなたたちを溺れさせることだ。あなたが自分の沈み方を遅らせていれば、わたしはその行程《プロセス》を早め、すばやくあなたを溺れさせる。なぜなら、溺れる者は助かるからだ。溺れる者が到達する。真っ直中で溺れていることが、あなたを岸へと導く。ここでの仕事《ワーク》のすべては溺れることについてのものだ。あなたもまた酔っぱらいとなれるように、わたしはあなたを誘《いざな》うためにここにいる。


ある日、ムラ・ナスルディンは、酒を賛美してわたしに歌って聞かせていた、こんな酒もあるぞと。

彼は言った。「人間だけじゃない、動物だって酒を信仰する」

「どういうことだ」。わたしは彼に尋ねた。

彼は答えた。「ある日、あたしは釣りに出かけた。鉤につけるメリケン粉を忘れてしまったので、代わりにミミズを探した。しかし、全然見つからなかった。すると、そこに一匹の蛙を口にくわえている蛇がいた。あたしは蛇の口から蛙をすばやくひったくり、それをばらばらに刻んで、餌に使わせてもらった。しかし、あたしは何だか蛇に申し訳ないような気がしてきた。可哀想に——あたしはそのご飯を取っちゃったんだ。蛇に対して埋め合わせをする方法が思い浮かばなかったので、あたしは鞄から一本の瓶を取り出し、蛇の口に葡萄酒《ワイン》の滴を二、三滴たらしてやった。その恍惚《エクスタシー》といったら、一見に値《あたい》したよ！　頭をうねらせる様子、陶酔にその目を上げる様子、ふらつく様子といったらなかった……」

「それからだ、」ムラは言った。「あたしは魚釣りに夢中になってしまって、蛇のことはすっかり忘れていた。一時間後、何かがあたしの靴をコツコツ叩くのを感じた。見おろすと、驚いたことにさっきの蛇が口に二匹蛙をくわえている。その蛇がこう言った。『さっきのやつを頼む、バーテンダー』」

その話は偽りの葡萄酒《ワイン》についてのものだが、わたしたちが話しているのは本物の葡萄酒《ワイン》だ。恐れるのは当然だ。あなたはそれなりに生きてきて、わたしはそれをすべてかき乱そうとしている。あなたはそれなりの世界を切り拓いてきて、わたしはそれをすべて混沌に陥《おと》しいれようとしている。しかし、わたしはあなたに言いたい、あなたの切り拓いてきた世界とは……夜明けの最後の星だ。あなたは、自分でそれをやりくりしてきたと想像しているにすぎない——やりくりなどされていない。そして、わたしが指し示しているのは北極星だ。もしもその光があなたの生に入り込めば、あなたは永遠なるものと接触する。

その接触を遂げるまで満足してはならない。神聖なるもの以下に甘んじてはならない。あなたの茶碗《カップ》が、究極の解放の葡萄酒《ワイン》に満たされるまで、その探求を続行させなさい。あなたは続行しないわけにはいかない。自らの目的地を見いださずに早々にやめてしまった者たちは、一夜の宿を自分の家にしてしまった。彼らは嘆き悲しむだろう。彼らは苦悩するだろう。彼らは世俗的な人々だ。

ここでの努力は、あなたをすっかりサドゥジャン（*sadhjan*：サドゥー、単純で真摯な人の意）にしてしまうこと、あなたをすっかり大酒のみにしてしまうことだ。あなたが波打つ日、あなたの足が着地するつもりのなかった場所に着地する日、あなたが笑い、泣き、歌って、神聖なるものの栄光を讃える日――その日、あなたの生の花が、実に長きに渡って開くことを待ちわびていたその花が咲く。あなたの蓮はその花弁のすべてを広げ、あなたの芳香は大気に放たれる。それが解脱《モクシャ》、究極の解放だ。そして、その解脱こそ至福だ。他の一切は苦しみ、苦悩と苦悶だ。

勇気をかり集めなさい、勇敢になりなさい。この葡萄酒は取り逃がすものではない。

今日は、もう充分かね？

●ＯＳＨＯについて

ＯＳＨＯとは、彼の生き方とその教えが、あらゆる世代のあらゆる社会的地位にいる何百万もの人々に影響を及ぼしている、現代の神秘家です。彼は、ロンドンの「サンデー・タイムス」によって二十世紀を作った百人の一人として、また「サンデー・ミッドディ（インド紙）」では、ガンジーやネルー、仏陀と並んでインドの運命を変えた一人として評されています。

ＯＳＨＯは自らのワークについて、新たなる人類の誕生のための状況を創る手助けをしていると語ります。彼はしばしばこの新たなる人類を「ゾルバ・ザ・ブッダ」――ギリシャ人ゾルバの現実的な楽しみと、ゴータマ・ザ・ブッダの沈黙の静穏さの両方を享受できる存在として描き出します。ＯＳＨＯのワークのあらゆる側面を糸のように貫いて流れるものは、東洋の時を超えた英知と、西洋の科学と技術の最高の可能性を包含する展望《ヴィジョン》です。

彼はまた、現代生活の加速する歩調を踏まえた瞑想へのアプローチによる、内なる変容の科学への革命的な寄与によっても知られています。その独特《ユニーク》な「活動的瞑想法《アクティヴ・メディテーション》」は、最初に身心に蓄積された緊張《ストレス》を解放することで、考え事から自由な、リラックスした瞑想をより容易に経験できるよう意図されています。

ＯＳＨＯコミューン・インターナショナル、彼の教えが実践され得るオアシスとしてＯＳＨＯがインドに設立した瞑想リゾートは、世界中の百を超える国々から、年におよそ一万五千人もの訪問者たちを惹きつけ続けています。

ＯＳＨＯと彼のワークに関しての、またインド・プネーの瞑想リゾートへのツアーも含めたより詳しい情報については、インターネット上を訪れてみて下さい。(http://www.osho.com)

●瞑想リゾート／ＯＳＨＯコミューン・インターナショナル

ＯＳＨＯコミューン・インターナショナルの瞑想リゾートは、インド、ボンベイの南東百マイルほどに位置するプネーにあります。もとは王族《マハラジャ》たちや富裕な英国植民地主義者たちの避暑地として発展したプネーは、現在は多数の大学とハイテク産業を構え繁栄する近代都市です。

ＯＳＨＯコミューンの施設は、コレガオンパークとして知られる三十二エーカー以上に及ぶ郊外の木立の中にあります。毎年百以上の国々から約一万五千人ほどの訪問者が、その滞在期間に応じて種類も豊富な最寄りのホテルやアパートの個室などの宿泊施設を見つけながらリゾートを訪問しています。

リゾートのプログラムはすべて、日々の生に喜びをもって関わり、沈黙と瞑想へとリラックスして入っていける、新たなる人類の質へのＯＳＨＯの展望《ヴィジョン》に基づいています。ほとんどのプログラムは近代的で空調設備の整った場所で行なわれ、個人セッションや様々なコース、ワークショップを含みます。スタッフの多くは、彼ら自身が各々の分野での世界的な指導者です。提供されているプログラムは、創造的芸術からホーリスティック・ヘルス・トリートメント、個の成長やセラピー、秘教的科学、スポーツや娯楽から、あらゆる世代の男女にとって重要な関係性の事柄や人生の変遷に対する〝禅〟的アプローチまで、すべてを網羅しています。個人的なものとグループでのセッションの両方が、日々の充実したＯＳＨＯの活動的瞑想法のスケジュールや、青々とした南国の庭園やプール、〝クラブ・メディテーション〟のコート設備といった、リラックスのための豊富な空間と共に、一年を通じて提供されています。

瞑想リゾート内の屋外カフェやレストランは、伝統的なインドの料理と各国の様々な料理の両方を、コミューンの有機農園で育った野菜でまかなっています。リゾートは専用の安全で、濾過された水の供給源を持っています。

ＯＳＨＯコミューン・インターナショナルのリゾート訪問、または訪問に先立つプログラムの予約については(323)-563-6075（米国）へお電話頂くか、またはhttp://www.osho.comのインターネット・ウェブサイト上にある「プネー・インフォメーションセンター」にて、最寄りのセンターをお調べ下さい。

●より詳しい情報については：　HYPERLINK http://www.osho.com

異なる言語にて、ＯＳＨＯの瞑想や書籍や各種テープ、ＯＳＨＯコミューン・インターナショナルの瞑想リゾートのオンライン・ツアーや世界中のＯＳＨＯインフォメーションセンター、そしてＯＳＨＯの講話からの抜粋を掲載した、包括的なウェブサイトです。

●「新瞑想法入門」：発売／市民出版社（Meditation: The First and Last Freedom）

もし瞑想についてもっとお知りになりたい場合は、「新瞑想法入門」をご覧下さい。この本の中で、ＯＳＨＯは彼の活動的瞑想法や、人々のタイプに応じた多くの異なった技法について述べています。また彼は、あなたが瞑想を始めるにあたって出会うかもしれない、諸々の経験についての質問にも答えています。

この本は英語圏のどんな書店でもご注文頂けます。（北アメリカのSt. Martin's Pressや英国とその連邦諸国のGill & MacMillanから出版されています）また、他の多くの言語にも翻訳されています。

ご注文のためのご案内はhttp://www.osho.comをご覧になるか、日本語版は市民出版社まで（tel 03-3333-9384）お問い合わせ下さい。

ラスト・モーニング・スター

—女性の覚者に関する講話Ⅱ

二〇〇四年十一月二〇日　初版第一刷発行

講　話■OSHO
翻　訳■マ・アムリッタ・テジャス
照　校■スワミ・アドヴァイト・パルヴァ
　　　　マ・ギャン・シディカ
装　幀■スワミ・アドヴァイト・タブダール
発行者■マ・ギャン・パトラ

発行所■市民出版社
〒一六八—〇〇七一
東京都杉並区高井戸西二—十二—二〇
電　話〇三—三三三三—九三八四
FAX〇三—三三三四—七二八九
郵便振替口座：〇〇一七〇—四—七六三一〇五
e-mail：info@shimin.com
http://www.shimin.com

印刷所■モリモト印刷株式会社
Printed in Japan
ISBN4-88178-183-9 C0010 ¥2800E

日本各地の主なOSHO瞑想センター

OSHOに関する情報をさらに知りたい方、実際に瞑想を体験してみたい方は、お近くのOSHO瞑想センターにお問い合わせ下さい。

参考までに、各地の主なOSHO瞑想センターを記載しました。なお、活動内容は各センターによって異なりますので、詳しいことは直接お確かめ下さい。

<東京>

OSHOサクシン瞑想センター　Tel & Fax 03-5382-4734
マ・ギャン・パトラ　〒167-0042　東京都杉並区西荻北1-7-19
e-mail osho@sakshin.com　URL http://www.sakshin.com

OSHOジャパン瞑想センター　Tel 03-3703-0498　Fax 03-3703-6693
マ・デヴァ・アヌパ　〒158-0081　東京都世田谷区深沢5-15-17

<大阪、兵庫>

OSHOナンディゴーシャインフォメーションセンター
スワミ・アナンド・ビルー　Tel & Fax 0669-74-6663
〒537-0013　大阪府大阪市東成区大今里南1-2-15 J&Kマンション302

OSHOインスティテュート・フォー・トランスフォーメーション
マ・ジーヴァン・シャンティ、スワミ・サティヤム・アートマラーマ　Tel & Fax 078-705-2807
〒655-0014　兵庫県神戸市垂水区大町2-6-B-143　e-mail j-shanti@titan.ocn.ne.jp

OSHOマイトリー瞑想センター　Tel & Fax 0797-31-5192
スワミ・デヴァ・ヴィジェイ〒659-0082　兵庫県芦屋市山芦屋町18-8-502
e-mail ZVQ05763@nifty.ne.jp

OSHOターラ瞑想センター　Tel 090-1226-2461
マ・アトモ・アティモダ　〒662-0018　兵庫県西宮市甲陽園山王町2-46　パインウッド

OSHOインスティテュート・フォー・セイクリッド・ムーヴメンツ・ジャパン
スワミ・アナンド・プラヴァン　〒662-0018　兵庫県西宮市甲陽園山王町2-46　パインウッド
Tel & Fax 0798-73-1143　URL http://homepage3.nifty.com/MRG/

OSHOオーシャニック・インスティテュート　Tel 0797-71-7630
スワミ・アナンド・ラーマ　〒665-0051　兵庫県宝塚市高司1-8-37-301
e-mail oceanic@pop01.odn.ne.jp

<愛知>

OSHO庵メディテーション・アシュラム　Tel & Fax 0565-63-2758
スワミ・サット・プレム　〒444-2400 愛知県東加茂郡足助町大字上国谷字柳ヶ入２番北
e-mail alto@he.mirai.ne.jp

OSHO瞑想センター　Tel & Fax 052-702-4128
マ・サンボーディ・ハリマ　〒465-0064　愛知県名古屋市名東区亀の井3-21-305
e-mail pradip@syd.odn.ne.jp

<その他>

OSHOチャンパインフォメーションセンター　Tel & Fax 011-614-7398
マ・プレム・ウシャ　〒064-0951　北海道札幌市中央区宮の森一条7-1-10-703
e-mail ushausha@lapis.plala.or.jp
URL http:www11.plala.or.jp/premusha/champa/index.html

OSHOインフォメーションセンター　Tel & Fax 0263-46-1403
マ・プレム・ソナ　〒390-0317　長野県松本市洞665-1
e-mail sona@mub.biglobe.ne.jp

OSHOインフォメーションセンター　Tel & Fax 0761-43-1523
スワミ・デヴァ・スッコ　〒923-0000　石川県小松市佐美町申227

OSHOインフォメーションセンター広島　Tel 082-842-5829
スワミ・ナロパ、マ・ブーティ　〒739-1742　広島県広島市安佐北区亀崎2-20-92-501
e-mail prembhuti@blue.ocn.ne.jp　URL http://now.ohah.net/goldenflower

OSHOウッサヴァ・インフォメーションセンター　Tel 0974-72-0511
マ・ニルグーノ　〒879-6213　大分県大野郡朝地町大字上尾塚136
e-mail light@jp.bigplanet.com　URL http://homepage1.nifty.com/UTSAVA

<インド・プネー>
OSHOコミューン・インターナショナル
Osho Commune International
17 Koregaon Park Pune 411001 (MS) INDIA
Tel 91-20-4019999 Fax 91-20-4019990
http://**www.osho.com**
E-Mail : osho-commune@osho.com

＜OSHO既刊書籍＞

哲学

永久の哲学—ピュタゴラスの黄金詩

彼が見い出した永久哲学——両極の完全なる合一——について、現代の神秘家・OSHOが究極の法を説き明かす。唯一残された人類の遺産「ピュタゴラスの黄金詩」を題材に、アトランティス大陸の謎や、二千五百年に一回転する車輪（サンサーラ）の法則を交え、世界が直面している危機に光をあてる。

＜内容＞● 最高の贅沢 ● ロゴス、力と必要性 ● 気づきはマスター・キー
● ただあるがままに　他

■四六判並製　408頁　2520円（税込）　送料380円

イーシャ・ウパニシャッド— 存在の鼓動

インド古代の奥義書ウパニシャッドに関する講話の初邦訳。OSHOリードのアブ山での瞑想キャンプ中に語られた初期ヒンディ講話。「イーシャ・ウパニシャッドは瞑想してきた者たちの最大の創造物のひとつだ」——OSHO

＜内容＞● ゼロの道標　● 自我の影　● 本当の望み
● 科学を超えて　● 究極のジャンプ　● 全ては奇跡だ　他

■四六判並製　472頁　2520円（税込）　送料380円

東洋の神秘家

シャワリング・ウィズアウト・クラウズ —女性の覚者に関する講話

光明を得た女性神秘家サハジョの「愛の詩」について語られた講話。女性が光明を得る道、女性と男性のエゴの違いや落とし穴に光を当てます。愛の道と努力の道の違い、献身の道と知識の道の違いなど覚者の深い洞察が盛り込まれています。

＜内容＞● 愛と瞑想の道　● 意識のふたつの境地　● 愛の中を昇る ● 師は目をくれた　他

■四六判並製　496頁　2730円（税込）　送料380円

＜「ラスト・モーニング・スター」姉妹書＞

エンライトメント—ただひとつの変革

十二才の覚者アシュタヴァクラと、帝王ジャナクとの対話。
「光明は生まれながらの本性だ。自分のハートにアシュタヴァクラの声明を矢のように貫かせたら、それはあなたを目覚めさせ、思い出させる。」——OSHO

＜内容＞
● 純粋なる真実　● まさに今ここで　● 真理の試金石
● 私は自らに額づく　● 瞑想—唯一の薬 ● 因果を超えて　他

■A5判並製　504頁　2940円（税込）　送料380円

インド

私の愛するインド— 輝ける黄金の断章

「インドとは、真実に到達しようとする切望、渇きだ……」光明を得た神秘家たち、音楽のマスターたち、バガヴァット・ギータのような類まれな詩などの宝庫インド。真の人間性を探求する人々に、永遠への扉であるインドの魅惑に満ちたヴィジョンを、多面的に語る。

＜内容＞● 永遠なる夢　● 覚醒の炎　● 東洋の香り
● 沈黙の詩—石の経文　他

■Ａ４判変型上製　264頁　2940円（税込）　送料380円

＜OSHO 既刊書籍＞

禅

そして花々が降りそそぐ—空の極み

生を愛しみ、生を肯定し、ごく普通の生活を楽しむ禅の導師たち。
彼らの教えなき教え、語られ得ぬ永遠の真実を、日常的なテーマを通してわかりやすく指し示す、11の逸話を語る講話集。

＜内容＞● 道とは　● 寺の火事　● 短気
● マインドにあらず覚者にあらず物質にあらず
● 知ったかぶりの学生　他

■四六判並製　456頁　2750円(税込)　送料380円

禅宣言—和尚最後の講話シリーズ

「自分がブッダであることを覚えておくように——サマサティ」この言葉を最後に、OSHOはすべての講話の幕を降ろした。古い宗教が崩れ去る中、禅を全く新しい視点で捉え、人類の未来に向けた新しい地平を拓く。永遠に新鮮な真理である禅の真髄を、現代に蘇らすための宣言。

＜内容＞● 無—大海への消滅　● 西欧人と禅
● マインドは思考、瞑想は生きている　● サマサティ—最期の言葉

■四六判上製　496頁　3024円(税込)　送料380円

無水無月—ノーウォーター・ノームーン

禅に関する10の講話集。光明を得た尼僧千代能、白隠、一休などのなじみやすいテーマのもとに語られる、OSHOならではの卓越した禅への理解とユニークな解釈。時折振り下ろされるOSHOの禅スティックが、目覚めへの一撃となるかもしれません。

＜内容＞● 死人の答え　● 黒い鼻のブッダ　● ほぉ、そうか
● 討論、一夜の仮の宿　● 倶胝の指　他

■四六判上製　448頁　2783円(税込)　送料380円

ギフト

朝の目覚めに贈る言葉—心に耳を澄ます朝の詩

朝、目覚めた時、毎日1節ずつ読むようにと選ばれた12ケ月の珠玉のメッセージ。生きることの根源的な意味と、自己を見つめ、1日の活力を与えられる覚者の言葉を、豊富な写真と共に読みやすく編集。姉妹書の「夜眠る前に贈る言葉」と合わせて読むことで、朝と夜の内容が、より補い合えることでしょう。

＜内容＞● 人生はバラの花壇　● 愛は鳥—自由であることを愛する
● 何をすることもなく静かに座る、春が訪れる…　他

■A判変型上製　584頁　3654円（税込）　送料380円

夜眠る前に贈る言葉—魂に語りかける12ヶ月

眠る前の最後の思考は、朝目覚める時の最初の思考になる……特別に夜のために選ばれたOSHOの言葉の数々を、1日の終わりに毎日読めるよう、豊富な写真と共に読みやすく編集。日々を振り返り、生きることの意味や自己を見つめるのに、多くの指針がちりばめられています。

＜内容＞● 闇から光へのジャンプ　● 瞑想は火
● あなたは空だ　● 生を楽しみなさい　他

■A判変型上製　568頁　3570円（税込）　送料380円

＜OSHO 既刊書籍＞

瞑想

新瞑想法入門—OSHOの瞑想法集大成

禅、密教、ヨーガ、タントラ、スーフィなどの古来の瞑想法から、現代人のために編み出されたOSHO独自の方法まで、わかりやすく解説。技法の説明の他にも、瞑想の本質や原理が語られ、探求者からの質問にも的確な道を指し示す。真理を求める人々必携の書。（発行／瞑想社、発売／市民出版社）

＜内容＞ ●瞑想とは何か ●初心者への提案
●覚醒のための強烈な技法 ●師への質問 他

■A５判並製 520頁 3444円（税込） 送料380円

ディヤン・スートラ—瞑想の道

真理とは何か？自分とは何か？身体、マインド、感情の浄化と本質、それをいかに日々の生活に調和させるか——といった、瞑想の土台となる道しるべ、そして全き空（くう）への実際的なアプローチを、段階的にわかりやすく語る。人類の根源的な問いへと導く生の探求者必読の書。

＜内容＞ ●瞑想の土台 ●生の本質を見い出す ●意識の光
●身体と魂—科学と宗教 ●一度に一歩 他

■四六判上製 328頁 2730円（税込） 送料380円

奇跡の探求 I—覚醒の炎

若きOSHOがリードする瞑想キャンプ中での、エネルギッシュで臨場感溢れる講話録。自己本来の道を探し求めるすべての人々へ向け、いまだかつて語られることのなかった真実が、炎のようにほとばしる。

＜内容＞
●クンダリーニ—眠れる大蛇 ●OSHOがリードするダイナミック瞑想
●瞑想とは死と復活 ●物質と神はひとつだ 他

■四六判上製 488頁 2940円（税込） 送料380円

奇跡の探求 II—七身体の神秘

内的探求と変容のプロセスを、秘教的領域にまで奥深く踏み込み、説き明かしていく貴重な書。男女のエネルギーの性質、クンダリーニ、チャクラの神秘、人間の霊的成長の段階について、洞察に次ぐ洞察が全編を貫く。

＜内容＞
●七つの身体と七つのチャクラの神秘 ●瞑想者の道の成熟
●タントラの秘法的次元 ●クンダリーニ—超越の法則 他

■四六判上製 496頁 2940円（税込） 送料380円

ユダヤ神秘主義

死のアート

生を理解した者は、死を受け入れ、歓迎する。その人は一瞬一瞬に死んで、一瞬一瞬に蘇る—死と生の神秘を解き明かしながら、今ここにしかない生をいかに強烈に、トータルに生ききるかを余すところなく語る。

＜内容＞
●超越するものと一体になる ●残るのは知るものだけ
●生のあり方 他

■四六判並製 416頁 2520円（税込） 送料380円

＜OSHO既刊書籍＞

探求

隠された神秘—秘宝の在処

寺院や巡礼の聖地の科学や本来の意味、そして占星術の真の目的——神聖なるものとの調和への探求——など、いまや覆われてしまった古代からの秘儀や知識を説き明かし、究極の超意識への理解を喚起する貴重な書。

＜内容＞

● 第三の眼の神秘学　● 巡礼地の錬金術　● 偶像の変容力
● 占星術：一なる宇宙の科学　他

■四六判上製　304頁　2730円（税込）　送料380円

グレート・チャレンジ—超越への対話

人生の意味は？　奇跡や物質化現象とは？　知られざるイエスの生涯、変容の技法、輪廻について等、多岐に渡る覚者から探求者への、興味深い内面へのメッセージ。OSHO自身が前世の死と再誕生について語る。未知なるものへの探求を喚起する珠玉の一冊。

＜内容＞● 一人だけの孤高の飛翔　● ヨガ・自発的出来事
● イエスの知られざる生涯　● 神は存在そのものだ　他

■四六判上製　382頁　2730円（税込）　送料380円

スーフィー

ユニオ・ミスティカ—神秘の合一

イスラム神秘主義、スーフィズムの真髄を示す宮廷詩人ハキーム・サナイの悟りの書、「真理の花園」を題材に、OSHOが語る愛の道。「この本は書かれたものではない。彼方からの、神からの贈り物だ」——OSHO

＜内容＞

● ハートの鏡をみがく　● 炎の試練
● 愛と笑いの架け橋　● 真実の祭壇　他

■四六判並製　488頁　2604円（税込）　送料380円

タントラ

タントラの変容—愛の成長と瞑想の道

光明を得た女性と暮らしたタントリカ、サラハの経文を題材に語る瞑想と愛の道。恋人や夫婦の問題等、探求者からの質問の核を掘り下げ、個々人の内的成長の鍵を明確に語る。「愛はエネルギーだ、エネルギーは動く。……それは瞑想となった、祈りとなった。それこそがタントラのアプローチだ」——OSHO

＜内容＞● タントラの地図　● 自由はより価値あるもの　● 知性が瞑想だ
● 四つの封印を打ち破る　●愛は影を作らない　他

■四六判並製　480頁　2730円（税込）　送料380円

書簡

知恵の種子—ヒンディ語による初期書簡集

OSHOが親密な筆調で綴る120通の手紙。列車での旅行中の様子や四季折々の風景、日々の小さな出来事から自己覚醒、愛、至福へと導いていく、講話とはひと味違った感覚で編まれた綴織。頁を繰れば、降り注ぐ花々のようなOSHOの言葉が、あなたをやすらぎと目覚めへといざなうでしょう。

＜内容＞● 不死なる光を探しなさい　● 正しく感じるということ
● 知は自らを愛することから　● 自己想起こそ真の道　他

■Ａ５判変型上製　288頁　2415円（税込）　送料310円

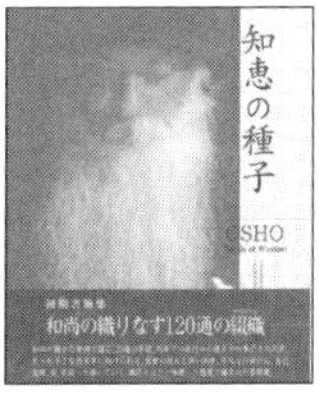

＜日本語同時通訳版OSHOビデオ講話＞

NEW

■エンライトメントを生きる

VHS95分　3990円（税込）

エンライトメント——意識の究極の開花は、達成するべき遠いゴールではなく、あなたの本性そのものなのだ、と説く覚者・OSHO。インドの神秘家・カビールやミーラのエピソードを交えて贈る目醒めへの講話。

NEW

■催眠と過去生

VHS105分　3990円（税込）

その不思議さゆえに誤解を生んできた催眠術を、意識と無意識における記憶のメカニズムの解明から説きあかす神秘家・OSHO。そして無意識に眠る過去生の再体験を通して、同じことの繰り返しである生から抜け出すよう誘う。

■1315日の沈黙
—エンライトメントの後で—

VHS100分　3990円（税込）

アメリカ・オレゴンでの３年半に及ぶ沈黙の後、再び話し始めたOSHOの記念碑的講話。エンライトメントの後の、そのあまりの充足ゆえの沈黙と再び語り始めた時のエピソードやすべてを受け入れる開かれた宗教性について語る。

NEW

■唯ひとつの革命
—あなたが変われば世界が変わる—

VHS152分　3990円（税込）

「あなたが世界だ」という J・クリシュナムルティの言明について、覚者・OSHOの洞察が展開される。個人とその責任を、自己変革の視点から捉えなおした画期的な講話。他、チャネリングについての見解など４つの質問にじっくりと答える長篇ビデオ。

■瞑想と智慧
—内なる光に目醒めるとき—

VHS77分　3990円（税込）

達磨（ボーディダルマ）との逸話でも有名な中国の禅師・慧能の言葉を題材に、真の智慧とその源泉である瞑想について語る。一休の歌、アレキサンダー大王のエピソード、俳句などを多彩に引用。最後にOSHO自ら瞑想をリード。

■リラックスの秘訣
—あるがままに—

VHS-60分　3675円（税込）

もし緊張を感じるとしたら、その原因は自分の内面にある競争心、比較することや、誤った生き方によるものであり、自分の外側に緊張はないと語る。

●同時収録「存在の聖なる鼓動」

■瞑想—まさに中心に在ること
—瞑想とは何か？—

VHS-121分　4057円（税込）

「OSHO、瞑想とは何ですか？」探求者の質問に、瞑想の内奥について語る。

「…瞑想は、集中でも黙想でもない。あらゆる行為が消えて、ただ存在だけになった時—それこそ瞑想だ」

＜OSHO瞑想CD＞

※送料／CD１枚¥300・2枚¥430・3枚以上無料

ダイナミック瞑想

全5ステージ
60分

◆デューター

¥3,059（税込）

生命エネルギーの浄化をもたらすOSHOの瞑想法の中で最も代表的な技法。混沌とした呼吸、カタルシス、そしてフゥッ！というスーフィーの真言《マントラ》を自分の中にとどこおっているエネルギーが全く残ることのないところまで行なう。

クンダリーニ瞑想

全4ステージ
60分

◆デューター

¥3,059（税込）

未知なるエネルギーの上昇と内なる静寂、目醒めのメソッド。OSHOによって考案された瞑想の中でも、ダイナミックと並んで多くの人が取り組んでいる活動的瞑想法。通常は夕方、日没時に行なわれる。

ナタラジ瞑想

全3ステージ
65分

◆デューター

¥3,059（税込）

自我としての「あなた」が踊りのなかに溶け去るトータルなダンスの瞑想。第１ステージは目を閉じ、40分間とりつかれたように踊る。第２ステージは目を閉じたまま横たわり動かずにいる。最後の５分間、踊り楽しむ。

ナーダブラーマ瞑想

全3ステージ
60分

◆デューター

¥3,059（税込）

宇宙と調和して脈打つ、ヒーリング効果の高いハミングメディテーション。脳を活性化し、あらゆる神経繊維をきれいにし、癒しの効果をもたらすチベットの古い瞑想法の一つ。

チャクラ サウンド瞑想

全2ステージ
60分

◆カルネッシュ

¥3,059（税込）

７つのチャクラに目覚め、内なる静寂をもたらすサウンドのメソッド。各々のチャクラで音を感じ、チャクラのまさに中心でその音が振動するように声を出すことにより、チャクラにより敏感になっていく。

チャクラ ブリージング瞑想

全2ステージ
60分

◆カマール

¥3,059（税込）

７つのチャクラを活性化させる強力なブリージングメソッド。７つのチャクラに意識的になるためのテクニック。身体全体を使い、１つ１つのチャクラに深く速い呼吸をしていく。

「気づき」の瞑想法

全４ステージ
60分

¥3,059（税込）

インド五千年前の経典を元にした「タントラ秘法の書」より、112の瞑想法の中の一つ。リラックスしたヒーリング音楽と共に、自分自身の内なる気づきを喚起する瞑想法。リラクゼーションミュージックとしても最適。

グリシャンカール瞑想

全4ステージ
60分

◆デューター

¥3,059（税込）

呼吸を使って第三の目に働きかける、各15分４ステージの瞑想法。第一ステージで正しい呼吸が行われることで、血液の中に増加形成される二酸化炭素がまるでエベレスト山の山頂にいるかのごとく感じられる。

ワーリング瞑想

全2ステージ
60分

◆デューター

¥3,059（税込）

内なる存在が中心で全身が動く車輪になったかのように旋回し、徐々に速度を上げていく。体が自ずと倒れたらうつ伏せになり、大地に溶け込むのを感じる。旋回を通して内なる中心を見出し変容をもたらす瞑想法。

ノー ディメンション瞑想

全3ステージ
60分

◆シルス&シャストロ

¥3,059（税込）

グルジェフとスーフィのムーヴメントを発展させたセンタリングのメソッド。この瞑想は旋回《ワーリング》瞑想の準備となるだけでなく、センタリング《中心を定める》のための踊りでもある。３つのステージからなり、一連の動作と旋回、沈黙へと続く。